东北财经大学国家级一流本科专业建设系列教材 · 资产评估专业
国家级一流本科线上课程

U0648914

Valuation

资产评估

◎ 王景升 常 丽 主 编

东北财经大学出版社 大连
Dongbei University of Finance & Economics Press

图书在版编目（CIP）数据

资产评估 / 王景升，常丽主编．—大连：东北财经大学出版社，2024.6
（东北财经大学国家级一流本科专业建设系列教材·资产评估专业）
ISBN 978-7-5654-5151-5

Ⅰ．资…　Ⅱ．①王…②常…　Ⅲ．资产评估–高等学校–教材　Ⅳ．F20

中国国家版本馆 CIP 数据核字（2024）第 046385 号

东北财经大学出版社出版
（大连市黑石礁尖山街 217 号　邮政编码　116025）
网　　址：http://www.dufep.cn
读者信箱：dufep@dufe.edu.cn

大连雪莲彩印有限公司印刷　　　东北财经大学出版社发行

幅面尺寸：185mm×260mm　字数：509 千字　印张：21.5　插页：1
2024 年 6 月第 1 版　　　　　　　2024 年 6 月第 1 次印刷

责任编辑：王　丽　刘晓彤　　　　　责任校对：雪　园
封面设计：原　皓　　　　　　　　　版式设计：原　皓

定价：48.00 元

东北财经大学国家级一流本科专业建设系列教材编审委员会

总　序

近年来，"人工智能""大数据"技术和不断变化的国际政治经济格局，对资产评估理论、资产评估实践和资产评估人才培养都提出了更高的要求。"人工智能"和"大数据"的引入，对资产评估实践产生了根本性的影响，也对资产评估人才培养提出了更高要求。经济和社会环境的剧烈变化，既向资产评估人才培养提出了挑战，也提供了前所未有的机遇。

2006年，东北财经大学会计学院财务管理专业开设"资产评估方向"，并于2013年正式设立"资产评估"专业。东北财经大学资产评估系列教材最早出版于2005年，包括《资产评估》《资产评估原理》《房地产评估》《企业价值评估》四部教材，并多次进行修订再版，为许多高等院校所广泛选用，为本套系列教材的体系结构、知识组合和内容界定提供大量富有建设性的意见。东北财经大学首套国家级一流本科专业建设系列教材·资产评估由东北财经大学会计学院资产评估系骨干教师写作完成，该系列教材吸收了最新的资产评估学术研究成果，充分体现了资产评估实践的中国特色，满足了资产评估人才培养的需要。

本套国家级一流本科专业建设系列教材·资产评估包括《资产评估》《资产评估原理》《房地产评估》《无形资产评估》《企业价值评估》《机器设备评估》《大数据与智能评估》《资产评估职业道德》八部教材。与现有国内外资产评估专业系列教材相比，本套教材呈现以下几个特点：

1. 强化课程思政对人才培养的引领。全面贯彻党的二十大精神，落实立德树人根本任务，坚定学生理想信念，教育学生爱党、爱国、爱社会主义、爱人民、爱集体，是本次教材修订的主线。在每部教材中，都设置了"课程思政"教学资源，注重价值塑造、知识传授与能力培养相统一，将思政教育有机融入课程教学，通过教材内容引导学生建立核心价值取向，以达到润物无声的育人效果。确保学生既能掌握专业技能，又能树立看待问题的正确角度。

2. 体现新技术对资产评估教学的影响。为了适应教学环境的变化，本次教材编写具有新形态教材要素，通过"二维码"等技术手段将慕课等资源链接到纸质教材，深度拓展教学资源类型与内容，积极实现线上教与学互动与反馈，从而拓展教材的应用场景。利用新技术能够摆脱传统的课堂教学对于教学空间和教学条件的约束，在更为广阔的空间内开展教学活动。同时，新技术的引入也提升了教材资源体系的更新速度和更新频率，通过及时更新配套的网络教学资源，避免教材与实务的脱节，实现教学与实践更为紧密的结合，有力保障教材内容的先进性、实时性和科学性。

3.更加突出资产评估实践的中国特色。资产评估专业的实践性较强，大部分本科生均走向社会从事实务工作。本次教材编写进一步加大引用实务界真实评估案例的比重，以增强资产评估专业学生对于中国国情和实践的了解，从而更为有效地利用专业技能解决实际问题。

4.教材体系更加合理。一方面，本套教材保留原有《资产评估》《企业价值评估》《资产评估原理》《房地产评估》等教材；另一方面，根据资产评估人才培养的需求，增加《无形资产评估》《机器设备评估》《大数据与智能评估》《资产评估职业道德》，从而提升资产评估系列教材的完整性和针对性。

5.体例更加完善。每一部教材不仅列出了本章学习目标、学习要点和主要概念，归纳和总结了主要知识点之间的相互联系，而且大幅度地更新习题与案例，供教师教学和学生自学使用。

东北财经大学国家级一流本科专业建设系列教材·资产评估是东北财经大学会计学院资产评估系全体教师共同劳动的结晶，尤其凝聚了众多资深教授和专家多年的经验和心血。当然，由于我们的经验与人力有限，教材中难免存在不足乃至缺陷，恳请广大读者批评指正。

前　言

党的二十大报告指出："构建优质高效的服务业新体系，推动现代服务业同先进制造业、现代农业深度融合。"随着我国社会主义市场经济的不断发展，资产评估作为现代高端服务业，在维护市场经济秩序、保障各类产权主体合法权益中发挥着重要作用。资产评估服务领域的不断拓展，大数据、人工智能、云计算等新技术的广泛应用，对资产评估人才培养提出了更高的要求。为适应社会经济发展对资产评估人才培养的需要，我们编写了新版的《资产评估》教材。

本教材是东北财经大学国家级一流本科专业建设系列教材之一，可作为全国高校资产评估及相关专业教材使用。本教材以习近平新时代中国特色社会主义思想为指导，全面贯彻党的二十大精神，强化课程思政对于人才培养的引领，坚持理论联系实际的写作原则，力求比较全面系统地阐述资产评估的原理，并着重突出实用忭和可操作性，努力反映国内外资产评估理论研究的最新成果和我国资产评估的实践经验。

本教材体系按资产评估基本理论、资产评估基本方法和资产评估实务的框架设计，共设置了11章内容。第一章为资产评估概述，主要介绍资产评估的含义及特点、资产评估价值及其影响因素、资产评估原则、资产评估法律制度与准则、资产评估的产生与发展。第二章为资产评估基本要素，主要阐述资产评估主体、资产评估目的、资产评估对象、资产评估价值类型、资产评估假设和资产评估基准日。第三章为资产评估程序，主要阐述资产评估的系统性工作步骤。第四章为资产评估基本方法，主要阐述资产评估市场法、收益法和成本法的评估思路、适用前提及具体应用。第五章至第十章为资产评估实务，包括房地产评估、机器设备评估、无形资产评估、流动资产评估、金融资产评估、企业价值评估等内容。第十一章为资产评估报告，主要阐述资产评估报告的构成与编制方法。

本教材的特色主要体现在以下几个方面：

第一，融入课程思政。教材采用灵活的方式实现专业内容和课程思政的有机结合，各章都设置了思政课堂模块，通过教材内容引导学生建立核心价值取向。

第二，内容充实完整。教材合理吸收了资产评估的最新研究成果和准则规范，增加了金融资产评估、资产评估法律制度与准则等内容。

第三，数字资源丰富。教材拥有配套的国家级一流本科线上课程视频、习题、案例等资源，教材各章节都配有课件PPT、自测题、视频资源、延伸阅读、复习思考、练习题等数字平台资源。

第四，教学案例突出。教材每章开篇都配有引导案例，各章引入了大量的实际案例，做到理论联系实际，突出应用性。

本教材由东北财经大学王景升教授、常丽教授担任主编。具体分工如下：第一章、第二章、第五章、第六章由王景升教授编写，第三章由赵振洋副教授编写，第四章、第七章、第八章由常丽教授编写，第九章由孙文章副教授编写，第十章由胡景涛副教授编写，第十一章由朱荣副教授编写。王景升教授对全书各章节的内容进行了总纂。

本教材在编写过程中，参考并吸收了国内外有关资产评估的教材、专著和发表的研究成果，同时结合编者资产评估教学和实际操作中的经验写作而成。本教材的出版得到了东北财经大学出版社的帮助和指导，在此表示衷心感谢。对大连市资产评估协会、辽宁众华资产评估有限公司、辽宁兴正华土地房地产资产评估咨询有限公司给予的大力支持表示衷心感谢。限于编者的理论水平和实践经验，书中错漏之处在所难免，恳请读者批评指正。

编　者

2024 年 3 月

目　录

第一章
资产评估概述

【学习目标】

本章主要阐述资产评估的含义及特点、资产评估价值及其影响因素、资产评估原则、资产评估法律制度与准则、资产评估的产生与发展等内容。通过对本章内容的学习，应达到以下的目标：

1. 了解价值及其构成理论、资产评估的产生与发展。
2. 熟悉资产评估的分类、资产评估法律制度与准则。
3. 掌握资产评估的概念、资产评估的基本要素、资产评估的特点、资产评估价值及其特点、资产评估价值的影响因素、资产评估原则。
4. 通过学习本章内容，强化学生的法律意识、风险意识，遵守职业道德和职业规范。

【思维导图】

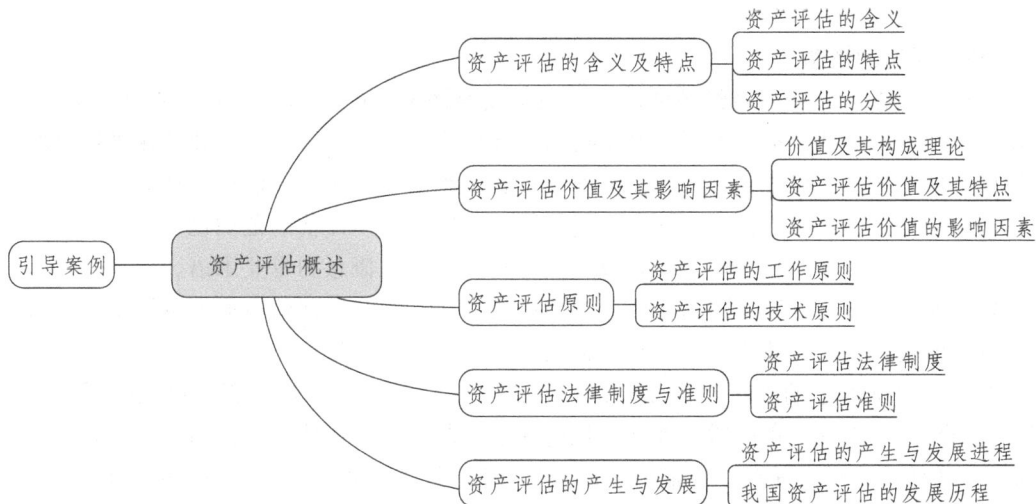

【引导案例】

1989年，中外合资企业大连企荣铸铁有限公司在大连市注册成立。该公司注册资本为1 194万美元，出资人共有三方：甲方为大连炼铁厂，以房屋、设备等固定资产出资，金额为776.1万美元，占注册资本的65%；乙方为香港企荣贸易有限公司，以美元现汇及进口设备出资，金额为298.5万美元，占注册资本的25%；丙方为中国五金制品进出口公司，以人民币现金出资，折合119.4万美元，占注册资本的10%。

大连炼铁厂为大连市国有企业，在中外合资过程中，委托大连会计师事务所对其合资所涉及的资产进行了评估。大连会计师事务所的两名注册会计师承办了此项评估业务，评估对象包括固定资产（房屋、建筑物、动力设备、传导设备、运输设备、工具及仪器、管理用具等）、在建工程（油库、锅炉等）和进口设备，评估的基准日期为1988年12月31日，评估采用重置完全价值扣减折旧得到重置折余价值（评估值）的思路，评估结果为30 578 105元人民币，按约定汇率3.7221，折合8 215 283美元，其中，固定资产4 403 637美元，在建工程204 384美元，进口设备3 607 262美元。

资料来源：根据大连市资产评估协会提供的大连炼铁厂资产评估报告整理.

大连炼铁厂资产评估项目尽管在科学性、规范性等方面存在不足，但其作为我国首个资产评估项目，打破了过往中外合资项目中以固定资产账面净值作价入股的做法，保护了国有资产的权益，开创了我国资产评估的先河，在我国资产评估的产生和发展进程中具有重要地位。

第一节 资产评估的含义及特点

一、资产评估的含义

（一）资产评估的概念

资产评估作为一项社会经济活动，它是市场经济发展的产物，其业务涉及产权转让、企业重组、资产抵押、资产纳税等经济行为。在现代经济生活中，资产评估在维护市场经济秩序、保障各类产权主体合法权益方面发挥越来越重要的作用，已成为社会经济生活中不可缺少的社会中介服务行业。随着市场经济的发展，资产评估的范围也不断扩展，资产评估不仅成为一个独立的行业，而且成为具有特定含义的概念和专业术语。

资产评估的概念可以表述为：资产评估是指评估机构及其评估专业人员根据委托对评估对象价值进行评定、估算，并出具评估报告的专业服务行为。

对资产评估概念的理解，应注意以下几点：（1）资产评估是对资产价值的评估，即"资产估价"，并不具有资产质量评估、性能评估、制造技术评估等其他的含义，其评估的是资产"价值"，而非资产"价格"，因为"价值"和"价格"在资产评估中具有明确的、不同的含义。（2）资产评估是专业性的社会中介服务活动，应由具有资产评估资质的评估机构和评估专业人员完成，评估专业人员包括资产评估师和其他评估专业人员。（3）资产评估是为委托人评估目的服务的，资产评估的结果就是评定估算出满足委托人评估目的需要的资产的时点价值。这一时点价值通常是一个具体的数额，也可能是一个区间值。（4）资产评估不仅是评估专业人员对资产价值进行分析、估算的过程，评估机构还必须与委托人依法订立资产评估委托合同，并将形成的评估结论以书面报告的形式提交给委托人，作为委托人实现资产评估目的的专业性估价意见。

根据《中华人民共和国资产评估法》①（以下简称《资产评估法》）规范的范围，资产评估包括财政部主管的资产评估领域、住房和城乡建设部主管的房地产估价领域、自然资源部主管的土地估价和矿产资源评估领域、商务部主管的二手机动车评估领域、银保监会②主管的保险公估领域。本书中的资产评估主要指财政部作为主管部门的资产评估领域。

（二）资产评估的基本要素

资产评估作为资产估价活动和过程，需要经历多个评估步骤，同时也会涉及若干基本要素。资产评估的基本要素主要有：

1.评估主体

评估主体是指从事资产评估活动的组织者和操作者，即评估机构及其评估专业人员。资产评估机构是由一定数量的评估专业人员组成，并向有关评估管理部门备案，能够从事资产评估业务的操作机构。评估专业人员不仅具有资产评估专业知识，而且具有丰富的评估经验以及较高的职业道德水平，包括资产评估师和其他评估专业人员。

2.评估对象

评估对象亦称评估客体，它是资产评估的标的物，即各类资产。资产是由特定权利主体拥有或控制的、预期能够给该权利主体带来经济利益的经济资源，包括不动产、动产、无形资产、企业价值、资产损失或其他经济权益等。

3.评估目的

评估目的是指评估机构和评估专业人员评定估算委估资产的某一时点价值，为委托人特定的经济行为提供价值参考依据，或理解为资产评估结果的具体用途。评估目的制约和影响评估对象和评估范围的确定、价值类型和评估方法的选择。

4.评估假设

评估假设是指依据现有知识和有限事实，通过逻辑推理，对资产评估所依托的事实或前提条件做出合乎情理的推断或假定。评估假设也是资产评估顺利进行的基础以及评估结论成立的前提条件。评估假设对评估方法的选择具有重要影响。

5.价值类型

价值类型是指资产评估结果的价值属性及其表现形式，包括价值的名称、定义或内涵。不同价值类型，从不同角度反映资产评估价值的属性和特征。不同价值类型所代表的资产评估价值，不仅在性质上是不同的，而且在数量上往往也存在着较大差异。

6.评估原则

评估原则是指资产评估活动所要遵循的行为规则和技术规则。资产评估为各类产权主体及相关当事人提供社会中介服务，只有遵循一定的行为规则和技术规则，才能保证评估行为客观公正、评估结果科学合理。

7.评估程序

评估程序是指资产评估工作从开始准备到最后结束的工作步骤。资产评估项目运作的全过程包含多项具体工作，各项具体工作又相互联系，并且具有先行后续的关系。为确保资产评估工作顺利完成，必须对评估过程工作次序进行合理安排。

① 《中华人民共和国资产评估法》由第十二届全国人民代表大会常务委员会第二十一次会议于2016年7月2日通过，自2016年12月1日起施行。
② 2023年3月，中共中央、国务院印发了《党和国家机构改革方案》，提出组建国家金融监督管理总局，不再保留中国银行保险监督管理委员会。本书中与此相关的表述遵从相关法律法规的原文。

8.评估方法

评估方法是指资产评估所采用的特定评估思路以及相应的技术方法。资产评估方法是在多种学科的技术方法基础上，按照资产评估自身的运作规律和行业特点形成的一整套方法体系。每个评估项目可根据相关要求以及评估方法的适用性选择一种或一种以上具体的评估方法。

9.评估基准日

评估基准日也称评估时点，是指资产评估结果所对应的日期，一般以公历年、月、日表示。由于资产的市场价格是不断变化的，评估对象自身也是不断运动的，只有对评估对象在某个特定时点上的价值做出估测，才能准确反映评估对象的价值。

10.评估结论

评估结论是指资产评估的最终结果，一般用货币金额表示。资产评估工作的目标就是在获取有关评估资料的基础上，运用特定的评估方法，经过评估专业人员的职业分析、判断和估算，得出客观合理的评估结果，为委托人特定的经济行为提供价值参考。

二、资产评估的特点

资产评估是一项对资产价值的估计和判断的社会中介活动。这项中介活动有其自身固有的特征，充分理解和把握资产评估特征，有利于充分认识资产评估的实质，对于做好资产评估工作，提高资产评估工作质量具有重要意义。资产评估具有以下几个特点：

（一）市场性

市场性是指资产评估是适应市场经济要求的专业中介服务活动，其目标就是根据资产业务的不同性质，通过模拟市场条件对资产价值做出评定估算和报告。资产评估结果是否客观合理必须接受市场的检验。

（二）公正性

公正性是指资产评估服务于资产业务并满足社会公共利益的需要，而不能仅满足资产业务当事人任何一方的需要。保证公正性的基本条件包括：（1）评估专业人员是与资产业务没有利害关系的第三者，这是公正性的组织基础。（2）资产评估按照公允、法定的准则和规程进行，公允的行为规范和业务规范是公正性的技术基础。

（三）专业性

专业性是指资产评估是一种专业人员的活动，资产评估结果是一种专业化的估价意见，从事资产评估业务的机构应由一定数量和不同类型的专业人士组成。一方面，这些资产评估机构形成专业化分工，使得评估活动更加专业化；另一方面，评估机构及其评估专业人员对资产价值的估计判断是建立在专业技术知识和经验的基础之上。

（四）咨询性

咨询性是指资产评估结论是为资产业务提供专业化的估价意见，该意见本身并无强制执行的效力，评估人员仅对评估结论本身合乎职业规范要求负责，而不对资产业务定价决策负责。资产评估为资产交易提供的评估结论是相关当事人的重要参考，但最终的成交价取决于当事人的决策动机、谈判地位和谈判技巧等综合因素。

（五）责任性

责任性是指资产评估机构和评估人员对资产评估结果必须承担相应的法律责任。资产评估机构出具的评估报告是具有法律效力的文件，如果由于评估专业人员主观故意或者疏忽，造成评估结果失实，给相关当事人造成经济损失，评估机构和评估专业人员应负相应的法律责任。

三、资产评估的分类

资产种类的多样化和资产业务的多样性，以及资产评估委托方及相关当事人对资产评估内容及其报告需求的多样性，使得资产评估也相应出现了多种类型。

（一）按委托者的评估需求分类

根据资产评估委托者的不同需求，资产评估可分为评估、评估复核和评估咨询。

1.评估

评估就是通常意义的资产评估，是指评估机构和评估专业人员接受委托，对资产的价值进行评定估算并向委托人出具资产评估报告。评估机构和评估专业人员要对其评估结果的真实性和合理性负责。

2.评估复核

评估复核又称评估审核，是指评估机构和评估专业人员对其他评估机构出具的评估报告进行评判分析和再评估，并向委托人出具资产评估复核报告。评估复核服务于委托人的特定需求，对某个评估报告结果的真实性和合理性做出判断和评价，并对自己做出的分析结论负责。

3.评估咨询

评估咨询是一个较为宽泛的术语。它既可以评估专业人员对特定资产的价值提出的咨询意见，也可以评估专业人员对评估标的物的利用价值、利用方式、利用效果的分析和研究，以及与此相关的市场分析、可行性研究等。评估机构要向委托人出具评估咨询报告，并对其提出的评估咨询意见承担相应的责任。

（二）按遵循资产评估准则的程度分类

根据资产评估遵循资产评估准则的程度，资产评估可分为完整性资产评估和限制性资产评估。

1.完整性资产评估

完整性资产评估是指能够严格遵守资产评估准则及程序，按照资产评估准则和评估程序的要求和规定所进行的资产评估。

2.限制性资产评估

限制性资产评估是指受评估条件的限制，不能完全按照资产评估准则和评估程序的要求所进行的资产评估。限制性资产评估对评估报告披露的要求要比完整性资产评估更为详尽，并限定评估报告的使用者。

（三）按资产评估对象的构成和获利能力分类

根据资产评估对象的构成及其所表现的获利能力情况，资产评估可分为单项资产评估和整体资产评估。

1.单项资产评估

单项资产评估是指以某一项不具有整体获利能力的资产作为评估对象的资产评估。如机器设备评估、房地产评估、流动资产评估、无形资产评估等。

2.整体资产评估

整体资产评估是指以若干单项资产组成并且具有整体获利能力的资产作为评估对象的资产评估。最典型的整体资产评估就是企业价值评估。

（四）按《资产评估法》规定的评估业务类型分类

根据《资产评估法》规定的评估对象是否依法评估情况，资产评估可分为法定评估和自愿评估。

1.法定评估

法定评估是指涉及国有资产或者公共利益等事项，法律、行政法规规定需要评估的，应当依法委托评估机构评估。法定评估业务应由至少两名相应专业类别的评估师承办。

2.非法定评估

非法定评估又称自愿评估，是指自然人、法人或者其他组织需要确定评估对象价值的，可以自愿委托评估机构评估。非法定评估业务应由至少两名相应专业类别的评估师或其他评估专业人员承办。

自测题 1-1

视频资源 1-1

第二节　资产评估价值及其影响因素

经济学中的价值理论是资产评估的理论基础，资产评估价值有其特定的内涵和特点，对资产评估价值及其影响因素的分析，可以为资产评估实践提供理论指引。

一、价值及其构成理论

经济学中关于商品价值的定义及价值构成理论，对于分析和理解资产评估中的价值及其特点具有重要意义。

（一）经济学中的价值

经济学界对于价值范畴本身存在着不同的定义或理解，斯密、马克思、马歇尔等人的观点具有代表性。

1.斯密对价值的定义

斯密认为，"价值"一词通常有两种意思，一方面是指"使用价值"，另一方面是指"交换价值"。斯密说："价值一词有两个不同的意义。它有时表示特定物品的效用；有时又表示由于占有某物而取得的对他种货物的购买力。前者可叫作使用价值，后者可叫作交换价值。"[1]

---

[1]　斯密.国民财富的性质和原因的研究（上卷）[M].北京：商务印书馆，1972：25.

2.马克思对价值的定义

马克思是通过对交换价值的分析，进而从更本质的方面或更深层次引出价值范畴。马克思说："同一种商品的各种有效的交换价值表示一个共同的东西。"而这个"共同的东西"不是使用价值，因为"作为交换价值，商品只能有量的差别，因而不包含任何一个使用价值的原子。如果把商品体的使用价值撤开，商品体就剩下一个属性，即劳动产品这个属性"。"如果真正把产品的使用价值抽去，就得到……它们的价值。因此，在商品的交换关系或交换价值中表现出来的共同东西，也就是商品的价值"。"作为价值，一切商品都只是一定量的凝固的劳动时间"。①根据马克思的论述，我国理论界对价值做出了一个明确的定义：价值就是指凝结在商品中的一般的、无差别的人类劳动。

3.马歇尔对价值的定义

针对斯密将价值解释为使用价值和交换价值的观点，马歇尔说："经验已经表明，把价值这个词用作前一种意义是不妥当的。一个东西的价值，也就是它的交换价值，在任何地点和时间用另一物来表现的，就是在那时那地能够得到的，并能与第一样东西交换的第二样东西的数量。因此，价值这个名词是相对的，表示在某一地点和时间的两样东西之间的关系。"②马歇尔认为，所谓价值主要就是指物品的交换价值或价格。

（二）价值构成理论

经济学家对价值范畴的不同定义和理解，形成了商品价值构成的不同理论，具有代表性的价值理论有劳动价值论、效用价值论和供求价值论等。

1.劳动价值论

劳动价值论的基本思想是价值是商品社会特有的历史范畴，价值的产生和存在是由商品社会的生产关系所决定的，是这种社会赋予人类劳动必然的、特有的属性。商品包含使用价值和价值两个因素，其是使用价值和价值的统一。商品能够通过买卖同其他商品相交换的属性是商品的交换价值。价值从现象上表现为不同商品的交换比例，从本质上却是商品生产者之间比较和交换各自产品所耗费劳动的关系。商品是由劳动创造的，商品的使用价值和价值是由生产商品的具体劳动和抽象劳动所决定的。然而，对于千差万别的产品以及为此支出的不同形态的具体劳动，人们无法直接进行比较，而只能抽去它们的具体形态，去比较它们余留下来的相同东西的数量。这个同质的、可比的劳动就是人类的一般劳动力支出，即抽象劳动。无差别的人类抽象劳动凝结在商品中，就形成了商品的价值。商品的价值表明：商品必须具有使用价值，才会有价值，使用价值是价值存在的物质承担者；价值是由抽象劳动而不是具体劳动形成的，具体劳动和自然物质相结合创造出商品的使用价值，抽象劳动凝结在商品中才成为价值；价值是看不见、摸不着的，它只有在商品交换中，通过一种商品与另一种商品的相互对等、相互交换的关系才能表现出来；价值是交换价值的内容，交换价值是价值的表现形式；价值是商品的社会属性，它体现了商品生产者互相交换劳动的社会关系。商品有无价值和价值量的大小，主要通过商品中是否有人类劳动以及这种劳动量的多少，价值会随着社会必要劳动时间的变动而发生变化。

2.效用价值论

效用价值论的基本思想是商品的价值决定于商品为其占有者带来的效用，效用越大，

---

① 马克思.资本论［M］.北京：人民出版社，1975：49-51.
② 马歇尔.经济学原理［M］.北京：商务印书馆，1964：81.

其价值就越高。那么,效用是指什么呢?它是指对商品的占有者欲望的满足程度。价值产生于人们对商品效用的主观评价。如果从量化的角度来理解,它是指商品为其占有者带来的收益,因为各种商品都会为其占有者带来现实的或潜在的收益。收益越高,商品的价值就越大。换句话说,无论商品的生产成本如何,只要能够为占有者带来较大的收益,其价值就会较高;反之,那些为其占有者带来较低收益的商品,无论其生产成本多么高,其实际价值也不可能很高。当然,在市场经济条件下,当市场机制完善,市场机制充分发挥作用时,生产成本高的商品的收益通常也较大,生产成本低的商品的收益通常也较小。但如果出现市场失灵,两者的偏差就可能较大。对于有现实收益的商品,其占有者都尽可能使收益最大化,因为只有这样的收益才能够使占有者得到最大的满足,这也正是商品占有者由于占有商品而得到的效用水平。

3.供求价值论

供求价值论的基本思想是商品的价值来源于生产和消费两个方面,生产方面决定商品的供给,消费方面决定商品的需求,在市场经济条件下,商品的价格由供给和需求双方共同决定。生产方面主要指生产商品所付出的成本。成本主要包括支付劳动者的工资,支付资本的利息,支付企业家的正常利润和支付自然资源拥有者的地租等,这些被称为企业进行生产所投入的生产要素成本。其他条件不变时,生产成本越大,供给越小;生产成本越小,供给越大。消费方面主要指消费者对商品的主观心理感觉,即消费者得到的效用水平。效用或收益水平决定消费商品的需求,效用水平越高,需求越大;效用水平越低,需求越小。将这一思想转换到商品的价格和数量的关系上,就得出了经济学中非常重要的需求规律和供给规律。从理论分析上看,需求规律可以用一条向右下方倾斜的需求曲线来表示;供给规律可以用一条向右上方倾斜的供给曲线来表示。在市场经济条件下,当市场供给等于市场需求时,市场就达到了均衡,此时的价格就是商品的价值。在均衡价格理论体系中,商品的价值与价格是没有被区分的,价值理论等同于价格理论,价值就是价格。

二、资产评估价值及其特点

资产评估作为一种社会经济活动,其基本功能就是根据资产业务的需要分析估算资产的价值。资产评估价值有别于经济学中的"使用价值"、"交换价值或价格"和"凝结在商品中的人类劳动"等理解,其依据经济学中的价值理论进行定义。

(一)资产评估价值的内涵

在资产评估中,价格和价值是联系紧密的两个概念,要理解和合理界定资产评估价值的内涵,必须同时明确理解资产评估价格的概念。

1.价格

从经济学的角度来看,价格是价值的货币表现,是商品同货币交换时单位商品量需要货币的多少。价格是商品的交换价值在流通过程中所取得的转化形式。

资产评估中的价格与经济学中的价格具有基本相同的含义。资产评估中通常将价格定义为:价格是指在特定的市场条件和交易行为中,买卖双方对达成商品交易所收取或支付的货币数额。对于资产评估价格,应该理解为所有进入市场的,无论是已经达成还是未达成的资产交易的货币数量表现。资产评估价格具体可分为成交价格、待售价格、公告价格;总价格、单位价格;含税价格、不含税价格;买方价格、卖方价格等。

2.价值

从经济学的角度来看，劳动价值论认为价值就是指凝结在商品中的一般的、无差别的人类劳动，商品价值决定于生产商品的代价（如生产成本、劳动、社会必要劳动等）；效用价值论认为商品价格决定于商品的效用；供求价值论认为价值主要就是指物品的交换价值或价格，商品价格是由商品的供给和需求双方的均衡点决定的。

资产评估提供的服务主要是一种价值衡量，即用货币来衡量资产价值的多少。资产评估中通常将价值定义为：价值是指评估专业人员根据评估目的和市场条件对评估对象价值量的评定估算值。资产评估价值实质上是一种交换价值，它反映了可供交易的资产与其买卖双方之间的货币数量关系，因而其具有价格的本质特征，但又不是价格本身，即资产评估结果并不是资产的实际市场价格。

（二）资产评估价值的特点

资产评估价值反映的是可供交易的资产与其买卖双方之间的货币数量关系，它表现为以下几个方面的特点：

1.资产评估价值是一种估计值

资产评估是专业人员根据各类资产业务的需要对特定资产的价值量进行合理的判断和估测，并得出评估结果。资产评估结果既不是"凝结在商品中的人类劳动"的多少，也不是资产在特定的市场交易中买卖双方达成的交易数额，它是专业人员根据特定资产业务的需要，在模拟市场条件下估算出的资产价值量。

2.资产评估价值属于交换价值范畴

资产评估是为各类资产业务，特别是为资产交易中买方或卖方达成公平交易价格提供价值参考，评估人员对资产价值的判断不仅要考虑资产自身的因素，还要考虑市场的供求关系对评估结果的影响，资产评估值反映的是资产在某一市场条件和某一时间点进行交换的货币数量和关系，它属于交换价值的范畴。

3.资产评估价值具有多样性

资产评估价值是根据不同资产业务的需要评定估算出来的，评估目的的不同使得评估结果可能具有不同的价值属性。在同一评估目的下，由于市场条件、交易主体、交易方式、交易时间、资产的使用方式和利用程度等方面的差异，同一资产可能存在着不同的评估结论。

三、资产评估价值的影响因素

资产评估是根据特定的资产业务需要评估资产在某一时点的价值，在为某一资产业务服务的资产评估活动中，资产自身状况、市场供求状况、经济发展状况、政府的法律法规及政策状况等因素都会对资产评估价值产生影响。资产评估价值的影响因素可具体包括以下几个方面：

（一）资产自身因素

资产自身状况是影响资产评估价值的主要因素，具体包括资产的实体状况、资产的权利状况和资产的使用状况等方面。

1.资产的实体状况

资产的实体状况是指有形资产自身的性质、特征、功能以及现实存在状态等。资产的性质和特征表明该资产是什么样的资产，它与其他资产有什么不同；资产的功能表明资产的生产能力和盈利能力水平；资产现实存在状态表明资产存在或使用的空间位置、新旧程度等方面。资产的类别不同，反映资产实体状况的指标和参数也不相同。

2.资产的权利状况

资产的权利状况是指作为评估对象的资产的产权以及与之相对应的利益状况。资产的产权是指资产的所有权以及与所有权相关的使用权、收益权、处置权等，此外还有资产所有权派生出来的租赁权、抵押权等。在资产的权利中，资产的所有权是影响资产评估价值的主要因素，其他权利对资产的价值也有重要影响。

3.资产的使用状况

资产的使用状况是指资产的现实用途、使用方式等方面。同一资产的用途和使用方式不同，资产的效用及盈利能力也不相同。资产的用途和使用方式具有多样性，只有在资产的最佳用途和使用方式下，资产的效用才能够最大程度地发挥，资产所创造的收益最大，资产的评估价值也最高。资产的最佳用途和使用方式应该在合法、可行的条件下实现。

（二）市场因素

资产评估价值本质上是一种交换价值，资产评估是通过模拟市场条件评定估算资产价值的，因此，市场供求状况对资产评估价值具有重要影响。市场供求状况是指资产在市场上的供给量和需求量以及相关因素对市场价格的影响。

在其他条件不变的情况下，价格随需求量上升而上升，随需求量下降而下降；价格随供给量上升而下降，随供给量下降而上升。在正常市场情况下，市场交易是自愿交易，或交易双方达成一致的交易。因此，市场交易价格和交易数量，应该是供求双方愿意并能够接受的。买方愿意并且能够接受的商品价格和数量与卖方愿意并且能够提供的商品价格和数量达到一致时，就形成了市场均衡价格。市场供求状况取决于市场特征，在充分竞争的市场特征下，市场价格主要取决于市场的供求状况，在非充分竞争的市场特征下，往往会形成垄断价格。资产评估的资料来源于市场，评估时市场的需求和供给对资产评估价值具有重要影响。

（三）经济因素

影响资产评估价值的经济因素主要有经济发展状况、物价水平、利率水平、税率水平、汇率水平等方面。

1.经济发展状况

经济发展从总量上表现为GDP的增长。在经济发展较快的时期，投资、生产活动活跃，对各类生产资料的需求增加，由此会引发资产市场价格上涨；在经济发展较慢的时期，投资、生产活动不活跃，对各类生产资料的需求少量增加，由此会引发资产市场价格微涨或不涨；在经济发展负增长的时期，投资、生产活动萎缩，对各类生产资料的需求减少，由此会引发资产市场价格下降。确定资产评估价值，应当充分考虑评估时所面临的宏观经济环境的影响。

2.物价水平

物价是所有商品价格的总称，通常情况下，物价的普遍波动，表明货币的实际购买力的变动。市场中资产价格的变化，通常受生产成本、供给和需求等因素的影响。当资产的生产成本提高时，会推动市场价格上涨，反之市场价格不变或下降；在需求不变的情况下，当资产的供给量提高时，资产的价格往往下降，反之就会上涨；在供给不变的情况下，当资产的需求量提高时，资产的价格往往上涨，反之就会下降。物价水平及影响物价水平的各种因素，是估测资产评估价值所需考虑的重要因素。

3.利率、税率和汇率水平

利率又称利息率，是指利息额与本金的比率；税率是指税额与课税对象的比例关系；汇率也称汇价，是指一种货币兑换另一种货币的比率。利率、税率水平的高低不仅影响资产的生产成本，也影响资产的交易成本，从而影响资产的市场交易价格。汇率水平主要影响进口资产的价格。确定资产评估价值，应当考虑利率、税率和汇率等因素对其的影响。

（四）其他因素

除上述因素之外，法律法规、经济政策、产业政策、社会发展状况等对资产评估价值也具有不同程度的影响。

自测题 1-2

视频资源 1-2

第三节　资产评估原则

资产评估原则是评估机构和评估专业人员从事资产评估活动，进行资产评估操作应遵循的准则。资产评估原则包括资产评估工作原则和资产评估技术原则两个方面。

一、资产评估的工作原则

资产评估工作的性质决定了评估机构及其评估专业人员在执业过程中应坚持独立、客观、公正，以及科学性、谨慎性、保密性等工作原则。

（一）独立性原则

独立性原则是指评估机构和评估人员独立地开展评估工作，不受委托人及外界的意图及压力的影响。独立性原则包含两层含义：一是评估机构本身应该是一个独立的、不依附他人的社会公正性中介组织，在利益及利害关系上与资产业务各当事人没有任何联系。二是评估机构及其评估人员在执业过程中应始终坚持独立的第三者地位。

（二）客观性原则

客观性原则是指评估机构和评估人员以客观事实为基础，实事求是地开展资产评估工作。资产评估机构及其评估人员在评估工作中必须以实际材料为基础，以确凿的事实和事物发展的内在规律为依据，以求实的态度为指针，实事求是地得出评估结果，而不可以自身的好恶或其他个人的情感进行评估。

（三）公正性原则

公正性原则是指评估机构和评估人员保持公平正直，而不能有任何偏向性开展资产评估工作。资产评估行为是服务于资产业务的需要，而不是服务于资产业务当事人的任何一方的需要。资产评估人员必须站在独立的"第三者"立场开展评估业务，资产评估结果是评估人员认真调查研究，通过合乎逻辑的分析、推理得出的，具有公正性的评估结论。

（四）科学性原则

科学性原则是指资产评估机构和评估人员遵循科学的评估标准，以科学的态度制订评估方案，并采用科学的评估方法进行资产评估。在整个评估工作中，必须将主观评价与客观测算、静态分析与动态分析、定性分析与定量分析有机结合起来，使评估工作做到科学合理，真实可信。

（五）谨慎性原则

谨慎性原则是指评估机构和评估人员采取严谨、审慎的工作态度，充分考虑各种影响价值因素的不确定性，审慎做出可能导致评估结果偏高或偏低的职业判断，避免出现影响评估结论的有关行为和出具或签署有重大遗漏的资产评估报告。

（六）保密性原则

保密性原则是指评估机构和评估人员在开展评估工作中严格保守国家机密、商业秘密和个人隐私，不得在保密期限内向委托人以外的第三方提供保密信息，除非得到委托人的同意或者属于法律、行政法规允许的范围。

二、资产评估的技术原则

资产评估的技术原则是指在资产评估执业过程中的技术规范和业务准则，为评估专业人员在执业过程中的专业判断提供技术依据和保证。资产评估的技术原则主要包括：

（一）预期收益原则

预期收益原则是指根据资产未来预测收益的现值分析判断资产价值。资产之所以有价值，是因为其能为拥有者或控制者带来未来经济利益。资产价值的高低主要取决于其能为所有者或控制者带来的预期收益量的多少。预期收益原则是评估人员判断资产价值的一个最基本的依据。

（二）供求原则

供求原则是指依据市场上资产的供求关系状况分析判断资产的价值。在其他条件不变的前提下，商品的价格随着需求的增长而上升，随着供给的增加而下降。尽管商品价格随着供求变化并不成固定比例变化，但变化的方向均具有规律性。供求规律对商品价格形成的作用，是确定资产评估价值的重要依据。

（三）贡献原则

贡献原则是指根据构成资产的各要素的价值大小，以及各要素对资产整体的贡献程度分析判断资产价值。贡献原则反映的是资产整体价值与要素价值的关系，资产由多个要素构成时，对该资产进行评估，应分析各个要素对整体资产的贡献大小，或者缺少某项要素资产时，对整体资产的损失大小，通过要素资产的状况来判断资产的整体价值。

（四）替代原则

替代原则是指通过对市场上相同或类似资产交易价格的比较和修正分析判断资产价值。作为一种市场规律，同一市场上具有相同使用价值和质量的商品，应有大致相同的价格。如果具有相同使用价值和质量的商品具有不同的价格，买者会选择价格较低者；作为卖者，如果可以将商品卖到更高的价格水平上，其将会在较高的价位上出售商品。通过价值规律的自发调节，同质的资产会有基本相同的价格。

（五）评估时点原则

评估时点原则是指以某一具体的日期作为评估结果对应的时间点分析判断资产价值。资产评估结果对应的日期称为评估基准日。由于市场是变化的，资产的价值会随着市场条件的变化而不断改变。为了保证资产评估的正常操作，同时保证资产评估结果可以被市场检验，资产评估时，必须假定市场条件固定在某一时点，这一时点就是评估基准日。资产评估值就是评估基准日的资产价值。

（六）合法原则

合法原则是指以资产的合法产权、合法使用、合法处分等为前提分析判断资产价值。合法产权应以产权权属证书、权属档案的记载或者其他合法证件为依据；合法使用应以法律法规规定的资产用途、使用方式为依据；合法处分应以法律、法规或合同等允许的处分方式为依据。

（七）最高最佳利用原则

最高最佳利用原则是指以资产在法律允许、技术可能、经济可行，并能给其权利人带来最大经济利益的利用状态下分析判断资产价值。法律允许应考虑资产使用的法律限制；技术可能应考虑资产用途及使用方式在技术上能够实现；经济可行应考虑资产能否带来预期的经济利益。

自测题1-3

视频资源1-3

第四节　资产评估法律制度与准则

一、资产评估法律制度

资产评估法律制度包括以《资产评估法》为核心，由相关法律、行政法规、部门规章共同组成的资产评估法律制度体系。

（一）《资产评估法》

《资产评估法》由第十二届全国人民代表大会常务委员会第二十一次会议于2016年7月2日通过，自2016年12月1日起施行。《资产评估法》的颁布和实施，对于维护社会主义市场经济秩序，保护国有资产和公共利益，保障评估当事人合法权益，促进评估行业健康发展具有重要意义。

《资产评估法》共八章五十五条，包括总则、评估专业人员、评估机构、评估程序、行业协会、监督管理、法律责任与附则等内容。本章重点介绍总则和法律责任内容，评估专业人员、评估机构、评估程序等内容将在其他章节中介绍。

1.总则的基本规定

（1）资产评估定义。第二条规定，资产评估是指评估机构及其评估专业人员根据委托对不动产、动产、无形资产、企业价值、资产损失或者其他经济权益进行评定、估算，并出具评估报告的专业服务行为。

（2）资产评估业务类型。第三条规定，自然人、法人或者其他组织需要确定评估对象价值的，可以自愿委托评估机构评估。涉及国有资产或者公共利益等事项，法律、行政法规规定需要评估的（以下称法定评估），应当依法委托评估机构评估。

（3）资产评估依据及原则。第四条规定，评估机构及其评估专业人员开展业务应当遵守法律、行政法规和评估准则，遵循独立、客观、公正的原则。

（4）评估专业人员执业规定。第五条规定，评估专业人员从事评估业务，应当加入评估机构，并且只能在一个评估机构从事业务。

（5）自律管理与监督管理。第六条规定，评估行业可以按照专业领域依法设立行业协会，实行自律管理，并接受有关评估行政管理部门的监督和社会监督。第七条规定，国务院有关评估行政管理部门按照各自职责分工，对评估行业进行监督管理。

2.法律责任的规定

（1）评估专业人员法律责任。

第四十四条规定，评估专业人员违反本法规定，有下列情形之一的，由有关评估行政管理部门予以警告，可以责令停止从业六个月以上一年以下；有违法所得的，没收违法所得；情节严重的，责令停止从业一年以上五年以下。①私自接受委托从事业务、收取费用的；②同时在两个以上评估机构从事业务的；③采用欺骗、利诱、胁迫，或者贬损、诋毁其他评估专业人员等不正当手段招揽业务的；④允许他人以本人名义从事业务，或者冒用他人名义从事业务的；⑤签署本人未承办业务的评估报告或者有重大遗漏的评估报告的；⑥索要、收受或者变相索要、收受合同约定以外的酬金、财物，或者谋取其他不正当利益的。

第四十五条规定，评估专业人员违反本法规定，签署虚假评估报告的，由有关评估行政管理部门责令停止从业两年以上五年以下；有违法所得的，没收违法所得；情节严重的，责令停止从业五年以上十年以下。

第四十九条规定，评估专业人员在一年内累计三次因违反本法规定受到责令停止从业以外处罚的，有关评估行政管理部门可以责令其停止从业一年以上五年以下。

第五十条规定，评估专业人员违反本法规定，给委托人或者其他相关当事人造成损失的，由其所在的评估机构依法承担赔偿责任。评估机构履行赔偿责任后，可以向有故意或者重大过失行为的评估专业人员追偿。

（2）评估机构法律责任。

第四十六条规定，违反本法规定，未经工商登记以评估机构名义从事评估业务的，由市场监督管理部门责令停止违法活动；有违法所得的，没收违法所得，并处违法所得一倍以上五倍以下罚款。

第四十七条规定，评估机构违反本法规定，有下列情形之一的，由有关评估行政管理部门予以警告，可以责令停业一个月以上六个月以下；有违法所得的，没收违法所得，并处违法所得一倍以上五倍以下罚款；情节严重的，由市场监督管理部门吊销营业执照。

①利用开展业务之便，谋取不正当利益的；②允许其他机构以本机构名义开展业务，或者冒用其他机构名义开展业务的；③以恶性压价、支付回扣、虚假宣传，或者贬损、诋毁其他评估机构等不正当手段招揽业务的；④受理与自身有利害关系的业务的；⑤分别接受利益冲突双方的委托，对同一评估对象进行评估的；⑥出具有重大遗漏的评估报告的；⑦未按本法规定的期限保存评估档案的；⑧聘用或者指定不符合本法规定的人员从事评估业务的；⑨对本机构的评估专业人员疏于管理，造成不良后果的。

第四十八条规定，评估机构违反本法规定，出具虚假评估报告的，由有关评估行政管理部门责令停业六个月以上一年以下；有违法所得的，没收违法所得，并处违法所得一倍以上五倍以下罚款；情节严重的，由市场监督管理部门吊销营业执照。

延伸阅读 1-1

《中华人民共和国资产评估法》

第四十九条规定，评估机构在一年内累计三次因违反本法规定受到责令停业以外处罚的，有关评估行政管理部门可以责令其停业一年以上五年以下。

（二）相关法律

资产评估相关法律主要有《企业国有资产法》《公司法》《证券法》《城市房地产管理法》《刑法》等。

1.《企业国有资产法》的相关规定

第四十七条至第五十条规定，国有独资企业、国有独资公司和国有资本控股公司合并、分立、改制，转让重大财产，以非货币财产对外投资，清算或者有法律、行政法规以及企业章程规定应当进行资产评估的其他情形的，应当按照规定对有关资产进行评估。国有独资企业、国有独资公司和国有资本控股公司应当委托依法设立的符合条件的资产评估机构进行资产评估；涉及应当报经履行出资人职责的机构决定的事项的，应当将委托资产评估机构的情况向履行出资人职责的机构报告。国有独资企业、国有独资公司、国有资本控股公司及其董事、监事、高级管理人员应当向资产评估机构如实提供有关情况和资料，不得与资产评估机构串通评估作价。资产评估机构及其工作人员受托评估有关资产，应当遵守法律、行政法规以及评估执业准则，独立、客观、公正地对受托评估的资产进行评估。资产评估机构应当对其出具的评估报告负责。

2.《公司法》的相关规定

第二十七条规定，股东可以用货币出资，也可以用实物、知识产权、土地使用权等可以用货币估价并可以依法转让的非货币财产作价出资；对作为出资的非货币财产应当评估作价，核实财产，不得高估或者低估作价。法律、行政法规对评估作价有规定的，从其规定。

第二百零七条规定，承担资产评估、验资或者验证的机构提供虚假材料的，由公司登记机关没收违法所得，处以违法所得一倍以上五倍以下的罚款，并可以由有关主管部门依法责令该机构停业、吊销直接责任人员的资格证书，吊销营业执照。

承担资产评估、验资或者验证的机构因过失提供重大遗漏的报告的，由公司登记机关责令改正，情节较重的，处以所得收入一倍以上五倍以下的罚款，并可以由有关主管部门依法责令该机构停业、吊销直接责任人员的资格证书，吊销营业执照。

3.《证券法》的相关规定

第十六条规定，申请公开发行公司债券，应当向国务院授权的部门或者国务院证券监督管理机构报送下列文件：公司营业执照；公司章程；公司债券募集办法；国务院授权的部门或者国务院证券监督管理机构规定的其他文件。

第一百三十九条规定，国务院证券监督管理机构认为有必要时，可以委托会计师事务所、资产评估机构对证券公司的财务状况、内部控制状况、资产价值进行审计或者评估。具体办法由国务院证券监督管理机构会同有关主管部门制定。

第一百六十三条规定，证券服务机构为证券的发行、上市、交易等证券业务活动制作、出具审计报告及其他鉴证报告、资产评估报告、财务顾问报告、资信评级报告或者法律意见书等文件，应当勤勉尽责，对所依据的文件资料内容的真实性、准确性、完整性进行核查和验证。其制作、出具的文件有虚假记载、误导性陈述或者重大遗漏，给他人造成损失的，应当与委托人承担连带赔偿责任，但是能够证明自己没有过错的除外。

第二百一十三条规定，会计师事务所、律师事务所以及从事资产评估、资信评级、财务顾问、信息技术系统服务的机构违反本法第一百六十条第二款的规定，从事证券服务业务未报备案的，责令改正，可以处二十万元以下的罚款。

4.《城市房地产管理法》的相关规定

第三十三条规定，国家实行房地产价格评估制度。房地产价格评估，应当遵循公正、公平、公开的原则，按照国家规定的技术标准和评估程序，以基准地价、标定地价和各类房屋的重置价格为基础，参照当地的市场价格进行评估。

5.《刑法》的相关规定

第二百二十九条规定，【提供虚假证明文件罪】承担资产评估、验资、验证、会计、审计、法律服务、保荐、安全评价、环境影响评价、环境监测等职责的中介组织的人员故意提供虚假证明文件，情节严重的，处五年以下有期徒刑或者拘役，并处罚金。有下列情形之一的，处五年以上十年以下有期徒刑，并处罚金：（1）提供与证券发行相关的虚假的资产评估、会计、审计、法律服务、保荐等证明文件，情节特别严重的；（2）提供与重大资产交易相关的虚假的资产评估、会计、审计等证明文件，情节特别严重的；（3）在涉及公共安全的重大工程、项目中提供虚假的安全评价、环境影响评价等证明文件，致使公共财产、国家和人民利益遭受特别重大损失的。

（三）行政法规

与资产评估相关的行政法规主要有国务院发布的《国有资产评估管理办法》《国有土地上房屋征收与补偿条例》《探矿权采矿权转让管理办法》。

（四）部门规章

与资产评估相关的部门规章主要有《国有资产评估管理办法施行细则》（原国资局）、《国有资产评估管理若干问题的规定》（财政部）、《资产评估行业财政监督管理办法》（财政部）、《关于规范国有企业改制工作的意见》（国资委）、《企业国有资产评估管理暂行办法》（国资委）、《行政单位国有资产管理暂行办法》（财政部）、《事业单位国有资产管理暂行办法》（财政部）、《金融企业国有资产评估监督管理暂行办法》（财政部）、《企业国有资产交易监督管理办法》（国资委、财政部）、《关于加强以非货币财产出资的评估管理若干问题的通知》（财政部、原工商总局）。

二、资产评估准则

资产评估准则是以《资产评估基本准则》为核心，由《资产评估执业准则》（包括资产评估具体准则、资产评估指南和资产评估指导意见）、《资产评估职业道德准则》共同组成的完整的准则体系。

（一）《资产评估基本准则》

《资产评估基本准则》是财政部依据《资产评估法》和《资产评估行业财政监督管理办法》，对资产评估机构及其资产评估专业人员执行资产评估业务应当遵循的基本理念、基本要求和基本程序等方面所制定的基本规范，是中国资产评估协会制定《资产评估职业道德准则》和《资产评估执业准则》的基本依据。

延伸阅读 1-2

《资产评估基本准则》共六章三十五条，分别为总则、基本遵循、资产评估程序、资产评估报告、资产评估档案和附则。其主要明确了基本准则规范的主体和适用范围，资产评估机构及其资产评估专业人员开展资产评估业务的基本遵循，对资产评估程序、资产评估报告和档案等重要执业内容做出了具体规范并规定了资产评估准则体系组成。

《资产评估基本准则》

（二）《资产评估职业道德准则》

《资产评估职业道德准则》是对资产评估机构及其资产评估专业人员职业道德方面的基本遵循、专业能力、独立性、资产评估专业人员与委托人和其他当事人的关系、资产评估专业人员与其他资产评估专业人员的关系等进行的规范。

延伸阅读 1-3

《资产评估职业道德准则》共七章二十三条，分别为总则、基本遵循、专业能力、独立性、与委托人和其他相关当事人的关系、与其他资产评估机构及资产评估专业人员的关系和附则。

《资产评估职业道德准则》

（三）《资产评估执业准则》

《资产评估执业准则》是中国资产评估协会根据《资产评估基本准则》制定的资产评估机构及其专业人员在执行资产评估业务过程中应当遵循的程序规范和技术规范，包括具体准则、评估指南和指导意见三个层次。

1.资产评估具体准则

资产评估具体准则分为程序性准则和实体性准则两个部分。程序性准则是对评估机构和评估专业人员履行专业程序完成评估业务、保证评估质量的规范。程序性准则包括：《资产评估执业准则——资产评估程序》《资产评估执业准则——资产评估报告》《资产评估执业准则——资产评估委托合同》《资产评估执业准则——资产评估档案》《资产评估执业准则——利用专家工作及相关报告》《资产评估执业准则——资产评估方法》。实体性准则是针对不同类别资产评估业务中的评估机构和评估专业人员的技术操作规范。实体性准则包括：《资产评估执业准则——企业价值》《资产评估执业准则——无形资产》《资产评估执业准则——不动产》《资产评估执业准则——机器设备》《资产评估执业准则——珠宝首饰》《资产评估执业准则——森林资源资产》《资产评估执业准则——知识产权》。

2.资产评估指南

资产评估指南是针对特定评估目的的评估业务，以及某些重要事项制定的评估规范。

资产评估指南包括：《企业国有资产评估报告指南》《金融企业国有资产评估报告指南》《知识产权资产评估指南》《以财务报告为目的的评估指南》《评估机构业务质量控制指南》。

3.资产评估指导意见

资产评估指导意见是针对某细类资产的评估规范、资产评估业务中某些具体问题的指导性文件采用指导意见的形式。资产评估指导意见包括：《资产评估价值类型指导意见》《专利资产评估指导意见》《资产评估对象法律权属指导意见》《著作权资产评估指导意见》《商标资产评估指导意见》《金融不良资产评估指导意见》《投资性房地产评估指导意见》《实物期权评估指导意见》《文化企业无形资产评估指导意见》《珠宝首饰评估程序指导意见》《人民法院委托司法执行财产处置资产评估指导意见》《企业并购投资价值评估指导意见》《体育无形资产评估指导意见》《数据资产评估指导意见》。

自测题 1-4

第五节　资产评估的产生与发展

一、资产评估的产生与发展进程

资产评估是伴随着社会发展和进步，尤其是社会化大生产和商品交换的迅速发展而出现的一种社会经济活动。资产评估作为一种相对独立的社会经济活动，在其整个发展过程中也呈现出较为清晰的阶段性特征。根据资产评估产生与发展的进程，通常将资产评估划分为原始评估阶段、经验评估阶段和规范评估阶段。

（一）原始评估阶段

在原始社会后期，随着生产力水平的提高导致剩余财产的出现，从而产生了剩余产品的交易活动。当交易双方对产品交易价格难以达成一致的意见时，通常需要有一个值得交易双方信赖的、具有公信力和交易经验的第三方对所交易产品的价值进行估计，从而形成一个交易各方能够接受的公平价格促使买卖成交，从而产生了最初的资产评估活动。原始评估阶段的资产评估具有偶然性、直观性、非专业性、无偿性等特点。

原始评估阶段所出现的估价活动和现代意义上的资产评估相差甚远，它仅仅是相关人士对产品交换价值的直观估计。因此，原始评估阶段只能是资产评估的萌芽阶段，而真正意义上的资产评估并没有产生。

（二）经验评估阶段

在前资本主义阶段，随着商品生产和商品交换经济的进一步发展，社会对资产评估的需求与日俱增，资产评估业务向着专业化和经常化的方向逐步发展。此时，社会上出现了专门从事资产评估活动的组织和具有一定评估实践经验的评估人员。经验评估阶段的资产评估具有经常性、经验性、有偿性、责任性等特点。

在经验评估阶段，评估人员具备了一定的专业知识和操作技能，但更多的是依靠经验进行评估。此时，虽然也有一些资产评估的行业组织出现，但在全社会尚未形成统一的评估执业规范，资产评估经验还未上升到理论的高度，资产评估理论方法体系也尚未形成。

（三）规范评估阶段

产业革命的到来使得资本主义经济飞速发展，以资产交易为主的资产业务急剧扩大，作为中介组织的资产机构向公司化发展，从而推动资产评估逐渐成为一个专门的行业。行业化的运作使得资产评估业务开展日益规范，评估理论和方法日益成熟。规范评估阶段的资产评估具有评估机构公司化、评估人员专业化、评估业务多元化、评估方法科学化、评估手段现代化、评估操作规范化、评估结果责任化等特点。

19世纪后期，美国出现了专业评估机构。1868年，英国皇家特许测量师学会的前身正式成立，并于1881年由英国维多利亚女王授予"皇家特许"称号。1981年，国际资产评估准则委员会（TIAVSC）成立，现更名为国际评估准则理事会（IVSC）。1985年，该机构制定了《国际评估准则》，并进行了多次修改。20世纪80年代后期以来，资产评估行业在世界范围内得到了前所未有的高速发展，很多发展中国家也积极发展本国的评估行业，并取得了较大成就。

二、我国资产评估的发展历程

我国的资产评估是随着改革开放以及商品经济的发展，特别是社会主义市场经济体制的确立产生与发展起来的。我国资产评估行业的发展大致可分为以下三个阶段：

（一）产生阶段

20世纪80年代末期，国有企业对外合资合作、承包租赁、兼并破产等产权变动行为日益增多，为确定合理的转让价格，防止国有资产流失，1988年，大连炼铁厂中外合资评估项目开创了我国资产评估的先河。1989年，原国家国有资产管理局颁发了《关于国有资产产权变化时必须进行资产评估的若干暂行规定》。1990年7月，原国家国有资产管理局资产评估中心宣告成立。1991年11月，国务院发布了《国有资产评估管理办法》，标志着我国国有资产评估制度基本形成。这一系列行政举措和法规的出台，确立了我国资产评估的基本方针和管理体制，为保证全国资产评估活动有序开展和逐步推进奠定了基础。

（二）初具规模阶段

1993年12月，中国资产评估协会成立，标志着我国资产评估行业由政府直接管理开始向政府监督指导下的行业自律性管理过渡，行业协会成为国家宏观指导与评估行业微观管理之间的纽带。1995年3月，中国资产评估协会代表中国加入国际评估准则理事会，标志着我国评估行业已经与国际评估行业逐步接轨。1995年5月，由原人事部和原国家国有资产管理局联合发布了《注册资产评估师执业资格制度暂行规定》和《注册资产评估师资格考试实施办法》，以及规范了注册资产评估师签字制度，从而正式建立了注册资产评估师制度。从1996年起，国家组织了全国统一考试，我国注册资产评估师队伍正在逐步扩大，我国资产评估行业初具规模。

（三）规范化阶段

1996年5月，中国资产评估协会受托制定了《资产评估操作规范意见（试行）》，标志着我国资产评估行业正步入规范化操作的新阶段。同时，随着我国对外开放进程的不断推进，我国迅速发展的资产评估事业也得到了国际评估界的认可与重视。在1999年北京召开的国际评估准则理事会年会上，中国资产评估协会当选为国际评估准则理事会常任理事协会。2001年12月，国务院转发了财政部改革《国有资产评估管理办法》的文件，从2002年起，国有资产评估取消了立项确认制度，实行核准制和备案制。2001年，财政部发布《资产评估准则——无形资产》，这是我国资产评估行业的第一项准则，标志着我国资产评估准则建设迈出了第一步。2004年2月，财政部发布《资产评估准则——基本准则》和《资产评估职业道德准则——基本准则》，成为建立我国资产评估准则体系的重要标志。2005年5月，财政部发布《资产评估机构审批管理办法》，对资产评估机构及其分支机构的设立、变更和终止等进行规范。2007年11月，涉及主要评估程序和主要执业领域的资产评估准则基本建成，初步构建了资产评估准则体系。2011年8月，财政部发布《资产评估机构审批和监督管理办法》，进一步规范了资产评估机构的审批管理。2016年7月2日，十二届全国人大常委会第二十一次会议通过了《中华人民共和国资产评估法》，自2016年12月1日起施行。《资产评估法》全面确立了资产评估行业的法律地位，对促进资产评估行业的健康发展具有重大的意义。以《资产评估法》为基本依据，从2017年开始，财政部、中国资产评估协会相继修订了已经发布的各项资产评估准则，并根据资产评估行业发展的需要发布了多项新的准则，截至2023年9月，财政部、中国资产评估协会新修订和新发布的资产评估准则共34项，形成了较为完善的资产评估准则体系。

经过30多年的发展，我国资产评估行业服务的范围和领域不断拓展，服务的质量不断提高，对于促进国有企业改制和加强国有资产监管，繁荣和规范资本市场，推动金融企业改制和维护金融市场安全，促进外商投资和中企对外投资，加强行政事业单位国有资产管理等方面发挥了重要作用。截至2022年底，全国资产评估机构5 551家，从事债券服务业务并备案的资产评估机构273家，公司制的资产评估机构4 353家，合伙制的资产评估机构1 198家，执业资产评估师43 627人。2022年，资产评估行业实现业务收入292.54亿元。①

自测题1-5

视频资源1-4

【思政课堂】　资产评估专业人员要坚守职业道德底线

2023年10月8日，财政部对外公布2022年度资产评估行业联合检查结果，相关评估机构、资产评估师被处罚。

2022年7月至12月，财政部监督评价局会同中国资产评估协会组织6家财政部监管局，完成了对8家备案从事证券服务业务的资产评估机构的执业质量检查，对2家评估机构及4名资产评估师做出行政处罚，中国资产评估协会对2家评估机构及8名资产评估师做出行业自律惩戒，由海南省资产评估协会对1家评估机构进行谈话提醒，此外，督促其他3家评估机构对检查发现的问题进行整改。其中，被财政部处罚的评估机构是深圳长基资产评估房地产土地估价有限公司和四川中天华资产评估有限公司，2家公司以及相关签字资产评估师分别受到警告、责令停业3到6个月等行政处罚。厦门乾元资产评估与房地产估价有限责任公司、汇誉中证资产评估（北京）有限公司及其相关签字资产评估师分别

---

①　根据中国资产评估协会《中国资产评估行业发展报告（2022年度）》（2023年12月26日）整理。

受到中国资产评估协会严重警告、警告等行业自律惩戒。海南省资产评估协会对海南瑞衡资产评估土地房地产估价有限公司实施谈话提醒行业自律监管措施。

财政部强调，将加大对资产评估行业的执法检查力度，保持"严监管、零容忍"的高压态势，严肃查处资产评估行业违法违规行为，推动提升行业执业质量，维护健康有序的市场环境。[①]

职业道德是资产评估行业生存发展的生命线，资产评估专业人员开展资产评估业务必须具备的良好的道德品质和道德行为。坚守执业道德最根本要求，就是要诚实守信，勤勉尽责，谨慎从业，坚持独立、客观、公正的原则，不得出具或者签署虚假资产评估报告或者有重大遗漏的资产评估报告；遵守法律、行政法规和资产评估准则，履行资产评估委托合同规定的义务。坚守职业道德，资产评估专业人员必须具备较强的执业能力，在思想上和行动上保持独立性，正确处理与委托人和其他相关当事人的关系，正确处理与其他资产评估机构及资产评估专业人员的关系，自觉维护职业形象，不得从事损害职业形象的活动。

【本章小结】

本章阐述了资产评估的概念、资产评估的基本要素、资产评估的分类和资产评估的特点；从经济学视角并结合资产评估自身特点对资产评估价格和价值做出了概念界定，并阐述了资产评估价值的特点和影响因素；阐释了独立性、客观性、公正性、科学性、谨慎性和保密性等资产评估工作原则和预期收益、供求、贡献、替代、评估时点、合法、最高最佳利用等资产评估技术原则；介绍了以《资产评估法》为核心的资产评估法律法规体系和以《资产评估基本准则》为核心的资产评估准则体系；分析阐述了我国资产评估产生与发展的历程。

【复习思考】

1.如何理解评估、评估复核、评估咨询？
2.资产评估有哪些特点？
3.如何理解资产评估价值的特点？
4.如何理解资产评估的工作原则？
5.如何理解资产评估的技术原则？
6.资产评估价值有哪些影响因素？

【练习题】

（一）单选题

1.资产评估是一种专业服务行为，该专业服务评估的是资产的（　　）。

A.价格　　　　　　B.价值　　　　　　C.成本　　　　　　D.费用

2.评估专业人员是与资产业务没有利害关系的第三者，这是资产评估公正性的（　　）。

A.组织基础　　　　B.技术基础　　　　C.社会基础　　　　D.义务基础

---

① 根据中华人民共和国财政部公告 2023 年第 65 号整理。

3.通过对市场上相同或类似资产交易价格的比较和修正分析判断资产价值，这是资产评估的（   ）。

A.预期收益原则   B.贡献原则   C.供求原则   D.替代原则

4.根据《资产评估法》的规定，评估专业人员签署虚假评估报告的，由有关评估行政管理部门予以警告，可以责令停业（   ）。

A.一年以上三年以下   B.二年以上五年以下

C.三年以上八年以下   D.四年以上十年以下

5.《资产评估法》由第十二届全国人民代表大会常务委员会第二十一次会议于（   ）通过。

A.2015年   B.2016年   C.2018年   D.2020年

（二）多选题

1.从资产评估委托人评估需求的角度看，资产评估可分为（   ）。

A.评估   B.评估咨询

C.评估复核   D.完全资产评估

E.限制性资产评估

2.资产评估价值的特点有（   ）。

A.资产评估价值是一种估计值   B.资产评估价值属于交换价值范畴

C.资产评估价值属于使用价值范畴   D.资产评估价值具有多样性

E.资产评估价值具有单一性

3.下列属于资产评估技术原则的有（   ）。

A.预期收益原则   B.贡献原则

C.供求原则   D.替代原则

E.评估时点原则

4.根据《资产评估法》的规定，下列哪些资产可以作为评估对象（   ）。

A.动产   B.不动产

C.无形资产   D.企业价值

E.资产损失或其他经济权益

5.下列属于资产评估实体性准则的有（   ）。

A.《资产评估执业准则——不动产》   B.《资产评估执业准则——机器设备》

C.《资产评估执业准则——无形资产》 D.《资产评估执业准则——企业价值》

E.《资产评估执业准则——森林资源资产》

（三）判断题

1.资产评估的结果就是评定估算出满足委托人评估目的需要的资产的时点价值。

（   ）

2.资产评估公允的行为规范和业务规范是公正性组织基础。   （   ）

3.价格是指在特定的市场条件和交易行为中，买卖双方为达成商品交易所收取或支付的货币数额。   （   ）

4.《国有资产评估管理办法》的颁布，标志着我国资产评估的产生。   （   ）

5.《资产评估准则——基本准则》由财政部制定发布。   （   ）

第二章
资产评估基本要素

【学习目标】

本章主要阐述资产评估主体、资产评估目的、资产评估对象、资产评估价值类型、资产评估假设和资产评估基准日等资产评估基本要素。通过对本章内容的学习，应达到以下的目标：

1. 了解资产评估机构设立，资产评估机构管理，资产评估师考试制度。
2. 熟悉评估专业人员的权利、义务以及不得有的行为，评估对象分类。
3. 掌握各评估要素的概念、内容、影响因素及作用。
4. 通过学习本章内容，引导学生树立评估思维和评估意识，热爱资产评估事业。

【思维导图】

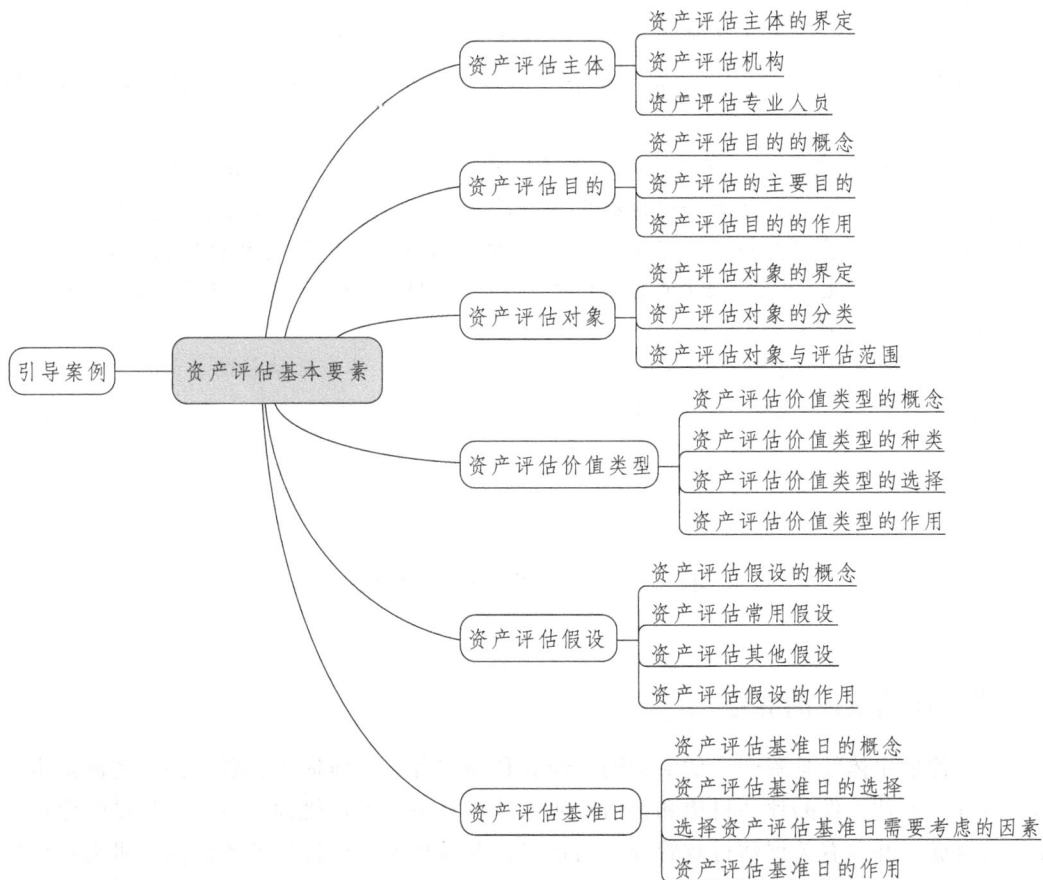

【引导案例】

2023 年 10 月 23 日，江苏通光电子线缆股份有限公司（简称"通光线缆"）为增强公司持续经营发展能力，根据《江苏通光电子线缆股份有限公司总经理专项办公会纪要》，拟收购江苏通光集团有限公司同一控制下的关联企业四川通光光纤有限公司 100% 股权，并委托北京天健兴业资产评估有限公司（简称"天健兴业"）进行资产评估工作。

北京天健兴业资产评估有限公司根据评估委托，进行了评估方案设计、现场调查、评估资料收集、评估方法选择、评定估算等工作，并出具了天兴评报字〔2023〕第 1987 号《资产评估报告》，资产评估报告日为 2023 年 12 月 2 日。评估报告有关内容摘要如下：

评估目的：江苏通光电子线缆股份有限公司拟收购四川通光光纤有限公司 100% 股权，需要对四川通光光纤有限公司的股东全部权益价值进行评估，为该经济行为提供价值参考依据。

评估对象：四川通光光纤有限公司于评估基准日的股东全部权益。

评估范围：四川通光光纤有限公司的全部资产及负债，其中，资产账面价值 25 013.32 万元，负债账面价值 8 431.16 万元，净资产账面价值 16 582.16 万元。

价值类型：根据本次评估目的确定本次评估的价值类型为市场价值。

评估基准日：2023 年 9 月 30 日。评估基准日是由委托人确定的，与资产评估委托合同约定的评估基准日一致。

评估方法：本次选用资产基础法和收益法两种方法进行评估。

评估假设：交易假设、公开市场假设、持续使用假设、企业持续经营假设、其他假设（略）。

评估结论：本次评估，评估人员采用资产基础法和收益法对评估对象分别进行了评估，经分析最终选取资产基础法评估结果作为评估结论。采用资产基础法评估后的四川通光光纤有限公司的股东全部权益账面价值为 16 582.16 万元，评估值为 21 985.39 万元。

资料来源：根据北京天健兴业资产评估有限公司天兴评报字〔2023〕第 1987 号《资产评估报告》（2023 年 12 月 2 日）整理.

本案例内容涉及多个资产评估基本要素，其中，评估主体、评估目的、评估对象和评估范围、价值类型、评估假设、评估基准日等将在本章介绍，资产评估方法将在第四章介绍。

● --

第一节　资产评估主体

一、资产评估主体的界定

资产评估主体就是资产评估活动的组织者和操作者。具体地讲，资产评估主体是指具体从事资产评估工作的评估机构和评估专业人员。其中，评估机构是由一定数量的评估专业人员组成，并向有关评估行政管理部门备案，专门从事资产评估业务的操作机构；评估专业人员是隶属于评估机构的评估师和其他评估从业人员。

评估机构和评估专业人员是一个有机的整体。评估机构必须是具有一定数量评估专业人员的专业机构，而评估专业人员不能脱离评估机构独立从事评估活动，因此，不能将二者割裂开来，并单纯地将评估主体理解为评估机构或评估专业人员。

在执行资产评估业务的过程中，应以评估机构的名义与资产评估委托人订立评估委托合同和出具资产评估报告，评估专业人员必须接受评估机构委派，具体负责业务接洽、资产勘察、评定估算和撰写资产评估报告等工作。因此，资产评估的主体应该是评估机构及其评估专业人员。

二、资产评估机构

（一）评估机构的组织形式

评估机构应当依法采用合伙或者公司形式，聘用评估专业人员开展评估业务。合伙形式的评估机构由合伙人共同出资设立，共同经营，对合伙债务承担无限连带责任。公司形式的评估机构由股东共同出资设立，评估机构以其全部财产对相关债务承担责任。

（二）评估机构的设立

合伙形式的评估机构，应当有两名以上评估师，其合伙人三分之二以上应当是具有三年以上从业经历且最近三年内未受停止从业处罚的评估师。公司形式的评估机构，应当有八名以上评估师和两名以上股东，其中三分之二以上股东应当是具有三年以上从业经历且最近三年内未受停止从业处罚的评估师。评估机构的合伙人或者股东为两名的，两名合伙人或者股东都应当是具有三年以上从业经历且最近三年内未受停止从业处罚的评估师。

设立评估机构应当向市场监督管理部门申请办理登记。评估机构应当自领取营业执照之日起三十日内向有关评估行政管理部门备案。评估行政管理部门应当及时将评估机构备案情况向社会公告。

（三）评估机构管理规定

（1）评估机构应当依法独立、客观、公正地开展业务，建立健全质量控制制度，保证评估报告的客观、真实、合理。

（2）评估机构应当建立健全内部管理制度，对本机构的评估专业人员遵守法律、行政法规和评估准则的情况进行监督，并对其从业行为负责。

（3）评估机构应当依法接受监督检查，如实提供评估档案以及相关情况。

（4）委托人拒绝提供或者不如实提供执行评估业务所需的权属证明、财务会计信息和其他资料的，评估机构有权依法拒绝其履行合同的要求。

（5）委托人要求出具虚假评估报告或者有其他非法干预评估结果情形的，评估机构有权解除合同。

（6）评估机构根据业务需要建立职业风险基金，或者自愿办理职业责任保险，完善风险防范机制。

（7）评估机构不得有下列行为：利用开展业务之便，谋取不正当利益；允许其他机构以本机构名义开展业务，或者冒用其他机构名义开展业务；以恶性压价、支付回扣、虚假宣传，或者贬损、诋毁其他评估机构等不正当手段招揽业务；受理与自身有利害关系的业务；分别接受利益冲突双方的委托，

延伸阅读2-1

《中华人民共和国资产评估法》第三章评估机构

对同一评估对象进行评估；出具虚假评估报告或者有重大遗漏的评估报告；聘用或者指定不符合《资产评估法》规定的人员从事评估业务；违反法律、行政法规的其他行为。

三、资产评估专业人员

根据《资产评估法》的规定，评估专业人员包括评估师和其他具有评估专业知识及实践经验的评估从业人员。评估师是指通过资产评估师职业资格考试的评估专业人员。国家根据经济社会发展的需要确定评估师专业类别。

（一）资产评估师考试制度

2023年，人力资源和社会保障部公示的与资产评估相关的职业资格包含资产评估师。资产评估师的资格类别为水平评价类，实施部门为财政部、人力资源和社会保障部、中国资产评估协会。中国资产评估协会按照国家规定组织实施评估师资格全国统一考试。具有高等院校专科以上学历的公民，可以参加评估师资格全国统一考试。

资产评估师考试设有四个科目，具体为《资产评估基础》《资产评估相关知识》《资产评估实务（一）》《资产评估实务（二）》。该考试以4年为一个周期，参加全部科目考试的人员须在连续4个考试年度内通过全部科目的考试。

（二）资产评估专业人员享有的权利

（1）要求委托人提供相关的权属证明、财务会计信息和其他资料，以及为执行公允的评估程序所需的必要协助。

（2）依法向有关国家机关或者其他组织查阅从事业务所需的文件、证明和资料。

（3）拒绝委托人或者其他组织、个人对评估行为和评估结果的非法干预。

（4）依法签署评估报告。

（5）法律、行政法规规定的其他权利。

（三）资产评估专业人员履行的义务

（1）诚实守信，依法独立、客观、公正地从事业务。

（2）遵守评估准则，履行调查职责，独立分析估算，勤勉谨慎从事业务。

（3）完成规定的继续教育，保持和提高专业能力。

（4）对评估活动中使用的有关文件、证明和资料的真实性、准确性、完整性进行核查和验证。

（5）对评估活动中知悉的国家秘密、商业秘密和个人隐私予以保密。

（6）与委托人或者其他相关当事人及评估对象有利害关系的，应当回避。

（7）接受行业协会的自律管理，履行行业协会章程规定的义务。

（8）法律、行政法规规定的其他义务。

（四）资产评估专业人员不得有的行为

（1）私自接受委托从事业务、收取费用。

（2）同时在两个以上评估机构从事业务。

（3）采用欺骗、利诱、胁迫，或者贬损、诋毁其他评估专业人员等不正当手段招揽业务。

（4）允许他人以本人名义从事业务，或者冒用他人名义从事业务。

（5）签署本人未承办业务的评估报告。

（6）索要、收受或者变相索要、收受合同约定以外的酬金、财物，或者谋取其他不正当利益。

（7）签署虚假评估报告或者有重大遗漏的评估报告。

（8）违反法律、行政法规的其他行为。

延伸阅读2-2

《中华人民共和国资产评估法》
第二章评估专业人员

自测题2-1

视频资源2-1

第二节　资产评估目的

一、资产评估目的的概念

资产评估是为满足委托人特定经济行为需要服务的，资产评估目的就是资产评估业务所要达到的目标。从资产评估委托人的角度理解，资产评估目的是指资产评估业务对应的经济行为对资产评估结果的使用要求，或资产评估结论的具体用途。从资产评估机构的角度理解，资产评估目的是指根据委托评估某资产的价值，为委托人特定经济行为提供价值参考依据。

资产评估业务所涉及的经济行为具有多样性，有单项资产转让，也有企业并购重组，有涉及产权变动的，也有不涉及产权变动的，不同的经济行为对资产评估结果的使用具有不同的要求，经济行为的多样性也决定了资产评估目的的多样性。

二、资产评估的主要目的

（一）资产转让

资产转让主要包括资产买卖、赠与、置换、抵债等。资产转让可分为有形资产和无形资产、国有资产和非国有资产、上市公司资产和非上市公司资产。以资产转让为目的的评估主要涉及流动资产评估、房地产评估、机器设备评估、无形资产评估等。

（二）股权变动

股权变动主要包括企业改制、上市、并购、重组、债转股、增资扩股等。股权变动可分为国有股权和非国有股权变动、上市公司股权和非上市公司股权变动。以股权变动为目的的评估主要涉及企业价值评估，评估对象包括企业整体价值、企业全部股权价值、企业部分股权价值。

（三）企业清算

企业清算是指企业按照章程规定解散以及由于破产或其他原因宣布终止经营后，对企业的财产、债权、债务进行全面清查，并进行收取债权、清偿债务和分配剩余财产的经济活动。以企业清算为目的的评估不是通常意义上的"企业价值评估"，而是对企业的各类资产进行评估，涉及的资产包括流动资产、机器设备、房地产、无形资产等。

（四）融资担保

融资担保包括资产抵押和资产质押两种方式。资产抵押主要包括房地产抵押、机器及交通运输工具抵押，资产质押主要包括有价证券质押、知识产权质押、可转让债权质押、公路桥梁隧道不动产收益质押等。以融资担保为目的的评估主要涉及房地产评估、机器设备评估、股票债券评估、无形资产评估、债权评估等。

（五）公司设立

公司设立注册资本出资形式包括货币，以及实物、知识产权、土地使用权等非货币财产。以公司设立为目的的评估主要涉及房地产评估、机器设备评估、无形资产评估、土地使用权评估等。

（六）财产纳税

财产纳税主要包括房地产税、增值税等。由现行的房产税、土地使用税改为房地产税，并对个人房产纳税是房地产税收改革的方向。以财产纳税为目的的评估主要涉及房地产评估。

（七）财产保险

财产保险主要包括房屋建筑物、机器设备、运输设备、存货、在建工程及材料（可保财产），珠宝首饰、古玩字画、艺术品、堤堰、水闸、铁路、涵洞、桥梁、码头（特保财产），矿井、矿坑的地下建筑物、设备和矿下物（提高保费特保财产）。投保前评估与损失赔偿评估。以财产纳税为目的的评估主要涉及房屋建筑物评估、机器设备评估、流动资产评估、珠宝首饰评估等。

（八）法律诉讼

法律诉讼主要包括财产纠纷、损害赔偿、以资抵债、贪污受贿、盗窃抢劫诈骗等民事、刑事案件。法律法规规定的情形，通常法院委托评估机构进行评估。以法律诉讼为目的的评估主要涉及房地产评估、机器设备评估、流动资产评估、有价证券（金融资产）评估、珠宝首饰评估等。

（九）财务报告

财务报告主要包括投资性房地产、资产减值测试、合并对价分摊等。以财务报告为目的的评估主要涉及房地产评估、机器设备评估、流动资产评估、金融资产评估、无形资产评估等。

资产评估目的有的涉及产权变动（如资产转让、股权变动、企业清算、公司设立等），有的不涉及产权变动（如融资担保、财产纳税、财产保险、财务报告等），有的可能涉及产权变动也可能不涉及产权变动（如法律诉讼等）。

三、资产评估目的的作用

资产评估目的是资产评估最核心的要素，它既是资产评估活动的起点，也是资产评估所要达到的目的，对界定评估对象和评估范围、选择价值类型、评估方法和评估参数具有重要的制约和影响作用。

（一）评估目的是界定评估对象和评估范围的基础

评估对象是资产评估的标的物，评估范围指的是评估对象的具体内容。资产评估所涉及的资产及其范围必须根据特定资产业务的需要确定。企业的经营活动使其经常发生各种资产业务，为具体的资产业务提供估价服务就形成了资产评估的目的。明确资产评估目的，就可以清晰地划定被评估的对象，以及评估对象的内容及构成。资产评估应该根据资产评估的目的，确定评估对象及评估范围，并在资产评估业务约定书和资产评估报告书中明确记载。

（二）评估目的对价值类型选择具有约束作用

价值类型是资产评估结果的价值属性及其表现形式，不同的资产业务决定了资产评估的不同目的，不同的评估目的对资产评估结果的价值属性提出了不同的要求。在不同时期、地点及市场条件下，同一资产业务对资产评估结果的价值类型的要求也会有所差别，这是因为资产价值本身的属性因时间、地点及市场环境的变化而确定，这就要求价值类型与评估目的相匹配。评估目的是选择价值类型的决定性的重要因素，但其不是选择价值类型唯一考虑的因素。评估时的市场条件、资产业务各当事人的状况以及资产自身的状态等，均对资产评估价值类型具有影响作用。

（三）评估目的是选择评估方法和评估参数的重要依据

评估目的是资产评估的具体目标，评估方法是实现评估目标的技术思路和技术手段，评估参数是评估方法的重要指标，评估目的需要达成的评估目标由适用的评估方法及评估参数实现，评估目的决定和影响了评估方法及评估参数的选择。选择评估方法首先应考虑哪种方法是实现评估目标的最佳技术思路和技术手段，评估参数的选择要与达成评估目标的实现相匹配。此外，评估目的通过对评估对象、价值类型、评估假设等评估要素的影响和制约，决定和影响评估方法和评估参数的选择。

自测题 2-2

视频资源 2-2

第三节 资产评估对象

一、资产评估对象的界定

资产评估对象是指资产评估的标的物，即被评估的资产。作为资产评估对象的资产是指被特定主体拥有或控制的，能为其带来未来经济利益的资源。对于作为资产评估对象的资产，应该从以下几个方面进行理解：

（一）资产必须是被特定主体拥有或控制的

资产评估对象中的特定主体主要是指企业，但也包括其他主体，如行政单位、事业单位、社会团体、部队以及个人，这与会计中对资产的定义是不同的。会计中的资产是指过去的交易或事项形成的，并由企业拥有或控制的预期会给企业带来经济利益的资源。因此，会计中资产的主体就是企业。依法取得财产权利是各产权主体拥有并支配资产的前提条件，在市场经济条件下，财产的权利除最基本的所有权外，还包括使用权、收益权、处置权等其他权利，对于一些以特殊方式形成的资产，产权主体虽然不拥有完全所有权，但依据合法程序能够实际控制的，如土地使用权、融资租入固定资产等，均应作为资产评估的对象。

（二）资产是能够给产权主体带来经济利益的资源

产权主体拥有或控制的资源中，具有能够带来未来经济利益的资源才能作为资产，这些资源包括有形的实物资源和无形的权利资源。如果产权主体拥有或控制的资源不具备获利能力，也就不具备资产的特征。只有资源被有效利用，其具有的潜在获利能力才能够实现，进而使资源具有了资产的属性。因此，具有使用价值和交换价值，并能给产权主体带来未来效益的经济资源，才能作为资产确认。

（三）资产必须能够以货币计量

产权主体拥有或控制的资源带来的未来经济利益的多少，决定了资产价值的大小，而资产价值必须能够用货币进行计量。有的资源虽然可以为产权主体带来预期的经济利益，但是其所带来的经济利益不能量化，就不能作为资产予以确认。

二、资产评估对象的分类

资产的存在形式是多种多样的，为了科学地进行资产评估，通常将资产评估对象按照不同的标准进行分类。

（一）按资产的存在形态分类

按资产的存在形态分类，资产可分为有形资产和无形资产。有形资产是指那些具有物质实体的资产，主要包括机器设备、房屋建筑物、流动资产等。机器设备主要包括构成固定资产的机器、设备、工具、器具、仪器等；房屋建筑物包括房屋和构筑物两类，房屋有住宅、厂房、办公楼等种类，除了房屋以外的工程建筑均称为构筑物，如围墙、烟囱、水坝等；流动资产主要包括存货、应收和预付款项、短期金融资产、货币资产等。无形资产是指那些没有物质实体，但能够长期发挥效益并给产权主体带来经济利益的资源，主要包括商标权、专利技术、特许经营权、商誉等。

（二）按资产的流动性分类

按资产的流动性分类，资产可分为流动资产和非流动资产。流动资产是指企业可以在一年或者超过一年的一个营业周期内变现或者运用的资产，主要包括货币资金、交易性金融资产、应收票据、应收账款、预付款项和存货等。非流动资产是指流动资产以外的资产，主要包括债权投资、其他债权投资、长期应收款、长期股权投资、投资性房地产、固定资产、在建工程、无形资产、长期待摊费用等。

（三）按资产的构成及获利能力分类

按资产的构成及获利能力分类，资产可分为单项资产和整体资产。单项资产是指独立存在的单个的资产。单项资产可以有不同的计量单位，如一台设备、一栋房产、一辆汽车、一项专利等。整体资产是指由一组单项资产组成的具有获利能力的资产组合体。确定整体资产的依据，一是其为一个资产综合体，该资产综合体是由多个或多种单项资产所组成，二是其具有获利能力。具有获利能力的单个资产、由多个或多项资产组成的不具有获利能力的综合体，均不能认定为整体资产。典型的整体资产一般是一个企业。

（四）按资产是否独立存在分类

按资产是否独立存在分类，资产可分为可确指资产和不可确指资产。可确指资产是指能够独立存在的资产。不可确指资产是指不能独立于有形资产而单独存在的资产。通常，将除商誉以外的资产都归并为可确指资产，而将商誉作为不可确指资产。商誉是由于企业地理位置优越、信誉卓越、生产经营出色、劳动效率高、历史悠久、经验丰富、技术先进等原因，能够获得的投资收益率高于一般正常投资收益率所形成的超额收益，其不能脱离企业的有形资产而单独存在。

此外，根据《资产评估法》的规定，资产评估对象分为不动产、动产、无形资产、企业价值、资产损失或者其他经济权益。

三、资产评估对象与评估范围

与资产评估对象密切相关的概念是资产评估范围。资产评估范围是指资产评估对象的具体内容，其是对资产评估对象的具体细化。资产评估对象说明的是资产种类问题，即"评估的是什么资产"，而资产评估范围说明的是资产数量或边界问题，即"评估的是哪些资产"。一般来说，资产评估对象和评估范围是由特定的资产业务决定的，例如，资产转让、企业股权变动、中外合资合作经营、企业清算、融资服务、法律诉讼、纳税服务等不同的资产业务中，资产评估对象和评估范围也往往是不同的。资产评估应该根据不同的资产业务确定评估对象和评估范围。

自测题 2-3

视频资源 2-3

第四节　资产评估价值类型

一、价值类型的概念

价值类型是指资产评估结果的价值属性及其表现形式。不同的价值类型从不同的角度反映资产评估价值的属性和特征。不同的价值类型所代表的资产评估价值不仅在性质上是不同的，而且在数量上往往也存在着较大差异。

价值类型是资产评估的重要因素，其决定资产评估结果的性质和内涵，决定和影响资产评估方法及评估参数的选择，也是设立资产评估假设所需考虑的重要因素。资产评估中，评估专业人员对资产评估价值类型进行明确的定义和说明，可以有效避免资产评估报告使用者误用评估结论。

二、价值类型的种类

价值类型可以从不同的角度进行分类。从资产评估时的市场条件和评估对象使用状态的角度分类，价值类型分为市场价值和市场价值以外的价值；从资产评估业务性质的角度分类，价值类型分为市场价值、投资价值、清算价值、抵押价值、保险价值、课税价值、补偿价值等多种价值类型。根据《资产评估价值类型指导意见》的规定，资产评估价值类型包括市场价值和市场价值以外的价值类型，其中，市场价值以外的价值包括投资价值、在用价值、清算价值、残余价值等。下面介绍资产评估具体的价值类型。

（一）市场价值

市场价值是指自愿买方和自愿卖方在各自理性行事且未受任何强迫的情况下，评估对象在评估基准日进行正常公平交易的价值估计数额。市场价值是资产评估中最常选择的一种价值类型，主要用于房地产、机器设备、无形资产等单项资产转让评估，企业改制、上市、并购、重组等企业股权变动评估。

（二）投资价值

投资价值是指评估对象对于明确投资目标的特定投资者所具有的价值估计数额。投资价值通常用于企业价值评估，如企业并购中的特定并购方对被并购企业的并购价值评估。投资价值往往高于市场价值，它可以理解为市场价值加上协同价值后的价值。但也存在特殊情况下，投资价值低于市场价值的情况。

（三）在用价值

在用价值是指将评估对象作为企业、资产组的组成部分或者要素资产按其正在使用方式和程度及其对所属企业、资产组的贡献的价值估计数额。在用价值通常用于对在用续用的房地产、机器设备等的评估。房地产估价中，在用价值又称现状价值，是指估价对象在某一特定时间的实际状况下的价值。

（四）清算价值

清算价值是指评估对象处于被迫出售、快速变现等非正常市场条件下的价值估计数额。清算价值主要用于企业破产清算、机器设备和房地产快速变现等评估。房地产估价中，清算价值又称快速变现价值，是指估价对象在没有充足时间进行营销情况下的价值。

（五）残余价值

残余价值是指机器设备、房屋建筑物或者其他有形资产等的拆零变现价值估计数额。残余价值主要用于不能继续使用的机器设备、房屋建筑物、流动资产等评估。如果残余价值中考虑了资产的处置成本，则残余价值相当于资产可变现净值。

（六）公允价值

公允价值是指市场参与者在计量日发生的有序交易中，出售一项资产所能收到或者转移一项负债所需支付的价格[①]。公允价值从内涵上与市场价值相接近，主要用于企业以公允价值计量的房地产、机器设备、流动资产、无形资产等评估。

（七）抵押价值

抵押价值是指在担保等相关法律法规及金融监管机构对抵押物评估价值的有关规定和

[①]　根据《企业会计准则第39号——公允价值计量》的定义整理。

要求不满足市场价值定义条件的前提下，抵押物相对于担保等相关法律法规及金融监管机构的有关规定所具有的价值估计数额。抵押价值主要用于银行抵押贷款中作为抵押物的房地产、机器设备、有价证券、无形资产、债权等评估。房地产估价中，抵押价值定义为估价对象假定未设立法定优先受偿权下的价值减去注册房地产估价师熟悉的法定优先受偿款后的价值。

（八）课税价值

课税价值是指在税法等相关法律法规对课税对象税基价值的规定和要求不满足市场价值定义条件的前提下，课税对象相对于税法等相关法律法规的有关规定和要求所具有的价值估计数额。课税价值主要用于征收房地产税时的房地产评估。

（九）保险价值

保险价值是指在财产保险等相关法律法规和保险契约等对保险标的物评估价值的有关规定和要求不满足市场价值定义条件的前提下，保险标的物相对于财产保险等相关法律法规和保险契约等的有关规定和要求所具有的价值估计数额。保险价值主要用于财产保险的房屋建筑物、机器设备、流动资产、珠宝首饰等评估。

三、价值类型的选择

资产评估价值类型是资产评估结果价值属性的表现形式，资产评估价值属性是由资产评估目的所要求的，并受评估对象的状况以及市场条件的影响。因此，选择资产评估价值类型应该考虑资产评估的目的、评估对象自身的状况和评估时所面临的市场条件等因素。

（一）资产评估的目的

资产评估的目的是制约资产评估价值类型的主要因素。资产评估价值类型决定了资产评估结果价值的性质、内涵及数额，而选择哪种价值类型主要是资产评估目的决定的，资产评估目的是为特定的资产业务服务的，不同的资产业务具有不同的评估目的，不同的评估目的对资产评估价值类型的选择提出了不同的要求。此外，资产评估目的还通过对评估对象的使用方式和使用状态的约束，评估假设前提设定的约束和影响，以及对资产评估市场条件的限定，间接影响资产评估价值类型的选择。

（二）评估对象自身的状况

评估对象自身的状况是制约资产评估价值类型的重要因素。评估对象自身的特点、功能、使用方式和使用状态是影响资产评估价值的内在因素，不同特点和功能的资产具有不同的价值，同一资产由于使用方式和使用状态不同也会有不同的价值。有的资产由于其自身的特殊性，不具有市场价值，有的资产由于使用方式和使用状态不同也具有不同的价值。选择资产评估价值类型时，应充分考虑资产的特点、功能以及资产的使用方式和使用状态，并着重关注评估目的对资产使用方式和利用状态的约束，以及评估假设对资产使用方式和使用状态的设定。

（三）资产评估的市场条件

资产评估的市场条件是资产评估的外部环境，是影响资产评估价值类型的重要因素。在不同的市场条件下，相同的资产可能会有不同的价值。在公开市场条件下，买者和卖者的地位是平等的，彼此都有获取足够市场信息的机会和时间，买卖双方的交易行为是在自愿的、理智的条件下进行的，交易价格受市场机制的制约并由市场行情决定，而不是由个别交易决定，公开市场条件为资产评估市场价值类型选择奠定了基础。如果不具备公开市场条件，资产评估的价值类型只能选择市场价值以外的价值类型。资产评估的市场条件通常根据现实的市场状况，通过评估假设进行设定。

四、价值类型的作用

资产评估价值类型作为资产评估结果的价值属性及其表现形式，不仅决定和影响资产评估结果的性质、内涵和数额，也对资产评估方法和参数选择具有重要影响，明确价值类型，可以避免评估报告使用者错用评估结论。

（一）价值类型决定和影响资产评估结果

价值类型决定资产评估结果的性质和内涵，同一资产所选择的价值类型不同，资产评估结果的性质和内涵也不同。这主要是由资产的价值属性所决定的，价值属性是资产本身所固有的特性和特征，价值类型是价值属性及其表现形式，由此一种价值与另一种价值具有质的不同，不同的价值具有不同的定义和内涵。价值类型不仅决定资产评估结果的性质和内涵，而且决定和影响评估结果的数量。不同的价值类型影响资产评估假设的设定和资产评估方法和参数的选择，使同一资产具有不同的评估结果。

（二）价值类型影响评估方法和评估参数选择

评估方法和评估参数的选择通常应考虑评估目的、评估对象、价值类型等资产评估要素的影响，其中，价值类型确定了资产评估结果的性质和内涵，对选择适宜的评估方法和评估参数提出了要求和约束。采用哪种评估方法能够满足价值类型所确定的资产评估结果的性质和内涵要求，并选取相应的评估参数，得出合理的评估结论，该种评估方法就应作为资产评估业务的首选方法。当然，资产评估方法的选择还应考虑每种评估方法应用的前提条件，如果条件具备，每项资产评估业务可以选择两种及以上的评估方法。

（三）价值类型避免评估报告使用者错用评估结论

资产评估业务中，同一评估对象，由于受评估目的、市场条件等因素的影响，选择的价值类型不同，导致运用的评估方法和评估结果也不同，这容易导致资产评估报告使用者对评估专业人员的评估行为及评估结果产生歧义。因此，通过评估专业人员对资产评估业务中的价值类型进行定义和说明，明确价值类型以及价值类型所确定的评估结果的性质和内涵，可以更清楚地表达评估结论，有效避免评估委托人和其他评估报告使用者误用评估结论。

延伸阅读2-3

《资产评估价值类型指导意见》

自测题2-4

视频资源2-4

第五节 资产评估假设

一、资产评估假设的概念

资产评估假设是依据现有知识和有限事实，通过逻辑推理，对资产评估所依托的事实或前提条件做出合乎情理的推断或假定。资产评估假设也是资产评估结论成立的前提条件。

由于认识主体的有限能力和认识客体的无限变化的矛盾，人们不得不依据已经掌握的数据资料对某一事物的某些特征或全部事实做出合乎逻辑的推断。这种依据有限事实，对所研究的事物做出合乎逻辑的假定说明，就是假设。

从资产评估活动来看，资产评估是在模拟的市场条件下进行的价值判断，由于受各种主客观因素的影响，评估专业人员对资产评估活动中所面临的资产、市场等方面的了解和认识存在不够充分的情况，为了得出符合资产业务要求的评估结论，必须设定一些假设或前提条件，这就形成了资产评估假设。

二、资产评估常用假设

资产评估常用假设是资产评估活动中经常使用的评估假设，是资产评估的基本假设，主要有交易假设、公开市场假设、持续使用假设、持续经营假设、最佳使用假设、清算假设等。

（一）交易假设

交易假设是以评估对象已经处在交易过程中作为资产评估的假定前提。众所周知，服务于产权变动目的的资产评估其实是在资产实施交易之前进行的一项专业服务活动，而资产评估的最终结果又属于资产的交换价值范畴，而不是交易价格本身。另外，服务于非产权变动目的的资产评估的评估对象根本就不进入市场。但是，这些均不影响评估专业人员利用交易假设将评估对象置于市场交易之中，模拟市场进行价值判断。只有将评估对象置于市场交易之中，评估专业人员才有可能对资产的交换价值进行合理的专业判断。交易假设是资产评估中最常用的假设，可用于各类资产评估。

（二）公开市场假设

公开市场假设是以评估对象在公开市场条件下进行交易作为资产评估的假定前提。公开市场是指充分发达与完善的市场条件，即一个有众多自愿的买者和卖者的竞争性市场。在这个市场上，买者和卖者的地位是平等的，彼此都有获取足够市场信息的机会和时间，买卖双方的交易行为都是在自愿的、理智的，而非强制或不受限制的条件下进行的。事实上，现实中的市场条件未必能达到上述公开市场的完善程度。公开市场假设就是假定那种较为完善的公开市场的存在，评估对象将要在这样一种公开市场上进行交易。当然，公开市场假设也是基于市场客观存在的现实，即资产在市场上可以公开买卖，这样一种客观事实为基础的。由于公开市场假设假定市场是一个充分竞争的市场，资产在公开市场上实现的交换价值隐含着市场对该资产在当时条件下有效使用的社会认同。资产评估中，公开市场的范围可以是地区性市场、全国性市场和国际性市场。公开市场假设主要用于房地产、机器设备、流动资产等评估，以及无形资产、企业价值评估。

（三）持续使用假设

持续使用假设是以评估对象正处于使用状态，并且还将继续使用下去作为资产评估的假定前提。作为评估对象的资产总体上都是持续使用的。因为，从资产定义的角度，资产是能够给拥有者或控制者带来未来经济利益的资源，能够持续使用或经营是成为资产的基本条件。持续使用假设是对资产在特定市场条件下的资产状况的一种设定。

根据资产持续使用的具体情况不同，持续使用假设又可分为以下几种：（1）在用续用假设。在用续用假设是以评估对象按现行使用的地点和用途继续使用作为资产评估的假定前提。在用续用假设在房地产估价中又称为现状利用假设。（2）转用续用假设。转用续用假设是以评估对象在原来使用地点改变用途继续使用作为资产评估的假定前提。（3）移地续用假设。移地续用假设是以评估对象改变使用地点继续使用作为资产评估的假定前提。持续使用假设主要用于房地产、机器设备、无形资产等评估。

（四）持续经营假设

持续经营假设是以经营主体的经营活动可以连续下去，在未来可预测的时间内该主体的经营活动不会终止作为资产评估的假定前提。持续经营假设是针对经营主体的假设，假定经营主体按照现行的经营状态或按照未来可以预计的经营状态持续经营。持续经营假设主要用于企业价值、业务资产组等评估。

（五）最佳使用假设

最佳使用假设是以评估对象处于最佳使用状况作为资产评估的假定前提。资产的最佳使用应该理解为在法律允许的条件下，技术可能，经济合理，能给其权利人带来最大的经济利益的使用。最佳使用假设是资产评估的重要假设，资产价值通常是以资产最佳使用为前提进行评估。房地产估价中，最佳使用又称为最高最佳利用，包括最佳的用途、规模和档次。最佳使用假设主要用于房地产评估。

（六）清算假设

清算假设是以评估对象在非公开市场条件下快速变现作为资产评估的假定前提。清算假设首先是基于评估对象面临交易时间受限的事实或可能性，再根据相应数据资料推定评估对象处于快速变现的状态，交易时间受限可能是由于评估对象处于被迫出售状态或其他非被迫但必须在短时间内变现的原因造成的。

根据评估对象清算的具体情况不同，清算假设又分为以下两种：（1）有序清算假设。有序清算假设是以评估对象在其所有者有序控制下进行有计划、有秩序清算作为资产评估的假定前提。（2）强制清算假设。强制清算假设是以评估对象在外部主体控制下按照法定的或者由控制人设定的程序进行清算作为资产评估的假定前提。

由于清算假设假定评估对象处于快速变现条件之下，清算假设前提下资产的评估值通常要低于公开市场假设前提下资产的评估值。因此，清算假设前提下资产评估结果的适用范围是有限的。清算假设主要用于企业清算评估。

三、资产评估其他假设

资产评估其他假设是除了上述资产评估常用假设外的其他假设，主要有外部环境假设、非真实性假设、特别假设等。

（一）外部环境假设

外部环境假设是以评估时所依托的国家宏观环境、行业环境、地区环境作为资产评估的假定前提。国家宏观环境主要包括国家政治、经济、社会、法律、文化等环境条件变化趋势、稳定性，以及不可抗力影响等。行业环境主要包括行业政策、行业准入、行业竞争、行业规划等。地区环境主要包括地区经济社会发展、地区产业政策、地区产业规划、地区产业竞争、地区人口状况等。外部环境假设主要用于企业价值、房地产、无形资产等评估。

（二）非真实性假设

非真实性假设是因评估目的的特殊需要、交易条件设定或约定，对评估对象状况所做出的与评估对象实际状况不一致的资产评估假设。房地产估价中，非真实性假设又称为背离事实假设。非真实性假设主要用于房地产、机器设备等评估。

（三）特别假设

特别假设是直接与某项特定业务相关，如果不成立将会改变评估结论的资产评估假设。特别假设主要用于企业价值、机器设备等评估。

此外，房地产估价中还有未定事项假设、不相一致假设、依据不足假设等评估假设。企业价值评估中还有经营范围、资产规模、会计政策、补贴及优惠政策等不变假设。

四、资产评估假设的作用

评估假设对具体资产业务中的市场状况、资产交易和使用状况进行了合理的设定，使资产评估活动在特定的框架下有序开展。它不仅是资产评估工作得以顺利进行的基础条件，而且是评估结果客观合理的重要前提，对资产评估价值类型也具有重要影响。

（一）评估假设是资产评估工作顺利进行的基础条件

如果说资产评估的特定目的是资产评估的起点，以及规定资产评估结果的具体用途，资产评估假设则是资产评估得以顺利进行的基础和条件。评估假设对资产评估基础和条件的构筑，是通过假设将被评估资产置于一个相对固定的市场环境，以及将被评估资产设定在某一种状态之下。这样，评估专业人员就可以根据资产评估假设所限定的市场条件及评估对象的用途和使用方式，评定估算出符合资产评估特定目的的评估结果。如果评估对象所面临的市场条件不确定，被评估对象的用途和使用方式不确定，资产评估就无法进行；如果在未明确评估对象所面临的市场条件及评估对象的用途和使用方式的情况下进行资产评估，这样的评估不可能真实地反映评估对象符合其评估目的的评估结果。从这个意义上讲，资产评估假设是资产评估得以顺利进行的基础条件，在资产评估中具有重要作用。

（二）评估假设是资产评估价值类型的重要影响因素

资产评估价值类型体现出资产评估结果具有不同的价值属性。资产评估结果的价值类型首先是资产评估特定目的的基本要求，不同的资产评估特定目的决定了资产评估结果的不同性质、特征及表现形式。资产评估特定目的对价值类型的决定和制约，必须借助于资产评估的假设前提实现。资产评估假设不仅对评估对象交易的前提条件、使用方式和使用状态等具有约束和限定作用，而且通过对评估对象交易的前提条件、使用方式和使用状态等的约束和限定影响着评估结果的价值类型。例如，资产评估中的市场价值总是与资产评估的公开市场假设联系在一起，公开市场假设是评估资产市场价值的最重要的市场条件前提；资产评估中的非公开市场价值总是与资产评估的非公开市场假设联系在一起。当然，资产评估结果的价值属性及其表现形式是多种多样的，有的价值类型与多个资产评估假设相联系。因此，在许多情况下还需要评估专业人员根据评估假设前提及其他条件综合判断评估结果的价值类型。从某种意义上讲，资产评估特定目的对评估结果的价值类型的约束作用是通过资产评估前提假设具体体现出来的。

（三）评估假设是资产评估结果客观合理的重要前提

资产评估结果是评估专业人员根据特定的资产评估目的，将评估对象设置于特定市场条件、特定使用方式和使用状态下估算出来的价值。评估专业人员基于客观事实，对评估对象的特定市场条件、特定使用方式和使用状态的设定，不仅使评估工作得以顺利进行，而且使评估结果与特定市场条件、资产特定使用方式和使用状态相对应，评估假设是评估结果客观合理的前提。更重要的是，评估报告的使用者知晓其所使用的评估结论是在特定的资产评估假设前提条件下得出的专业性估价意见，评估报告结论的使用范围应与评估假设设定的市场条件、资产的使用方式和使用状态相吻合，而不能随意地使用资产评估结论。

自测题 2-5

视频资源 2-5

第六节　资产评估基准日

一、资产评估基准日的概念

资产评估基准日是资产评估结论对应的时间基准，评估委托人需要选择一个恰当的资产时点价值，有效地服务于评估目的。由于市场是不断变化的，资产价格也会随着市场的变化而不断变化。在不同的时间，同一资产往往会有不同的价格。随着时间的推移，资产本身的功能、新旧程度等也会发生变化。由此可见，资产价格具有很强的时效性，每一个价格都对应一个具体的时间。如果没有对应的时间，价格就失去了意义。资产评估不是估算出资产在所有时间上的价值，而是估算出评估对象在某一特定时点上的价值，而且这个特定时点既不是委托人也不是评估专业人员随意假定的，必须根据评估目的确定。

二、资产评估基准日的选择

资产评估基准日的选择主要依据资产评估目的，资产评估目的根据资产权益主体相关资产业务确定，以此形成现实性评估、追溯性评估和预测性评估，相对应的评估基准日可以选择现实日期、过去日期或未来日期。

（一）现实日期

对于现实性评估业务，评估基准日应选择现时某个日期，通常是与评估工作日相接近的时间点，评估结论依据是现实的市场条件和价格标准，评估结论表达的是评估对象截至评估基准日现实状态，在评估基准日市场条件下，以评估基准日货币币值计量的价值。评估实务中，多数资产评估业务都是为委托人现实性的资产评估目的服务，因而多数资产评估业务的评估基准日都选择与评估工作日相接近的日期，如资产交易、资产重组、企业并购、资产抵押、资产课税等现实性评估业务。

（二）过去日期

对于追溯性评估业务，评估基准日应选择过去某个日期，而并非与评估工作日相接近的时间点，评估结论依据是过去的市场条件和价格标准，评估结论表达的是评估对象过去时间点的评估基准日状态，在过去时间点评估基准日市场条件下，以评估基准日货币币值计量的价值。评估实务中，少数资产评估业务是为委托人追溯性的资产评估目的服务，因而只有少数资产评估业务的评估基准日选择过去某个日期，如资产损害赔偿、金融不良资产处置等追溯性评估业务。

（三）未来日期

对于预测性评估业务，评估基准日应选择未来某个日期，而并非与评估工作日相接近的时间点，评估结论依据是未来的市场条件和价格标准，评估结论表达的是评估对象未来时间点的评估基准日状态，在未来时间点评估基准日市场条件下，以评估基准日货币币值计量的价值。评估实务中，少数资产评估业务是为委托人预测性的资产评估目的服务，因而只有少数资产评估业务的评估基准日选择未来某个日期，如房地产未来交易、股权未来转让等预测性评估业务。

三、选择资产评估基准日需要考虑的因素

选择资产评估基准日首先要考虑不同类型资产业务引起的资产评估目的的不同要求，还要考虑评估对象特点以及政府部门规定。

（一）考虑评估目的的要求

评估目的体现了相关当事人对特定资产业务评估结果的用途，而为满足相关当事人特定资产业务需要的资产评估结果，又具有现实性、追溯性和预测性等不同的需要，这就决定了作为资产评估结果对应日期的评估基准日的选择，必须考虑资产评估目的的要求。对于多数具有现实性评估需要的资产评估目的，要求评估基准日应选择现在某个与评估工作日相接近的时间点；对于具有追溯性评估需要的资产评估目的，要求评估基准日应选择过去某个时间点；对于具有预测性评估需要的资产评估目的，要求评估基准日应选择未来某个时间点。除了特殊需要外，评估基准日通常选择与评估目的实现日相接近的日期。

（二）考虑评估对象的特点

评估对象具有多种类型，不同类型评估的评估对象又具有不同的特点，评估对象的不同特点，对评估基准日的选择也具有不同的要求。资产评估中，对财务报告等有关资料依赖度较高的评估对象，如流动资产、无形资产、企业价值等，评估基准日应选择会计期末，通常是年末，也可以是季末或月末；资产评估中，对财务报告等有关资料依赖度不高的评估对象，如房地产、机器设备等，评估基准日可以选择会计期末，也可以选择会计期末以外的其他日期。

（三）考虑政府部门的有关规定

对于涉及国有资产、上市公司的评估业务，财政部、国资委、证监会等部门文件对评估基准日的选择具有专门规定，如国有股东所持上市公司股份间接转让时，上市公司股份价值确定的基准日应与国有股东资产评估的基准日一致，且与国有股东产权直接持有单位对该产权变动决策的日期相差不得超过1个月；上市公司发行股票购买资产等重大资产重组事项，资产评估基准日应与发行股票的定价日接近；企业合并对价分摊资产评估的评估基准日应当选择购买日；核定税基、确定计税价值资产评估的评估基准日应当选择应税行为发生所对应的时点。

四、资产评估基准日的作用

选择和确定评估基准日，对于合理收集评估资料，明确评估结论时间基准，确定评估结论使用期限具有重要作用。

（一）评估基准日对评估资料收集具有约束作用

资产评估工作能够顺利进行，必须有充分可靠的评估资料，评估资料的收集要根据评估目的、评估对象的特点和评估方法的要求进行，还要考虑评估基准日对评估资料收集的约束作用。对于现实性评估，由于评估基准日选择现时某个日期，评估中应收集现实的宏观经济状况、行业状况、市场交易价格、资产收益状况、利率及汇率状况，以及其他方面资料；对于追溯性评估，由于评估基准日选择过去某个日期，评估中应收集现实的评估所需资料；对于预测性评估，由于评估基准日选择未来某个日期，评估中应收集现实的对未来市场趋势、资产价格及收益变化产生影响的评估所需资料。如果评估基准日选择会计期末，应收集获取企业财务报告等相关资料。

（二）评估基准日明确了评估结论时间基准

资产评估结论是评估专业人员依据评估目的，选择适合的价值类型和评估方法，运用所收集的评估资料，经过专业分析、判断和估测得出的资产价值数额，供委托人特定的资产业务使用。评估结论一定是时点价值，而并非时期价值。由于市场状况、资产状态、利率、汇率等因素都是不断变化的，资产价值也随之变化，因此，必须将资产评估结论固定在某一时点上，才能科学、准确地提供评估对象的价值参考，使委托人和其他评估报告使用者更加明晰。评估结论是资产在评估基准日的时点价值，评估基准日到评估目的实现日期间，随着市场条件、资产状况的变化，资产价值也会发生变化，需要交易双方根据评估结论提供的专业估价意见和市场变化情况，综合考虑达成双方或多方满意的交易价格。

（三）评估基准日是确定评估结论使用期限的依据

根据资产评估管理的有关规定，资产评估结果使用有效期自评估基准日起1年，超过

1年的，资产评估结果不再有效。这要求资产评估委托人及其他资产业务当事人应在1年内实现其评估目的，否则，评估报告的结论将会失效，如需达成有关资产业务，还需重新进行资产评估。资产评估结论自评估基准日起有效期为1年的管理规定，其目的是保证评估结果的有效性和客观合理性。如果评估目的实现日距离评估基准日时间较长，随着市场状况等发生变化，评估结论作为资产业务价值参考的效果可能会大打折扣，这对评估机构和评估专业人员的信誉也会产生影响，不利于评估行业的发展。当然，也可能存在评估目的实现日距离评估基准日不足1年，由于市场状况发生较大变化，委托人重新委托评估机构对资产重新评估的情况，这是一种合理的做法。

自测题 2-6

【思政课堂】 助力国家经济建设 资产评估行业大有可为

党的二十大报告提出，要坚持把发展经济的着力点放在实体经济上，推进新型工业化，加快建设制造强国、质量强国、航天强国、交通强国、网络强国、数字中国。资产评估行业积极贯彻国家重大战略部署，充分发挥专业优势，为维护社会公平正义、规范市场经济秩序、保障国家经济安全提供有力专业支撑。

1.服务国家重要战略部署。资产评估行业通过强化对供给侧结构性改革的研究和市场分析，准确把握市场动向和服务需求，不断拓展市场领域。资产评估行业帮助企业转型升级，为新材料、新能源、生物技术、航天航空等新兴产业提供价值咨询及鉴证服务。资产评估行业在规范境外并购市场经济秩序、引导资源全球范围内的合理配置、服务境外国有资本管理、维护公共利益等方面发挥重要作用。资产评估行业通过参与国有企业结构调整与重组，助力国有企业做强做优做大，提升核心竞争力。

2.服务多层次资本市场建设。资产评估行业帮助上市公司在交易中了解标的资产的真实价值，使交易更真实、客观、公正，避免投资损失。资产评估行业通过对科技公司企业价值进行评估，为科技公司提供客观公正的定价依据，为其融资、上市、并购等活动提供可靠的价值参考。资产评估行业积极开展知识产权评估业务，大力服务知识产权有序流转、高新技术企业利用知识产权融资、自有成果转化和知识产权保护。资产评估行业通过对私募风投、资产证券化、不动产投资信托基金、文化艺术品、体育无形资产和数据资产等进行评估，为投资者、企业和市场参与者提供准确、可靠的价值信息，高效服务新经济新业态发展。

3.服务财政中心工作。资产评估行业通过对国有企业合并、分立、破产、解散、以非货币对外投资、产权转让，以及资产转让、置换等经济行为提供资产评估服务。资产评估行业为公共资产管理提供科学的依据和决策支持，促进公共资产规范管理和透明运作，为公共资产管理提供长远的发展战略和决策参考。资产评估行业通过对预算项目、政策和绩效目标进行全面、科学的评价，为政府决策提供科学依据。资产评估行业通过评估债务价值与风险，为地方政府提供科学、客观的依据，确保债务合理性。资产评估行业通过对纳税人的固定资产、股权、无形资产等进行计税基础评估，有助于确保纳税人合理纳税。[①]

在资产评估的课程学习中，要树立资产评估服务意识、资产评估职业道德意识，扎实

① 根据中国资产评估协会发布的《中国资产评估行业发展报告（2022年度）》（2023年12月26日）整理。

掌握资产评估的基本理论和专业技能，为社会经济发展和中华民族伟大复兴贡献力量。

【本章小结】

本章阐述了资产评估主体的界定、资产评估机构和资产评估专业人员，资产评估目的的概念、主要的评估目的、评估目的的作用，资产评估对象的界定、分类，评估对象与评估范围的关系，资产评估价值类型的概念、种类及制约因素，资产评估假设的概念、基本假设、评估假设的作用，评估基准日的概念、选择，评估基准日的作用。

【复习思考】

1.如何界定资产评估主体？

2.资产评估目的有哪些作用？

3.如何理解资产评估对象与评估范围的关系？

4.选择价值类型应考虑哪些因素？

5.价值类型有哪些作用？

6.资产评估有哪些常用假设？

7.资产评估假设有哪些作用？

8.资产评估基准日有哪些作用？

【练习题】

（一）单选题

1.资产评估是一种专业服务行为，其主体是（　　）。

A.委托人　　　　　　　　　　　　B.评估机构

C.评估专业人员　　　　　　　　　D.评估机构和评估专业人员

2.成立合伙的评估机构，应有的评估师为（　　）。

A.两名以上　　　　B.三名以上　　　　C.五名以上　　　　D.八名以上

3.下列对价值类型选择具有约束作用的是（　　）。

A.评估主体　　　　B.评估对象　　　　C.评估目的　　　　D.评估假设

4.下列资产属于不可确指资产的是（　　）。

A.著作权　　　　　B.专利权　　　　　C.商标权　　　　　D.商誉

5.资产评估结论对应的时间基准是指（　　）。

A.评估基准日　　　B.评估报告日　　　C.评估工作日　　　D.评估报告提交日

（二）多选题

1.根据《资产评估法》的规定，资产评估机构的组织形式包括（　　）。

A.合伙式的评估机构　　　　　　　B.公司式的评估机构

C.股份制的评估机构　　　　　　　D.国有独资评估机构

E.国有控股评估机构

2.资产转让的方式主要有（　　）。

A.资产买卖　　　　　　　　　　　B.资产赠与

C.资产担保　　　　　　　　　D.资产抵债

E.资产投资

3.按资产的构成及获利能力分类，资产可分为（　　）。

A.有形资产　　　　　　　　　B.无形资产

C.单项资产　　　　　　　　　D.整体资产

E.流动资产

4.资产评估价值类型主要有（　　）。

A.市场价值　　　　　　　　　B.投资价值

C.在用价值　　　　　　　　　D.清算价值

E.残余价值

5.资产评估活动中常用的假设主要有（　　）。

A.交易假设　　　　　　　　　B.公开市场假设

C.持续使用假设　　　　　　　D.最佳使用假设

E.清算假设

（三）判断题

1.在执行资产评估业务的过程中，应以评估机构的名义出具资产评估报告。（　　）

2.评估专业人员可以同时在两个以上评估机构从事业务。（　　）

3.资产评估范围是指资产评估对象的具体内容，是对资产评估对象的具体细化。

（　　）

4.持续使用假设是以评估对象正处于使用状态，并且还将继续使用下去作为资产评估的假定前提。（　　）

5.评估基准日应选择现时某个日期，而不能选择过去或未来日期。（　　）

第三章
资产评估程序

【学习目标】

本章主要阐述资产评估程序的主要环节与步骤，以及执行资产评估程序的基本要求。通过对本章内容的学习，应达到以下的目标：

1.掌握资产评估程序的含义及主要环节、资产评估业务基本事项的内容及要求。

2.了解资产评估委托合同及其形式，整理归集评估档案。

3.熟悉资产评估计划的主要内容，调整、执行资产评估程序的要求。

4.通过学习资产评估的主要环节，培养学生的法治理念，坚守职业道德，勤勉尽责，提高资产评估执业质量。

【思维导图】

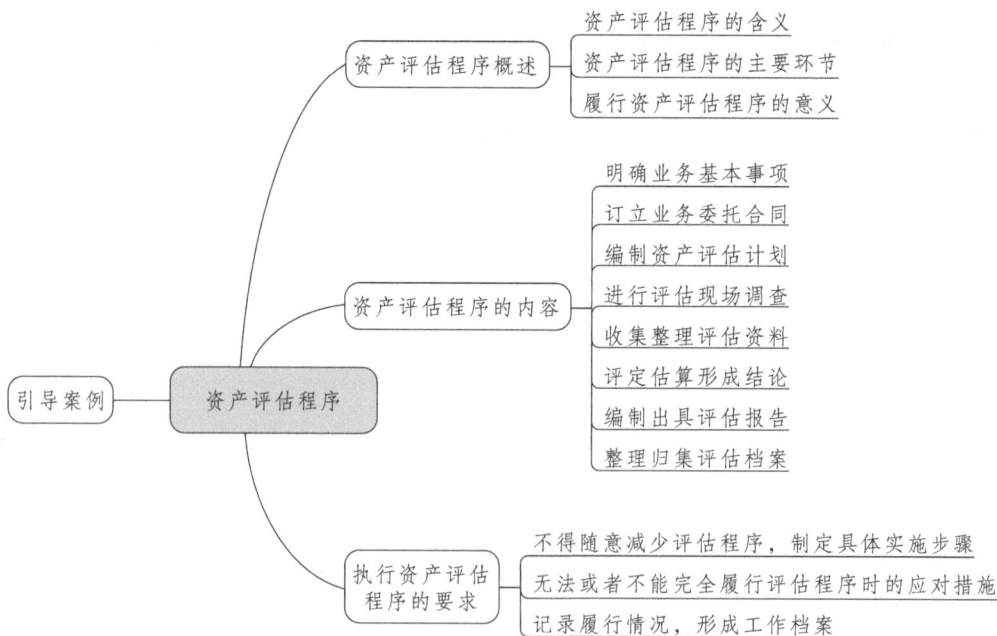

【引导案例】

2020年，重庆市资产评估协会共对18家评估机构进行了检查，检查面约为20%。检查范围以2019年1月至2020年6月开展的资产评估业务及出具的资产评估报告为主，纳入本次检查范围的18家机构大部分为中小型评估机构，规模较小，业务类型较为单一。抽查的68份资产评估报告中，企业价值（或净资产）评估报告26份（其中有7份报告采用两种评估方法，其余均采用一种评估方法），无形资产评估报告1份（采用市场法），其余41份主要为机器设备、房地产、建（构）筑物、土地使用权等单项资产和资产组合评估报告。检查发现违反资产评估程序的主要问题如下：

1.资产评估业务前期基本事项洽谈内容缺失或记录不完整。

有的前期基本事项洽谈内容中无委托人、产权持有人等内容；有的未填写评估基准日；有的无价值类型；有的无资产评估项目所涉及的需要批准的经济行为审批情况说明等。

2.评估人员专业能力、独立性、业务风险、利用专家工作、评估业务承接综合分析和评价内容缺失或不完全。

未见专业能力、独立性、业务风险、利用专家工作、评估业务承接综合分析和评价记录或记录不完整，有的缺少评价人或评估机构相关负责人签字。

3.资产评估委托合同不规范。

有的资产评估委托合同仍使用"业务约定书"名称；有的资产评估委托合同内容不完整，如无委托方信息，无评估报告使用范围，未明确报告的提交时间和方式，评估服务费的支付方式未明确；有的评估合同签订日期在评估报告日之后。

4.评估计划缺失或编制过于简略。

有的无评估业务实施的主要过程，无人员工作安排；有的工作时间安排不合理，计划进度与委托合同约定不一致，计划评估人员与实际项目人员不一致；有的评估计划无相关负责人审核、签字。

5.缺少必要的现场调查记录或记录不完整。

（1）企业价值评估业务中没有进行必要的访谈，或访谈记录内容简单、针对性不强；未根据评估项目具体情况，确定合理的现场调查方式，询问、函证、监盘、勘查等重要程序，现场调查记录不完整或缺失评估调查人员签字及实施日期。在对非实物性资产核实过程中，有的直接引用审计的现场调查工作成果资料和函证复印件作为评估工作底稿而未作任何说明，也未见对企业经营和会计核算资料进行查阅结果的记录。

（2）对实物资产的现场勘察记录过于简单粗略，仅有资产数量记录，无资产现状描述，无勘察时间、勘察人员和领勘人员签名；有多项设备时，只在申报表上打勾或对个别设备补充填列规格型号、生产厂家等，未采用ABC分类勘查；除评估说明举例资产的勘查记录外，其他重要房屋、设备现场调查记录缺失。

（3）询价记录不完整，如询价记录缺主要信息，询价资料来源记录、询价时间和询价人员签字记录不完全。

6.收集整理的评估资料不完整，对资料核查验证不充分。

（1）部分项目评估申报明细表填列内容不完整，未见被评估单位申报确认的资产、负债明细表及汇总表。如机器设备评估表中部分缺账面值、生产厂家、型号、购置日期等要素，部分项目《企业关于进行资产评估有关事项的说明》，企业未签字、盖章确认。

（2）对资产权属、资产的存在性和完整性、资产的现状和使用状况等资料收集不完整，有的设备评估项目只收集发票，未收集采购合同，未关注购置价格是否已包含运输费、安装费及其他技术使用费，也没有收集重要设备技术档案、日常运行和维护记录。

（3）企业价值部分评估项目：对被评估单位的历史沿革、现状、发展前景、相关宏观等资料未收集或收集不完整；对被评估单位或其长期投资单位的成立批复文件、投资协议、验资报告等资料未收集或收集不完整。

（4）评估使用的资料未见核查验证记录或者核查验证记录不完整。如评估对象的存在性和完整性，重要权属证明、利用审计成果、函证、重要取价参数，未见核查验证记录或者核查验证记录不完整。

7.评定估算无详细计算、分析过程。

（1）实物资产采用成本法测算时，部分项目取值参数的完整性未作分析，取值依据不充分；未见对功能性、经济性贬值分析或说明；采用市场法测算时，未见修正体系和修正幅度合理性分析底稿；采用收益法测算时，测算过程中相关参数取值理由不充分。

（2）采用收益法评估企业价值时，收入、成本、费用、折旧摊销、资本性支出、营运资金增加（减少）等参数预测依据不足；对收益期限预测、折现率测算依据不充分。

资料来源：重庆市资产评估协会. 2021年度评估机构执业质量检查通报［EB/OL］.［2022-01-25］. http：//www.cqicpa.org.cn/a/wenjiantongzhi/2022/0125/6665.html.

本案例内容涉及资产评估程序的主要环节，其中明确业务基本事项、订立业务委托合同、编制资产评估计划、进行评估现场调查、收集整理评估资料、评定估算形成结论等将在本章介绍。

第一节　资产评估程序概述

资产评估作为一项客观公正性和科学性要求较高的工作，评估机构及评估专业人员必须履行一系列系统性的工作步骤，才能完成资产评估工作，实现资产评估的目的。资产评估的法律法规、行业评估准则等都明确对资产评估的基本程序进行规范，正确履行资产评估程序，对于规范资产评估机构及评估专业人员行为，提高资产评估业务质量，防范资产评估执业风险，都有着重要的意义。

一、资产评估程序的含义

资产评估程序是指评估机构和评估专业人员执行资产评估业务、形成资产评估结论所履行的一系列系统性工作步骤。资产评估程序有广义和狭义之分，狭义的资产评估程序始于评估机构和评估专业人员接受委托，终于向委托人或相关当事人提交资产评估报告书。广义的资产评估程序始于承接资产评估业务前的明确业务基本事项环节，终于资产评估报告书提交后的整理归集评估档案。我国的资产评估程序属于广义的资产评估程序。

资产评估行业主管部门和自律组织对资产评估的基本程序进行规范。财政部于2017年颁布的《资产评估准则——基本准则》第八条规定，资产评估机构及其资产评估专业人员开展资产评估业务，履行下列基本程序：明确业务基本事项、订立业务委托合同、编制资产评估计划、进行评估现场调查、收集整理评估资料、评定估算形成结论、编制出具评估报告、整理归集评估档案。

中国资产评估协会于2018年颁布的《资产评估执业准则——资产评估程序》第五条规定，资产评估基本程序包括：明确业务基本事项；订立业务委托合同；编制资产评估计划；进行评估现场调查；收集整理评估资料；评定估算形成结论；编制出具评估报告；整理归集评估档案。各项资产评估执业准则、资产评估指南和资产评估指导意见，分别针对不同的资产评估业务操作程序进行执业规范。

资产评估程序规范是对资产评估工作规律的归纳与总结，是资产评估工作的操作指引，为资产评估工作指明具体的操作步骤。评估机构及评估专业人员接受评估委托后，即可按照资产评估程序规定的工作步骤及相关要求开展评估工作。

二、资产评估程序的主要环节

资产评估程序由具体的工作步骤组成，不同的资产评估业务由于评估对象、评估目的、评估资料收集情况等相关条件的差异，可能需要执行不同的资产评估具体程序或工作步骤。资产评估具体程序或工作步骤的划分取决于评估机构和评估专业人员对各资产评估工作步骤共性的归纳，资产评估业务的性质、复杂程度也是影响资产评估具体程序的重要因素。但是，资产评估基本程序是相同的，各种类型的评估业务都应当遵循资产评估基本程序规范的要求，并以此为指引开展资产评估工作。根据各工作步骤的重要性，资产评估基本程序通常包括以下八个主要环节：

（1）明确业务基本事项；
（2）订立业务委托合同；
（3）编制资产评估计划；
（4）进行评估现场调查；
（5）收集整理评估资料；
（6）评定估算形成结论；
（7）编制出具评估报告；
（8）整理归集评估档案。

延伸阅读3-1

《资产评估准则——基本准则》

延伸阅读3-2

《资产评估执业准则——资产评估程序》

三、履行资产评估程序的意义

资产评估程序应当以资产评估机构和评估专业人员为主体，反映评估机构和评估专业人员为执行资产评估业务、形成资产评估结论所必须履行的系统性工作步骤。正确履行资产评估程序，对于规范资产评估机构及资产评估专业人员行为，提高资产评估业务质量，防范资产评估执业风险，都有着重要的意义。

（1）正确履行资产评估程序有利于规范评估机构及专业人员的评估行为。

资产评估机构和评估专业人员接受委托，不论执行何种资产类型、何种评估目的的资产评估业务，都应当履行必要的资产评估基本程序，按照《资产评估准则——基本准则》和《资产评估执业准则——资产评估程序》规定的资产评估工作程序的基本内容，以及各工作环节提出的具体要求进行评估活动，对于规范评估机构及专业人员的评估行为，提升评估业务的规范化水平，有着重要的意义。

（2）正确履行资产评估程序有利于保证和提高评估机构的业务质量。

正确履行资产评估程序不仅是衡量资产评估机构和评估人员执行资产评估业务是否规范的重要标准，也为上述相关当事方提供了评价资产评估服务的依据，这样才能有效地避免程序上出现疏漏，切实保证资产评估的业务质量。

（3）正确履行资产评估程序有利于防范评估执业风险。

评估机构及评估专业人员在从事资产评估业务中存在一定的执业风险，如果评估过程存在瑕疵，不能得出公正合理的评估结论，可能会导致评估业务委托方或评估报告使用者的权益受到损失，评估机构和评估人员将承担一定的经济和法律责任。因此，正确履行资产评估程序是评估机构及评估专业人员防范评估执业风险的重要手段。履行资产评估程序是评估机构和评估专业人员防范执业风险、保护自身合法权益、合理抗辩的重要手段。

自测题 3-1

视频资源 3-1

第二节　资产评估程序的内容

根据《资产评估准则——基本准则》第八条和《资产评估执业准则——资产评估程序》第五条的规定，资产评估程序的基本内容体现在以下八个主要环节：

一、明确业务基本事项

明确业务基本事项是资产评估程序的第一个环节，包括订立资产评估业务委托合同以前的一系列基础性工作，如对资产评估项目进行风险评价、明确与承接的资产评估项目有关的重要事项等。由于资产评估专业服务的特殊性，资产评估程序甚至在委托人委托资产评估机构、资产评估机构接受委托之前就已经开始。评估机构及专业人员需要明确资产评估的范围，根据资产评估对象的具体情况，在对自身专业胜任能力、独立性和业务风险承担能力进行综合分析与评价的基础上，合理承接资产评估业务。接受业务委托以前，评估机构及评估专业人员需要明确评估的基本事项，主要包括评估报告使用者、评估目的、评估对象和评估范围、评估价值类型、评估基准日等。

（一）接受资产评估委托应满足的基本要求

评估机构及评估专业人员接受资产评估业务委托时，应当严格遵守资产评估职业道德和行为规范的要求，根据评估业务的具体情况，对自身专业胜任能力、独立性和业务风险进行综合分析与评价，并由评估机构决定是否承接评估业务。接受资产评估委托时，应当着重注意以下几个方面：

（1）评估机构和评估人员不能利用主管部门或行政机关的权力，对行业、地区的评估业务进行垄断；

（2）不应以个人的名义接受委托，而应该以评估机构的名义接受委托；

（3）评估机构和评估人员不得通过诋毁、贬低同行信誉等不正当手段获得评估业务；

（4）评估机构和评估人员不得通过降低收费标准或以不切实际的承诺承揽业务；

（5）评估机构和评估人员应保持形式和实质上的独立；

（6）评估机构和评估人员不能同时为多个评估目的及要求而对同一资产进行评估；

（7）评估机构和评估人员应充分了解评估对象、评估目的和评估范围；

（8）评估机构和评估人员应充分分析评估业务风险，正确判断自身的执业能力，不得承揽无力完成的评估业务；

（9）按照能力原则受理评估业务并与委托人签订资产评估业务委托合同；

（10）评估机构在接受委托之前应赴现场进行必要的勘察，以便明确评估工作量、工作时间和收费标准等基本事宜。

（二）接受委托前需要明确的业务基本事项

（1）委托人、产权持有人和委托人以外的其他资产评估报告使用者。

资产评估机构从事资产评估业务，必须接受委托方的委托，最终向委托方提交资产评估报告书。评估机构及评估专业人员在明确评估业务基本事项阶段，应当对委托方的基本情况有清晰的了解，主要包括委托方的名称、法定代表人、经济类型、所属行业、注册地址等。

明确委托方基本情况以后，评估机构及评估专业人员需要进一步了解评估对象产权持有者的情况，明确委托方与产权持有者的关系。一般情况下，评估业务的委托方与评估对象的产权持有者是同一主体，委托方为特定的资产业务委托资产评估机构对自有产权的资产进行评估。但有时评估业务的委托方与评估对象的产权持有者不一定是同一主体，委托方为特定的资产业务委托资产评估机构对他人持有产权的资产进行评估。在评估业务开展之前，对于除委托方外的相关当事方的了解也较为重要，如果委托方与产权持有者、资产管理者并非同一主体，资产评估事先需要征得资产管理者的同意，才能顺利履行资产评估的后续程序。

评估机构及评估专业人员通过履行评估程序，得出评估结论，需要向委托方出具资产评估报告。评估报告只能用于评估报告载明的评估目的和用途，由评估报告载明的评估报告使用者使用。因此，在明确评估基本事项阶段，需要了解委托方对评估报告的期望用途，明确是否存在委托方以外的其他评估报告使用者，查明委托方与其他评估报告使用者之间的关系。

（2）评估目的。

资产评估目的是资产评估所要达到的目标，评估目的的不同，会影响资产评估的价值类型和评估结果。资产评估总是为了满足特定资产业务需要进行的，明确资产评估特定目的，即查明引发资产评估的经济行为，如资产转让、股权转让、企业清算、财产抵押、财产课税、编制财务报告等。

评估人员应当要求委托方明确资产评估结果的预期用途，确定资产评估目的。资产的评估目的，一般由资产评估专业人员根据委托方的需要进行合理确定并清晰表述。从评估目的的本质来说，资产评估目的是由引发资产评估业务的事项决定的，需要评估专业人员与委托方交流，通过询问等方式了解其评估报告的用途，确定其资产的评估目的。

（3）评估对象和评估范围。

明确资产评估目的以后，需要了解评估对象的基本状况，明确评估的基本范围。评估人员应当与委托方沟通，与委托方一同确定拟评估资产所包含的具体内容，以确定资产评估对象，明确资产评估的具体范围。

评估对象的基本状况，是接受评估委托时评估对象所处的状态，主要包括实物状况、权属状况和使用状况等。明确评估对象的实物状况，主要是了解被评估资产的名称、类型、规格型号、技术参数、生产工艺、新旧程度、地理位置、数量等。明确评估对象的权属状况，主要是了解被评估资产的权利情况，查明委托方是否拥有资产的所有权和使用权，其权利是否受到一定的限制。资产评估一般情况下是评价实际权益状况下资产的价值，不得随意设定资产的权益状况来进行评估。明确评估对象的使用状况，主要是了解被评估资产的具体用途、利用效率、能源消耗、生产能力等。

评估范围与评估对象有着密切的联系，明确评估对象以后，需要进一步明确评估对象的具体范围。评估范围是评估对象的具体化，即评估对象的内容与构成。评估范围的界定，需要根据资产评估的特定目的要求，有些评估对象不能用于某些评估目的，或有些评估目的限制了评估对象的范围和内容，所以，评估对象及其范围和内容，既不能简单地根据委托方的要求确定，也不能根据评估人员的主观愿望随意确定，而应根据评估目的，依据法律、法规的规定并在征得委托方的认可之后综合确定。

（4）价值类型。

评估的价值类型一般分为市场价值和市场价值以外的价值两种类型。评估机构和专业评估人员应当在明确资产评估目的的基础上，恰当地确定资产评估结果的价值类型，并确信所选择的价值类型适用于资产评估目的及评估报告的期望用途。资产评估人员应当根据委托方评估资产的目的、评估时的资产市场条件和资产评估对象的自身条件等因素，选择评估价值类型及形式。从资产评估目的方面来看，以产权交易（转让）为目的的资产评估一般要求市场价值类型，以投资、继续使用、清算等为目的的资产评估一般要求市场价值以外的价值类型。某些特定的资产评估业务评估结论的价值类型可能会受到相关法律、法规或者契约的约束，如以抵（质）押为目的的评估业务、以税收为目的的评估业务、以保险为目的的评估业务、以财务报告为目的的评估业务等。这些评估业务的评估结论应当按照相关法律、法规或者契约等的规定选择评估结论的价值类型；相关法律、法规或者契约没有规定的，可以根据实际情况选择市场价值或者市场价值以外的价值类型。

（5）评估基准日。

评估机构和评估专业人员应当明确资产评估基准日，并确信资产评估基准日有利于资产评估结论有效地服务于资产评估目的，减少和避免不必要的资产评估基准日期后事项。

（6）资产评估报告使用范围。

资产评估机构和评估人员接受委托前还须与委托方进行沟通，了解本次资产评估是否有可能影响评估过程和结论的限制条件，以判断能否接受委托和如何接受委托。

（7）资产评估报告提交期限及方式。

资产评估机构和评估人员应当对评估工作量做出合理的判断，并与委托方进行沟通，以明确本次评估工作的具体时间安排。

（8）评估服务费及支付方式。

资产评估机构接受评估委托前应当与委托方协商资产评估收费标准和收费方式，对于资产评估对象价值量小而评估工作量大的项目，可要求委托方按评估项目的实际工作量支付评估费用。

（9）资产评估项目所涉及的需要批准的经济行为的审批情况。

如果资产评估项目所涉及的经济行为需要有关部门的审批，评估机构洽谈人员应当了解该经济行为获得批准的相关情况。获得有关部门批准的文件，应当载明批件名称、批准日期及文号。

（10）委托人、其他相关当事人与资产评估机构及资产评估专业人员工作配合和协助等需要明确的重要事项。

评估机构洽谈人员应当根据评估业务具体情况与委托人沟通，明确委托人与资产评估专业人员工作配合和协调等其他需要明确的重要事项。其包括落实资产清查申报、提供资料、配合现场及市场调查，协调与相关中介机构的对接和交流等。当委托人不是评估对象的产权持有者时，约定委托人协调产权持有者协助配合评估工作的责任。其目的是在资产评估委托合同签订之前将一切可能需要委托人尽责的事项沟通明确，为形成资产评估委托合同中的约束性条款做好准备。

评估机构和评估专业人员在明确上述资产评估基本事项的基础上，应对下列因素进行分析以确定是否承接资产评估项目：一是分析资产评估机构和评估人员的专业胜任能力及相关经验；二是分析评估机构和评估专业人员的独立性，确认与委托人或相关当事方是否存在现实或潜在利益冲突；三是进行风险评价，分析资产评估项目的执业风险。

二、订立业务委托合同

（一）业务委托合同的含义

资产评估业务委托合同是指评估机构与委托方签订的，明确评估业务基本事项，约定评估机构和委托方权利、义务、违约责任和争议解决等内容的书面合同。为规范业务委托合同的签订、履行等行为，明确签约各方权利和义务，维护社会公共利益和资产评估各方当事人合法权益，中国资产评估协会颁布了《资产评估执业准则——资产评估委托合同》。

资产评估机构承揽资产评估业务，应当与委托人签订业务委托合同。资产评估是一种中介服务活动，资产评估机构作为受托方，完成委托方特定资产的估价服务。资产评估机构（受托方）与委托方应当以书面形式签订业务委托合同，以书面形式表达双方的权利义务关系，分清各自的责任。

（二）业务委托合同的签订与变更

业务委托合同的签约主体是资产评估机构和委托方，资产评估机构应当具有与所承接评估业务相适应的执业资格，委托方应当存在引发资产评估的特定业务事项。评估机构及评估专业人员承接资产评估业务时，应当就签订内容充分与委托方协商，明确评估业务合同的基本事项，并就合同的主要条款达成一致。业务委托合同制作完成后，应当由评估机构的法定代表人或合伙人签字并加盖评估机构公章。

业务委托合同签订后，可以依法变更。《资产评估执业准则——资产评估委托合同》规定，业务委托合同签订后，签约各方发现相关事项约定不明确，或者履行评估程序受到限制需要增加、调整约定事项的，可以协商对业务委托合同相关条款进行变更，并签订补充协议或者重新签订业务委托合同。业务委托合同签订后，评估目的、评估对象、评估基准日发生变化，或者评估范围发生重大变化的，评估机构应当与委托方签订补充协议或者重新签订业务委托合同。

业务委托合同签订后，签约各方均应当按约定的事项履行各自的义务。业务委托合同应当约定签约各方的违约责任，签约各方因不可抗力无法履行业务委托合同的，可以根据法律规定，部分或者全部免除责任。如果在履行业务委托合同过程中产生争议，和解、调解不成的，可以根据协议向仲裁机构申请仲裁，或者向人民法院提起诉讼。

（三）业务委托合同的内容

资产评估业务委托合同是在资产评估机构明确上述基本事项，并对评估项目做出风险评价之后，资产评估机构与委托人共同签订的，以确认资产评估业务的委托与受托关系，明确委托目的、被评估资产范围以及双方权利义务等相关重要事项的合同。资产评估业务委托合同应当内容全面、具体，含义清晰准确，符合国家法律、法规和资产评估行业管理规定，并应包括以下基本内容：

（1）资产评估机构和委托人的名称、住所、联系人及联系方式；

（2）评估目的；

（3）评估对象和评估范围；

（4）评估基准日；

（5）评估报告使用范围；

（6）评估报告提交期限和方式；

（7）评估服务费总额或者支付标准、支付时间及支付方式；

（8）资产评估机构和委托人的其他权利和义务；

（9）违约责任和争议解决；

（10）合同当事人签字或者盖章的时间；

（11）合同当事人签字或者盖章的地点。

（四）资产评估业务委托合同提前终止及解除

由于人为或客观原因，可能会导致提前终止、解除资产评估业务委托合同的情形，《资产评估法》第十八条和第十九条分别赋予了资产评估机构在法定情形下可以拒绝履行或单方解除资产评估业务委托合同的权利。资产评估机构可以在洽商、订立资产评估业务委托合同时依法要求体现相关约定。其包括：

（1）委托人和其他相关当事人如果拒绝提供或者不如实提供开展资产评估业务所需的权属证明、财务会计信息或其他相关资料的，资产评估机构有权拒绝履行资产评估业务委托合同。

（2）委托人要求出具虚假资产评估报告或者有其他非法干预评估结论情形的，资产评估机构有权单方解除合同。

除此之外，还存在非资产评估机构及评估专业人员原因导致资产评估委托合同解除的其他情形：

（1）委托人提前终止资产评估业务、解除资产评估业务委托合同。

（2）因委托人或其他相关当事人原因导致资产评估程序受限，资产评估机构无法履行资产评估业务委托合同，相关限制无法排除时资产评估机构单方解除资产评估业务委托合同。

针对上述因法定事由提前终止和解除资产评估业务委托合同的情形，以及其他非资产评估机构及评估专业人员原因导致资产评估业务委托合同解除的情形，资产评估机构可以依据法律和相关资产评估准则的要求，在洽商、订立资产评估业务委托合同时与委托人约定：相关法定或特定的资产评估业务委托合同提前终止、解除的情形发生时，由委托人按照已经开展资产评估业务的时间、进度或者已经完成的工作量支付相应的评估服务费。

视频资源 3-2

三、编制资产评估计划

资产评估计划是评估机构及评估专业人员为完成评估业务委托而拟订的工作思路及实施方案，是对资产评估工作步骤、工作时间和评估人员所作的规划和安排。评估计划一般在评估项目开展前编制，为保证各种资源最有效的配置并合理利用，需要对未来可能进行的所有主要评估工作进行规划，依照评估工作程序的要求对现场调查、收集评估资料、评定估算、编制和提交评估报告等评估工作的各个具体环节进行规划，具体地对评估步骤、工作进度安排、专业人员、时间、重点关注的事项等内容加以明确。

（一）编制资产评估计划需考虑的因素

资产评估专业人员在编制资产评估计划的过程中，应当同委托人及相关当事人就相关问题进行沟通，以保证资产评估计划的可操作性，编制资产评估计划时，应当考虑以下因素：

（1）资产评估目的以及相关管理部门对资产评估开展过程的管理规定。

（2）评估业务风险，评估项目的规模和复杂程度。

（3）评估对象及其法律、经济、技术、物理等因素。

（4）评估项目所涉及资产的结构、类别、数量及分布状况。

（5）委托人及相关当事人的配合程度。

（6）相关资料的收集状况。

（7）委托人、评估对象产权持有人（或被评估单位）过去委托资产评估的情况、诚信状况及其提供资料的可靠性、完整性和相关性。

（8）资产评估专业人员的专业能力、经验及人员配备情况。

（9）与其他中介机构的合作、配合情况。

（二）资产评估计划的主要内容

评估计划应当涵盖现场调查、收集评估资料、评定估算、编制和提交评估报告等评估业务实施全过程，包括资产评估业务实施的主要过程、时间进度安排、人员安排和技术方案等内容。

1.资产评估业务实施的主要过程

资产评估计划应当涵盖现场调查、收集评估资料、评定估算、编制和提交资产评估报告等资产评估业务实施的主要过程。

资产评估专业人员确定各主要过程的具体评估步骤时，需要考虑以下因素：

（1）评估项目的背景和相关条件，包括评估目的、评估对象和评估范围、价值类型、评估基准日、本次评估操作的重点和难点、参与本项目的其他中介机构等。

（2）采用的评估方法。

（3）资产清查的工作重点及具体要求，如现场调查工作目标、现场调查工作总体时间安排、现场调查主要工作内容、现场调查的协调方式等内容。

（4）与参与本项目的审计人员、律师等其他中介机构的对接安排及注意事项等。

2.资产评估业务实施的时间进度安排

明确资产评估业务实施的时间进度安排，有利于跟踪评估工作进度，保证在报告提交期限内提交报告。资产评估专业人员应结合评估报告的提交期限、评估业务实施的主要过程的具体步骤、业务实施的重点和难点等制订评估业务实施的进度安排计划。

资产评估专业人员应在与委托方共同商定的评估作业期间内，合理确定评估工作时间，并对各具体评估步骤的时间进度进行安排。资产评估师可以根据评估业务具体情况确定评估计划的繁简程度，对于小型的评估项目，评估计划可以适当简化；对于大型、复杂的评估项目，要求附以流程图、进度表，详细列示具体的操作安排。

3.资产评估业务实施的人员安排

合理的评估业务实施人员安排是高效保质完成评估项目的保障。评估机构应当根据评估项目的资产规模、资产分布、资产专业结构、业务风险因素等情况，以及评估方法、评估业务实施主要过程的主要步骤、业务实施的时间安排、费用预算等，综合考虑评估业务实施对评估专业人员的工作经验、技术水平、专业分工、人员数量等配置要求组建项目团队。

评估机构应当根据评估任务量的大小、性质及评估工作的难易程度，合理确定此项评估的人员数量及构成，并根据评估人员的特点和专项特长，具体分配评估人员。评估机构应当根据评估工作的地点、评估人员的多少、评估工作时间的长短等合理安排评估所需的经费，做到既满足需要，又节省资金。

（三）资产评估计划的调整

评估作业计划编制完成后，需要上报资产评估机构负责人审核，批准后方可实施。在评估业务执行过程中，要求评估人员遵循拟订的作业计划安排。如果在执行资产评估作业计划过程中，评估对象的情况或相关因素发生了变化，可以对作业计划进行必要的修改、补充和完善，调整评估工作步骤，适当增加或减少评估人员，调整评估作业时间。

资产评估项目的执行是一个复杂、动态的过程，如果原编制的评估计划不能适应项目要求，资产评估机构应当对评估计划进行必要的调整。在评估业务执行过程中，要求评估人员遵循拟订的作业计划安排。比如，评估工作本身遇到了障碍，出现了在编制评估计划时没有预料到的操作层面或者技术层面的情况，造成评估工作未能按照原计划推进；由于委托人经济行为涉及的评估对象、评估范围、评估基准日发生了变化，应尽快与委托人、其他相关当事人进行沟通，可以对作业计划进行必要的修改、补充和完善，调整评估工作步骤，适当增加或减少评估人员，调整评估作业时间。调整计划要兼顾评估效率和工作质量的原则，充分利用已有的工作成果，将评估计划调整所需的成本降到最低水平。

四、进行评估现场调查

现场调查是指资产评估人员亲临现场，实地查明评估对象的现实状况。现场调查应当在评估对象或评估业务涉及的主要资产所在地进行，评估人员应当深入现场，核实评估对象的存在性和完整性，勘查评估对象的品质和使用状况，查验评估对象的法律权属资料，了解评估对象的实际情况，取得相应的调查资料。通过现场调查，评估人员应当确信或证明评估对象是存在的、数量是正确的，对评估对象的技术状况和物理状况有充分的了解，对评估对象的运用或使用状况有充分的了解。

现场调查是资产评估的一个重要环节，评估人员执行资产评估业务时，应当根据评估业务具体情况对评估对象进行适当的现场调查。现场调查对于评估人员全面、客观地了解评估对象，核实委托方和资产占有方提供资料的可靠性，确定委托资产的真实性、合法性和完整性，均有着重要的意义。

（一）现场调查的目的

现场调查是资产评估工作中的重要一环，其目的主要是确定委托评估资产是否存在，以及其合法性和完整性；确定委托评估资产与账簿、报表的一致性；收集委托评估所需的有关数据资料。

（二）现场调查的主要内容

（1）评估对象的基本情况。评估人员在进行现场调查时，应当与委托方或资产占有方沟通，索取需要评估的资产清单，了解评估对象的功能、技术参数、账面价值等。

（2）评估对象的存在性与完整性。评估人员应当亲临评估对象现场，查看资产清单中列出的各项资产，查看评估对象是否真实存在，核对评估对象的存在性与完整性。

（3）评估对象的使用情况。评估人员应当对拟评估资产目前的用途、利用程度、新旧程度等使用情况进行了解，为后续的评定估算工作取得现场资料。

（4）评估对象的权属状况。评估人员在进行现场调查时，还应当调查评估对象的权属状况，查明委托方或资产占用方是否拥有其所有权，权利是否受到一定的限制。

不同的资产评估项目，由于评估目的、评估对象等因素的不同，现场调查的具体内容不尽相同。资产评估人员应当根据评估项目的具体情况，确定具体的调查内容和调查方式。

（三）现场调查的基本要求

1.关于现场调查的范围要求

现场调查的范围是以委托方委托评估资产的范围为准，特别要注意委托方委托评估资产中包括的其自身占用以外的部分，如分公司资产、异地资产，以及租出资产等，不能将这部分资产遗漏，它们也应包括在勘察之列。

2.关于现场调查的程度要求

关于现场调查的程度，应根据不同种类的资产繁简有别，具体情况可参考以下要求：

对于建筑物，要逐栋逐幢进行勘察核实，并了解其使用、维修情况和现状，以及做好勘察记录。建筑物的产权证明是核查中必不可少的项目。

对于机器设备，主要核查评估对象的数量。对于项目较小、设备数量不多的情况，要对待估设备逐一核查。评估项目较大，设备种类繁多，且数量较多时，可先按ABC分类法找出评估重点，对 A 类设备应逐一核查并进行技术鉴定；对 B 类设备也应尽量逐一核查；对 C 类设备可采取抽样核查的方法。

对于流动资产的核查程度，与委托方的管理水平和自查的程度有关。对于企业管理水平较高、自查比较彻底的，流动资产一般采用随机抽样法进行核查并做好抽查记录。按照现行规定，流动资产抽查的数量应达到国家规定的比例。如对存货进行抽查，抽查数量应达 40% 以上，价值比例达 60% 以上，其中残次、变质、积压及待报废的，应逐项核查。

对于无形资产、长期股权投资、递延资产等资产，要逐笔核查。

涉及评估净资产的，要对负债进行逐笔审核。

（四）勘察调整

对于勘察过程中发现的账外资产及盘亏资产等，以及重复申报和遗漏的，应根据具体情况和管理要求，进行必要的调整，并详细说明勘察调整的原因、过程和结果。

对于那些受财务会计制度限制，不能直接进行账务调整的盘亏损毁资产，可暂不进行会计账务调整。但是，对评估对象及其申报表必须进行切实的调整。评估对象必须是客观存在的，不论是现实存在的还是潜在存在的，资产的勘察调整必须据实进行。

（五）现场调查的手段

现场调查手段通常包括询问、访谈、核对、监盘、勘查等。资产评估专业人员可以根据重要性原则，采用逐项或者抽样的方式进行现场调查。

（六）现场调查的方式

资产评估专业人员对评估对象进行现场调查时，采用的调查方式包括逐项调查和抽样调查。

逐项调查是指对纳入评估范围的所有资产及负债进行逐项核实，并进行相应的勘查和法律权属资料核实。

当存在下列情形之一时，资产评估专业人员应当考虑进行逐项调查：

（1）评估范围内的资产数量少、单项资产的价值量大，比如不动产评估项目。

（2）资产存在管理不善等风险，产权持有人或被评估单位提供的相关资料无法反映资产的实际状况，并且从其他途径也无法获取充分、恰当的评估证据，比如停产多年的企业资产评估项目、企业破产清算项目等。

抽样调查是指按一定程序从研究对象的全体（总体）中抽取一部分单位（样本）进行调查或观察获取数据，并以此对总体的一定目标量做出推断。抽样调查的基本方法包括简单随机抽样、分层抽样、系统抽样、整群抽样、不等概率抽样、多阶段抽样、重点项目抽样等。

对于无法或不宜对评估范围内所有资产、负债等有关内容进行逐项调查的，如资产项数大、同质性强，可以采用抽样调查方式进行现场调查。重点项目抽样是对纳入评估范围的资产及负债，遵循重要性原则，对于价值量大的、关键或重要的资产进行调查。

资产评估专业人员如果采用抽样调查方式进行现场调查，制订评估计划时，应当考虑抽样风险，要保证抽样调查形成的调查结论合理，能够基本反映资产的实际状况，抽样误差要适度。《资产评估执业准则——机器设备》和《资产评估执业准则——不动产》均规定，对机器设备、不动产进行现场调查可以采取抽样调查方法，但应当充分考虑抽样风险。选择抽样调查方式的理由，要形成评估工作底稿。

五、收集整理评估资料

从资产评估的过程来看，资产评估实际上就是对被评估资产的信息进行收集、分析判断并做出披露的过程。对资产评估加以严格的程序要求，其目的也是保证评估对信息收集、分析的充分性和准确性。因此，资产评估人员应当独立获取评估所依据的信息，并确信信息来源是可靠的、适当的。

在上述几个环节的基础上，评估机构和评估专业人员应当根据资产评估项目具体情况收集资产评估相关资料。资料收集工作是资产评估业务质量的重要保证，不同的项目、不同的评估目的、不同的资产类型对评估资料有着不同的需求，由于评估对象及其所在行业的市场状况、信息化和公开化程度差别较大，相关资料的可获取程度也不同。因此，评估机构和评估专业人员的执业能力在一定程度上体现在其收集、占有与所执行项目相关的信息资料的能力上。评估机构和评估专业人员在日常工作中就应当注重收集信息资料及其来源，并根据所承接项目的情况确定收集资料的深度和广度，尽可能全面、详尽地占有资料，并采取必要措施确保资料来源的可靠性。根据资产评估项目的进展情况，评估机构和评估专业人员还应当及时补充收集所需要的资料。

评估机构和评估专业人员应当通过与委托人、资产占有方沟通并指导其对评估对象进行清查等方式，对评估对象或资产占有单位资料进行了解，同时也应当主动收集与资产评估业务相关的评估对象资料及其他资产评估资料。收集整理资料，一方面是为后面的资产评估准备素材和依据；另一方面也是评估机构建立评估工作档案的需要。为满足上述两方面的要求，评估机构应当收集整理以下重要资料（根据项目的需要可作适当的删减或增加）：

1.有关资产权利的法律文件或其他证明资料

主要的产权证明文件包括：

（1）有关房地产的土地使用证、房产执照、建设规划许可证、用地规划许可证、项目批准文件、开工证明、出让及转让合同、购买合同、原始发票等。

（2）有关在建工程的规划、批文。

（3）有关设备的购买合同、原始发票等。

（4）有关无形资产的专利证书、专利许可证、专有技术许可证、特许权许可证、商标注册证、版权许可证等。

（5）有关股权投资的合同。

（6）有关银行借款的合同。

2.资产的性质、当前和历史状况信息

主要的资料包括：

（1）有关房地产的图纸、预决算资料。

（2）有关在建工程的种类、开工时间、预计完工时间、承建单位、筹资单位、筹资方式、成本构成、工程基本说明或计划等。

（3）有关设备的技术标准、生产能力、生产厂家、规格型号、取得时间、启用时间、运行状况、大修理次数、大修理时间、大修理费用、设备与工艺要求的配套情况等。

（4）有关存货的数量、计价方式、存放地点、主要原材料近期进货价格统计表等。

（5）有关应收及预付款项的账龄统计表、主要赊销客户的信誉及经营情况、坏账准备政策、应收款项回收计划等。

（6）有关长期投资的明细表，包括被投资企业、投资金额、投资期限、起止时间、投资比例、年收益、收益分配方式、账面成本等。

（7）原始证据主要包括评估基准日的会计报表、盘点表、对账单、调节表、应收及应付询证函、盘盈及盘亏、报废资产情况说明及证明材料等。

3.有关资产的剩余经济寿命和法定寿命信息

在现场调查过程中，评估人员应了解资产的设计寿命，并通过技术鉴定了解和判断资产的剩余物理寿命和经济寿命等。

4.有关资产的使用范围和获利能力信息

资产评估人员可以通过核实资产占有方的营业执照了解被评估资产的经营范围和使用范围，并通过技术鉴定掌握资产的可使用范围和空间。

5.资产以往的评估及交易情况信息

资产评估人员通过查询有关账簿及相关资料了解被评估对象以往的评估和交易情况。

6.资产转让的可行性信息

资产评估人员通过查询有关交易合同或意向书及相关的市场调查了解被评估对象转让的可行性信息。

7.类似资产的市场价格信息

资产评估人员通过市场调查了解和掌握与评估对象类似的资产的市场价格信息。

8.委托方声明

有关被评估资产所有权、处置权的真实性，产权限制，以及所提供的数据资料真实性的承诺等。

9.可能影响资产价值的宏观经济前景信息

10.可能影响资产价值的行业状况及前景信息

11.可能影响资产价值的企业状况及前景信息

12.其他相关信息

除上述重要资料外，资产评估人员还应了解和掌握其他相关信息，例如，各类资产、负债清查表、登记表及评估申报明细表；资产、负债清查情况及调整说明；委托方营业执照副本及其他材料等。

虽然委托人或者其他相关当事人需要提供涉及评估对象和评估范围的必要资料，并要求委托人或者其他相关当事人对其提供的资产评估明细表及其他重要资料进行确认，但资产评估专业人员应当依法对资产评估活动中使用的资料进行核查验证。

超出资产评估专业人员专业能力范畴的核查验证事项，资产评估机构应当委托或者要求委托人委托其他专业机构或者专家出具意见。因法律法规规定、客观条件限制无法实施核查验证的事项，资产评估专业人员应当在工作底稿中予以说明，分析其对评估结论的影响程度，并在资产评估报告中予以披露。如果上述事项对评估结论产生重大影响或者无法判断其影响程度，资产评估机构不得出具资产评估报告。

《资产评估专家指引第8号
——资产评估中的核查验证》

视频资源3-3

六、评定估算形成结论

评估机构和评估专业人员在收集整理相关资产评估资料的基础上，进入评定估算环节，即在充分分析资产评估资料的基础上，恰当选择并运用资产评估方法形成评估结论，再经综合分析及反复审核后，确定合理评估结论。该环节大致经历以下几个阶段：

（一）分析资料

资产评估机构人员应当根据评估目的和其他具体要求，对所收集的资产评估资料进行分析整理，选择相关信息并确定其可靠性和可比性，对不可比信息要进行必要的调整，保证评估所用信息的质量。

（二）选择评估方法

成本法、市场法和收益法是三种基本的资产评估方法。评估人员应当根据评估对象、价值类型、评估资料收集情况等相关条件，分析市场法、收益法和成本法等各种资产评估基本方法的适用性，恰当选择评估方法。选择评估方法时，要注意以下几点：

（1）评估方法的选择应当与评估对象的类型、现实状态等相适应。

（2）评估方法的选择应当与评估目的、评估时的市场条件、评估对象所处状态以及评估的价值类型相适应。

（3）评估方法的选择应当与占有资料的情况相适应。

（三）运用评估方法评定估算资产价值

资产评估人员确定资产评估方法后，应当根据已明确的评估目的和评估价值类型，以及所收集的信息资料和具体的执业规范要求，恰当、合理地形成初步评估结论。评估方法的选择包括选择评估技术思路、实现评估技术思路的具体方法以及选择技术经济参数等内容。采用成本法，应当在合理确定被评估资产的重置成本和各相关贬值因素的基础上，得出评估初步结论；采用市场法，应当合理地选择参照物，并根据评估对象与参照物的差异进行必要的调整，得出评估初步结论；采用收益法，应当在合理预测未来收益、收益期和折现率等相关参数的基础上，得出评估初步结论。

选择评估方法时，如果条件具备，可以选择两种或两种以上的评估方法对同一评估对象进行估算。对同一评估对象采用多种评估方法时，应当对采用各种方法评估形成的测算结果进行分析比较，形成合理评估结论。

需要特别注意的是，资产评估专业人员执行资产评估业务，应当合理使用评估假设，并在资产评估报告中披露评估假设。

（四）审核评估结论并给出合理评估结论

在形成初步资产评估结论的基础上，评估人员和评估机构内部的审核人员应当对本次评估所使用的资料、经济技术参数等的数量、质量和选取依据的合理性进行综合分析，以确定合理资产评估结论。采用两种以上资产评估方法时，资产评估人员和审核人员还应当综合分析各评估方法之间的相关性和恰当性、相关参数选取的合理性，以确定最终合理资产评估结论。

七、编制出具评估报告

资产评估报告是指资产评估机构及资产评估专业人员遵守法律、行政法规和资产评估准则，根据委托履行必要的资产评估程序后，由资产评估机构对评估对象在评估基准日特定目的下的价值出具的专业报告。

资产评估专业人员应当在评定、估算形成评估结论后，按照有关资产评估报告的规范及委托方的要求编制初步资产评估报告。资产评估机构应当按照法律、行政法规、资产评估准则和资产评估机构内部质量控制制度，对初步资产评估报告进行内部审核。同时，资产评估机构在不影响对评估结论进行独立判断的前提下，可以与委托人或者委托人同意的其他相关当事人就资产评估报告有关内容进行沟通，对沟通情况进行独立分析，并决定是否对资产评估报告进行调整。资产评估机构及资产评估专业人员完成上述资产评估程序后，由资产评估机构出具并提交正式资产评估报告。

如果执行资产评估业务时，因法律法规规定、客观条件限制，无法或者不能完全履行资产评估基本程序，经采取措施弥补程序缺失，且未对评估结论产生重大影响的，可以出具资产评估报告，但应当在资产评估报告中说明资产评估程序受限情况、处理方式及其对评估结论的影响。如果程序受限对评估结论产生重大影响或者无法判断其影响程度的，不得出具资产评估报告。

资产评估机构应当遵守资产评估协议书中所规定的提交评估报告书的时间和方式，在规定的时间内以恰当的方式将资产评估报告书提交给委托人。资产评估报告的编制要求、基本内容、编制方法、格式标准、复核内容、提交方式等内容将在后续的章节中介绍。

八、整理归集评估档案

资产评估档案是指资产评估机构开展资产评估业务形成的，反映资产评估程序实施情况、支持评估结论的工作底稿、资产评估报告及其他相关资料。纳入资产评估档案的资产评估报告，应当包括初步资产评估报告和正式资产评估报告。

工作底稿可以是纸质文档、电子文档或者其他介质形式的文档，资产评估机构及资产评估专业人员应当根据资产评估业务的具体情况和工作底稿介质的物理化特性谨慎选择工作底稿的介质形式。同时，以纸质和其他介质形式保存的文档，其内容应当相互匹配，当不一致时，以纸质文档为准。工作底稿通常分为管理类工作底稿和操作类工作底稿。管理类工作底稿是指在执行资产评估业务过程中，为受理、计划、控制和管理资产评估业务所形成的工作记录及相关资料。操作类工作底稿是指在履行现场调查、收集评估资料和评定估算程序时所形成的工作记录及相关资料。资产评估专业人员通常应当在资产评估报告日后90日内将工作底稿、资产评估报告及其他相关资料归集形成资产评估档案，并在归档目录中注明文档介质形式。重大或者特殊项目的归档时限为评估结论使用有效期届满后30日内。

资产评估机构应当在法定保存期内妥善保存资产评估档案，保证资产评估档案安全和持续使用。资产评估档案自资产评估报告日起保存期限不少于15年；属于法定资产评估业务的，不少于30年。资产评估档案应当由资产评估机构集中统一管理，不得由原制作人单独分散保存。资产评估档案的管理，应当严格执行保密制度。除下列情形外，资产评估档案不得对外提供：

（1）国家机关依法调阅的；

（2）资产评估协会依法依规调阅的；

（3）其他依法依规查阅的。

自测题3-2

视频资源3-4

第三节　执行资产评估程序的要求

资产评估的基本程序是资产评估工作步骤的系统性概括，资产评估机构及专业人员在执行资产评估业务时应当遵循《资产评估执业准则——资产评估程序》的要求，认真履行评估的基本程序。资产评估程序对资产评估机构及专业人员的要求包括以下几个方面：

一、不得随意减少评估基本程序，结合评估基本程序的要求，制定具体的实施步骤

资产评估机构及专业人员在没有正当理由和可靠依据的情况下，应当按照评估程序的相关要求履行完整的评估程序，不得随意减少评估基本程序。资产评估机构及专业人员在执行具体资产评估业务时，可以结合评估业务具体情况，制定并实施适当的具体评估步骤。在不影响评估质量的前提下，资产评估机构及专业人员可以在执行各项评估程序时针对具体情况，对每项评估程序的繁简程度进行适当的调整或具体化。

资产评估的基本程序是资产评估师执行一项完整评估业务时应当履行的主要重点工作内容及要求，针对每一基本程序还应有具体的实施安排或步骤，资产评估机构应当在评估基本程序的基础上，建立健全本机构的资产评估程序制度。资产评估师应当根据评估对象、评估范围、业务规模的不同，在制订评估计划时落实现场调查、收集评估资料、确定估算方法的具体实施步骤。资产评估是一项专业性较强的工作，资产评估师通常是在许多相关专业人员和助理人员的协同工作下完成评估业务的，资产评估师应当指导业务助理人员履行评估程序，并对业务助理人员的工作结果负责。

二、执行资产评估业务，无法或者不能完全履行评估基本程序时的应对措施

执行资产评估业务，因法律法规规定、客观条件限制，无法或者不能完全履行资产评估基本程序，经采取措施弥补程序缺失，且未对评估结论产生重大影响时，资产评估机构及资产评估专业人员可以继续开展业务，对评估结论产生重大影响或者无法判断其影响程度的，不得出具资产评估报告。

三、应当记录评估程序的履行情况，形成工作档案

为规避资产评估执业风险，资产评估机构及专业人员在履行资产评估程序时，应当完整、详细地记录评估程序的履行情况，形成工作档案。工作档案是证明完整、真实地履行评估程序的必要证据，对于规避和防范评估执业风险具有重要的作用。

延伸阅读3-4

证监会2019年证券资产评估机构处理处罚情况

自测题3-3

●【思政课堂】 利用资产评估程序 书写美好大学生活

资产评估程序是指评估机构和评估专业人员执行资产评估业务、形成资产评估结论所履行的一系列系统性的工作步骤。资产评估基本程序通常包括八个主要环节，正确履行资产评估程序，对于规范资产评估机构及资产评估专业人员行为、提高资产评估业务质量、防范资产评估执业风险，都有着重要的意义。执行资产评估业务需要履行基本程序，开展大学生活又何尝不是如此呢？制定合理的规划和步骤，对于同学们享受美好的大学生活具有重要的意义。

（1）明确业务基本事项——初步了解资产评估

资产评估的第一个基本步骤非常重要，对于降低资产评估项目的风险评价以及保证资产评估项目的顺利实施具有重要的意义。大学生活的第一步——填报志愿，同学们需要对资产评估专业进行初步了解，感受资产评估的独特魅力，选择资产评估专业。

（2）订立业务委托合同——收到心仪的录取通知书

评估机构在正式评估前应当与委托方签订业务委托合同。同学们收到心仪院校的录取通知书时，背上行囊，踏上征程，开启四年的大学生活。

（3）编制资产评估计划——制订学习生活计划

评估专业人员需要安排编制评估计划，为正式开展评估工作做好准备。四年的大学时光，短暂而珍贵，同学们要好好加以利用。因此，同学们需要合理安排大学生活，制订学习生活计划，循序渐进，踏踏实实地走好每一步。

（4）编制出具评估报告——收获毕业证、学位证及各种相关证书

评估专业人员根据法律、法规和资产评估准则的要求编制资产评估报告。同学们根据学校的毕业要求收获毕业证、学位证；根据技能要求获得英语等级证书、计算机二级证书等；根据职业规划获得资产评估师证、初级会计资格证等。

【本章小结】

本章揭示了履行资产评估程序的现实意义，系统地阐述了我国资产评估的主要环节，以及与资产评估程序有关的基本要求。遵照资产评估程序执业，不仅是资产评估行业自律主管部门对资产评估执业人员的要求，而且是资产评估执业人员自觉的行为，其对提高资

产评估质量、规避资产评估风险具有重要作用。

【复习思考】

1.资产评估基本程序通常包括哪些环节？

2.资产评估的基本事项包括哪些内容？

3.资产评估计划的内容是什么？

4.什么是管理类工作底稿？什么是操作类工作底稿？

【练习题】

（一）单选题

1.资产评估师通常首先应执行的评估程序是（ ）。

A.订立业务委托合同 B.进行评估现场调查

C.明确业务基本事项 D.评定估算形成结论

2.下列各项程序对合理安排工作量、工作进度、专业人员调配、按时完成资产评估业务具有重要意义的是（ ）。

A.编制资产评估计划 B.订立业务委托合同

C.进行评估现场调查 D.评定估算形成结论

3.资产评估专业人员采用逐项或者抽样的方式进行现场调查时的主要依据是（ ）。

A.替代原则 B.重要性原则

C.预期收益原则 D.谨慎性原则

（二）多选题

1.资产评估师应当明确的评估业务基本事项包括（ ）。

A.评估目的 B.评估对象和评估范围

C.价值类型 D.评估基准日

E.评估报告使用限制

2.资产评估业务委托合同的基本内容包括（ ）。

A.评估目的 B.评估假设

C.评估收费 D.评估基准日

E.评估计划

3.资产评估专业人员进行现场调查的手段包括（ ）。

A.访谈 B.询问

C.核对 D.监盘

E.勘查

4.资产评估计划应当重点考虑的因素包括（ ）。

A.评估目的 B.评估假设

C.评估收费 D.评估基准日

E.评估对象性质

5.资产评估专业人员应当依法对资产评估活动中使用的资料进行核查验证，核查验证的方式通常包括（ ）。

A.观察   B.询问

C.复核   D.函证

E.书面审查

6.资产评估师收集的评估资料包括（　　　　）。

A.查询记录   B.询价结果

C.检查记录   D.行业资讯

E.分析资料

（三）判断题

1.资产评估师不得随意减少资本评估基本程序。 （　　）

2.资产评估师在执行评估业务的过程中，由于受到客观限制，无法或者不能完全履行评估基本程序的，可以直接决定终止评估业务。 （　　）

3.只要执行了资产评估程序，就可以防范资产评估风险。 （　　）

4.资产评估程序是规范资产评估行为、提高资产评估业务质量的重要保证。 （　　）

5.超过资产评估专业人员能力范畴的核查验证事项，资产评估专业人员应当委托或者要求委托人委托其他专业机构或者专家出具意见。 （　　）

第四章
资产评估方法

【学习目标】

本章主要阐述资产评估方法基本理论、资产评估的市场法、资产评估的收益法和资产评估的成本法。通过对本章内容的学习，应达到以下的目标：

1.掌握三种资产评估基本方法的理论依据、基本思路和评估模型。

2.掌握三种资产评估基本方法所涉及的参数的确定。

3.理解资产评估基本方法之间的关系以及资产评估其他方法的基本思路。

4.通过学习本章内容，理解资产评估方法在我国企业重大资产重组中的应用价值和主要贡献。

【思维导图】

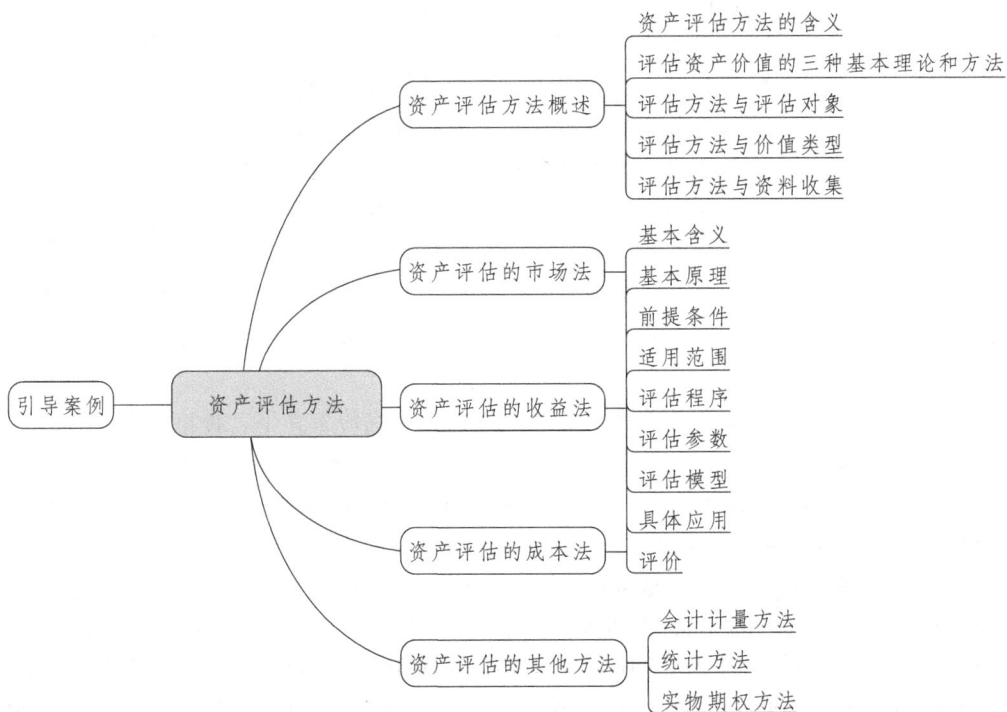

【引导案例】

北京中天华资产评估有限责任公司接受中铝国际贸易集团有限公司的委托，对中铝国际贸易集团有限公司拟增资所涉及的中铝青岛国际贸易有限公司股东全部权益价值进行评估，为拟进行的增资筹措建设资金行为提供价值参考依据。

根据评估目的，本次评估对象为中铝青岛国际贸易有限公司股东全部权益价值，评估范围是中铝青岛国际贸易有限公司于评估基准日的全部资产及相关负债，具体评估范围以中铝青岛国际贸易有限公司提供的资产负债表和资产评估申报表为基础。

评估基准日为 2022 年 12 月 31 日。本次评估的价值类型为市场价值。

企业价值评估需要根据评估目的、评估对象、价值类型、资料收集情况等相关条件，分析资产评估基本方法的适用性，恰当地选择一种或多种资产评估基本方法。

依据我国的《资产评估准则》，企业价值评估可以采用收益法、市场法、资产基础法三种评估基本方法。

根据评估机构和评估师对被评估单位的企业性质、资产规模、历史经营情况、未来收益可预测情况、所获取评估资料的充分性等的了解，以及对其所依托的相关行业、市场的研究分析，认为该公司在未来时期内具有可预期的持续经营能力和盈利能力，具备采用收益法评估的条件。

由于被评估企业具有完备的财务资料和资产管理资料可以利用，资产的再取得成本的有关数据和信息来源较广，因此，本次评估可以采用资产基础法。

由于我国非上市公司的产权交易市场发育不尽完全，类似交易的可比案例来源较少；上市公司中该类公司在经营方向、资产规模、经营规模等多个因素方面与被评估单位可以匹配一致的个体较少，选用一般案例进行修正时修正幅度过大，使参考案例对本项目的价值导向失真，不能满足市场法评估的条件，因此，市场法不适用于本次评估。

通过以上分析，本次评估分别采用收益法及资产基础法进行，在比较两种评估方法所得出评估结论的基础上，分析差异产生原因，最终确认评估值。

本次评估以持续使用和公开市场为前提，结合评估对象的实际情况，综合考虑各种影响因素，采用资产基础法及收益法对中铝青岛国际贸易有限公司进行整体评估，然后加以分析比较，确定评估结论。

根据以上评估工作，在评估前提和假设条件充分实现的条件下，得出如下评估结论：

在评估基准日 2022 年 12 月 31 日，被评估单位申报的总资产账面值为 133 466.17 万元，总负债账面值为 104 372.69 万元，净资产账面值为 29 093.48 万元；总资产评估值为 133 680.93 万元，增值额为 214.76 万元，增值率为 0.16%；总负债评估值为 104 372.69 万元，无评估增减值；净资产评估值为 29 308.24 万元，增值额为 214.76 万元，增值率为 0.74%。

资料来源：巨潮资讯. 中铝国际贸易集团有限公司拟增资所涉及的中铝青岛国际贸易有限公司股东全部权益价值资产评估报告（中天华资评报字〔2023〕第 11431 号）[EB/OL].〔2023-12-29〕. http://www.cninfo.com.cn/new/disclosure/detail?plate=sse&orgId=9900002901&stockCode=601600&announcementId=1218750454&announcementTime=2023-12-29.

本案例中比较详细地介绍了资产评估的基本方法以及评估方法选择问题。本章将详细讲解资产评估的三种基本方法，即收益法、市场法、资产基础法（成本法），同时也简要介绍资产评估的其他方法。在资产评估实践中，应结合被评估资产的具体情况和评估方法适用的前提条件，选择恰当的评估方法。

第一节 资产评估方法概述

资产评估方法是资产评估的核心要素之一。选择恰当的资产评估方法，对于保证评估结果的合理性，实现资产评估的特定目的，提高资产评估的质量，都具有重要的意义。

一、资产评估方法的含义

资产评估方法是资产评估人员对评估对象价值进行分析、估算所采取的具体途径、步骤和技术手段。在明确资产评估目的、评估前提条件、评估对象及范围、评估价值类型等基本评估事项后，评估人员需要选择一种或多种评估方法，对评估对象的价值进行评定估算，以确定其评估价值。

资产评估方法体现了针对特定评估对象价值进行评估的思路和具体的技术路径。通常情况下，不同类型资产的评估思路会有明显的区别，与不同的评估思路相匹配的具体技术手段也具有差异性。根据相关理论对这些差异化的技术手段进行科学的分类，就形成了资产评估的三种基本方法。

二、评估资产价值的三种基本理论和方法

在资产评估中，估测资产的价值存在不同的理论依据，每种理论又引导了相应的评估技术思路和具体的技术方法，一般将每一种评估技术思路下的方法集合，称为评估基本方法。《资产评估准则——基本准则》规定，资产评估基本方法包括市场法、收益法和成本法。评估人员应当熟知、理解并恰当运用评估的基本方法。

1.市场价值理论

根据公允价值理论，可以参照与评估对象相同或类似的资产的近期交易市场价格，通过比较分析调整评估对象与参照资产的差异因素并确定价值差异，从而确定评估对象价值。基于公允市场价值理论的评估思路和具体评估方法的集合，称为市场法。

2.收益价值理论

根据预期收益理论，资产的价值取决于资产的未来预期收益。这样，就可以通过估测评估对象的预期收益，并按一定的折现率将评估对象的预期收益折现，从而确定评估对象价值。基于收益价值理论的评估思路和具体评估方法的集合，称为收益法。

3.成本价值理论

根据成本价值理论，资产的价值主要取决于形成资产的全部耗费，所以，可以通过估测评估对象的重置成本，并扣减评估对象的各种贬值，从而确定评估对象价值。基于成本价值理论的评估思路和具体评估方法的集合，称为成本法。

延伸阅读4-1

《资产评估准则——基本准则》关于资产评估方法的条款

三、评估方法与评估对象

资产评估对象按照不同的标志划分，有着不同的种类，如单项资产和整体资产、有形资产和无形资产、企业整体价值和股东权益价值等。不同类型的评估对象，要求不同的评估方法与之相适应。评估人员应当对评估对象的状态进行分析，选择恰当的评估方法。例如，在机器设备评估中，如果评估对象为一台专用设备，不存在活跃的市场交易，可以选择成本法评估其市场价值。在不动产评估中，如果评估对象为商品房，存在较多的交易实例，可以选择市场法评估其价值。在无形资产评估中，如果评估对象为专用技术，预期可以为企业带来超额收益，可以选择收益法评估其价值。在企业价值评估中，如果评估对象为部分股东权益价值，可以先选择收益法评估其全部股东权益价值，再根据部分股权比例及控股权、流动性等因素确定部分股东权益价值。

四、评估方法与价值类型

资产评估价值类型包括市场价值类型和市场价值以外的价值类型，市场价值以外的价值类型包括投资价值、在用价值、清算价值、残余价值等。评估方法是估计和判断市场价值和市场价值以外的价值类型评估结论的技术手段，某一种价值类型下的评估结论可以通过一种或者多种评估方法实现。评估方法的选择与价值类型有着一定的联系，不同的评估目的要求的评估价值的类型有所不同，其决定了评估方法的选择顺序。例如，以资产转让为目的的评估，通常要求市场价值类型，如果评估时的市场条件具备，应当首先选择市场法进行评估，如果不存在活跃的公开市场，再选用收益法、成本法进行评估。同时，评估价值类型对评估方法下的评估参数的选择具有约束作用。无论运用何种评估方法，如果价值类型为市场价值，则要求从市场中获取相关数据进行评估。

五、评估方法与资料收集

拥有充分的评估资料，是运用各种评估方法的前提。每种评估方法均有基本参数，评估方法的选择受评估资料能否收集的限制，如果评估方法要求的经济技术参数无法完整、准确收集，则可能没有条件采用特定评估方法。如果选择市场法进行评估，应当可以取得参照的资产交易资料；如果采用收益法进行评估，应当可以取得资产的预期收益额、收益年限和折现率等资料；如果采用成本法进行评估，应当可以取得资产的重置成本和各种贬值等资料。评估人员应当根据已经收集的评估资料，选择与之相适应的评估方法。

自测题4-1

第二节　资产评估的市场法

一、市场法的基本含义

市场法是参照与评估对象相同或类似的资产的近期交易市场价格，通过比较分析调整评估对象与参照资产的价值差异，从而确定评估对象价值的一种资产评估方法。市场法是资产评估中最简单、最有效的方法，包括许多具体的技术方法，例如，评估人员经常运用的市场价格比较法和价值比率法。

二、市场法的基本原理

市场法是资产评估中一种重要的基本评估方法，其理论依据是有效市场理论和替代原理。

一方面，作为市场法理论中的重要组成部分，有效市场理论认为市场价格是资产价值的外在表现。不论在区域、国家或全球范围内，资产的买卖都必须具有特定的市场媒介。市场法是以市场上可比公司的价值为依据进行比较，而市场法的评估结果是否正确和合理，主要取决于对可比公司的选择，所以，市场法的应用必须具有一个高度活跃和公开的市场。也就是说，在市场上的投资者大多数都是理性的，如何获得更高的利润是他们的最终目标，并且市场上的每个投资者都不能凭借个人力量对市场的定价造成影响，市场上的信息披露完善，每个投资者获得的信息都是对等的，投资者能够根据市场上信息的变化做出全面、迅速的反应。

另一方面，在市场交易中，购买方在购置某项商品时所愿意支付的价格不会高于市场上具有相同用途的替代品的现行市价，销售方也不可能以低于市场价格销售商品。资产评估人员可以根据替代原理，在市场中查询与被评估资产相同或类似的参照资产的近期交易价格，并以此为基础判断和估测被评估资产的价值。被评估资产与参照资产可能是相同的，也可能只是类似的。评估人员在市场上如果能够找到与被评估资产完全相同的参照资产，就可以将参照资产价格直接作为被评估资产的评估价值。如果被评估资产与参照资产只是类似，存在一定的差异，评估人员需要对差异因素进行分析，调整参照资产的市场价格，从而确定评估对象的价值。

市场法的理论公式为：

$$评估对象的价值=参照物的成交价格±因素差异值 \tag{4-1}$$

三、市场法的前提条件

任何资产评估方法均要求具有一定的前提条件，市场法也不例外。资产评估人员选择市场法时，应当注意市场法的前提条件是否得到满足。市场法要求市场上近期存在可比资产交易活动，并且此项交易活动是在公开市场中发生的。

(一) 可比资产存在活跃的公开市场

市场法对公开资本市场的活跃性与成熟性有着较高的要求。所谓公开市场，是指充分有效的竞争性市场，在市场中有众多平等的买方和卖方，双方的交易行为均建立在自愿的、理智的基础上。市场法要求可比资产的交易活动是在公开市场中发生的，其目的是排除个别的、偶然的、非正常的交易，且所估测的评估对象价值能够充分体现市场行情。市场的公开程度是相对的，可比资产交易市场的公开程度越高，资产评估结果也就越准确。

(二) 市场上近期存在可比资产交易活动

所谓可比资产，是指与被评估资产相同或类似的参照资产。只有市场上存在可比资产交易活动，评估人员才能查询其交易价格，并以此为依据估测被评估资产的价值。参照资产与被评估资产具有相当的可比性，其是运用市场法的重要前提。可比程度对评估结果有着重要的影响，可比程度越高，资产评估结果就越准确。同时，市场法要求可比资产的交易活动是近期发生的，与评估基准日较为接近。可比资产交易的成交时间与评估基准日越接近，资产评估结果也就越准确。

四、市场法的评估程序

市场法评估大致包含以下六个步骤：

（一）确定评估对象

从理论上说，凡是符合市场法前提条件的评估，均可以选择市场法。在资产评估实务中，市场法广泛应用于交易性房地产评估、机器设备评估、金融资产评估等方面。在接受评估委托后，应明确具体的评估对象的类别、数量以及评估对象的范围。

（二）收集评估资料

根据评估对象的类别和状况进行市场调查，收集相同或类似资产的相关信息资料。市场法下，评估对象的信息资料必须直接来源于市场，或者是根据市场数据加工整理而成的数据资料。

（三）选择参照物

评估人员对所收集的资料，应认真分析其真实可靠程度、交易条件和背景，并选择三个或三个以上的可比参照物。

对参照物的选择，主要考虑以下两方面的关键因素：

一是参照物的可比性，包括功能、市场条件及成交时间等。因为运用市场法评估资产价值，被评估资产的评估值的高低在很大程度上取决于参照物的成交价，而参照物的成交价不仅仅是参照物功能自身的市场体现，其还受买卖双方交易地位、交易动机、交易时限等因素的影响。

二是参照物的数量问题。不论参照物与评估对象如何相似，通常参照物应选择三个以上，以避免某个参照物在个别交易中的特殊因素和偶然因素对成交价及评估值的影响。

（四）将被评估资产与参照物进行比较

虽然影响资产价值的基本因素大致相同，如资产性质、市场条件等，但具体到每一种资产时，影响资产价值的因素又各有侧重。例如，影响房地产价值的主要是地理位置因素，而影响机器设备的主要是设备的技术水平。因而，针对不同种类资产价值形成的特点，选择影响较大的关键因素作为对比指标，在参照物与评估对象之间进行比较。

（五）分析调整差异

根据前面所选定的对比指标，在参照物及评估对象之间进行比较，并将两者的差异进行量化。运用市场法的一个重要环节就是将参照物与评估对象对比指标之间的上述差异数量化和货币化。例如，资产功能指标，尽管参照物与评估对象功能相同或相似，但在生产能力、产品质量以及在资产运营过程中的能耗、料耗和工耗等方面都可能有不同程度的差异。

（六）确定资产评估价值

运用市场法通常应选择三个以上参照物，相应地，运用市场法评估的初步结果也有三个以上。根据资产评估一般惯例的要求，正式的评估结果只能有一个。这就需要评估人员对若干评估的初步结果进行综合分析，以确定最终的评估值。当然，如果参照物与评估对象的可比性都较好，在评估过程中没有明显的遗漏或疏忽，一般可以考虑采用算术平均法或加权平均法确定最终结果。

五、市场法的评估参数

市场法的评估参数有两个，一是可比资产的成交价格，二是评估对象与可比资产的差异因素调整值。

（一）可比资产的成交价格

市场法是以市场上参照资产交易的成交价格为基础对被评估资产的价值进行估测，可比资产的成交价格是市场法的一个重要的评估参数。

（二）差异因素调整值

评估对象与可比资产往往只是类似，具有一定的可比性，两者之间在市场条件、交易时间、功能、新旧程度等方面可能存在一定的差异，评估人员需要对差异因素进行分析，量化差异对被评估资产的影响。

评估对象与可比资产之间存在的差异可能是多方面的，有些差异对资产的价值影响很大，有些差异对资产的价值影响很小，有些差异对资产的价值甚至没有什么影响。采用市场法评估资产价值时，主要应对那些对资产价值影响较大的差异进行调整。评估对象与可比资产之间的差异主要有以下方面：

1.资产的功能

资产的功能是资产使用价值的主体，是影响资产价值的重要因素之一。在资产评估中强调资产的使用价值或功能，并不是从纯粹抽象意义上讲，而是从资产的功能并结合社会需求，并从资产实际发挥效用的角度来考虑。即在社会需要的前提下，资产的功能越好，其价值越高，反之亦然。

2.资产的实体特征和质量

资产的实体特征主要是指资产的外观、结构、役龄和规格型号等。资产的质量主要是指资产本身的建造或制造工艺水平。

3.市场条件

市场条件主要是要考虑参照物成交时与评估时的市场条件及供求关系的变化情况。一般情况下，供不应求时，价格偏高；供过于求时，价格偏低。市场条件上的差异对资产价值的影响，应当引起评估人员足够的关注。

4.交易条件

交易条件主要包括交易批量、交易动机、交易时间等。交易批量不同，交易对象的价格就可能不同。交易动机也对资产交易价格有影响。在不同的时间交易，资产的交易价格也会有差别。

以上各因素是运用市场法经常涉及的一些可比性因素。在具体运用市场法进行评估时，还要视评估对象的具体情况考虑其具体的可比因素。例如，房地产评估中的地理位置因素，机器设备评估中的制造厂家以及资产规格型号等。

延伸阅读 4-2

《资产评估执业准则——资产评估方法》关于市场法的部分

六、市场法的评估模型

(一)市场价格比较法

1.市场价格比较法的原理

市场价格比较法是以参照物的成交价格为基础，考虑参照物与评估对象在交易条件、交易日期、功能效用、新旧程度等方面的差异，通过对比分析和量化差异，调整估算出评估对象价值的评估方法。市场价格比较法是市场法中的一种重要的评估方法，在房地产评估、机器设备评估、流动资产评估、金融资产评估等方面均得到广泛的应用。

运用市场价格比较法，需要恰当选择可比参照交易实例，通过各种差异对评估价值影响的分析，计算各项差异对评估对象价值的影响数值，在综合分析的基础上，确定最终的评估结果。根据差异因素的调整方式不同，市场价格比较法分为差额调整法和修正系数法两种评估模型。

（1）差额调整法。其是对参照物与评估对象的差异因素进行分析，计算各项差异对评估价值的影响数额，在参照物成交价格的基础上，以数额调整的方式进行修正，从而估算评估对象的价值。其基本公式如下：

评估对象的价值=参照物的成交价格±差异因素调整值   (4-2)

（2）修正系数法。其是对参照物与评估对象各种差异因素的影响程度进行分析，计算各项差异因素的修正系数，以系数调整的方式进行修正，从而估算评估对象的价值。其基本公式如下：

评估对象的价值=参照物的成交价格×差异因素修正系数   (4-3)

$$修正系数 = \frac{评估对象特征参数}{参照物特征参数}$$ (4-4)

式中，分子为评估对象的特征参数，分母为参照物的特征参数。特征参数可以根据因素分析的结果确定，特征参数一般以100为标准，大于100的参数为高于标准，小于100的参数为低于标准。

2.参照交易实例的选择

参照交易实例是指市场上与被评估资产相同或类似的参照资产交易案例。选择具有可比性的参照交易实例，获取交易实例的成交价格，是运用市场法评估的首要步骤。评估人员在选择参照交易实例时，应当注意参照物与评估对象的可比性、交易实例的时效性和案例数量的充分性。

（1）参照物的可比性。参照物也可称为参照资产或可比资产，是市场法中用作参照比较的替代资产。参照物的选择，要求与评估对象相同或相似，在价值上具有相当的可比性。参照物的可比性主要体现在以下几个方面：第一，参照物与评估对象具有类似的实体特征，在功能上具有可比性，包括用途、性能上的相同或相似；第二，参照物与评估对象具有类似的权属特征，在权益上具有可比性，在所有权、使用权、经营权、抵押权等方面一致；第三，参照物与评估对象具有类似的市场特征，在市场条件上具有可比性，在市场区域、市场级次、竞争状况等方面接近。

（2）交易实例的时效性。由于市场价格是不断发生变化的，参照物的成交时间对成交价格有着重大的影响，为减少时间因素对评估价值的影响，评估人员在选择交易实例时应当注意案例的时效性，参照案例的成交时间与评估基准日间隔时间不能过长，应控制在一个适度时间范围内，为后续的因素调整奠定基础。

（3）交易实例数量的充分性。运用市场法评估资产价值时，应尽可能选择多个参照交易实例，保证交易实例数量的充分性，排除某个参照交易实例的特殊因素和偶然因素对评估值的影响。在资产评估实务中，评估人员一般选择三个或三个以上的参照交易实例，在综合分析的基础上判断评估对象的价值。

3.差异因素的分析与量化

选择参照交易实例后，评估人员需要对参照物与评估对象进行比较，找出两者之间的差异因素，通过各种差异对评估价值影响的分析，计算各项差异对评估对象价值的影响数值。尽管评估对象与参照物具有相当的可比性，但也会存在一定的差异。差异因素分析的目的，就是找出影响评估对象价值的差异因素，为后续的量化差异奠定基础。通过因素分析找出差异因素后，评估人员需要运用一定的方法，将各种差异对评估价值的影响进行量化，以数值或指数形式表现因素差异，计算因素差异值。差异因素修正的方法可以是差额调整法，也可以是修正系数法，为便于综合评定估算，评估人员往往较多地采用修正系数法。尽管不同的评估对象的价值因素各有不同，但影响资产价值的基本因素是相同的，差异因素修正主要包括以下几种：

（1）交易情况修正。

交易情况修正是将参照交易实例的成交价格，修正为评估对象的正常市场价格水平的过程。选取的参照交易实例的成交价格可能是正常的，也可能是非正常的。如果确信所选择的可比实例的交易价格是正常的，则不需要进行交易情况修正；如果经过分析确认所选择的可比实例的交易价格是非正常的，如为关联方交易价格、资产清算交易价格等，就需要进行交易情况修正。交易情况修正还需要考虑成交区域因素，如果参照交易案例的成交地点与评估对象拟实现交易的地点不同，存在地区价格差异，则应当调整成交区域因素的差异。交易情况修正就是剔除交易行为中的一些特殊因素所造成的交易价格偏差，将参照交易实例的非正常交易价格修正为评估对象的正常交易价格。交易情况修正系数的计算公式为：

$$交易情况修正系数 = \frac{评估对象交易因素值}{参照物交易因素值} \tag{4-5}$$

【例4-1】

运用市场价格比较法对某一公寓的价值进行评估，选取的参照交易实例成交价格为9 800元/平方米，评估人员经过调查，发现此项交易为亲属之间的关联交易，成交价格较正常价格偏低5%，需要进行交易情况修正。交易情况修正系数的计算如下：

$$交易情况修正系数 = \frac{100}{95}$$

【例4-2】

运用市场价格比较法对企业的库存商品价值进行评估，选取的参照交易实例成交价格为16元/件，评估人员经过调查，发现购买方不熟悉市场行情，成交价格较正常价格偏高10%，需要进行交易情况修正。交易情况修正系数的计算如下：

$$交易情况修正系数 = \frac{100}{110}$$

（2）交易日期修正。

交易日期修正是将参照交易实例的成交价格修正为评估基准日价格的过程。选取的参照交易实例的成交价格是特定时间的市场条件下形成的，与评估基准日存在时间差异，期间市场状况可能会发生较大的变化，市场价格水平也会产生波动，这就需要对参照交易实例的成交价格进行适当的交易日期修正。反映资产价格变化的指标是价格指数，所以，交易日期修正的实质是价格指数修正。进行交易日期修正，可以利用价格指数将参照案例交易时的价格水平下的交易价格调整为评估基准日价格水平下的价格。

价格指数是反映价格水平的指标，包括定基价格指数和环比价格指数。定基价格指数是指在一定时期内对比基期固定不变的价格指数。环比价格指数是指报告期价格水平与前一时期价格水平之比，其表明价格逐期的变化情况。价格指数也可以表现为价格变动指数，以反映某一期间价格的变化情况，包括定基价格变动指数和环比价格变动指数。价格指数与价格变动指数的关系是：价格指数=1+价格变动指数。利用价格指数进行交易日期修正系数的计算公式为：

$$交易日期修正系数 = \frac{评估基准日的价格指数}{参照物交易时间的价格指数} \tag{4-6}$$

【例4-3】

运用市场价格比较法对房地产价值进行评估，选取的参照交易实例成交价格为8 600元/平方米，成交时间为2022年3月，评估基准日为2022年8月。评估人员经过查询，发现2022年3月的房地产价格指数为125%，2022年8月的房地产价格指数为136%，需要进行交易情况修正。交易日期修正系数的计算如下：

$$交易日期修正系数 = \frac{136}{125}$$

【例4-4】

运用市场价格比较法对机器设备价值进行评估，选取的参照交易实例成交价格为58 000元，成交时间为2022年1月15日，评估基准日为2022年5月20日，需要进行交易日期修正。评估人员经过查询，发现此类机器设备2022年1月至6月的环比价格变动指数分别为2%、3.5%、3%、5%、4%和4.2%。交易日期修正系数的计算如下：

价格指数=（1+3.5%）×（1+3%）×（1+5%）×（1+4%）=116%

$$交易日期修正系数 = \frac{116}{100}$$

（3）评估对象修正。

运用市场价格比较法进行评估，是以参照物的成交价格为基础调整估测评估对象的价值。尽管参照物与评估对象具有较高的可比性，但可能只是基本特征一致，不可避免地会存在一些差异，需要对评估对象的差异因素进行修正。评估对象不同，差异因素的内容也不同，评估人员需要结合房地产、机器设备、流动资产、长期投资、无形资产、企业价值等评估对象的具体情况，对评估对象的差异因素进行具体分析。评估对象差异因素修正主要包括以下内容：

a.功能因素修正

功能因素修正是将参照物的成交价格修正为与评估对象相同功能后的价值的过程。资产的功能是其使用中带来的效用，功能参数一般表现为单位时间生产能力，如每年的产量、工程量、行驶里程等。选取的参照物与评估对象具有可比性，具有相同的类型，但其功效可能是不同的。如果参照物与评估对象的功能不同，其价值也不同，一般来说，功能参数大的资产价值会高，但这种变化不一定呈线性规律。在资产评估中，一般运用功能价值类比法对功能因素进行修正，通过计算功能价值修正系数调整评估对象的价值。功能因素修正主要用于机器设备评估。功能因素修正系数的计算公式如下：

$$功能因素修正系数 = \left(\frac{评估对象生产能力}{参照物生产能力}\right)^{x} \tag{4-7}$$

式中，X为功能价值指数，评估人员可根据评估经验结合评估对象的具体情况进行判断，取值一般在0.4~1.2之间。

【例4-5】

运用市场价格比较法对机器设备价值进行评估，选取的参照交易实例成交价格为150 000元，参照资产的年生产能力为8 000吨，评估对象的年生产能力为6 000吨，经测算，该类机器设备的功能价值指数为0.7。功能因素修正系数的计算如下：

$$功能因素修正系数 = \left(\frac{6\,000}{8\,000}\right)^{0.7} = 0.82$$

b.新旧程度修正

新旧程度修正是将参照物的成交价格修正为与评估对象相同新旧程度后的价值的过程。设备的新旧程度一般用成新率表示，如果评估对象的成新率与参照物的不同，其价值也不同，成新率高的设备价值会高，需要对参照交易实例的成交价格进行新旧程度修正。新旧程度修正主要用于机器设备评估。新旧程度修正系数的计算公式如下：

$$新旧程度修正系数 = \frac{评估对象成新率}{参照物成新率} \tag{4-8}$$

【例4-6】

运用市场价格比较法对机器设备价值进行评估，选取的参照交易实例成交价格为16 000元，参照设备成新率为80%，评估对象为全新设备。新旧程度修正系数的计算如下：

$$新旧程度修正系数 = \frac{100}{80}$$

c.品牌因素修正

品牌因素修正是将参照物的成交价格修正为与评估对象相同品牌认知度后的价值的过程。不同品牌的评估对象具有不同的价值，较高的知名度、美誉度和普及度的品牌商品，其价值也会较高。评估人员可以根据品牌价值、市场份额等因素对品牌因素进行评价，计算品牌因素修正系数。品牌因素修正系数的计算公式如下：

$$品牌因素修正系数 = \frac{评估对象品牌因素分值}{参照物品牌因素分值} \tag{4-9}$$

【例 4-7】

运用市场价格比较法对某一商品的价值进行评估，选取的参照交易实例成交价格为2 600元。经过品牌分析，参照商品为国际著名品牌商品，其市场价格比同类普通品牌商品高25%。评估对象商品是国内著名商品，其市场价格比普通品牌商品高10%。品牌因素修正系数的计算如下：

$$品牌因素修正系数 = \frac{110}{125}$$

d. 区域因素修正

区域因素修正是将参照物的成交价格修正为与评估对象处于同一区域后的价值的过程。区域因素修正主要适用于房地产评估，房地产的价格与房地产所处的区域密切相关，处于不同区域的房地产存在价值差异。区域因素修正就是剔除房地产区域特征所造成的交易价格偏差，将参照房地产的交易价格修正为评估对象区域特征下的价格。区域因素修正方法有直接比较法和间接比较法。直接比较法是以评估对象的区域特征为基准，将参照房地产的区域因素与评估对象的区域因素进行比较，评定参照房地产的区域分值；间接比较法是以标准房地产的区域特征为基准，分别评定参照房地产和评估对象的区域分值。区域因素修正系数的计算公式如下：

$$区域因素修正系数 = \frac{评估对象区域分值}{参照物区域分值} \qquad (4\text{-}10)$$

【例 4-8】

运用市场价格比较法对房地产价值进行评估，选的参照交易实例成交价格为10 800元/平方米，评估人员采用直接比较法对参照房地产的区域特征进行分析，确定其区域分值为95分。区域因素修正系数的计算如下：

$$区域因素修正系数 = \frac{100}{95}$$

【例 4-9】

运用市场价格比较法对房地产价值进行评估，选取的参照交易实例成交价格为7 800元/平方米，评估人员采用间接比较法进行区域评分，以标准房地产的区域特征为基准（100分），确定参照房地产分值为115分，评估对象分值为92分。区域因素修正系数的计算如下：

$$区域因素修正系数 = \frac{92}{115}$$

参照物与评估对象差异因素还有许多，评估人员应当结合评估对象的具体情况对差异因素进行分析，并进行相应的调整。

4. 计算比准价值

比准价值是指在交易实例的成交价格的基础上，经过差异因素调整后，将交易实例的成交价格修正为具有可比性的评估对象的价值。如果选择多个参照交易实例，评估人员需要分别计算比准价值。比准价值的计算公式如下：

比准价值=交易实例的成交价格×各差异因素修正系数 $\qquad (4\text{-}11)$

【例4-10】

运用市场价格比较法对房地产价值进行评估，参照交易实例的成交价格为1 560元，经过前期的因素分析与差异量化，确定其交易情况修正系数为100/95，交易日期修正系数为106/100，功能因素修正系数为0.92，新旧程度修正系数为100/80。比准价值的计算如下：

$$比准价值 = 1\,560 \times \frac{100}{95} \times \frac{106}{100} \times 0.92 \times \frac{100}{80} = 2\,001.73（元）$$

5.综合确定评估结果

运用市场法进行评估，一般会选择多个交易实例（通常在三个或三个以上），每个参照案例的交易价格经过各因素修正后，都会相应地得出一个比准价值，需要对多个比准价值进行技术处理，确定最终评估结果。常用的方法是简单算术平均法和加权平均法。简单算术平均法是将多个参照交易实例修正后的初步评估结果简单地算术平均后，作为评估对象房地产的最终评估价值。加权平均法是首先判定各个比准价值与评估对象的接近程度，并根据接近程度赋予每个比准价值相应的权重，然后将加权平均后的比准价值作为评估对象的价值。简单算术平均法的计算公式如下：

$$评估价值 = \frac{\sum 各交易实例比准价值}{选取交易实例的数量} \tag{4-12}$$

【例4-11】

运用市场价格比较法对房地产价值进行评估，选取了四个参照交易实例，评估人员经过前期的工作，计算得出四个参照交易实例的比准价值分别为8 500元、8 800元、8 200元、8 300元，则采用简单算术平均法计算的评估对象价值为：

$$评估价值 = （8\,500 + 8\,800 + 8\,200 + 8\,300）÷4 = 8\,450（元）$$

（二）市场价值比率法

1.市场价值比率法的原理

市场价值比率法是以参照物的市场交易价格与其某一经济指标的比率为基础，结合评估对象的经济指标，估测其评估价值的一种评估方法。影响资产的价值因素有很多，各因素与资产的价值存在必然的内在联系，可以参照市场交易实例的价值比率估测评估对象的价值。与市场价格比较法不同，市场价值比率法并非直接以参照物的成交价格为基础，调整因素差异估算评估对象的评估价值，而是以参照物的价值比率为依据，根据评估对象相应的经济指标估测评估对象的价值。

市场价值比率是指资产的市场价值与相关经济指标的比率。价值比率具有一定的综合性，可以充分体现资产的价值与其经济指标之间的关系。如果某一资产的价值是由一项或几项重要的经济指标决定的，可以考虑运用价值比率法进行评估。市场价值比率法的基本公式如下：

$$参照物市场价值比率 = \frac{参照物成交价格}{参照物某一经济指标} \tag{4-13}$$

$$评估对象价值 = 评估对象经济指标 \times 参照物市场价值比率 \tag{4-14}$$

选择恰当的价值比率，是运用价值比率法的重要前提。评估人员应当深入分析资产的价值与其内在经济指标的关系，确信所选择的价值比率可以合理确定评估对象的价值。为保证评估结果的准确性，评估人员可以选择多个价值比率，在综合评价的基础上确定最终的评估结果。

2.市场价值比率法的评估模型

不同类型的资产，有着不同的价值比率。根据所选择价值比率的不同，市场价值比率法又分为很多评估模型，主要包括成本市价法、市盈率法、租金倍数法等。

（1）成本市价法

成本市价法是以评估对象的合理成本为基础，参照市场上参照物的成本市价率来估算评估对象的价值的方法。成本市价率是资产的价值与其合理成本的比率。成本是资产价值的重要组成内容，成本与价值存在较高的相关性，根据价值与成本的比率关系即可估测评估对象的价值。成本市价法的基本公式如下：

$$参照物成本市价率 = \frac{参照物成交价格}{参照物合理成本} \times 100\% \tag{4-15}$$

$$评估对象价值 = 评估对象合理成本 \times 参照物成本市价率 \tag{4-16}$$

【例4-12】

运用成本市价法对某一全新设备进行评估，参照设备的成交价格为 28 800 元/台，其合理的制造成本为 21 200 元/台。评估对象的合理成本为 18 600 元/台。评估对象的价值计算如下：

参照设备成本市价率=28 800÷21 200×100%=135.85%

评估对象价值=18 600×135.85%=25 268.10（元/台）

（2）市盈率法

市盈率法是以评估对象预期每股收益为基础，参照上市公司的市盈率来估算评估对象的价值的方法。市盈率是价值与收益的比率，一般是指普通股每股市价与每股收益之间的比率。市盈率法主要用于企业价值评估。在企业价值评估中，企业的价值主要取决于企业的预期收益，可以参照证券市场上股票的市场价格与每股收益的倍数关系，测算被评估企业的价值。市盈率法的基本公式如下：

$$参照公司的市盈率 = \frac{参照公司的每股市价}{参照公司的每股收益} \tag{4-17}$$

$$被评估企业的股票价值 = 被评估企业的预期每股收益 \times 参照公司的市盈率 \tag{4-18}$$

【例4-13】

运用市盈率法对企业价值进行评估，参照公司每股市价为 16.56 元，每股收益为 0.52 元。被评估企业的预期每股收益为 0.38 元。评估对象股票价值的计算如下：

参照公司的市盈率=16.56÷0.52=31.85（倍）

评估对象股票价值=0.38×31.85=12.10（元/股）

（3）租金倍数法

租金倍数法是以评估对象的租金收入为基础，参照市场上参照物的租金倍数来估算评估对象的价值的方法。租金倍数是资产的价值与租金收入的比率，可以充分体现资产的价值与收入的关系。租金倍数法一般应用于以租金为主要收益的评估对象，如出租类机器设备、写字楼等。租金倍数法的基本公式如下：

$$参照资产的市场租金倍数 = \frac{参照资产的市场价格}{参照资产的年租金} \qquad (4-19)$$

评估对象价值=评估对象的年租金×参照资产的市场租金倍数 　　(4-20)

【例4-14】

运用租金倍数法对某一挖掘机进行评估，与评估对象类似挖掘机的市场价格为186 000元/台，年租金收入为12 000元。评估对象挖掘机的预期年租金收入为15 000元。评估对象价值的计算如下：

参照设备租金倍数=186 000÷12 000=15.50（倍）

评估对象价值=15 000×15.50=232 500（元/台）

【例4-15】

运用租金倍数法对某一写字楼进行评估，参照写字楼的市场价格为9 600元/平方米，每日租金收入为1.5元/平方米。评估对象写字楼的预期每日租金收入为1.8元/平方米。评估对象价值的计算如下：

参照写字楼租金倍数=9 600÷（1.5×360）=17.78（倍）

评估对象价值=1.8×360×17.78=11 521.44（元/平方米）

七、市场法的具体应用

（一）市场价格比较法的应用举例

【例4-16】

评估机构接受委托，对太平洋电子有限公司的全自动贴片机（SMT）的价值进行评估。评估人员经过调查分析，发现贴片机存在活跃的公开市场交易，市场法的前提条件可以得到满足，应当选择市场价格比较法进行评估。为此，评估人员选择了三个可比性参照交易实例，在综合分析的基础上估测贴片机的价值。

1.评估对象及参照物的基本资料

（1）评估对象贴片机，产地中国，功能参数为3 600片/小时，成新率75%。评估基准日为2022年3月10日。

（2）参照物A贴片机，产地韩国，功能参数为4 200片/小时，成新率70%。2021年6月的成交价格为108 000元/台。

（3）参照物B贴片机，产地德国，功能参数为4 800片/小时，成新率80%。2021年7月的成交价格为126 000元/台。

（4）参照物C贴片机，产地日本，功能参数为3 800片/小时，成新率90%。2021年10月的成交价格为112 000元/台。

2.市场价格比较法的评估过程

根据评估对象和参照物的具体情况，评估人员对参照交易实例的交易情况、交易日期、功能因素、新旧程度、品牌因素进行了修正，分别计算出各交易实例的比准价值。

（1）交易情况修正。

评估人员对参照交易实例进行了分析，认为参照物A、参照物B为正常的公开市场交易，不需要交易情况修正；参照物C为企业因转产而进行的资产快速变现，交易价格偏低5%。

参照物A交易情况修正系数为：100/100
参照物B交易情况修正系数为：100/100
参照物C交易情况修正系数为：100/95

（2）交易日期修正。

评估人员查询了贴片机的近期价格指数，发现近两年来贴片机的月环比价格指数均为-1.2%。

参照物A交易日期修正系数为：$(1-1.2\%)^9=0.90=90/100$
参照物B交易日期修正系数为：$(1-1.2\%)^8=0.91=91/100$
参照物C交易日期修正系数为：$(1-1.2\%)^5=0.94=94/100$

（3）功能因素修正。

评估人员对贴片机的功能因素进行了分析，认为其主要功能参数是每小时完成插贴线路板芯片的数量，功能价值指数为0.4。

参照物A功能因素修正系数为：$(3\,600/4\,200)^{0.4}=0.94=94/100$
参照物B功能因素修正系数为：$(3\,600/4\,800)^{0.4}=0.89=89/100$
参照物C功能因素修正系数为：$(3\,600/3\,800)^{0.4}=0.98=98/100$

（4）新旧程度修正。

评估人员根据评估对象和参照物的成新率，计算出新旧程度修正系数。

参照物A新旧程度修正系数为：75/70
参照物B新旧程度修正系数为：75/80
参照物C新旧程度修正系数为：75/90

（5）品牌因素修正。

评估人员对参照物和评估对象的品牌因素进行了分析，认为产地德国参照物B为著名品牌，其市场价格一般会比国产品牌高出15%。参照物A、参照物C与评估对象的品牌价值基本相同。

参照物A交易情况修正系数为：100/100
参照物B交易情况修正系数为：100/115
参照物C交易情况修正系数为：100/100

（6）计算比准价值。

参照物A比准价值=108 000×（100/100）×（90/100）×（94/100）×（75/70）×（100/100）
　　　　　　=97 894.29（元）
参照物B比准价值=126 000×（100/100）×（91/100）×（89/100）×（75/80）×（100/115）
　　　　　　=83 190.82（元）
参照物C比准价值=112 000×（100/95）×（94/100）×（98/100）×（75/90）×（100/100）
　　　　　　=90 503.86（元）

（7）综合确定评估结果。

运用简单算术平均法，综合确定评估结果为：

（97 894.29+83 190.82+90 503.86）÷3=90 529.66（元）

运用市场价格比较法对太平洋电子有限公司的全自动贴片机（SMT）的价值进行评估，其评估结果为90 529.66元。

上述评估过程，可用表格形式表示，具体见表4-1。

表 4-1　　　　　　　　　　　　　市场价格比较法评估计算表

项目	参照物 A	参照物 B	参照物 C
交易价格	108 000元	126 000元	112 000元
交易情况修正	100/100	100/100	100/95
交易日期修正	90/100	91/100	94/100
功能因素修正	94/100	89/100	98/100
新旧程度修正	75/70	75/80	75/90
品牌因素修正	100/100	100/115	100/100
比准价值	97 894.29元	83 190.82元	90 503.86元
评估价值	90 529.66元		

（二）市场价值比率法的应用举例

1.成本市价法

【例 4-17】

评估基准日某市商品住宅的成本市价率为150%，被评估全新住宅的现行合理成本为120万元。评估对象价值的计算如下：

评估对象价值=120×150%=180（万元）

2.市盈率法

【例 4-18】

运用市盈率法对企业价值进行评估，参照公司每股市价为21元，每股收益为1.2元。被评估企业的预期每股收益为0.4元。评估对象股票价值的计算如下：

参照公司市盈率=21÷1.2=17.5（倍）

评估对象股票价值=0.4×17.5=7（元/股）

3.租金倍数法

【例 4-19】

运用租金倍数法对某一数控机床进行评估，与评估对象类似数控机床的市场价格为230 000元/台，年租金收入为14 000元。评估对象数控机床的预期年租金收入为11 000元。评估对象价值的计算如下：

参照数控机床租金倍数=230 000÷14 000=16.43（倍）

评估对象价值=11 000×16.43=180 714.29（元/台）

【例 4-20】

运用租金倍数法对某一商铺进行评估，参照商铺的市场价格为7 800元/平方米，每日租金收入为2.3元/平方米。评估对象商铺的预期每日租金收入为1.3元/平方米。评估对象价值的计算如下：

参照商铺租金倍数=7 800÷（2.3×360）=9.42（倍）

评估对象价值=1.3×360×9.42=4 408.56（元/平方米）

自测题4-2

视频资源4-1

第三节　资产评估的收益法

一、收益法的基本含义

收益法是指通过将评估对象的预期收益资本化或者折现，来确定其价值的各种评估方法的总称。收益法包括多种具体方法，例如，企业价值评估中的现金流量折现法、股利折现法等；无形资产评估中的增量收益法、超额收益法、节省许可费法、收益分成法等。

二、收益法的基本原理

资产是预期能够带来经济利益的资源，资产的运用会产生一定的预期收益。一般来说，资产的预期收益额越大，资产的价值就越高。但资产的预期收益是分期取得的，判断一项资产的价值，不能将资产的各期间预期收益简单相加，而需要运用一定的技术方法将各期间的预期收益折现或资本化。将资产的预期收益折现或资本化，需要测算收益的折现率（或资本化率）。折现率是一定风险条件下资产的期望收益率，在预期收益一定的情况下，对某一资产的期望收益率越高，预期收益的现值越低，资产的评估价值也就越低。

收益法是资产评估方法中最为科学合理的一种评估方法，其依据的是预期收益原理。在市场交易中，购买方在购置某项资产时所愿意支付的价格，不会高于该项资产能够带来的预期收益的现值，销售方也不可能以低于预期收益现值的价格销售资产。所以，根据评估对象的预期收益的现值来评估其价值，评估结果较为准确，容易被资产业务各方所接受。但是，收益法需要对资产的预期收益和折现率进行预测和判断，评估的主观因素较多，在运用中存在一定的限制条件。

收益法的理论公式为：

评估对象的价值=评估对象预期收益的现值 　　　　　　　　　　　　　　　　　（4-21）

三、收益法的前提条件

收益法的运用存在一定的前提条件。资产评估人员选择收益法评估时，应当注意收益法的前提条件是否得到满足。收益法评估主要涉及预期收益、折现率（或资本化率）和收益期限三项指标。运用收益法对资产价值进行评估，其前提条件如下：

（一）评估对象的未来收益可以合理预期并用货币计量

预期收益是收益法的一项重要指标，对评估对象的价值有着重大的影响。预期收益是否可以估测，是运用收益法的一个重要的前提条件。预期收益的可靠估测有以下两项基本要求：第一，评估对象的预期收益可以量化，以货币形式衡量；第二，评估对象的预期收益可以根据相关经济指标进行测算，预期收益的估测具有较高的可靠性。

（二）预期收益所对应的风险能够度量，即折现率（或资本化率）可以可靠估测

折现率（或资本化率）是评估对象的期望收益率，折现率（或资本化率）的选取是否准确，对评估对象价值的合理性有较大的影响。一般来说，折现率（或资本化率）是由无风险收益率和风险收益率两部分构成的。无风险收益率较为容易得到，折现率（或资本化率）能否可靠估测，主要取决于风险收益率。测算评估对象的风险收益率，需要对评估对象的风险程度进行分析。因此，收益法要求预期收益所承担的风险可以估测，并可以运用技术方法进行衡量。

（三）收益期限能够确定或者合理预期

收益期限是评估对象能够带来预期收益的年限。评估人员需要对评估对象的使用情况、经济寿命、法律限制等情况进行分析，以准确测算其收益年限。

四、收益法的评估程序

采用收益法进行评估，其基本程序如下：

（1）收集验证有关经营、财务状况的信息资料；

（2）计算和对比分析有关指标及其变化趋势；

（3）预测资产未来预期收益，确定折现率和资本化率；

（4）将预期收益折现或资本化处理，确定被评估资产价值。

五、收益法的评估参数

收益法包括预期收益、折现率（或资本化率）和收益期限三个评估参数。在运用收益法进行评估时，评估人员应当准确估测评估对象的预期收益，选择恰当的折现率（或资本化率），合理确定收益期限，并注意三者之间的相互匹配。

（一）预期收益

1.预期收益的含义

预期收益是评估对象在评估基准日后续的期间，在合理经营或正常运用的前提下，预期能够实现或带来收益的数额。第一，预期收益并非评估对象的现实收益，而是在未来各期间可能实现的收益。评估人员需要在对评估对象未来经营或运用情况分析、预测的基础上，测算预期收益的数额。第二，预期收益并非评估对象的实际收益，而是一种客观收益，排除了不正常和偶然因素，假设评估对象在合理经营或正常运用情况下的收益。第三，预期收益并非单一期间的收益数额，而是评估对象存续期间预期收益的分布，表现为一种时间序列预期收益。预期收益一般以年度为计量期间，分年度测算。

2.预期收益的口径

预期收益是一个广泛的概念，存在不同的口径。资产的收益一般是指一定期间资产实现的收入和所产生费用的差额。根据收入与费用的确认基础不同，预期收益有两种基本的表现形式：一种是利润额，另一种是净现金流量。利润额是运用会计核算方法以权责发生制为基础计算出来的，具体包括利润总额、利润净额、息前利润净额等形式。净现金流量是以收付实现制基础计算出来的一定期间企业的现金流入量与现金流出量的差额，包括自由现金流量和股权现金流量等具体形式。利润额形式的预期收益较为容易得到，在评估实务中得到广泛应用。但净现金流量形式的预期收益，可以更为准确地反映各期间的收益流，得到的评估结果更加客观。

3.预期收益的测算

运用收益法进行评估，需要对评估对象的预期收益进行合理估测。预期收益是评估对象未来的、客观的收益，应当对评估对象目前的收益状况进行深入分析，采用科学的方法对后续收益趋势进行判断。预期收益的预测存在两个基础：一是在评估对象的现实收益基础上，排除偶然因素和不可比因素，调整后确定未来预期收益；二是以评估对象行业的正常收益水平为基础预测的预期收益。评估人员运用收益法进行评估，应当从委托方或相关当事方获取评估对象未来经营状况和收益状况的预测资料，并进行必要的分析、判断和调整，确信相关预测的可靠性、合理性，充分考虑未来各种可能性发生的概率及其影响。预期收益可以分阶段测算，通常可以划分为两个阶段：第一阶段为近期的3~5年内，这一阶段的收益预期可以采用技术方法，分别估测每年的收益数额；第二阶段为未来3~5年以后的期间，这一阶段的收益预期可以简单估测，如假设每年的收益数额相同，或者按一定规律变化。

（二）折现率和资本化率

1.折现率（或资本化率）的含义

折现率（或资本化率）是将未来各期间的预期收益换算为评估时点价值的比率。在资产评估中，预期收益换算为现值存在两种方法：一种方法为折现，折现所采用的比率为折现率；另一种方法为资本化，资本化所采用的比率为资本化率。折现率是将未来有限期收益折算为现值的比率，资本化率是将未来永续收益还原为现值的比率。如果预期收益是非永续的（有限期的），可以采用折现率进行折现；如果预期收益是永续的（无限期的），可以采用资本化率进行还原（或资本化）。折现率与资本化率并不一定相同，其差异取决于评估人员对评估对象未来有限经营期与永续经营期的风险的判断。

折现率和资本化率的本质是相同的，都是资产的期望收益率。折现率（或资本化率）通常由两部分组成：一是无风险收益率；二是风险收益率。无风险收益率也称无风险利率，是假设将资金投资于一个没有任何风险的项目时的期望收益率；风险收益率是在风险投资情况下的风险补偿收益率。在资产评估中，一般将无风险收益率作为基本收益率，再根据收益的风险程度测算风险投资收益率，最终确定评估对象的折现率（或资本化率）。风险收益率的高低主要取决于投资的风险程度，风险大的投资，其要求的风险收益率就高，折现率（或资本化率）也就高。

2.折现率（或资本化率）的口径

折现率（或资本化率）的本质是期望收益率，而收益存在不同的形式，所以，折现率（或资本化率）也存在不同的计算口径，以便与收益的口径相匹配。评估人员运用收益法进行评估时，应当确信折现率（或资本化率）与预期收益的口径保持一致。如果预期收益预测口径为利润额，折现率（或资本化率）也应该是利润额口径的折现率；如果预期收益预测口径为净现金流量，折现率（或资本化率）也应该是净现金流量口径的折现率。

3.折现率（或资本化率）的测算

折现率（或资本化率）的测算，是收益法的一个重要的环节。在进行折现率（或资本化率）的测算时，评估人员应当收集市场利率水平、行业平均投资收益率和评估对象实际收益率的资料，在综合判断的基础上，利用一定的技术方法估测评估对象所采用的折现率（或资本化率）。其主要方法如下：

（1）直接累加法，是指在无风险收益率基础上，根据评估对象风险程度测算风险收益率，以无风险收益率加风险收益率为折现率（或资本化率）的方法。其基本计算公式为：

折现率（或资本化率）=无风险收益率+风险收益率　　　　　　　　　（4-22）

无风险收益率是指投资者投资无风险资产的期望报酬率，该无风险资产不存在违约风险。在评估实务中，一般以国家发行的国债利率为基准进行确定。风险收益率是在收益不确定情况下的收益率，评估人员需要对预期收益所面临的风险种类和风险程度进行分析，综合确定风险收益率。评估对象的收益风险主要包括市场风险、行业风险、经营风险、财务风险等。

（2）资本资产定价模型（CAPM），是指根据资本资产定价模型测算折现率的方法。资本资产定价模式是在一些基本假设的基础上得出的用来揭示多样化投资组合中资产的风险与所要求的收益之间关系的数学模型。其基本计算公式为：

$$R_e=R_f+\beta(R_m-R_f)+\varepsilon \qquad (4-23)$$

式中，R_e 为投资报酬率；R_f 为无风险报酬率；R_m 为市场期望报酬率；(R_m-R_f) 为市场风险溢价，是指投资者对与整体市场平均风险相同的股权投资所要求的预期超额收益，即超过无风险利率的风险补偿。β 为系统风险指数，表示系统性因素给股权投资者带来的不可分散的风险，用来表示单项资产的风险收益率与市场组合平均风险收益率的关系；ε 为特定风险报酬率，表示被评估企业自身特定因素导致的非系统性风险的报酬率。

（3）加权平均资本成本（WACC），是指根据企业在评估时点的加权平均资本成本测算折现率的方法，一般用于企业价值评估。其基本计算公式为：

$$WACC=\sum_{i}^{n}K_iW_i \qquad (4-24)$$

式中，WACC 为加权平均资本成本；K_i 为企业各单项资本的资本成本；W_i 为各单项资本占全部资本的比例。

（三）收益期限

收益期限是指评估对象在评估基准日后续能够持续形成预期收益的时间，一般以年度为计量单位，所以也称为收益年限。收益期限有两种表现形式：一种为有限收益期，另一种为永续收益期。有限收益期是指评估对象能够带来预期收益的期限是限定的，表现为固定年数。永续收益期是指评估对象能够带来预期收益的期限是无限的，收益期限为无穷大。

评估对象的收益期限可能是资产的自然寿命，也可能是资产的经济寿命，还可能是资产的技术寿命、法定寿命等。评估人员应当根据评估对象的收益情况及限定条件合理判断收益期限。

延伸阅读4-3

《资产评估执业准则——资产评估方法》关于收益法的部分

六、收益法的评估模型

(一) 收益法的基本模型

收益法的评估模型反映评估价值与收益现值、折现率（或资本化率）、收益期限之间数量关系的数学表达式。基本模型是收益法的总体计算公式，适用于任何条件下收益法的现值计算。收益法的基本模型如下：

$$P = \sum_{i}^{n}[R_i(1 + r)^{-i}] \tag{4-25}$$

式中，P为预期收益现值，R_i为各年预期收益，r为折现率（或资本化率），n为收益期。

(二) 收益法基本模型的演变

收益法的基本模型适用于任何收益情况下的现值计算，但是计算过程较为复杂。在评估实务中，评估对象的预期收益的变化可能表现为一定的规律性，收益期限可能是有限收益期或永续收益期，为提高收益现值的计算效率，简化计算过程，可将收益法的基本模型进行适当的演变，形成针对特定预期收益条件下的评估模型。

1.年金形式预期收益现值模型

如果评估对象的预期收益每年保持不变，则其预期收益为年金形式，可以运用年金现值公式计算现值。年金形式预期收益现值模型包括有限收益期和永续收益期两种情况。

（1）有限收益期年金形式预期收益现值模型

如果评估对象的预期收益为年金形式，并且存在有限的收益期，则可以运用有限收益期年金形式预期收益模型计算现值。其计算公式如下：

$$P = \frac{A}{r}[1 - (1 + r)^{-n}] \tag{4-26}$$

式中，P为收益现值，A为年预期收益（条件为每年的预期收益相同），r为折现率，n为收益期限。

（2）永续收益期年金形式预期收益现值模型

如果评估对象的预期收益为年金形式，并且收益期限是永续的（n趋近于无穷大），则可以运用永续收益期年金形式预期收益模型计算现值。其计算公式如下：

$$P = \frac{A}{r} \tag{4-27}$$

式中，P为收益现值，A为年预期收益（条件为每年的预期收益相同），r为资本化率。

2.固定增长形式预期收益现值模型

如果评估对象的预期收益每年按固定的比率增长（或降低），则其预期收益为固定增长形式，可以运用简便公式计算现值。固定增长形式预期收益现值模型包括有限收益期和永续收益期两种情况。

（1）有限收益期固定增长形式预期收益现值模型

如果评估对象的预期收益为固定增长形式，并且存在有限的收益期限，则可以运用有限收益期固定增长形式预期收益现值模型计算现值。其计算公式如下：

$$P = \frac{R_1}{(r - g)}\left[1 - \left(\frac{1 + g}{1 + r}\right)^n\right] \tag{4-28}$$

式中，P为收益现值，R_1为第1年预期收益，g为预期收益固定增长率，r为折现率（条件为r>g），n为收益期限。

（2）永续收益期固定增长形式预期收益现值模型

如果评估对象的预期收益为固定增长形式，并且收益期限是永续的，则可以运用永续收益期固定增长形式预期收益现值模型计算现值。其计算公式如下：

$$P = \frac{R_1}{r - g} \tag{4-29}$$

式中，P为收益现值，R_1为第1年预期收益，g为预期收益固定增长率，r为资本化率（条件为r>g）。

（三）收益法的分段模型

运用收益法进行评估，需要明确收益期间各阶段的预期收益。为了合理估测预期收益，评估人员经常将收益期划分为几个阶段，分段计算预期收益的现值。最为常见的分段方法，是将收益期划分为前后两个阶段：第一阶段（P_1）为预期收益的前期阶段，第二阶段（P_2）为预期收益的后期阶段。如果评估对象在收益期限结束后存在残余价值，则存在一个期末变现时点（P_n）。

1.第一阶段（P_1）

这一阶段与评估时点较近，预期收益的测算较为容易，并且对评估价值的影响较大，所以，这一阶段企业的预期收益需要逐年预测。其计算公式为：

$$P_1 = \sum_{i}^{m}[R_i(1 + r)^{-i}] \tag{4-30}$$

式中，P_1为第一阶段预期收益现值，m为第一阶段预测期年数，R_i为第一阶段各年预期收益，r为折现率。

2.第二阶段（P_2）

这一阶段与评估时点较远，预期收益的测算较为困难，对评估价值的影响较小，可以采用特定方法简单估算，例如，假设第二阶段的预期收益保持不变，或者以固定的比率变化。

（1）如果假设第二阶段的预期收益保持不变，有限收益期，则现值的计算公式为：

$$P_2 = \frac{R_{m+1}}{r}[1 - (1 + r)^{-(n-m)}](1 + r)^{-m} \tag{4-31}$$

式中，P_2为第二阶段收益现值，R_{m+1}为第二阶段第1年的预期年收益（以后每年相同），r为折现率，m为第一阶段收益预测期年数，n为全部收益期年数，（n-m）为第二阶段收益期年数。

（2）如果假设第二阶段的预期收益保持不变，永续收益期，则现值的计算公式为：

$$P_2 = \frac{R_{m+1}}{r}(1 + r)^{-m} \tag{4-32}$$

式中，P_2为第二阶段收益现值，R_{m+1}为第二阶段第1年的预期年收益（以后每年相同），r为资本化率，m为第一阶段收益预测期年数。

（3）如果假设第二阶段的预期收益保持固定增长，有限收益期，则现值的计算公式为：

$$P_2 = \frac{R_{m+1}}{(r - g)}\left[1 - \left(\frac{1 + g}{1 + r}\right)^{n-m}\right](1 + r)^{-m} \tag{4-33}$$

式中，P_2为第二阶段收益现值，R_{m+1}为第二阶段第1年的预期年收益（以每年固定增长），r为折现率，g为第二阶段收益固定增长率（条件为r>g），m为第一阶段收益预测期年数，n为全部收益期年数。

（4）如果假设第二阶段的预期收益保持固定增长，永续收益期，则现值的计算公式为：

$$P_2 = \frac{R_{m+1}}{(r-g)}(1+r)^{-m} \tag{4-34}$$

式中，P_2为第二阶段收益现值，R_{m+1}为第二阶段第1年的预期年收益（以每年固定增长），r为资本化率，g为第二阶段收益固定增长率（条件为r>g），m为第一阶段收益预测期年数。

3.期末变现时点（P_n）

这一时点为收益期结束后资产变现的时点，通过预测资产的变现价值，即可计算其现值。其计算公式如下：

$$P_n = R_n(1+r)^{-n} \tag{4-35}$$

式中，P_n为变现资产的现值，R_n为资产变现价值，r为折现率，n为全部收益期年限。

需要注意的是，并非每项资产均存在期末变现价值，如果评估对象在收益期结束后没有残余价值，或残余价值对收益现值影响较小，或收益期为永续收益期，则评估时不需要考虑期末变现时点的现值。

分段计算各阶段预期收益现值后，将各阶段的收益现值相加，即可得到全部预期收益的现值。其计算公式如下：

$$P = P_1 + P_2 + P_n \tag{4-36}$$

七、收益法的具体应用

评估模型及其演变仅表明了评估价值与评估参数之间的数量关系，在评估实务中，运用评估模型计算现值存在一定的计算方法，主要包括公式法、列表法和查表法。

（一）公式法

公式法是直接利用评估模型的公式计算现值的方法。由于收益期限较长，涉及级数运算、指数运算，所以，运用公式法的工作量较大，需要利用计算器等工具。

【例4-21】

某评估对象的收益期限为6年，每年的预期收益分别为495万元、530万元、595万元、778万元、812万元和851万元，折现率为8%。运用评估基本模型的公式计算如下：

$$P = \frac{495}{(1+8\%)^1} + \frac{530}{(1+8\%)^2} + \frac{595}{(1+8\%)^3} + \frac{778}{(1+8\%)^4} + \frac{812}{(1+8\%)^5} + \frac{851}{(1+8\%)^6} = 3\,045.81\,（万元）$$

【例4-22】

某评估对象的收益期限为12年，每年的预期收益均为180万元，折现率为9%。运用有限收益期年金形式预期收益现值模型的公式计算如下：

$$P = \frac{180}{9\%} \times [1 - (1+9\%)^{-12}] = 1\,288.93\,（万元）$$

【例4-23】

某评估对象每年的预期收益均为360万元，收益期限永续，资本化率为12%。运用永续收益期年金形式预期收益模型的公式计算如下：

$$P = \frac{360}{12\%} = 3\ 000（万元）$$

【例4-24】

某评估对象第1年的预期收益为80万元，预计以后各年的预期收益均比上一年增长3%，收益期限永续，资本化率为10%。运用永续收益期固定增长形式预期收益现值模型的公式计算如下：

$$P = \frac{80}{10\% - 3\%} = 1\ 142.86（万元）$$

【例4-25】

采用收益法对某企业价值进行评估，评估人员将预期收益划分为两个阶段：第一阶段为评估时点后的前4年，预期收益分别为1 210万元、1 360万元、1 510万元、1 760万元；第二阶段为第5年及以后期间，预计企业的收益将在第4年的基础上以2%的增长率增长。收益期结束后，不存在资产的变现问题。根据预期收益风险情况，选取的折现率为8%。

第一阶段现值：

$P_1 = 1\ 210 \times (1+8\%)^{-1} + 1\ 360 \times (1+8\%)^{-2} + 1\ 510 \times (1+8\%)^{-3} + 1\ 760 \times (1+8\%)^{-4} = 4\ 778.69（万元）$

第二阶段现值：

$$P_2 = \frac{1\ 760 \times (1 + 2\%)}{(8\% - 2\%)} \times (1 + 8\%)^{-4} = 21\ 992.10（万元）$$

两个阶段现值合计：

P=4 778.69+21 992.10=26 770.79（万元）

（二）查表法

查表法是利用现值系数表计算现值的方法。现值系数表以表格形式列出了各种收益年限和折现率下的现值系数，利用现值系数表计算现值可以简化计算过程，减少计算时间。在收益法评估中，评估人员主要利用普通现值系数和年金现值系数。

1.运用现值系数表计算现值，评估基本模型表现为以下形式：

$$P = \sum_{i}^{n}[R_i(1 + r)^{-i}] = \sum_{i}^{n}R_i(P/F，r，i) \tag{4-37}$$

式中，(P/F，r，i)为普通现值系数。

【例4-26】

沿用【例4-21】资料，运用查表法计算的现值如下：

P=495×（P/F，8%，1）+530×（P/F，8%，2）+595×（P/F，8%，3）+778×（P/F，8%，4）+812×（P/F，8%，5）+851×（P/F，8%，6）

=495×0.9259+530×0.8573+595×0.7938+778×0.7350+812×0.6806+851×0.6302=3 045.81（万元）

2.运用现值系数表计算年金现值，有限收益期年金形式预期收益现值模型表现为以下形式：

$$P = \frac{A}{r}[1-(1+r)^{-n}] = A(P/A，r，n) \tag{4-38}$$

式中，$(P/A，r，n)$为年金现值系数。

【例4-27】

沿用【例4-22】资料，运用查表法计算的现值如下：

$P=180×（P/A，r，n）=180×7.1607=1\,288.93$（万元）

（三）列表法

列表法是以列表的方式计算现值的方法。列表计算的方式较为形象，可以清楚地体现各收益期间的收益现值。在评估实务中，评估人员较多地运用Excel处理评估数据，采用函数计算收益现值。

【例4-28】

沿用【例4-21】资料，运用列表法计算的现值见表4-2。

表4-2 　　　　　　　　　　　　　　　　**预期收益现值计算表** 　　　　　　　　　金额单位：万元

收益期限	预期收益	现值系数	收益现值
1	495.00	0.9259	458.33
2	530.00	0.8573	454.39
3	595.00	0.7938	472.33
4	778.00	0.7350	571.85
5	812.00	0.6806	552.63
6	851.00	0.6302	536.27
合　计			3 045.81

注：表中数据因四舍五入，存在尾差调整。

自测题4-3

视频资源4-2

第四节　资产评估的成本法

一、成本法的基本含义

成本法是在估测评估对象的重置成本的基础上，对被评估对象各种贬值因素进行分析，测算评估对象的贬值数额，并在评估对象的重置成本中予以扣除，从而确定评估对象价值的一种资产评估方法。与市场法、收益法的评估思路不同，成本法是从评估对象的价值构成出发估测其价值。如果一项资产没有发生各种贬值，重置成本即为其评估价值。但从资产的形成并开始投入使用至评估基准日这段期间内，资产不可避免地会发生一些实体损失、功能损失和经济损失，使其价值降低，需要在重置成本中扣除各项贬值的数额。

成本法包括多种具体方法，例如，复原重置成本法、更新重置成本法、成本加和法（也称资产基础法）等。复原重置成本法是以复原重置成本为基础，扣除相关贬值，以此确定评估对象价值的评估方法。更新重置成本法是以更新重置成本为基础，扣除相关贬值，以此确定评估对象价值的评估方法。成本加和法则是单项资产评估汇总过程的简称，上市公司整体资产评估通常采用成本加和法进行。成本加和法是采用适宜的方法得出评估对象各项资产的评估值并累加求和，再扣减负债评估值，得出股东权益评估值的一种方法。

二、成本法的基本原理

成本法的理论基础是生产费用论，亦称生产成本论、生产费用价值论。1848 年，英国经济学家约翰·穆勒出版了《政治经济学原理》。该著作系统总结与最终确立了生产费用论，即"生产费用加上通常的利润，可以称为劳动和资本所生产的一切物品的必要价格或价值"。该理论从资产供给角度来度量资产的实际价值，将其运用在资产评估中，主张从成本和费用角度来度量评估对象，即评估对象的价值由其重新购置或重新购建所需的生产费用决定，成本越高，评估对象价值就越大。

作为资产评估的三大基本方法之一，成本法在评估实务中得到广泛运用，其评估结果可以充分体现评估对象的重新取得成本。在条件允许的情况下，任何一个潜在的购买者在决定购买某项资产时，其所愿意支付的价格不会超过购建该项资产的现行购建成本。如果评估对象并非全新，投资者所愿意支付的价格会在评估对象全新的购建成本的基础上扣除资产的有形损耗；如果被评估资产存在功能和技术落后，投资者所愿意支付的价格会在评估对象全新的购建成本的基础上扣除资产的功能性贬值；如果被评估资产及其产品面临市场困难和外力影响，投资者所愿意支付的价格会在评估对象全新的购建成本的基础上扣除资产的经济性贬损因素。成本法的理论公式为：

$$评估对象的价值=重置成本-实体性贬值-功能性贬值-经济性贬值 \tag{4-39}$$

三、成本法的前提条件

成本法的运用存在一定的前提条件。资产评估人员选择成本法评估时，应当注意成本法的前提条件是否得到满足。成本法的前提条件主要包括以下三个方面：

（一）评估对象能够正常使用或者在用

只有评估对象能够正常使用或者在用，再取得评估对象的全部费用，才能构成其价值的内容。具体来说，其分为在用续用、转用续用和移地续用。在用续用指的是将按评估对象现行正在使用的用途及方式继续使用。转用续用指的是改变评估对象现时的使用用途，调换新的用途继续使用。移地续用指的是改变评估对象现在的空间位置，转移到其他空间位置上继续使用。

（二）评估对象能够通过重置途径获得

成本法是从评估对象重置角度估测其价值，一个重要的前提就是评估对象的重置存在现实意义，重置成本与其价值密切相关。这就要求成本法的评估对象必须是可以重置的，否则，从重置的角度计算其成本就不具有理论上和现实上的意义。

（三）评估对象的重置成本以及相关贬值能够合理估算

评估对象的重置成本可以合理估测。成本法同时要求评估对象的重置成本可以准确估测，可以利用市场资料、成本核算资料获取评估对象重新购置或购建需要付出的费用。

评估对象的各种贬值因素可以合理估算。评估对象的各种贬值是成本法的重要评估参数，贬值的数额能否量化是运用成本法的一个重要前提条件。评估对象的贬值因素较多，评估人员需要对评估对象的贬值情况进行分析，确信贬值数额可以可靠计量，或者贬值数额对评估价值影响较小，方可运用成本法进行评估。

四、成本法的评估程序

（一）明确评估对象并确定是否满足成本法的前提条件

成本法的前提条件包括三个方面，如果评估对象的状况不符合任一要求，也就是没有同时满足三个条件，则不适用成本法。

（二）确定重置成本

重置成本是成本法的重要评估参数。重置成本的构成要素一般包括建造或者购置评估对象的直接成本、间接成本、资金成本、税费及合理的利润。资产评估专业人员应当根据评估目的、评估对象和评估假设合理确定重置成本的构成要素，并确定评估对象的重置成本。

（三）确定各项贬值的数额

资产评估专业人员应当结合评估对象的实际情况以及影响其价值变化的条件，充分考虑可能影响资产贬值的因素，合理确定各项贬值。以实体形式存在的评估对象的主要贬值形式有三种，包括实体性贬值、功能性贬值和经济性贬值，这三种贬值都是成本法的重要评估参数。

（四）估算评估对象价值

将重置成本作为确定评估对象价值的基础，扣除相关贬值。也就是说，根据成本法的理论公式，确定评估对象的价值。

五、成本法的评估参数

成本法包括重置成本、实体性贬值、功能性贬值和经济性贬值四个评估参数。在运用成本法进行评估时，评估人员应当准确估测评估对象的重置成本，合理测算各项贬值的数额。

（一）重置成本

1.重置成本的含义

重置成本是在评估时点的价格水平下，重新购置或建造某项全新资产所预计发生的费用。资产评估专业人员应当根据评估目的、评估对象和评估假设合理确定重置成本的构成要素。重置成本应当是社会一般生产力水平的客观必要成本，而不是个别成本。重置成本是资产的现行再取得成本，要求是在现行的价格水平下，以便与评估时点的价值相匹配。评估人员应当注意的是，资产评估的重置成本与会计计量属性中的重置成本的差异。会计计量中的重置成本并非要求全新，已经扣除了各项贬值，相当于资产评估中的评估价值。

资产的重新取得的方式，可以是重新购置，也可以是重新建造。根据重新购置或建造的类似程度不同，重置成本又分为复原重置成本和更新重置成本两种。

（1）复原重置成本是指采用与评估对象相同的材料、建筑或制造标准、设计、规格和技术等，以现时价格水平重新购建与评估对象相同的全新资产所发生的费用。

（2）更新重置成本是指采用与评估对象不完全相同，通常是现在流行使用的材料、建筑或制造标准、设计、规格和技术等，以现行价格水平购建与评估对象具有同等功能的全新资产所需的费用。

复原重置成本和更新重置成本均是现时价格水平下重新购建全新资产所发生的费用，其区别在于重置所采用的技术、材料、规格、设计、标准等不同，复原重置成本是原样复制条件下所发生的费用，更新重置成本是功能复制条件下所发生的费用。评估人员运用成本法进行评估时，需要清楚所采用的是复原重置成本还是更新重置成本，两种重置成本的贬值因素有所不同，更新重置成本已经考虑了资产的功能贬值因素。

由于评估对象的重置包括重新购置和重新建造两种方式，重置成本的估测也可以在两种假设条件下进行，一种是重新购置成本的估测，另一种是重新建造成本的估测。评估人员可以根据评估对象的具体情况，以及评估资料的限制条件，选择估测重新购置成本或者重新建造成本。

2.重新购置方式下重置成本的估测

重新购置方式下的重置成本，是在现行的价格水平下，假设在市场上重新购置某项资产需要付出的费用。其内容包括重新购置市场价格和运输、安装、调试费用两大部分。其计算公式为：

重置成本=重新购置市场价格+运输费用+安装费用+调试费用　　　　　　　　　　（4-40）

重新购置市场价格可以运用市场法进行估测，以参照物的成交价格为基础，考虑参照物与评估对象在交易条件、交易日期、功能效用、新旧程度等方面的差异，通过对比分析和量化差异，调整估算出评估对象的市场价格。由于运用市场法估测的价值没有考虑资产的运输、安装、调试费用，只是重新购置市场价格，所以，评估人员在估测重新购置成本时，应当在重新购置市场价格的基础上，加上可能合理发生的各项费用。依据所参照的资产不同，重新购置成本既可以是复原重置成本，也可以是更新重置成本。

【例 4-29】

对某一机器设备的重置成本进行估测，此项设备的账面价值为 12 万元，于 2017 年 3 月从市场上购置，评估时点为 2022 年 5 月。此类设备 2017 年 3 月的价格指数为 95%，2022 年 5 月的价格指数为 126%。预计设置的安装、调试费用为 1.5 万元。其重置成本的计算如下：

重置成本=12×（126/95）+1.5=17.42（万元）

【例 4-30】

对某一机器设备的重置成本进行估测，参照物是某一与评估对象功能类似的全新机器设备，现行市场价格为 5 万元，年产量为 5 000 件。被评估设备的年产量为 4 000 件，功能价值指数为 0.6。此项设备不存在安装、调试等费用。其重置成本的计算如下：

重置成本=5×（4 000/5 000）$^{0.6}$=4.37（万元）

【例4-31】

对某一机器设备的重置成本进行估测，与评估对象完全相同的全新设备的现行市场价格为每台60 000元，设备购置的运杂费为1 000元，安装、调试费用为800元。其重置成本的计算如下：

重置成本=60 000+1 000+800=61 800（元）

3.重新建造方式下重置成本的估测

重新建造方式下的重置成本，是在现行的价格水平下，假设重新建造某项资产需要付出的费用。重新建造是模拟评估对象的重新建设或生产制造过程，估测重新建造过程的各项费用支出。由于重置成本的本质是评估对象的价值，并非建造成本或制造成本，所以，对于假设重新建造方式下的重置成本，其内容包括重新建造（或制造）成本、合理利润及税金三个部分。其计算公式为：

重置成本=重新建造（或制造）成本+合理利润+税金　　　　　　　　（4-41）

由于评估对象本身的差异，不同的评估对象有着不同的重新建造（或制造）成本。机器设备的制造成本可能包括材料费用、人工费用、制造费用、运杂费、安装调试费等；房地产的建造成本可能包括土地取得成本、开发成本、建筑成本、配套费用、利息费用、管理费用、税金等。评估人员在评估建造（或制造）成本时，一般采用重置核算法，对评估对象的成本构成进行分析，合理确定建造（或制造）成本的内容，通过模拟核算的方法计算建造（或制造）成本。合理利润的估测，需要参考行业的利润水平，在测算成本利润率或投资利润率的基础上，确定合理利润的数额。税金是指销售产品需要缴纳的税款，主要包括增值税、城市维护建设税及教育费附加等。如果评估价值为不含税价值，则不需要考虑税金因素。

【例4-32】

对房地产的重置成本进行估测，评估对象房地产的建筑面积为2 000平方米。经过调查，在评估时点的土地取得成本为3 800元/平方米，土地开发成本为600元/平方米，房屋建筑成本为3 100元/平方米，其他各项费用和税金为800 000元。房地产开发的投资利润率为20%。在不考虑税金因素的情况下，重置成本的计算如下：

房地产的建造成本=2 000×（3 800+600+3 100）+800 000=15 800 000（元）

合理利润=15 800 000×20%=3 160 000（元）

重置成本=15 800 000+3 160 000=18 960 000（元）

【例4-33】

对机器设备的重置成本进行估测，采用重置核算法。经过测算，在现行的价格水平和技术条件下，重新建造此项设备需要的制造成本构成如下：直接材料2 500元，直接人工860元，制造费用210元。此类设备的成本利润率为25%，增值税税率为13%（不考虑附加税费）。其重置成本的计算如下：

机器设备的制造成本=2 500+860+210=3 570（元）

合理利润=3 570×25%=892.50（元）

税金=（3 570+892.50）×13%=580.13（元）

重置成本=3 570+892.50+580.13=5 042.63（元）

（二）实体性贬值

1.实体性贬值的含义

实体性贬值是指资产由于使用及自然力的作用导致的资产的物理性能的损耗或下降而引起的资产的价值损失。实体性贬值产生于资产的有形磨损，资产从开始投入使用至评估基准日这段期间内，会产生一定的实体磨损，造成其功能降低或服役年限减少，产生价值的贬损。

实体性贬值的数额，取决于资产的使用时间和资产的使用程度，主要指标为资产的实体成新率和实体性贬值率。实体成新率是反映资产实体新旧程度的指标，实体性贬值率是反映资产实体贬值程度的指标。其计算公式如下：

$$实体性贬值率 = \frac{实体性贬值额}{重置成本} \times 100\% \tag{4-42}$$

$$实体性贬值率 = 1 - 实体成新率 \tag{4-43}$$

2.实体成新率的估测

在资产评估实务中，一般先估测评估对象的实体成新率，再计算实体性贬值率，从而估测资产的实体性贬值数额。实体成新率的估测方法主要包括观察法、使用年限法和修复费用法。

（1）观察法

观察法是由专业人员对评估对象的实体进行观测、察看，对实体各主要部位进行技术鉴定，了解评估对象的实体状态，分析评估对象的实体磨损情况，将评估对象与其全新状态相比较，从而判断评估对象实体成新率的一种方法。观察法一般由熟悉评估对象的专业技术人员从事，不同的评估对象所需观察的主要部位和重点内容不同。观察法具体包括直接观察法和分项评分法。直接观察法是根据评估对象的观测情况，结合不同档次的成新率标准，直接确定评估对象实体成新率的方法。分项评分法是将评估对象各主体部分分别赋予不同的分值（总计为100分），评估人员根据评估对象的观测情况进行评分，评定的分值为评估对象实体成新率的方法。

（2）使用年限法

使用年限法是根据评估对象和已使用年限和尚可使用年限计算实体成新率的一种方法。评估对象的成新与其使用年限和经济寿命密切相关，通过对使用年限的判断，即可估测出其实体成新率。其基本公式如下：

$$实体成新率 = \frac{尚可使用年限}{实际已使用年限 + 尚可使用年限} \times 100\% \tag{4-44}$$

在实体成新率的计算公式中，尚可使用年限需要评估人员根据评估对象的使用时间、预计寿命、维修保养状况、目前的状态等情况综合判定。实际已使用年限需要评估人员根据评估对象名义使用时间和利用程度等因素确定。实际已使用年限并非评估对象的实际上的名义已使用年限，由于资产在使用中负荷程度的影响，必须将评估对象的名义已使用年限调整为实际已使用年限。其计算公式如下：

$$实际已使用年限 = 名义已使用年限 \times 评估对象利用率 \tag{4-45}$$

若评估对象的利用率小于100%，则表明开工不足，评估对象的实际已使用年限小于名义已使用年限；若评估对象利用率大于100%，则表明评估对象处于超负荷运转状态，其实际已使用年限大于名义已使用年限。

【例4-34】

运用使用年限法计算评估对象的成新率，评估对象从2018年3月开始使用，经调查其设备利用率为92%。评估人员经过技术分析，确信此评估对象在正常的使用条件下预计尚可使用6年。评估时点为2022年3月。其实体成新率的计算如下：

$$实体成新率 = \frac{6}{4 \times 92\% + 6} \times 100\% = 61.98\%$$

如果评估对象的主要构成部件的使用年限不一致，如设备经过分次更新改造，则需要在分别测算各主要部件实际已使用年限和尚可使用年限的基础上，采用加权平均的方法确定其综合实体成新率。

（3）修复费用法

修复费用法是根据将评估对象修复为全新状态所需要支付的费用测算成新率的一种方法。修复费用法主要适用于评估对象的主要结构部件已经被磨损，但能够以经济上可行的办法修复。运用修复费用法需要注意，应当将评估对象的可修复部分和不可修复部分区别开来，不可修复部分可以运用观察法或使用年限法进行评估，可修复部分则按修复费用法进行评估。采用修复费用法估测评估对象的成新率，或许已经考虑了功能贬值因素，包括实体贬值和功能贬值的成新率。其计算公式如下：

$$成新率 = \left(1 - \frac{不可修复部分贬值额 + 修复费用}{重置成本}\right) \times 100\% \tag{4-46}$$

【例4-35】

运用修复费用法计算评估对象的成新率，经过估测其重置成本为100万元，实际已使用年限为6年。评估对象分为不可修复部分和可修复部分，如果支付30万元的修复费用，评估对象尚可再使用10年。其成新率的计算如下：

不可修复部分成新率=10÷（10+6）×100%=62.50%

不可修复部分贬值额=（100-30）×（1-62.50%）=26.25（万元）

$$成新率 = \left(1 - \frac{26.25 + 30}{100}\right) \times 100\% = 43.75\%$$

3.实体性贬值的估测

在估测了评估对象的重置成本和成新率后，即可计算其实体性贬值的数额。其计算公式如下：

实体性贬值额=重置成本×（1-实体成新率） (4-47)

【例4-36】

对机器设备的实体性贬值进行估测，评估人员经过前期工作，估测出其重置成本为12万元，测算出其实体成新率为80%。其实体性贬值额的计算如下：

实体性贬值额=12×（1-80%）=2.40（万元）

（三）功能性贬值

1.功能性贬值的含义

功能性贬值是指由于技术进步引起的评估对象功能相对落后而造成的资产价值损失。

任何资产均是按照一定的技术标准制造出来的，但技术是不断发展与进步的，新的技术的出现会造成原有技术的淘汰，按原有技术标准制造的产品会存在一定幅度的贬值。估算功能性贬值时，主要是根据资产的效用、生产加工能力、工耗、物耗、能耗水平等功能方面的差异造成的成本增加或效益降低数额，相应地确定功能性贬值额。同时，还要重视技术进步因素，注意替代设备、替代技术、替代产品的影响，以及行业技术装备水平现状和资产更新换代速度。

功能性贬值存在两种表现形式：一是由于新技术的产生，使购建新设备比原有设备的投资成本降低；二是由于技术进步，使原有设备与新设备相比功能落后，运营成本增加。对于两种形式的功能性贬值，应当分别采用不同的方法进行估测，分别为超额投资成本法和净超额运营成本现值法。

2.超额投资成本法

超额投资成本法是从评估对象的重置成本角度测算功能性贬值的方法，主要适用于投资成本降低类型功能性贬值的评估。由于技术进步，利用新技术制造的设备的成本会降低，市场价格也会降低，评估对象的更新重置成本会低于其复原重置成本，两者的差额即为功能性贬值的数额。其计算公式如下：

功能性贬值=评估对象复原重置成本－评估对象更新重置成本 　　　　　　　　（4-48）

【例4-37】

对机器设备的功能性贬值进行估测，评估人员经过分析，发现此项设备存在超额投资成本，经过测算其复原重置成本为16.38万元，更新重置成本为12.65万元。其功能性贬值的计算如下：

功能性贬值=16.38-12.65=3.73（万元）

3.净超额运营成本现值法

净超额运营成本现值法是从超额运营成本角度测算功能性贬值的方法，主要适用于运营成本增加类型功能性贬值的评估。由于技术进步，利用新技术制造的设备的运营成本会降低，为企业增加利润。将被评估资产的年运营成本与功能相同且广泛使用的主流设备的年运营成本进行比较，计算出年净超额运营成本的现值，即为功能性贬值的数额。

年净超额运营成本是由于技术进步，运用先进技术的设备降低了运营成本，将会增加的利润数额，或者说是运用落后技术的设备提高了运营成本，将会减少的利润数额。运用净超额运营成本现值法测算评估对象的功能性贬值，评估人员应当将评估对象的年运营成本与功能相同且广泛使用的主流资产的年运营成本进行比较，计算两者的差异，确定年超额运营成本。由于企业的运营成本是在所得税前扣除的，企业支付的超额运营成本会导致所得税前的利润额下降，应缴纳的所得税额降低，使得企业负担的超额运营成本低于其实际支付额。因此，年净超额运营成本是年超额运营成本扣除其抵减的所得税额以后的余额。计算出年净超额运营成本后，再根据评估对象的预计使用年限，选择恰当的折现率计算其现值，即可估测出评估对象的功能性贬值额。其计算公式如下：

年净超额运营成本=（原设备年运营成本-新设备年运营成本）×（1-所得税税率）　（4-49）

=年超额运营成本×（1-所得税税率）　　　　　　　（4-50）

功能性贬值额=$\sum$（年净超额运营成本 × 折现系数）　　　　　　　　（4-51）

如果净超额运营成本每年相同，则其计算公式为：

功能性贬值额=年净超额运营成本×（P/A，r，n）   （4-52）

式中，（P/A，r，n）为年金现值系数，可以根据选定的折现率及评估对象的预计使用年限查表取得。

【例4-38】

对机器设备的功能性贬值进行估测，评估人员经过测算，发现该设备由于技术落后，使用时比相类似的先进设备每年增加运营成本10万元，所得税税率为25%，该设备尚可使用5年，折现率为10%。其功能性贬值额的计算如下：

年净超额运营成本=10×（1-25%）=7.50（万元）

功能性贬值额=7.50×（P/A，10%，5）=28.43（万元）

【例4-39】

对机器设备的功能性贬值进行估测，评估人员经过分析，发现此设备由于技术进步导致运营成本增加，主要表现为材料耗用定额的增加，需要运用净超额运营成本现值法计算功能性贬值额，具体资料和计算过程见表4-3。经过估测，该设备功能性贬值额为587 965.50元。

表4-3   功能性贬值计算表

计算项目	先进设备	评估对象
月产量	50 000件	50 000件
单件材料成本	1.20元	1.50元
月材料成本	60 000元	75 000元
月超额运营成本		75 000-60 000=15 000（元）
年超额运营成本		15 000×12=180 000（元）
减：所得税（税率25%）		180 000×25%=45 000（元）
年净超额运营成本		135 000元
资产剩余使用年限		6年
（P/A，10%，6）		4.3553
净超额运营成本现值		135 000×4.3553=587 965.50（元）

（四）经济性贬值

1.经济性贬值的含义

经济性贬值是指由于外部条件的变化引起资产闲置、收益下降等而造成的资产价值损失。一项资产能否得到充分的利用，还可能受到外部条件的制约。所谓外部条件，是指法律条件、政策条件、市场条件、环境条件等对资产使用的限制。例如，有些资产因耗电量较大，不符合国家"节能减排"的政策，其工作时间将受到限制，则不能达到正常的利用率。有些资产因市场条件变化，销售量会减少，为实现"产销平衡"，也不可能满负荷运转。如果一项资产因外部条件的限制而不能发挥其应有的效益，则该项资产存在经济性贬值。

资产的经济性贬值主要表现为运营中的资产利用率下降，并由此引起资产的运营收益减少。评估人员可以根据生产能力的降低程度估算经济性贬值的数额，也可以根据收益损失的数额估算经济性贬值的数额。常用的方法是规模经济效益指数法和净收益损失现值法。

2.规模经济效益指数法

规模经济效益指数法，也称为经济贬值率法，是根据评估对象因外部条件导致生产能力的降低的幅度，测算评估对象的经济性贬值率，进而估算其经济性贬值数额的方法。这种方法与市场法中的功能价值类比法类似，根据资产的生产能力之间的比例关系，测算生产能力变化对资产价值的影响。其基本公式如下：

$$经济性贬值率 = 1 - \left(\frac{评估对象可被利用的生产能力}{评估对象的原设计生产能力}\right)^x \times 100\% \tag{4-53}$$

$$经济性贬值额 = 重置成本 \times 经济性贬值率 \tag{4-54}$$

式中，X为规模经济效益系数，评估人员可以根据评估经验并结合评估对象的具体情况进行判断。

【例4-40】

对化工生产设备的经济性贬值进行估测，该设备的重置成本为168 000元。该设备的原设计生产能力为20 000吨/月，由于环境保护法律法规的要求，该类设备为限制生产的设备，利用率限定在75%，年生产能力降为15 000吨/月。经测算，此类设备的规模经济效益系数为0.7。其经济性贬值额的计算如下：

$$经济性贬值率 = 1 - \left(\frac{15\,000}{20\,000}\right)^{0.7} \times 100\% = 18.24\%$$

$$经济性贬值额 = 168\,000 \times 18.24\% = 30\,643.20（元）$$

3.净收益损失现值法

净收益损失现值法是根据评估对象因外部条件导致生产能力的降低的数额，测算净收益损失的数额，以净收益损失的现值作为经济性贬值的方法。资产利用率下降的结果，是该资产为企业创造利润数额的减少，计算出因生产能力的降低导致净利润减少的数额，并按一定的折现率计算其现值，即为经济性贬值的数额。其计算公式如下：

$$经济性贬值额 = \sum(年净收益损失额 \times 折现系数) \tag{4-55}$$

如果净收益损失额每年相同，则其计算公式为：

$$经济性贬值额 = 年净收益损失额 \times (P/A，r，n) \tag{4-56}$$

式中，（P/A，r，n）为年金现值系数，可以根据选定的折现率及评估对象的预计使用年限查表取得。年净收益损失额是因外部因素降低资产的生产能力而导致净利润减少的数额，可以根据减少的营业收入、销售利润率、所得税税率等指标计算。

【例4-41】

对机器设备的经济性贬值进行估测，该设备的重置成本为260 000元，预计尚可使用6年。该设备的原设计生产能力为1 600台/年，根据国家"节能减排"的政策的要求，限制了该类设备的充分利用，年生产能力降为 1 200 台/年。假设该设备所生产的产品当年均可销售，销售价格平均为 300 元/台，销售利润率为 12%，所得税税率为 25%，折现率为 8%。其经济性贬值额的计算如下：

年净收益损失额=（1 600-1 200）×300×12%×（1-25%）=10 800（元）

经济性贬值额=10 800×（P/A，8%，6）=49 927.10（元）

六、成本法的评估模型

在资产评估实务中，也可根据贬值率（或成新率）来计算资产的评估价值。其主要存在以下三种情况：

（1）如果根据资产的实体贬值率（或实体成新率）来估测实体性贬值，功能性贬值和经济性贬值以绝对数额的形式估测，则存在以下公式：

评估对象的价值=重置成本×（1-贬值率）-功能性贬值-经济性贬值

$$=重置成本×成新率-功能性贬值-经济性贬值 \qquad (4-57)$$

延伸阅读4-4

（2）如果评估人员将资产的实体性贬值与功能性贬值一并估测，以计算包含功能性贬值的贬值率（或成新率）的方式估测资产的实体性贬值（包含功能性贬值），则存在以下公式：

评估对象的价值=重置成本×（1-贬值率）-经济性贬值

$$=重置成本×成新率-经济性贬值 \qquad (4-58)$$

《资产评估执业准则——资产评估方法》关于成本法的部分

（3）如果评估人员将资产的实体性贬值、功能性贬值和经济性贬值综合估测，以计算综合贬值率（或综合成新率）的方式估测各项贬值，则存在以下公式：

评估对象的价值=重置成本×（1-贬值率）

$$=重置成本×成新率 \qquad (4-59)$$

七、成本法的具体应用

（一）评估参数之间的关系

运用成本法进行评估，存在重置成本、实体性贬值、功能性贬值和经济性贬值四个评估参数，评估人员应当注意评估参数之间的关系，主要包括重置成本与三个贬值因素之间的关系，以及三个贬值因素之间的关系。

重置成本包括复原重置成本和更新重置成本，如果估测的是更新重置成本，则不需要再单独估测功能性贬值。如果根据贬值率（或成新率）来估测评估对象的贬值数额，应当明确所计算的贬值率（或成新率）只是实体贬值率（或实体成新率），还是包括了功能性贬值和经济性贬值的综合贬值率（或综合成新率），以避免功能性贬值和经济性贬值的重复计算或者漏评。估测功能性贬值和经济性贬值时，应当对已经确定的重置成本和实体成新率进行分析，看其是否已经考虑了功能性贬值因素和经济性贬值因素。如果已经扣除了功能性贬值和经济性贬值的数额，则不需要再次对功能性贬值和经济性贬值进行估测，以避免重复。

（二）成本法的应用举例

如果根据资产的实体成新率来估测实体贬值额，功能性贬值和经济性贬值以绝对数额的形式估测，可按以下公式计算其评估价值：

评估对象的价值=重置成本×实体成新率-功能性贬值-经济性贬值

$$\qquad (4-60)$$

【例4-42】

运用成本法对某电子公司的一条生产线体进行评估。评估人员经过调查，取得以下资料：（1）该生产线体账面原值为100万元，于2017年4月购置。经过调查，从2017年4月至评估基准日2022年3月，此类生产线体设备的价格增加了10%。（2）该生产线体已经使用5年，设备利用率为80%，预计尚可使用6年。（3）由于技术进步，与同类先进的生产线体相比较，评估对象的年运营成本高出10万元，企业所得税税率为25%。（4）由于市场竞争，该生产线体将不能满负荷运行，生产能力为9 000件/天，其原设计生产能力为10 000件/天，此类设备的规模经济效益系数为0.6。（5）根据设备运营收益的风险情况，选定折现率为10%。其评估价值的计算如下：

复原重置成本=100×（1+10%）=110（万元）

实体成新率=6÷（5×80%+6）×100%=60%

功能性贬值额=10×（1−25%）×（P/A，10%，6）=32.66（万元）

经济性贬值额=110×（1−90÷100）$^{0.6}$=6.74（万元）

评估价值=110×60%−32.66−6.74=26.60（万元）

自测题4-4

视频资源4-3

第五节　资产评估的其他方法

根据《资产评估准则——基本准则》的规定，评估人员执行资产评估业务，应当根据评估对象、价值类型、资料收集情况等相关条件，分析三种资产评估基本方法的适用性，恰当选择评估方法，形成合理评估结论。评估人员评估一项资产的价值，不但会用到资产评估的基本方法，也需要参照、借鉴其他学科的计量方法。这些学科主要包括经济学、管理学、会计学、统计学、工程学等，其主要方法包括会计计量方法、统计计量方法、实物期权方法等。

一、会计计量方法

会计计量是会计人员为将符合确认条件的会计要素登记入账并列报于财务报表而确定其金额的过程。会计计量以会计准则和相关会计制度为依据，发生的会计事项经过会计确认后，运用会计方法计量各项资产、负债、所有者权益、收入、成本费用、利润的价值，并通过会计报告进行披露。会计计量的结果，是资产评估的重要参考资料。不同的会计计量方法，会产生不同的计量结果，表现为不同的会计计量属性。资产评估人员在利用会计计量结果时，应当明确各会计计量属性的含义。目前，会计计量属性主要包括历史成本、重置成本、可变现净值、现值和公允价值等。

1.历史成本

历史成本又称实际成本，是按照实际发生的数额计量的结果。资产按照其购置时支付的现金或者现金等价物的金额计量。负债按照其因承担现时义务而实际收到的款项或者资产的金额计量。

2.重置成本

重置成本是按照重新购置相同或相似资产的金额计量的结果。按照当前市场条件，重新取得同样一项资产所需支付的现金或现金等价物的金额计量。

3.可变现净值

可变现净值是按照正常销售所能收到的现金扣减相应费用后的金额计量的结果。按照正常对外销售所能收到的现金或者现金等价物的金额，扣减该资产估计将要发生的成本、估计将要发生的销售费用以及相关税费后的金额计量。

4.现值

现值是按照预计产生的未来净现金流入量的折现金额计量的结果。考虑货币时间价值，对未来现金净现金流入量以恰当的折现率进行折现后计算的现值。

5.公允价值

公允价值是按照在公平交易中自愿进行资产交换的金额计量的结果。公允价值是熟悉情况的交易双方，自愿进行资产交换或者债务清偿所形成的市场交易金额。

不同的计量属性，存在着不同的特点，有着不同的适用范围。历史成本通常反映的是资产或者负债过去的价值，而重置成本、可变现净值、现值以及公允价值是与历史成本相对应的计量属性，通常反映的是资产或者负债的现时成本或者现时价值。资产评估人员应当知晓，会计计量属性与资产评估价值类型有着一定的联系，也存在一定的差异。一般来说，会计计量属性中的公允价值属性，相当于资产评估中的市场价值类型。会计计量属性中的重置成本属性，相当于资产评估中的重置成本扣减各项贬值后的差额。

二、统计方法

统计方法是指用以收集数据、分析数据并由数据得出结论的一系列方法。运用统计方法所得到的统计资料，可以反映社会实际情况及变化情况，是社会经济信息的重要组成部分。在资产评估中，评估人员会利用统计方法收集评估资料，对数据资料进行整理和分析，以估测资产的评估价值。资产评估中常用的统计方法主要有统计调查方法、统计整理方法、统计分析方法等。

1.统计调查方法

现场调查是资产评估中的一个重要环节，评估人员执行资产评估业务时，应当根据评估业务具体情况对评估对象进行适当的现场调查，取得相应的调查资料。统计调查包括重点调查、典型调查、抽样调查、问卷调查等方法。资产评估人员在进行调查时，可以借鉴统计调查的方法，在现场调查过程中如果涉及的评估对象数量较多，可以根据重要程度采用抽样等方式进行调查，从评估对象总体中选取一定数量的样本进行测试，并根据测试结果，推断评估对象的总体数量和质量特征。

2.统计整理方法

统计整理是对统计调查所收集到的原始资料进行科学的加工整理，使之条理化、系统化，将反映总体单位的大量原始资料，转化为反映总体的基本统计指标。在资产评估中，经过现场调查与资料收集等工作环节取得的评估基础资料，需要运用统计方法进行资料整理，保证评估资料的清晰、准确、完整。资产评估中经常会被使用的统计指标主要有算术（或加权、移动）平均数、增长率、价格指数、概率分布、相关系数、方差、期望值等。

3.统计分析方法

统计分析是在统计整理的基础上，利用科学的统计分析方法，对统计对象的数量方面进行计算、分析，以解释其质量特征。统计分析方法通常可分为描述统计方法和推断统计方法两类。在资产评估中，需要分析评估资料的可靠性与可比性，检查评估资料是否与本项评估的目的与条件相符。资产评估中经常会被使用的统计分析方法主要有均值校验分析、回归模型分析、时间序列分析、非参数检验分析等。统计分析的计算量较大，一般需要借助计算机软件操作。资产评估中常用的统计软件是SPSS，简单的统计分析可以采用美国微软公司Office中的Excel软件。

三、实物期权方法

（一）实物期权的概念

期权（options）作为一种衍生产品最早出现在金融市场，是指买卖双方签订协议协定，买方通过向卖方支付费用，从而获得某资产的未来处置权。这种处置权本质上是选择权，买方可以在规定日期内，按照约定价格买卖一定数量的该资产。

Stewart Myers于1977年将金融期权类比到管理柔性，在具有潜在风险的具体项目投资中运用期权的思想指导决策行为，便诞生了实物期权（real options）的概念。实物期权是从金融期权衍生而来的，可以根据双方协定的标的物的类别进行分类，标的物是股票、债券等金融产品或金融衍生品，则为金融期权；标的物不是金融资产和金融产品，如无形资产等，则为实物期权。由于实物期权中标的资产的不确定性，导致了标的资产存在期权特性，也正是由于标的资产的不确定性，买卖双方在对未来标的资产的价格认定上，才会存在不同。

根据中国资产评估协会于2017年发布的《实物期权评估指导意见》，实物期权是指附着于企业整体资产或者单项资产上的非人为设计的选择权，即指现实中存在的发展或者增长机会、收缩或者退出机会等。

（二）实物期权定价模型

对实物期权价值进行评估始于20世纪70年代。Black和Scholes（1973）提出了连续时间框架下的B-S期权定价模型。Cox等（1979）提出的二叉树期权定价模型，对期权定价适用范围进行了拓展，后来又发展为蒙特卡罗模拟法。前两种方法也是《实物期权评估指导意见》中认为的现行理论上合理、应用上方便的模型。

1.Black-Scholes模型

1973年，两位美国经济学家根据金融市场无套利推导出了一个期权定价模型，为了纪念这两位经济学家做出的卓越贡献，将该模型以他们的名字命名为Black-Scholes模型。

B-S模型需要满足如下假设：

（1）市场无摩擦；

（2）标的资产的价格符合几何布朗运动；

（3）期权有效期内不分红；

（4）允许买空、卖空且对卖空者没有保证金等限制；

（5）属于欧式期权，即只有在期权到期日才可行权；

（6）投资者均能以无风险利率自由借贷。

该模型可用以下公式表示：

$$C = SN(d_1) - Xe^{-rt}N(d_2) \tag{4-61}$$

$$d_1 = \frac{\ln(S/X) + (r + \sigma^2/2) \times T}{\sigma\sqrt{T}} \tag{4-62}$$

$$d_2 = d_1 - \sigma\sqrt{T} \tag{4-63}$$

式中，S表示标的资产的现行价格，X表示标的资产的执行价格，σ表示标的资产的收益波动率，T表示期权的有效期限，r表示无风险收益率。

2.二叉树模型

1976年，Cox在其发表的论文中提出了风险中性定价理论。1979年，Cox、Ross和Rubinstein共同研发出了一种简化的期权定价方法，即二叉树期权定价模型，主要应用于美式期权价值估算，对于是否分红也不进行严格规定。

3.蒙特卡罗模拟法

随着信息技术的发展，计算机充分体现了快速和大量计算的优势。蒙特卡罗模拟法的具体思路是通过借助Matlab等计算机软件模拟标的资产价格随机游走的路径，计算每一条路径下的期权回报值，再将均值以无风险利率贴现。在大数定理下，解决了标的资产价格游走随机性的问题，使得评估结果的准确性得以提升。

（三）实物期权的评估规范

根据《实物期权评估指导意见》，实物期权评估是指资产评估机构及资产评估专业人员遵守法律、行政法规和资产评估准则，根据委托对评估基准日特定目的下附着于企业整体资产或者单项资产的实物期权进行识别、评定、估算，并出具资产评估报告的专业服务行为。企业整体资产或者单项资产可能会附带一种或者多种实物期权。当资产附带的实物期权经初步判断其价值可以忽视时，可以不评估该实物期权的价值。

实物期权的价值依附于相应的资产，资产评估专业人员进行实物期权价值评估，应当根据评估目的和评估对象的具体情况选择恰当的价值类型。执行涉及实物期权评估的业务，应当合理使用评估假设和限制条件，理解并恰当运用期权价值评估的程序和方法，形成评估结论。需要评估实物期权时，应当在资产评估委托合同中予以明确。委托人或者被评估单位应当提供实物期权评估的相关资料，并对资料的真实性、完整性、合法性负责。

实物期权评估的业务涉及的实物期权主要包括增长期权和退出期权等。增长期权是指在现有基础上增加投资或者资产，从而可以扩大业务规模或者扩展经营范围的期权。退出期权是指在前景不好的情况下，可以按照合理价格部分或者全部变现资产，或者低成本地改变资产用途，从而收缩业务规模或者范围甚至退出经营的期权。

（四）实物期权的评估步骤

资产评估专业人员评估实物期权，应当按照识别期权、判断条件、估计参数、估算价值四个步骤进行。

资产评估专业人员评估企业整体或者单项资产附带的实物期权，应当全面了解有关资产的情况以及资产未来的使用前景和机会，识别不可忽视的实物期权，明确实物期权的标的资产、期权种类、行权价格、行权期限等。

执行涉及实物期权评估的业务，应当根据有关参数所需信息的可获取性和可靠性，判断是否具备评估条件。不具备实物期权评估条件时，应当终止实物期权评估。

实物期权评估中的参数通常包括标的资产的评估基准日价值、波动率、行权价格、行权期限和无风险收益率等。标的资产即实物期权所对应的基础资产。增长期权是买方期权，其标的资产是当前资产所带来的潜在业务或者项目；退出期权是卖方期权，其标的资产是实物期权所依附的当前资产。波动率是指预期标的资产收益率的标准差。波动率可以通过类比风险相近资产的波动率确定，也可以根据标的资产以往价格相对变动情况估计出历史波动率，再根据未来风险变化情况进行调整确定。行权价格是指实物期权行权时，买进或者卖出标的资产支付或者获得的金额。增长期权的行权价格是形成标的资产所需要的投资金额；退出期权的行权价格是标的资产在未来行权时间可以卖出的价格，或者在可以转换用途情况下标的资产在行权时间的价值。行权期限是指评估基准日至实物期权行权时间之间的时间长度。实物期权通常没有准确的行权期限，可以按照预计的最佳行权时间估计行权期限。无风险收益率是指不存在违约风险的收益率，可以参照剩余期限与实物期权行权期限相同或者相近的国债到期收益率确定。

执行涉及实物期权评估的业务，应当根据实物期权的类型，选择适当的期权定价模型，常用的期权定价模型包括布莱克-舒尔斯模型、二项树模型等。对测算出的实物期权价值，应当进行必要的合理性检验。

延伸阅读4-5

《资产评估执业准则——资产评估方法》
关于资产评估方法选择的部分

自测题4-5

【思政课堂】　我国企业重大资产重组项目评估方法统计分析

根据Wind资讯的统计，2017年共有384宗重大资产重组项目，较2016年（417宗）减少7.91%。其中，重组实施完成或者通过证监会核准的有251宗，正在推进中的（含已通过董事会预案、股东大会审议、停牌筹划、答复反馈意见等）有26宗，重组失败的有107宗。2017年实施完成或者通过证监会核准的251宗重大资产重组项目涉及431项资产评估项目，其中，置入资产评估项目327项，由41家资产评估机构承做；置出资产评估项目104项，由25家资产评估机构承做。[①]

一、评估方法使用的总体情况

431项具体评估对象中，同时使用两种评估方法的项目345项，占比为80.05%；使用一种评估方法的项目86项，占比为19.95%。考虑到置入资产和置出资产特点的不同，按照置入资产和置出资产两个口径分别进行统计，具体情况见表4-4。

[①]　根据中国证监会会计部研究课题《2017年度证券资产评估市场分析报告》（原载《中国资产评估》2019年1月）整理。

表 4-4 评估方法使用情况统计表

项目	评估方法	使用项数	比例	其中			
				置入	比例	置出	比例
一种评估方法	资产基础法	75	17.40%	31	9.48%	44	42.31%
	收益法	10	2.32%	9	2.75%	1	0.96%
	市场法	1	0.23%	1	0.31%	0	0
一种评估方法小计		86	19.95%	41	12.54%	45	43.27%
两种评估方法	资产基础法和收益法	277	64.27%	228	69.72%	49	47.12%
	资产基础法和市场法	15	3.48%	8	2.45%	7	6.73%
	收益法和市场法	53	12.30%	50	15.29%	3	2.88%
两种评估方法小计		345	80.05%	286	87.46%	59	56.73%
合 计		431	100.00%	327	100.00%	104	100.00%

置入资产中，使用资产基础法和收益法组合进行评估的项目为228项，占全部置入资产的69.72%；使用收益法和市场法组合进行评估的项目为50项，占比为15.29%；使用资产基础法和市场法组合进行评估的项目为8项，占比为2.45%。置出资产中，使用资产基础法和收益法组合进行评估的项目为49项，占全部置出资产的47.12%；仅使用资产基础法一种方法进行评估的项目为44项，占比为42.31%；未选择资产基础法进行评估的项目仅为4项，占比为3.84%。

对于重大资产重组项目中的置入资产，资产基础法和收益法是最常用的评估方法组合，置出资产则更多地选用资产基础法。其主要原因是置出资产的持续盈利能力相对较弱，即使使用资产基础法和收益法两种方法评估，评估结论也较多采用资产基础法的评估结果。

二、评估结论采用的评估方法

置入资产涉及的327项评估对象，采用收益法评估结果作为评估结论的有217项，约占项目总数的66%；采用资产基础法评估结果作为评估结论的有90项，约占项目总数的28%；采用市场法评估结果作为评估结论的有20项，约占项目总数的6%。同时使用资产基础法和收益法的228项中，172项采用了收益法评估结果作为评估结论，占比约75%；同时使用收益法和市场法的50项中，36项采用了收益法评估结果作为评估结论，占比约72%。

置出资产涉及的104项评估对象，采用收益法评估结果作为评估结论的有24项，占比约23%；采用资产基础法评估结果作为评估结论的有79项，占比约76%；采用市场法评估结果作为评估结论的仅有1项。

三、评估结论作为交易定价参考依据情况

2017年已完成或者通过证监会核准的251宗重大资产重组项目中，有240宗披露了评估情况。其中，直接以评估结论作为交易定价的66宗，占比为27.50%；差异率绝对值在2%以内（不含零）的113宗，占比为47.08%；差异率绝对值在2%至10%之间的38宗，占比为15.83%；差异率绝对值超过10%的仅23宗。总体来看，交易定价与评估结论的差异绝对值在10%以内的占比超过90%，反映了资产评估在上市公司重大资产重组交易定价环节发挥着价值参考的作用。

【本章小结】

本章阐述了资产评估方法的内涵、评估方法的分类，并分析了评估方法和评估对象、价值类型以及评估资料之间的关系。本章分别阐述了三种基本评估方法（市场法、收益法和成本法）的含义、理论依据、评估思路、评估程序以及具体的评估模型和参数的确定，同时结合案例说明了这些评估方法的具体应用。资产评估的其他方法包括会计计量方法、统计分析方法以及实物期权方法等。其他方法是基本方法的必要补充，本章简要阐述了其他评估方法的基本思路并提出了资产评估方法选择的基本原则。

【复习思考】

1. 什么是资产评估方法？
2. 资产评估的基本方法有几种？有哪些主要的理论依据？
3. 什么是市场法？其应用的前提条件是什么？
4. 什么是市场价格比较法？应当如何选择可比参照交易实例？
5. 什么是市场价值比率法？主要的市场价值比率包括哪些？
6. 什么是收益法？其应用的前提条件是什么？
7. 收益法的评估参数有哪些？各自的含义是什么？
8. 什么是预期收益？预期收益的口径是什么？
9. 什么是折现率和资本化率？两者有何区别？
10. 什么是成本法？其应用的前提条件是什么？
11. 什么是复原重置成本和更新重置成本？两者有何区别？
12. 什么是实体性贬值、功能性贬值和经济性贬值？

【练习题】

（一）单选题

1. 采用市场法评估资产价值时，选择的参照物应该是（   ）。

A. 新资产   B. 旧资产

C. 与评估对象相似的资产   D. 新资产或旧资产

2. 收益法应用中，收益额的选择口径是（   ）。

A. 现金流量   B. 净利润

C. 与折现率一致   D. 利润总额

3. 某资产可持续使用，年收益额为50万元，本金化率为10%，则其评估值为（   ）万元。

A. 200   B. 350   C. 450   D. 500

4. 成本法的理论公式为（   ）。

A. 评估对象的价值=重置成本-功能性贬值-经济性贬值

B. 评估对象的价值=重置成本-实体性贬值-功能性贬值

C. 评估对象的价值=重置成本-实体性贬值-功能性贬值-经济性贬值

D. 评估对象的价值=重置成本-实体性贬值-功能性贬值

5.适用更新重置成本的情形为（　　）。

A.适用于评估对象的效用只能通过按原有条件重新复制评估对象的方式提供

B.适用于使用当前条件所重置的资产可以提供与评估对象相似或者相同的功能

C.适用于使用当前条件所重置的资产可以提供与评估对象相似或者相同的功能，并且更新重置成本高于其复原重置成本

D.适用于使用当前条件所重置的资产可以提供与评估对象相似或者相同的功能，并且更新重置成本低于其复原重置成本

（二）多选题

1.下列属于市场法中评估对象修正因素的有（　　）。

A.功能因素　　　　　　　　　　B.品牌因素

C.交易情况　　　　　　　　　　D.新旧程度

E.交易日期

2.关于收益法评估中的收益期限，以下说法正确的有（　　）。

A.收益期限是指评估对象在评估基准日后续能够持续获得预期收益的时间

B.永续收益期是指评估对象能够带来预期收益的期限是无期限的

收益期限一般以年度为计量单位

D.评估对象的收益期限是资产的自然寿命或经济寿命

E.评估人员应当根据评估对象的收益情况及限定条件合理判断收益期限

3.下列适用收益法评估的资产有（　　）。

A.商品住宅　　　　　　　　　　B.企业整体资产

C.特许经营权　　　　　　　　　D.公园

E.高档公寓

4.成本法的前提条件包括（　　）。

A.评估对象的可比参照物具有公开的市场，以及活跃的交易

B.评估对象能够正常使用或者在用

C.评估对象能够通过重置途径获得

D.评估对象的重置成本以及相关贬值能够合理估算

E.评估对象的未来收益可以合理预期并用货币计量

5.成本的评估参数包括（　　）。

A.重置成本　　　　　　　　　　B.实体性贬值

C.功能性贬值　　　　　　　　　D.收益性贬值

E.经济性贬值

（三）判断题

1.参照物与评估对象的可比性是运用市场法评估资产价值的重要前提。（　　）

2.采用收益法评估资产时，本金化率越高，收益现值也越高。（　　）

3.收益法中的折现率一般应包括无风险利率和风险收益率。（　　）

4.功能性贬值是指由于外部条件变化引起资产闲置、收益下降等造成的资产价值损失。（　　）

5.重置成本应当是社会一般生产力水平的客观必要成本，而不是个别成本。（　　）

（四）计算业务题

1.运用市场法对某建筑物的价值进行评估，其建筑面积为800平方米。评估人员经过市场调查，选择了四个可比性参照交易实例，并选择了交易情况、交易日期、区域因素三个差异因素进行修正，具体资料见表4-5。

表4-5　　　　　　　　　　　　　　市场价格比较法资料表

项目	交易价格	交易情况	交易日期	区域因素
参照物 A	8 000元	+2%	+3%	95
参照物 B	8 500元	+1%	0	100
参照物 C	7 600元	0	+1%	105
参照物 D	7 800元	-2%	+2%	90

市场价格比较法资料表中，参照物A、B、C、D为评估人员选择的四个参照交易案例；交易价格一列的数值为各参照交易案例的实际成交价格；交易情况一列的数值为参照物成交价格较正常价格的偏移程度；交易日期一列的数值为评估基准日较各案例成交日期的价格变动指数；区域因素一列的数值为采用直接比较法对参照房地产进行区域评价的分值。

要求：（1）分别计算四个参照交易案例的比准价值；

（2）估测评估对象的价值。

2.采用收益法对某企业价值进行评估，评估人员将预期收益划分为两个阶段：第一阶段为评估时点后的前5年，预期收益分别为120万元、136万元、152万元、160万元和176万元；第二阶段为第6年及以后期间，预计企业的收益将在第5年的基础上以3%的增长率增长。目前的无风险收益率为4%，评估人员经过收益风险分析，确定风险收益率为6%。

要求：运用收益法估测评估对象的价值。

3.运用成本法对某一机器设备进行评估，评估人员经过调查取得以下评估资料：该设备为国产设备，其账面原始价值为300万元，经市场调查，该设备目前的市场价格为360万元，运杂费率为5%，安装调试费为22万元。该设备实际已经使用4年，设备利用率为110%，预计尚可使用8年。由于技术进步，该设备运营成本增加，表现为比同类先进设备年运营成本增加10万元，所得税税率为25%，折现率为8%。由于市场竞争，该设备生产能力没有达到设计能力200吨/天，仅为160吨/天，规模效益指数为0.6。

要求：运用成本法估测此机器设备的评估价值。

第五章

房地产评估

【学习目标】

本章主要阐述房地产评估概述、房地产评估的市场法、房地产评估的收益法、房地产评估的成本法和房地产评估的其他方法。通过对本章内容的学习，应达到以下的目标：

1. 了解房地产评估的基准地价修正法、路线价法。

2. 熟悉房地产的特征、房地产评估的程序、房地产评估的假设开发法。

3. 掌握房地产的概念、房地产评估的特点以及房地产评估的市场法、收益法、成本法。

4. 通过学习本章内容，使学生关注我国房地产市场的发展状况，增强学生宏观经济分析的意识和能力，更好地掌握房地产评估技能。

【思维导图】

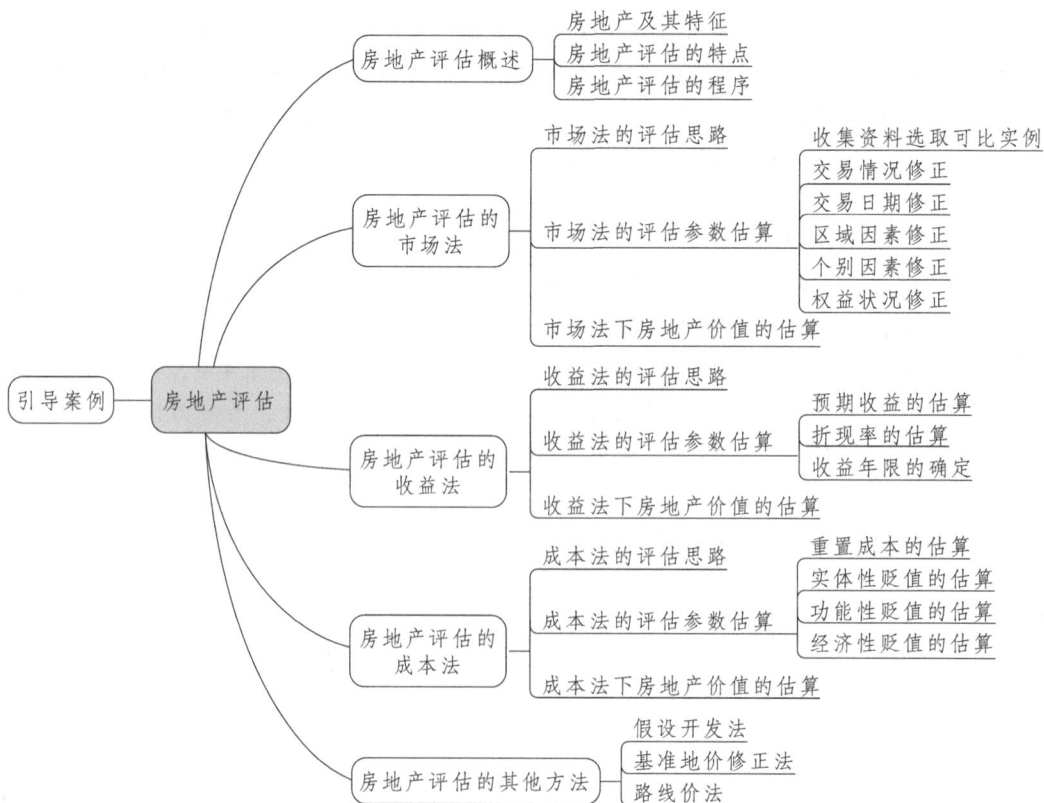

【引导案例】

2023年12月26日，神驰机电股份有限公司（简称"神驰机电"，证券代码603109）发布《关于转让房产暨关联交易的公告》，拟以1 350.01万元的价格将其位于北碚区缙云大道11号闲置房产转让给重庆北泉面业有限公司。该公司全资子公司重庆三华工业有限公司拟以260.58万元的价格将其位于北碚区老龙凤桥桥头的闲置房产转让给重庆北泉面业有限公司。

北京北方亚事资产评估事务所（特殊普通合伙）承担了本次房地产转让业务的资产评估工作，出具了北方亚事评报字〔2023〕第01-1244号、北方亚事评报字〔2023〕第01-1245号两份资产评估报告。评估报告内容显示，两份评估报告的评估目的相同，都是为房地产转让提供价值参考；价值类型相同，都为市场价值；评估基准日相同，都为2023年10月9日。但两份评估报告的评估对象、评估范围和选择的评估方法不同。

神驰机电股份有限公司所拥有的位于北碚区缙云大道11号房地产，其账面价值为2 923 847.90元，评估对象无抵押担保情况。根据《房地产权证》（107房地证2013字第02611号）记载，土地使用权为出让，土地用途为工业用地，共有土地面积为11 575.90平方米，土地使用权终止日期为2056年10月9日。房屋建筑面积为8 035.80平方米，房屋结构为钢结构，房屋用途为工业用房，名义层为负1至1，物理层为1至2。总楼层共计两层，建成年代为2007年，1层层高约为3米，2层层高约为10米，地面为地坪漆，顶部为彩钢，卷帘门，配套设备设施为水、电、消防等，现状为空置。评估对象所在区域内有类似房地产出租案例，未来租金能够参照现有租约或市场情况进行相应预测，符合收益法应用的条件，故本次评估采用收益法进行。经评定估算和综合分析后，确定神驰机电股份有限公司所拥有的位于北碚区缙云大道11号房地产在评估基准日的评估价值为13 500 144.00元。

重庆三华工业有限公司所拥有的位于北碚区老龙凤桥桥头房地产，其账面价值为97 110.39元，评估对象无抵押担保情况。根据《国有土地使用证》（碚国用2003字第07011号）记载，土地使用权为出让，土地用途为工业用地，土地面积为3 333.20平方米，土地使用权终止日期为2053年3月27日。根据《房地产权证》记载，房屋建筑面积为2 659.00平方米，共计8幢，房屋结构为混合和砖柱结构，房屋用途为厂房和其他，建成年代为1996年，房屋外墙脱落，屋顶、门窗、地面部分损坏，房屋维修保养较差，现状为空置。评估对象为工业用房，评估对象区域内无类似房地产交易案例，也无类似房地产出租案例，不能采用市场法和收益法评估。本次评估容易获得土地取得成本、房屋建设成本及利息利润等，故本次采用成本法评估。经评定估算和综合分析后，确定重庆三华工业有限公司所拥有的位于北碚区老龙凤桥桥头房地产在评估基准日的评估价值为2 605 820.00元。

资料来源：巨潮资讯. 北京北方亚事资产评估事务所（特殊普通合伙）《资产评估报告》（北方亚事评报字〔2023〕第01-1244号、〔2023〕第01-1245号）〔EB/OL〕.〔2023-11-27〕. http://www.cninfo.com.cn/new/commonUrl/pageOfSearch?url=disclosure/list/search&lastPage=index.

本案例所展示的内容，不仅包括房地产评估主体、评估对象和评估范围、价值类型、评估基准日、评估方法等资产评估基本要素的内容，也包括土地性质、土地取得方式、土地使用权年限、房屋用途、建筑结构、装修水平等房地产权利状况、实物状况等内容，这些都是本章所要学习的内容。

第一节 房地产评估概述

一、房地产及其特征

（一）房地产的含义

房地产又称不动产，是指土地、建筑物及其他地上定着物，包括物质实体和依托于物质实体上的权益。其中，物质实体是指一般的土地或房屋，其是权益的载体，也是一切经济活动的物质基础。依托于物质实体上的权益表现为一种权利，或者是人们拥有的财产权利。房地产的财产权利具有不同的权属状态和丰富的内涵，如所有权、使用权、占有权、抵押权与相应的权能等。房地产各种经济活动的实质是权益的运动过程。当投资者购买一宗土地或完整意义的房地产时，购买的不仅是房地产本身，还包括房地产的权益。即使同一物质实体的房地产，如果附着于其上的权益不同，其在房地产市场上的价格将会有所不同，房地产权利人的合法权益、责任和义务也会有所不同。因此，房地产也可以说是土地和土地上的建筑物、定着物及其衍生的权利与义务关系的总和。

土地是指地球表面及地表之上和之下延伸的一定空间。因为不论是土地所有人还是土地使用人，其取得土地的目的不仅是为了土地本身，更重要的是为了利用土地从事各种活动。例如，从事房地产开发，建筑物自身不仅需要一定的高度与面积，而且可能为了结构安全和地基稳固需要开挖做深基础或桩基础，也可能为了满足使用和改造环境的要求在地表修筑其他设施或景物。

建筑物是指人工建筑而成，由建筑材料、建筑构配件和设备等组成的整体物，包括房屋和构筑物。房屋是指直接供人们在其内部进行生产、生活或其他活动的建筑；构筑物是指人们一般不直接在其内部进行生产、生活或其他活动的建筑，如道路、桥梁、大坝等。

其他地上定着物是指固定在土地或建筑物上，与土地、建筑物不能分离，或虽然可以分离，但分离不经济并失去应有的功能，或分离后会破坏土地、建筑物的完整性、使用价值或功能，或使土地、建筑物的使用价值或环境受到影响。由于其他地上定着物通常被视为土地或建筑物的组成部分或附属部分，所以，房地产本质上包括土地和建筑物两大部分。

（二）房地产的分类

房地产可以从不同的角度进行分类，常见的有按房地产用途、开发程度、建筑结构和层数等进行分类。

1.按房地产用途分类

房地产按用途可以分为：（1）居住房地产，包括普通住宅、高档公寓、别墅等。（2）商业房地产，包括商场、购物中心、商业店铺、超级市场、批发市场等。（3）旅馆房地产，包括饭店、酒店、宾馆、度假村、旅店、招待所等。（4）餐饮房地产，包括酒楼、美食城、餐馆、快餐店等。（5）办公房地产，包括办公楼、写字楼等。（6）工业房地产，包括厂房、仓库等。（7）娱乐房地产，包括游乐场、娱乐城、康乐中心、俱乐部、影剧院等。（8）其他房地产，包括金融房地产、信息房地产、教育房地产、文化房地产、医疗卫生房地产、体育房地产、农业房地产、军用房地产等。

2.按房地产开发程度分类

房地产按开发程度可以分为：（1）生地，是指不具有城市基础设施的土地，如荒地、农地。（2）毛地，是指具有一定城市基础设施，但地上有待拆迁安置的旧房屋的土地。（3）熟地，是指具有完善的城市基础设施、土地平整，能够直接在其上进行房屋建造的土地。（4）在建工程，是指地上建筑物尚未全部建成，没有达到交付使用条件的房地产。（5）现房（含土地），是指地上房屋已建成，可直接使用的房地产，其可能是新的，也可能是旧的或经过装修改造的。

3.按房地产建筑结构分类

房地产按建筑结构可以分为：（1）钢结构，建筑物的承重构件（梁、柱、墙等）为钢材。（2）钢筋混凝土结构，建筑物的承重构件为钢筋混凝土，包括框架结构和剪力墙结构。（3）砖混结构，建筑物竖向承重结构的墙、柱等采用砖砌筑，横向承重的梁、楼板、屋面板等采用钢筋混凝土结构。（4）砖木结构，建筑物竖向承重结构的墙、柱等采用砖或砌块砌筑，楼板、屋架等采用木结构。（5）其他结构，如石结构、木结构、竹结构等。

4.按房地产层数分类

房地产按层数与高度可以分为：（1）低层（1～3层）；（2）多层（4～6层）；（3）中高层（7～9层）；（4）高层（住宅≥10层，公共建筑≥24米）；（5）超高层（住宅≥30层，公共建筑>100米）。

此外，按房地产所处的区位可分为城市中心、城市边缘、城市郊区、农村等房地产；按房地产的建设标准可分为高级豪华、中等、普通标准的房地产；按房地产的新旧程度可分为新建造的房地产、旧有房地产和危险用房等；按房地产是否有收益可分为收益性房地产和非收益性房地产等。

（三）房地产的特征

房地产的特征主要是由其组成物质的自然特征以及由自然特征衍生的社会经济特征所决定的，主要表现为以下几个方面：

1.位置固定性

由于房屋固着在土地上，因此，房地产的相对位置是固定不变的。也可以说，地球上没有完全相同的房地产，即使有两宗房地产的地上建筑物设计、结构和功能等相同，但因土地位置的差异，也会造成价格的差异。

2.使用长期性

由于土地可以永续使用，建筑物也是耐用品，使用年限可达数十年甚至上百年，使用期间即使房屋变旧或受损，也可以通过不断翻修，延长其使用期限。

3.供求区域性

由于土地位置的固定性，房地产具有区域性的特点，一个城市房地产的供给过剩并不能解决另一个城市供给不足的问题。房地产供求关系的地区差异又造成了区域之间房地产价格的差异性。

4.投资风险性

房地产的生产和经营要经过从土地使用权取得、开发建造到房地产销售等一系列过程。由于房地产的生产周期较长，整个生产和经营过程需要大量的资金，加之房地产的变现能力较弱，也导致了房地产投资的风险较大。

5.保值增值性

房地产的保值增值性主要源于土地资源的稀缺性。对房屋而言，随着使用年限的增加，会存在损耗和贬值的现象。但是，由于土地资源的有限性和固定性，土地的价值呈现上涨的趋势，对房地产整体而言，其具有保值和增值的特征。

二、房地产评估的特点

房地产评估是评估机构及评估专业人员根据委托对房地产价值进行评定、估算，并出具评估报告的专业服务行为。房地产自身的特点决定了房地产评估具有以下特点：

(一)以合法性为评估前提

房地产的合法性主要体现在合法产权、合法使用、合法处分等方面。在房地产评估中，应当以合法性作为评估的前提。其中，合法产权应以房地产权属证书、权属档案的记载或者其他合法证件为依据；合法使用应以城市规划、土地用途管制等房地产使用管制为依据；合法处分应以法律、法规或合同等允许的处分方式为依据。不具有合法产权、合法使用、合法处分的房地产，其评估价值将会大打折扣甚至为零。

(二)房地合估

从房地产存在的形态来看，房产总是依托于一定的土地之上，土地开发成本蕴含在房产价值之中，土地使用价值通过房产来反映。而房地产的价格在很大程度上受到房产环境质量的影响，但决定环境质量的不仅仅是房产建筑本身，也与地产的不可位移性相关。因此，尽管房屋和土地是可加以区分的评估对象，而且土地使用权可以独立于房屋而存在，但是，由于两者在使用价值上的相互依存和价格形成中的内在联系，要求在评估中将两者作为相互联系的对象进行综合估价。我国现行的法律也规定，土地和房屋应同时转让或抵押。因此，房地产评估具有房地合估的特点。

(三)建筑物产权受土地使用权年限的制约

建筑物续存期虽然不能说是永续的，但是建筑物一经建成，其寿命也可达几十年甚至上百年。由于我国城镇土地使用权是有限期的，并且政府规定土地使用权期满土地使用权及其地上建筑物、其他附着物所有权由国家无偿取得，因此，在建筑物评估中，必须注意建筑物的耐用年限与土地使用权的吻合程度。当建筑物的剩余寿命年限大于土地使用权的剩余年限时，只能以土地使用权剩余年限为准来评估建筑物的价值。

三、房地产评估的程序

房地产评估程序是指房地产评估的具体工作步骤，主要包括明确基本事项、签订业务约定书、制订评估工作计划、现场调查评估对象、收集评估资料、估算房地产价值、编制评估报告等工作。

(一)明确基本事项

房地产评估时，必须首先了解评估对象的基本情况，明确评估有关事项，这是评估机构决定是否接受委托的前提。明确评估基本事项包括以下内容：

1.明确评估目的

房地产的评估目的按业务性质可分为房地产转让，房地产抵押，房地产保险和损害赔偿，房地产课税，房地产征用拆迁补偿，处理房地产纠纷和有关法律诉讼，企业合资、合作、兼并、分立、租赁经营、承包经营、改制、上市、破产清算等。在受理房地产评估业务时必须明确评估目的，并将其明确写在资产评估业务约定书中和资产评估报告中。

2.明确评估对象

明确评估对象，就是对房地产的类别、实体状况和产权状况进行了解和掌握，并在资产评估业务约定书和评估报告中写明评估的具体对象。（1）明确房地产类别。从实物角度来看，房地产有土地、建筑物和房地等三种类别，具体又可分为以下几种情况：空地；有建筑物的土地；地上建筑物；房地；在建工程；未来状况下的房地产；已经消失的房地产；房地产局部（如一个单元）；作为企业资产一部分的房地产。（2）明确房地产的实体状况。房地产的实体状况包括土地面积、开发程度、土地形状、临街状态、地质、地形及水文状况；建筑物的用途、建筑结构、建筑面积、建筑式样、层数、朝向、平面布局、施工质量、新旧程度、装修水平、室内外设施等。（3）明确房地产的产权状况。房地产的产权状况包括土地使用权性质（国有或集体、划拨或出让），土地使用权的权属状况（独立或共享），土地使用权年限，建筑物权属状况（所有权或使用权、独立或共享），房地产设定的其他权利状况等。

国务院对国有土地使用权最高出让年限做出如下规定：居住用地70年；工业用地50年；教育、科技、文化、卫生、体育用地50年；商业、旅游、娱乐用地40年；综合或者其他用地50年。

3.明确价值类型

房地产评估的价值类型是对房地产评估结果价值属性的分类，一般分为市场价值和市场价值以外的价值两类。在发达市场条件下以交易为目的的商业房地产、住宅房地产等，通常选择市场价值类型。对于房地产市场不发达、评估对象缺乏交易性或特殊的评估目的等情况，通常选择投资价值、现状价值、快速变现价值、残余价值、抵押价值、计税价值、保险价值等市场价值以外的价值类型。

4.明确评估基准日

评估基准日即评估时点，是指房地产评估结果所对应的日期，通常用公历年、月、日表示。根据评估目的，评估基准日可以选择现在、过去或将来的某个日期，一般选择与评估目的实现日较近的日期。

（二）签订评估委托合同

在明确房地产评估基本事项的基础上，资产评估机构与委托方便可签订评估委托合同，正式接受房地产评估委托，并以法律形式保护各自的权益。评估委托合同的内容一般包括：（1）委托方和评估机构名称；（2）评估目的；（3）评估对象和评估范围；（4）评估价值类型；（5）评估基本假设；（6）评估基准日；（7）委托方应提供的资料及对提供资料的真实性、合法性负责的承诺；（8）评估服务费用及其支付方式；（9）评估报告提交日期；（10）违约责任和解决争议的方法；（11）委托方和评估机构认为需要约定的其他事项等。

延伸阅读5-1

资产评估委托合同模板

（三）制订评估工作计划

评估机构接受评估委托后，应对评估项目进行初步分析，制订评估工作计划。评估工作计划主要包括评估专业人员安排计划、评估工作进度计划和评估作业经费计划等内容。根据评估任务量的大小、性质及评估工作的难易程度，确定投入评估工作的人员数量；根据评估作业日期，确定评估工作步骤和进行时间进度安排；根据评估工作的地点、评估专业人员的多少、评估工作时间的长短等安排评估所需经费。

（四）现场调查评估对象

房地产市场是地域性很强的市场，房地产交易大多是个别交易，仅仅根据委托方提供的情况，难以准确地把握评估对象。因此，评估专业人员必须亲临现场，实地查明有关情况，做好详细的记录，并且进行拍照或摄像，作为评估的工作底稿和存档的基础资料。

1.勘查房地产的位置及周围环境

查明房地产具体的坐落位置（如区街号）、四至、与相邻建筑物（或土地）及道路的关系，还要观察附近的建筑布局、道路及交通状况、绿化及卫生状况、地形及地势状况、日照及通风状况。如果评估对象是商业房地产，还应对周边商业繁华状况进行调查了解。

2.勘查房地产的使用状况

查实房地产的实际用途，看其用途、权利状况是否与规定相一致，要查明建筑物的结构、建成时间、新旧程度、装修状况、设备状况，了解建筑面积、使用面积或可供出租和营业面积等。

（五）收集评估所需资料

房地产评估的资料收集分为日常收集和评估时收集两种情形。日常收集就是要求评估专业人员平常应留意和收集与房地产评估有关的资料，并将收集的资料分类并建立资料库，以备评估时使用；评估时收集是根据初选的评估途径和方法，评估专业人员通过市场调查、委托人提供或现场勘查等方法获得本次评估所需资料。收集评估所需资料主要包括以下几个方面：（1）宏观性和地区性资料，主要包括房地产制度，土地出让方式，宏观经济政策，利率、税率、汇率水平，城市发展和建设规划，房地产供求状况，居民收入和消费水平以及物价水平等。（2）房地产所处的城市区域性资料，包括房地产所在区域繁华程度、道路通达程度、交通便捷程度、环境质量、基础设施和公共设施状况等。（3）房地产自身状况的资料，反映评估对象状况的资料主要由委托人提供和评估专业人员现场勘查获得，具体包括评估对象实体状况、权利状况和周围环境状况等。（4）类似房地产的交易状况、成本状况、收益状况等方面的资料。根据拟选择的评估途径与方法，有针对性地收集相关的资料。

（六）估算房地产价值

在资料分析的基础上，可以根据选定的评估途径与方法对房地产价值进行评定和估算。由于评估对象房地产的性质差异和资料选取的难易不同，并非每一种评估方法都适用于各类具体条件下的房地产，一般以一种评估途径与方法为主进行评估，并用其他评估途径与方法进行检验修正。对同一房地产运用不同评估途径与方法得出的评估结果往往不一致，需要进行综合分析，对所选用的评估途径与方法、资料及评估程序的各阶段做出客观的分析和检查。重点分析所选用的资料是否适当，评估原则运用是否得当，资料分析是否准确，有关参数的判断和选取是否客观，评估计算是否准确等。

（七）编制评估报告

评估报告是评估过程和评估成果的综合反映。根据评估报告规范要求的格式和内容，在对评估过程综合分析的基础上撰写评估报告。

延伸阅读5-2

《资产评估执业准则——资产评估
程序》和《房地产估价规范》
3.估价程序

自测题5-1

视频资源5-1

第二节　房地产评估的市场法

一、市场法的评估思路

（一）市场法的含义

市场法是将评估对象房地产与近期交易的类似房地产进行比较，并以类似房地产的价格为基础，经过因素修正得到评估对象房地产价值的评估方法。

市场法又称比较法，是房地产评估中应用较为广泛的一种方法。市场法既可以对房地产价值进行评估，又可以单独对土地价值进行评估。

对市场法基本概念的理解应注意以下几点：（1）类似房地产又称可比实例或参照物，是指与评估对象在区位、权利状况、实体特征等方面具有较强可比性的房地产，可包括已销售、待售或已签订购买合同的类似房地产。（2）近期交易，通常是指类似房地产交易时间与评估基准日接近。（3）因素修正是分析评估对象和类似房地产的价值产生差异的影响因素，并对影响因素量化和调整。这些因素可能包括房地产的产权状况，买卖双方的动机，融资条件，交易时点的市场状况，房地产的区位、实体特征，收益性房地产的经济特征等。

市场法的理论依据是房地产价格形成的替代原理。根据替代原理，市场上的任何经济主体都谋求以最小的代价取得最大的效用，所以，在选择商品时会选择效用最大而价格最低的商品。当效用与价格相比趋于效用太小或者价格太高时，购买者就会放弃购买。因此，效用均等的同种商品的价格应该相等。在同一市场中，同时存在两个以上具有同等效用的替代商品时，商品的价格就会由于替代关系而通过竞争最终促使价格趋于一致。在房地产市场上，买方要在市场上购置一宗房地产时，其所愿意付出的最高价格不会超过近期市场上已经成交的与其所要购置房地产相类似的房地产的交易价格；卖方也不会同意低于相类似房地产的近期市场交易价格出售其所拥有的房地产。买卖双方只能以市场上已成交的类似房地产价格作为基准，通过协商，以双方均认可的合理价格成交。

（二）市场法的适用条件和范围

市场法的适用条件是具备发育完善的房地产市场，并且在市场上能够收集到大量的与被评估房地产相类似的市场交易实例资料。当有充足的、近期的、可靠的交易实例以显示房地产市场价值时，市场法可以应用于各种类型的房地产价值评估。当市场不成熟、市场交易数量不足时，市场法的应用将受到限制。

市场法主要适用于交易性房地产评估，如普通住宅、高档公寓、别墅、写字楼、商铺、标准厂房、房地产开发用地等。

（三）市场法的评估公式

$$评估值 = \frac{可比实例}{交易价格} \times \frac{交易情况}{修正系数} \times \frac{交易日期}{修正系数} \times \frac{区域因素}{修正系数} \times \frac{个别因素}{修正系数} \times \frac{权益状况}{修正系数} \qquad (5-1)$$

二、收集资料选取可比实例

运用市场法评估房地产，需要评估专业人员收集大量的房地产成交、待售、卖方出价、买方出价等方面的交易资料，其中，已完成房地产交易的资料是最可靠的价值依据。房地产交易信息资料是市场法评估的前提和保证。

（一）收集资料的途径

评估专业人员要经常性地积累和收集尽可能多的交易资料，而不要等到需要采用市场法评估时才进行临时性收集。收集房地产交易信息资料主要有以下几种途径：（1）政府有关部门的房地产信息资料，包括政府出让土地使用权的价格资料，政府或其授权部门确定、公布的基准地价、标定地价、房屋重置价格及房地产市场价格资料，房地产权利人转让房地产时向政府有关部门申报的成交价格资料。（2）各类媒体的房地产信息资料，如网站、报刊上有关房地产出售、出租的广告、交易信息等资料。（3）中介机构的房地产信息资料，如中介机构代理的房地产出售、出租的信息资料。（4）其他来源，如房地产开发商、房地产交易当事人、银行有关人员、法院有关人员、其他评估机构及评估专业人员掌握的房地产信息资料。

（二）收集资料的内容与要求

评估专业人员收集资料时，应尽可能收集较多的内容，收集的交易资料一般包括：（1）交易实例房地产状况资料，如房地产的坐落位置、用途、产权状况、建筑物及土地的面积、四至、临街状况、建筑物的建筑结构、设备及装修情况、建筑物的建造时间及使用状况、基础设施及交通状况、周围环境等。（2）交易价格，包括已成交房地产的总价及单价、待出售房地产的要价或广告价等。（3）交易日期，是指房地产完成交易的具体日期。（4）交易情况，包括买卖双方的情况及关系、交易目的、交易方式（如公开、协议、招标、拍卖、挂牌等）、交易税费的负担方式等。（5）付款方式，如一次性付款、分期付款、贷款方式付款等。（6）市场状况，如房地产市场供求状况、房地产价格总水平、交易的频繁程度等。

评估专业人员对收集到的每一个交易实例、每一个内容，都需要认真查证，做到准确无误，保证资料的完整性和真实性。为了避免收集交易实例时遗漏重要的内容并保证所收集内容的统一性和规范化，应当事先将房地产分为不同的类型。

（三）可比实例的选取

可比实例的选取应注意交易实例与评估对象房地产之间的可比性，具体体现在以下几个方面：

1.所处区域的可比性

所处区域的可比性要求交易实例与评估对象处于同一区域或同一供求范围内的类似区域。选择可比实例，最好选择与评估对象处于同一区域的交易实例，这样可以消除区域因素对房地产价格的影响。如果在同一区域内没有可供比较的交易实例，也可以在同一供求范围内的类似区域选择。例如，评估大连天津街区域某公建的价值，交易实例最好在大连天津街区域内选择，也可以在大连中山广场、青泥洼桥等邻近区域或同等级别的区域内选择交易实例；评估大连某小区商品住宅的价值，交易实例最好在该小区内选择，也可以选取位于大连市区相邻或类似区域、规模、档次的住宅小区的交易实例。

2.用途的可比性

用途的可比性要求交易实例的用途应与评估对象的用途相同。由于用途不同，房地产效用也不同，房地产价格就会存在很大差异。选择用途相同的交易实例，可以消除效用的差异对房地产价格的影响。用途相同，最好是交易实例与评估对象的具体用途相同，如交易实例与评估对象同样是普通住宅、高档公寓、商务办公楼、百货商场、宾馆、饭店、标准厂房等；也可以选择大类用途相同的交易实例，如居住用途房地产、商业用途房地产、工业用途房地产、农业用途房地产等大类用途方面与评估对象相同。

3.实体特征的可比性

实体特征的可比性要求交易实例的实体特征与评估对象接近。选择实体特征接近的交易实例，可以消除个别因素的差异对房地产价格的影响。实体特征的可比性主要体现在以下几个方面：（1）交易实例的建筑结构应与评估对象相同，如钢结构、钢筋混凝土结构、砖混结构、砖木结构等；（2）交易实例的规模应与评估对象的规模相当，如交易实例的土地面积、房屋总建筑面积等与评估对象不应相差太多；（3）交易实例的档次应与评估对象的档次相当，如交易实例在建筑风格、建筑式样、装饰装修、设施设备等方面应与评估对象相当；（4）交易实例在其他方面应与评估对象接近，如交易实例在土地的形状、地形、地质、地貌，房屋的楼层、朝向、临街状态、新旧程度等方面应与评估对象接近。

4.权利性质的可比性

权利性质的可比性要求交易实例的权利性质应与评估对象的权利性质相同。权利性质的不同会造成房地产价格的较大差异。例如，交易实例应在国有土地使用权、集体土地使用权、出让土地使用权、划拨土地使用权、商品住宅、经济适用房、房屋所有权、房屋使用权等方面与评估对象相同。如果两者的权利性质不同，一般不能作为可比实例。

5.交易时间的可比性

交易时间的可比性要求交易实例的交易日期应与评估基准日接近。交易日期接近，通常是指交易实例的交易时间距离评估基准日越近越好，但没有统一的时间间隔规定，可视房地产市场价格变动情况而定。如果房地产市场变化较快，可比实例应选择1年以内或更短时间内的交易实例；如果房地产市场长期比较平稳，可比实例可选择较早之前发生的交易实例，但一般认为最长不能超过2年。

6.交易方式的可比性

交易方式的可比性要求交易实例的交易方式应与评估目的相吻合。房地产交易一般是指房地产买卖，具体可分为协议、招标、拍卖、挂牌等方式。房地产评估业务，包括以房地产转让、抵押、课税、房屋征收补偿为目的的房地产评估业务，多数要求选取房地产买卖的交易实例，一般选取协议方式的买卖实例。

7.交易情况的可比性

交易情况的可比性要求交易实例的交易情况应该是正常交易或可修正为正常交易。正常交易是房地产交易双方在公平、平等、自愿、信息通畅情况下达成的交易。正常交易所形成的交易价格，通常是一种公平、合理的市场价格。如果交易实例是非正常交易，如关联企业之间、亲朋之间的交易等，但其可修正为正常交易，则该交易实例也可作为可比实例。

此外，选取可比实例的数量也有一定的要求。为了避免由于可比实例数量过少对评估结果造成的偏差，可比实例应当选择多个，一般要求选取3～5个。

三、交易情况的修正

（一）交易情况修正的含义

可比实例的交易价格可能是正常的，也可能是非正常的。如果选择的可比实例的交易价格是非正常的，就需要进行交易情况的修正。交易情况修正就是剔除交易行为中的一些特殊因素所造成的交易价格偏差，将可比实例的非正常交易价格修正为正常交易价格。

（二）造成交易价格偏差的因素

由于房地产具有不可位移性、个别性以及投资大量性等特性，房地产的交易价格往往容易受交易中一些特殊因素的影响，从而使其偏离正常的市场价格。造成交易价格偏差的因素主要包括以下几个方面：（1）利害关系人之间的交易；（2）急于出售或急于购买的交易；（3）特殊房地产的交易；（4）卖方或买方不了解市场行情的交易；（5）相邻房地产的合并交易；（6）交易税费非正常负担的交易。

（三）交易情况修正的方法

交易情况修正通常采用系数修正法。系数修正法是通过可比实例的交易价格乘以交易情况修正系数确定可比实例正常交易价格的方法。其一般公式为：

可比实例正常交易价格=可比实例交易价格×交易情况修正系数

交易情况修正系数通常以正常交易价格为基准来确定，交易情况修正系数公式可具体表示为：

$$交易情况修正系数 = \frac{100}{（\quad）} \tag{5-2}$$

式中，分子中的100为可比实例正常交易价格的基准值，分母括号中的数值根据可比实例交易价格偏离正常交易价格的程度来确定。假设价格偏离程度用S%表示，则分母括号中的数值为100+S。S%为正值，表明可比实例的交易价格比其正常市场价格高；S%为负值，表明可比实例的交易价格比其正常市场价格低。

【例5-1】

假设可比实例的交易价格为16 000元/平方米，经分析可知，可比实例的交易价格比其正常市场价格高5%，则可比实例的正常市场价格是多少？

$$可比实例正常市场价格 = 16\,000 \times \frac{100}{100+5} = 15\,238（元/平方米）$$

【例5-2】

　　假设可比实例的交易价格为15 500元/平方米，经分析可知，可比实例的交易价格比其正常市场价格低3%，则可比实例的正常市场价格是多少？

　　可比实例正常市场价格=15 500×$\dfrac{100}{100-3}$=15 979（元/平方米）

四、交易日期的修正

（一）交易日期修正的含义

　　可比实例的交易价格是其交易日期的价格，该价格是在可比实例交易时的市场条件下形成的。由于可比实例交易日与评估基准日时点上的差异，房地产的市场状况可能发生变化，房地产价格水平也会发生变化。这就需要对可比实例进行适当的交易日期修正。交易日期修正是指利用价格指数将可比实例交易时的价格水平下的交易价格调整为评估基准日价格水平下的价格。

（二）交易日期修正的方法

　　交易日期修正的基本思路是以可比实例交易日期的价格为基础，乘以相应的价格指数或价格修正系数，得到可比实例在评估基准日价格水平下的交易价格。交易日期修正的关键问题是合理选择和运用房地产的价格指数。由于不同地区、不同用途或不同类型的房地产价格变动的方向和程度不同，价格指数应选择可比实例所在地区的同类房地产价格指数。具体运用时，可根据获得价格指数资料的情况，采用定基指数或环比指数进行修正。如果价格指数无法获得，评估专业人员也可在对某类房地产价格水平变化情况进行分析的基础上，确定价格修正系数。

1.定基价格指数修正法

　　定基价格指数是指在一定时期内对比基期固定不变的价格指数。如果能够获得本地区同类房地产的定基价格指数或定基价格变动指数，则可运用下列公式进行交易日期修正：

$$交易日期修正后的可比实例价格=可比实例交易价格×\dfrac{评估基准日价格指数}{可比实例交易日价格指数} \quad (5\text{-}3)$$

　　或

$$交易日期修正后的可比实例价格=可比实例交易价格×\dfrac{1+评估基准日价格变动指数}{1+可比实例交易日价格变动指数} \quad (5\text{-}4)$$

【例5-3】

　　可比实例在2023年5月的交易价格为13 500元/平方米，该地区同类房地产在2023年5月的定基价格指数为107.6%，10月的定基价格指数为103.5%。对其进行交易日期修正，修正到2023年10月的价格为多少？

　　修正到2023年10月的价格=13 500×$\dfrac{103.5\%}{107.6\%}$=12 986（元/平方米）

【例5-4】

　　可比实例在2023年3月的交易价格为13 800元/平方米，该地区同类房地产在2023年3月的定基价格变动指数为3.7%，6月的定基价格变动指数为2.5%。对其进行交易日期修正，修正到2023年6月的价格为多少？

修正到2023年6月的价格=13 800×$\dfrac{1 + 2.5\%}{1 + 3.7\%}$=13 640（元/平方米）

2.环比价格指数修正法

环比价格指数是指报告期价格与前一时期价格水平之比，其表明价格逐期的变化情况。如果能够获得本地区同类房地产的环比价格指数或环比价格变动指数，则可运用下列公式进行交易日期修正：

交易日期修正后的可比实例价格=可比实例交易价格×$\prod$各期环比价格指数 　　　　(5-5)

或

交易日期修正后的可比实例价格=可比实例交易价格×$\prod$(1 + 各期环比价格变动指数) 　(5-6)

式中，各期是指从可比实例交易的下一期开始至评估基准日为止。

【例5-5】

可比实例在2023年6月的交易价格为13 000元/平方米，该地区同类房地产在2023年7月至10月的环比价格指数分别为102.6%、101.3%、99.5%、103.7%。对其进行交易日期修正，修正到2023年10月的价格为多少？

修正到2023年10月的价格=13 000×102.6%×101.3%×99.5%×103.7%=13 941（元/平方米）

【例5-6】

可比实例在2023年5月的交易价格为13 600元/平方米，该地区同类房地产在2023年6月至10月的环比价格变动指数分别为1.6%、2.3%、−1.5%、1.7%、2.1%。对其进行交易日期修正，修正到2023年10月的价格为多少？

修正到2023年10月的价格=13 600×（1+1.6%）×（1+2.3%）×（1−1.5%）×（1+1.7%）×（1+2.1%）
　　　　　　　　　　=14 457（元/平方米）

3.价格变动分析法

当无法获得本地区某类房地产定基价格指数和环比价格指数资料时，评估专业人员可以通过调查本地区过去的类似房地产的价格变化情况，或者根据有关机构、新闻媒体发布的房地产价格变动信息资料，判断这类房地产价格随时间变动的趋势和幅度，运用价格变动分析法进行交易日期修正。该方法是以可比实例交易日期的价格水平为基准（基准值定为100），根据本地区同类房地产价格随时间变化的情况，测算出评估基准日的该类房地产的价格变动水平及价格总水平，并以评估基准日的该类房地产的价格总水平与可比实例交易日的价格水平（100）之比作为交易日期修正系数。此方法的交易日期修正公式为：

交易日期修正后的可比实例价格=可比实例交易价格×$\dfrac{(\quad)}{100}$ 　　　　　　(5-7)

式中，分子括号中数值的确定思路是先估算某类房地产价格变动指标数值，然后用100加上价格变动指标数值，得到价格总水平指标数值。例如，某类房地产从可比实例交易日期到评估基准日价格上涨了5%，则括号中的数值为105（100+5）。

【例5-7】

可比实例在2023年4月的交易价格为16 500元/平方米，需要将其交易价格修正到2023年10月的市场价格。评估专业人员经过市场调查，获得A、B、C、D、E共5宗类似房地产的价格信息，具体见表5-1。

表5-1　　　　　　　　　　　　类似房地产价格信息表

项目	A	B	C	D	E
2023年10月价格（元/平方米）	16 880	16 320	16 710	16 520	16 540
2023年4月价格（元/平方米）	17 120	16 550	16 950	16 730	16 850
价格增长率	−1.40%	−1.39%	−1.42%	−1.26%	−1.84%

　　根据上述资料，将可比实例的交易价格修正到2023年10月的市场价格为多少？

　　价格平均增值率=−（1.40%+1.39%+1.42%+1.26%+1.84%）÷5=−1.46%

　　交易日期修正后的可比实例价格=$16\ 500 \times \dfrac{100-1.46}{100}=16\ 259$（元/平方米）

五、区域因素的修正

（一）区域因素修正的含义

　　房地产的价格与房地产所处的区域密切相关。不同区域内房地产的区域特征，如交通、环境、配套设施等存在差异，决定了房地产的效用不同，房地产的价格也不同。区域因素修正就是剔除房地产区域特征所造成的交易价格偏差，将可比实例区域特征下的交易价格修正为评估对象区域特征下的价格。

（二）区域因素修正的内容

　　区域因素修正的内容应当根据商业、工业、住宅等房地产的不同类型而确定，主要包括商业繁华程度、交通状况、环境状况、基础设施、公共设施等影响房地产价格的因素。其中，商业繁华程度表现为商业区的规模、店铺数量、客流量、交易额等方面；交通状况主要表现为道路的通达程度，交通的便捷程度，距离火车站、飞机场、码头等交通设施的远近等；环境状况包括自然环境和人文环境；基础设施主要是指排水、供电、供气、供热等设施的完备程度；公共设施主要是指文化教育、医疗卫生、金融保险、商业服务、邮电通信等公共建筑的完备程度。

（三）区域因素修正的方法

　　房地产区域因素修正的思路是：首先，列出对评估对象价格有影响的各种区域因素；其次，判定评估对象和可比实例在这些因素方面的状况；再次，将可比实例与评估对象在这些因素方面的状况进行逐项比较，找出它们之间的差异所造成的价格差异程度；最后，根据价格差异程度对可比实例的价格进行调整。房地产区域因素修正，通常采用系数修正法。

　　系数修正法是将可比实例与评估对象的区域因素进行比较，确定各区域因素对可比实例与评估对象价格影响的修正系数，用可比实例交易价格乘以各区域因素修正系数，得到可比实例在评估对象区域特征下的价格的方法。运用系数修正法对房地产进行区域因素修正的一般公式为：

　　可比实例在评估对象区域特征下的价格=可比实例交易价格×区域因素修正系数　　　　（5-8）

　　确定区域因素修正系数的具体思路是：首先，以评估对象的区域特征为基准（通常定为100分），将所选择的可比实例的区域因素与评估对象的区域因素逐项比较打分。如果可比实例的区域特征好于评估对象的区域特征，则分数高于100；相反地，则分数低于100。如果可比实例与评估对象处于同一区域，则分数为100。其次，根据各项区域因素对房地产价格的影响程度，分别给出不同的权重，再将可比实例对应的各项区域因素的实际得分分别乘以对应的权重，得到可比实例的综合得分。最后，将评估对象区域因素值（100）除以可比实例的区域因素综合得分，得出可比实例的区域因素修正系数。确定区域因素修正系数的公式为：

$$区域因素修正系数=\frac{100}{(\quad)} \qquad (5-9)$$

式中，括号内应填写的数字为将可比实例与评估对象进行比较后的区域因素综合得分。区域因素修正具体的打分方法见表5-2。

表5-2　　　　　　　　　　　　　区域因素修正打分表

区域因素	权重	评估对象	可比实例A	可比实例B	可比实例C
因素1	F_1	100			
因素2	F_2	100			
因素3	F_3	100			
⋮	⋮	⋮			
因素n	F_n	100			
综合	1	100			

【例5-8】

评估对象与可比实例A、B、C的区域比较因素、相应的权重以及比较打分情况见表5-3，试求可比实例A、B、C的区域因素修正系数。

表5-3　　　　　　　　　　　　　区域因素修正打分表

区域因素	权重	评估对象	可比实例A	可比实例B	可比实例C
商业繁华度	0.15	100	103	100	98
道路通达度	0.08	100	100	100	100
交通便捷度	0.12	100	101	100	97
离市中心的距离	0.14	100	102	100	95
离交通设施的距离	0.06	100	98	100	101
自然环境状况	0.12	100	102	100	97
人文环境状况	0.10	100	103	100	98
基础设施状况	0.10	100	101	100	99
公共设施状况	0.13	100	105	100	96
综合	1	100	102	100	97.5

通过打分和对各项得分进行加权平均，可比实例A、B、C的区域因素综合得分分别为102、100、97.5，则三个可比实例的区域因素修正系数分别为：

$$可比实例A区域因素修正系数=\frac{100}{(102)}=0.9804$$

$$可比实例B区域因素修正系数=\frac{100}{(100)}=1$$

$$可比实例C区域因素修正系数=\frac{100}{(97.5)}=1.0256$$

六、个别因素的修正

(一) 个别因素修正的含义

房地产的实体状况等个别因素对房地产的价格具有较大影响,但对于不同类型的房地产来说,影响其价格的个别因素也会有所不同。个别因素修正就是剔除房地产个别特征所造成的交易价格偏差,将可比实例自身特征下的交易价格修正为评估对象自身特征下的价格。

(二) 个别因素修正的内容

个别因素修正的内容可以从土地和建筑物两个方面分析。如果单独评估土地,只需考虑影响土地价格的个别因素;如果评估房地产,则土地和建筑物两个方面的因素均需要考虑。

土地个别因素修正的内容主要包括土地的具体位置、土地的临街状况、土地面积、土地形状、地形、地势、地质、开发程度等。

建筑物个别因素修正的内容主要包括建筑物的建筑规模、建筑结构、建筑式样、装饰装修、空间布局、朝向、楼层、设备、新旧程度、建造质量等。

(三) 个别因素修正的方法

房地产个别因素修正的方法与区域因素修正的方法基本相同,通常采用系数修正法。系数修正法是将可比实例与评估对象的个别因素进行比较,确定各个别因素对可比实例与评估对象价格影响的修正系数,用可比实例交易价格乘以各个别因素修正系数,得到可比实例在评估对象自身特征下的价格的方法。运用系数修正法对房地产进行个别因素修正的一般公式为:

可比实例修正为评估对象自身特征下的价格=可比实例交易价格×个别因素修正系数 (5-10)

个别因素修正系数通常是以评估对象的个别因素特征为基准,采用可比实例的个别因素与评估对象的个别因素直接比较的方法确定。确定个别因素修正系数的公式为:

$$个别因素修正系数=\frac{100}{(\quad)} \tag{5-11}$$

式中,分子100代表评估对象个别因素的值,分母括号内应填写的数字为可比实例与评估对象比较后的个别因素综合得分。个别因素修正具体的打分方法见表5-4。

表5-4   **个别因素修正打分表**

个别因素	权重	评估对象	可比实例A	可比实例B	可比实例C
因素1	F_1	100			
因素2	F_2	100			
因素3	F_3	100			
⋮	⋮	⋮			
因素n	F_n	100			
综合	1	100			

【例 5-9】

评估对象与可比实例 A、B、C 的个别比较因素、相应的权重以及比较打分情况见表 5-5，试求可比实例 A、B、C 的个别因素修正系数。

表 5-5　　　　　　　　　　　　　个别因素修正打分表

个别因素	权重	评估对象	可比实例 A	可比实例 B	可比实例 C
坐落位置	0.16	100	105	101	95
临街状况	0.10	100	102	102	99
建筑结构	0.12	100	100	100	100
建筑质量	0.13	100	102	99	98
新旧程度	0.13	100	98	105	95
权利状况	0.12	100	104	100	97
装修水平	0.06	100	103	101	98
设备状况	0.05	100	101	103	99
周边环境	0.13	100	105	102	96
综合	1	100	102.4	101.4	97.1

通过打分和对各项得分进行加权平均，可比实例 A、B、C 的个别因素综合得分分别为 102.4、101.4、97.1，则三个可比实例的个别因素修正系数为：

$$可比实例 A 个别因素修正系数 = \frac{100}{(102.4)} = 0.9766$$

$$可比实例 B 个别因素修正系数 = \frac{100}{(101.4)} = 0.9862$$

$$可比实例 C 个别因素修正系数 = \frac{100}{(97.1)} = 1.0299$$

七、权益状况的修正

（一）权益状况修正的含义

房地产的土地使用权年限、规划条件等权益状况对房地产的价格具有较大影响。权益状况修正就是剔除房地产权益状况特征所造成的交易价格偏差，将可比实例权益状况下的交易价格修正为评估对象权益状况下的价格。

（二）权益状况修正的内容

选取可比实例时，要求可比实例的权利性质与评估对象的权利性质相同，因此，权益状况修正的内容主要是土地使用权年限、规划条件（如容积率）、用益物权设立情况、担保物权设立情况、租赁或占用情况、拖欠税费情况、查封等形式限制权利情况、权属清晰情况等。

（三）权益状况修正的方法

房地产权益状况修正的方法与区域因素修正的方法基本相同，通常采用系数修正法。

系数修正法是将可比实例与评估对象的权益状况进行比较，确定各权益状况对可比实例与评估对象价格影响的修正系数，用可比实例交易价格乘以各权益状况修正系数，得到可比实例在评估对象权益状况下的价格的方法。运用系数修正法对房地产进行权益状况修正的一般公式为：

$$可比实例修正为评估对象权益状况下的价格 = 可比实例交易价格 \times 权益状况修正系数 \qquad (5-12)$$

权益状况修正系数通常是以评估对象的权益状况为基准，采用可比实例的权益状况与评估对象的权益状况直接比较的方法确定。确定权益状况修正系数的公式为：

$$权益状况修正系数 = \frac{100}{(\quad)} \qquad (5-13)$$

式中，分子100代表评估对象权益状况的值，分母括号内应填写的数字为可比实例与评估对象比较后的权益状况综合得分。权益状况修正具体的打分方法见表5-6。如果评估对象为土地，土地使用权年限和容积率等权益状况对地价影响较大，可以对土地使用权年限和容积率等进行单独修正。

表5-6　　　　　　　　　　　　　权益状况修正打分表

权益状况	权重	评估对象	可比实例A	可比实例B	可比实例C
因素1	F_1	100			
因素2	F_2	100			
因素3	F_3	100			
⋮	⋮	⋮			
因素n	F_n	100			
综合	1	100			

【例5-10】

评估对象与可比实例A、B、C的权益比较因素、相应的权重以及比较打分情况见表5-7，试求可比实例A、B、C的权益状况修正系数。

表5-7　　　　　　　　　　　　　权益状况修正打分表

权益状况	权重	评估对象	可比实例A	可比实例B	可比实例C
土地使用权年限	0.16	100	105	101	98
规划条件	0.14	100	102	99	95
用益物权设立情况	0.13	100	100	100	100
担保物权设立情况	0.13	100	100	100	100
租赁或占用情况	0.12	100	100	100	100
拖欠税费情况	0.12	100	100	100	100
查封情况	0.10	100	100	100	100
权属清晰情况	0.10	100	100	100	100
综合	1	100	101.08	100.02	98.98

通过打分和对各项得分进行加权平均，可比实例A、B、C的权益状况综合得分分别为101.08、100.02、98.98，则三个可比实例的权益状况修正系数为：

$$可比实例A权益状况修正系数 = \frac{100}{(101.08)} = 0.9893$$

$$可比实例B权益状况修正系数 = \frac{100}{(100.02)} = 0.9998$$

$$可比实例C权益状况修正系数 = \frac{100}{(98.98)} = 1.0103$$

八、市场法下房地产价值的估算

通过对所选择的可比实例的交易价格进行交易情况、交易日期、区域因素、个别因素、权益状况等方面的综合修正，得到相应的比准价值，再对每个可比实例的比准价值进行技术处理，得出评估对象的价值。

（一）综合修正

$$\frac{比准}{价值} = \frac{可比实例}{交易价格} \times \frac{交易情况}{修正系数} \times \frac{交易日期}{修正系数} \times \frac{区域因素}{修正系数} \times \frac{个别因素}{修正系数} \times \frac{权益状况}{修正系数}$$

$$比准价值 = 可比实例交易价格 \times \frac{100}{(\ )} \times \frac{(\ )}{100} \times \frac{100}{(\ )} \times \frac{100}{(\ )} \times \frac{100}{(\ )} \tag{5-14}$$

【例5-11】

可比实例与评估对象有关资料如下：可比实例的交易价格为18 500元/平方米；可比实例的交易价格比正常交易价格偏高5%；评估基准日房地产价格与可比实例交易日相比上涨3%；与评估对象相比，可比实例的区域因素、个别因素和权益状况综合得分分别为108、97、102。可比实例的比准价值为多少？

$$可比实例的比准价值 = 18\,500 \times \frac{100}{105} \times \frac{103}{100} \times \frac{100}{108} \times \frac{100}{97} \times \frac{100}{102} = 16\,983（元/平方米）$$

（二）确定评估结果

每个可比实例的交易价格经过各因素修正后，都会相应地得出一个比准价值。为了保证评估结果的客观性，运用市场法评估一般需要选择多个（通常为3~5个）可比实例，这样就会得出多个比准价值，最后还要对多个比准价值进行技术处理，以确定最终评估结果。其具体方法有简单算术平均法、加权平均法、中位数法、众数法等。在上述各种方法的运用中，选择各比准价值的中位数来确定评估结论不一定客观，计算出的比准价值很少有数额相同的情况，因此，中位数法和众数法在运用中受到一定的限制。常用的方法是简单算术平均法和加权平均法。

1.简单算术平均法

简单算术平均法是将多个参照物交易实例修正后的初步评估结果简单地算术平均后，作为评估对象房地产的最终评估价值。简单算术平均法的计算公式如下：

$$P = \frac{\sum_{i=1}^{n} P_i}{n} \tag{5-15}$$

式中，P为评估对象的价值；P_i为第i个可比实例的比准价值；n为可比实例个数。

【例5-12】

四个可比实例交易价格修正后得出的比准价值分别为18 500元/平方米、18 800元/平方米、18 200元/平方米、18 300元/平方米，则采用简单算术平均法计算的评估对象房地产的价值为多少？

简单算术平均法下评估对象房地产的价值=（18 500+18 800+18 200+18 300）÷4

=18 450（元/平方米）

2.加权平均法

采用加权平均法，首先判定各个比准价值与评估对象的接近程度，并根据接近程度赋予每个比准价值相应的权重，然后将加权平均后的比准价值作为评估对象的价值。加权平均法的计算公式如下：

$$P = \sum_{i=1}^{n} P_i f_i \tag{5-16}$$

$$f_1+f_2+\cdots+f_n=1$$

式中，P为评估对象的价值；P_i为第i个可比实例的比准价值；f_i为第i个比准价值P_i的权重；n为可比实例个数。

【例5-13】

四个可比实例交易价格修正后得出的比准价值分别为18 500元/平方米、18 800元/平方米、18 200元/平方米、18 300元/平方米。如果赋予四个比准价值的权重分别为0.4、0.1、0.2、0.3，则采用加权平均法计算的评估对象房地产的价值为多少？

加权平均法下评估对象房地产的价值=18 500×0.4+18 800×0.1+18 200×0.2+18 300×0.3

=18 410（元/平方米）

延伸阅读5-3

《资产评估执业准则——不动产》第十七条、第十八条、第十九条和《房地产估价规范》4.2比较法

自测题5-2

延伸阅读5-4

房地产评估市场法案例

视频资源5-2

第三节　房地产评估的收益法

一、收益法的评估思路

（一）收益法的含义

收益法是指估算评估对象房地产的预期收益，选用适当的折现率将房地产预期收益折算为现值，以确定房地产价值的评估方法。收益法既可以评估房地合一的价值，也可以评估土地或建筑物的价值。

收益法的理论依据是预期原理。预期原理认为，房地产的价值通常并非基于其历史价格、建造房地产时所投入的成本或过去的市场状况，而是基于市场参与者对其未来所能获得的收益得到满足的预期。根据预期原理，如果现在购买一宗在未来一定年限内可以产生收益的房地产，即预示着该房地产的所有者在未来的收益年限内可以源源不断地获得预期收益。如果现有一定数额的货币可以与该未来预期收益的现值相等，则这一货币数额就是该宗房地产的价格。

（二）收益法的适用条件和范围

收益途径适用的条件是房地产的未来预期收益及风险能够预测和量化，房地产的预期收益年限能够确定。

收益途径适用的对象是有收益或潜在收益的房地产，如商场、写字楼、公寓、宾馆、酒店、餐馆、游乐场、影剧院、商品住宅、标准厂房、仓库等房地产。

二、预期收益的估算

房地产的预期收益，首先通过测算房地产的预期收入和房地产的预期费用，然后用房地产的预期收入减去房地产的预期费用得到。其计算公式为：

预期收益=预期收入－预期费用　　　　　　　　　　　　　　　　　（5-17）

（一）预期收入的估算

房地产预期收入是以评估对象房地产或类似房地产的现实客观收入为基础，并对房地产未来收入状况进行分析、预测和估算而得到。房地产的现实客观收入是剔除了特殊的、偶然的因素后房地产所能得到的正常收入。

出租型房地产的预期收入为预期租赁收入。预期租赁收入有潜在收入和有效收入之分。潜在收入是假定房地产在充分利用、无空置状况下可获得的预期收入。有效收入是潜在收入扣除空置、拖欠租金以及其他原因造成的收入损失后所得到的预期收入。

直接经营型、混合型、自用型等房地产的预期收入，可参照相类似地产的租赁收入估算。

房地产预期收入为房地产的有效收入，则其计算公式为：

有效收入=潜在收入－空置等造成的收入损失　　　　　　　　　　　（5-18）

（二）预期费用的估算

房地产预期费用是房地产取得未来预期收入必须支付的各项支出。房地产预期费用是以评估对象房地产或类似房地产的现实客观运营费用为基础，并对房地产未来运营费用情况进行分析、预测和估算而得到。出租型房地产的预期费用主要包括维修费、管理费、保险费、税费等。

维修费是指房屋的正常维护、修理等方面的费用支出。维修费应按照整个租赁期间各年维修费的平均水平确定，通常按年租赁收入的百分比计算。

管理费是指对出租房屋进行的必要管理所需的费用，通常包括管理人员工资、办公费等。管理费通常按年租赁收入的百分比计算。

保险费是指房产所有人为保障火灾、爆炸、雷击等自然灾害和意外事故造成的房屋损失而向保险公司支付的费用。保险费通常按房屋重置价值的百分比计算。

税费主要包括房产税、城镇土地使用税和增值税及附加等。房产税以不含增值税的租赁收入，按12%的税率计算。城镇土地使用税按土地面积乘以单位面积税额计算，单位面积税额由各地政府规定。增值税以不含税的租赁收入，一般纳税人按9%的税率计算，小规模纳税人按5%的征收率计算。城市维护建设税、教育费附加和地方教育附加，分别按增值税税额的7%、3%和2%计算。

对于出租房屋发生的水、电、燃气、暖气、通信、有线电视、宽带、物业费等费用，如果由出租人承担，通常也要扣除。评估中还应根据评估目的、评估对象的情况，考虑房屋中的家具等创造的收益是否需要扣除。

三、折现率的估算

(一) 折现率的种类

房地产的折现率是一种期望的投资收益率，而投资收益率的大小与投资的风险呈正相关，因此，在确定房地产的折现率时，应选择那些与获取评估对象房地产的预期收益具有同等风险的投资的收益率。此外，需要注意不同地区、不同时期、不同用途或不同类型的房地产，由于投资的风险不同，折现率也不尽相同。在房地产评估中，由于评估对象不同，应采用的折现率也不同，主要有以下几种类型：

1.土地折现率

土地折现率是计算单纯土地的价值时所采用的折现率。这时，对应的预期收益是土地自身的预期收益，而不应包含建筑物及其他方面带来的部分。

2.建筑物折现率

建筑物折现率是计算单纯建筑物的价值时所采用的折现率。这时，对应的预期收益是建筑物自身的预期收益，而不应包含土地及其他方面带来的部分。

3.综合折现率

综合折现率是计算房地合一价值时所采用的折现率。这时，对应的预期收益是土地和建筑物共同产生的收益。

(二) 折现率的估算方法

1.累加法

累加法是通过无风险收益率加上风险收益率来确定房地产折现率的方法。无风险收益率是指无风险的资本投资收益率，在评估实践中，通常选择国债利率作为无风险收益率。风险收益率是根据社会经济环境、投资风险、变现风险以及通货膨胀等因素对房地产投资的影响综合确定。该方法的数学表达式为：

折现率=无风险收益率+风险收益率 (5-19)

2.市场提取法

市场提取法是在市场上选取多个（通常为3个以上）与评估对象相似的房地产作为可比实例，并根据可比实例的收益与价格的比率计算出折现率，然后求出各可比实例折现率的平均值，在进行综合分析的基础上，确定评估对象房地产的折现率。该方法运用时，通常假设可比实例的各年收益相等、收益期限永续。其数学表达式为：

$$r = \sum_{i=1}^{n} \frac{A_i}{P_i} \div n \qquad (5-20)$$

式中，r表示评估对象房地产的折现率；A_i表示交易实例i的收益；P_i表示交易实例i

的价格；n表示交易实例个数。

【例5-14】

选择四个与评估对象房地产相类似的可比实例，各可比实例有关数据资料见表5-8。

表5-8   交易实例及相关资料表

交易实例	收益（万元）	价格（万元）	折现率（%）
1	15	165	9.09
2	24	216	11.11
3	52	498	10.44
4	87	863	10.08

根据表中的数据资料，采用简单算术平均数法可以求得：

房地产折现率=（9.09%+11.11%+10.44%+10.08%）÷4=10.18%

3.投资收益率排序插入法

投资收益率排序插入法是首先收集市场上各种投资的收益率资料，如银行存款、政府债券、企业债券、股票以及工商业投资、其他类型房地产投资等，然后将各项投资收益率按照大小排序并制成图表（如图5-1所示），将评估对象房地产与各类投资风险程度进行分析比较，判断出同等风险的投资，确定评估对象风险程度所处的位置，以此确定评估对象的折现率。

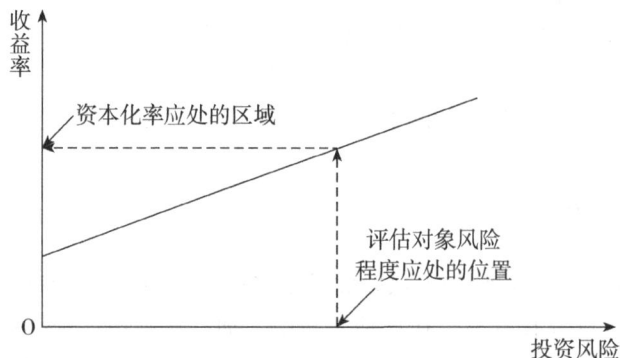

图5-1　投资收益率排序插入法示意图

四、收益年限的确定

延伸阅读5-5

《中华人民共和国土地管理法》第五十四条

房地产收益年限是房地产未来持续获得收益的时间，通常以年为单位表示。房地产收益年限应根据评估对象房地产的实际情况，经综合分析后确定。

（一）单独土地评估

单独土地评估的土地收益年限的确定，应考虑土地的不同取得方式。对于以有偿出让方式取得土地使用权的情况，土地收益年限为土地剩余使用权年限，可根据土地使用权证中载明的土地使用权年限（通常为某类用地出让的最高年限）减去土地已使用年限确定。对于以无偿划拨方式取得土地使用权的情况，土地收益年限为永续，但以划拨方式取得使用权进行租赁经营的，应按规定向政府缴纳土地收益，评估时所确定的土地收益应为正常土地租赁收益扣除按规定向政府缴纳土地收益后的余额。

（二）单独建筑物评估

单独建筑物评估的建筑物收益年限为建筑物的剩余经济寿命年限，可根据建筑物总使用年限减去已使用年限确定。建筑物总使用年限通常根据建筑物的建筑结构、建造质量、使用和维修保养情况，结合同类建筑物平均经济寿命情况确定。建筑物已使用年限为建筑物从投入使用到评估时点的使用年限。

（三）房地评估

房地评估即为土地和建筑物合成一体情况下的房地产评估，房地产收益年限应根据土地剩余使用权年限和建筑物剩余经济寿命年限长短的不同情况分别确定。

1.土地年限和建筑物年限相等

对于土地剩余使用权年限和建筑物剩余经济寿命年限相等的情况，可根据土地剩余使用权年限或建筑物剩余经济寿命年限确定房地产收益年限。

2.土地年限比建筑物年限短

对于土地剩余使用权年限比建筑物剩余经济寿命年限短的情况，应根据土地剩余使用权年限确定房地产收益年限（如图5-2所示）。收益折现时，应将土地使用权年限到期时建筑物部分的可变现价值或政府收回土地使用权对建筑物的补偿价值折现。

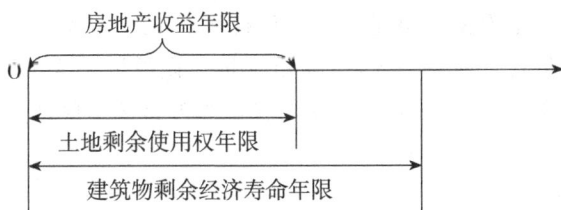

图5-2 土地年限比建筑物年限短示意图

3.土地年限比建筑物年限长

对于土地剩余使用权年限比建筑物剩余经济寿命年限长的情况，以土地剩余使用权年限为房地产总的收益年限（如图5-3所示）。但对房地产的收益折现分两段进行：第一段以建筑物剩余经济寿命为界，将房地合一的纯收益折现；第二段将土地剩余使用权年限超过建筑物剩余经济寿命年限的土地纯收益折现，以两段期限的收益现值之和作为房地产的评估价值。

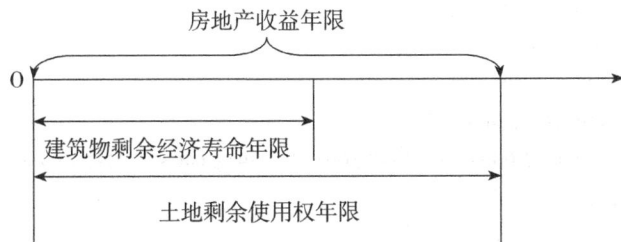

图5-3 土地年限比建筑物年限长示意图

五、收益法下房地产价值的估算

（一）土地剩余使用权年限与建筑物剩余经济寿命年限相等，或土地剩余使用权年限短于建筑物剩余经济寿命年限，政府收回土地使用权不对建筑物价值进行补偿情况

评估计算公式为：

$$p = \frac{A}{r}[1 - \frac{1}{(1+r)^n}] \qquad (5-21)$$

式中，p表示房地产价值；A表示房地产预期收益；r表示房地产折现率；n表示房地产收益年限。

上述评估计算公式也适用于单纯评估土地价值，或单纯评估建筑物价值情况。单纯评估土地价值时，应选用土地预期收益（A_1）、土地折现率（r_1）、土地收益年限（n_1）等指标；单纯评估建筑物价值时，应选用建筑物预期收益（A_2）、建筑物折现率（r_2）、建筑物收益年限（n_2）等指标。

【例5-15】

某写字楼是5年前以出让方式取得的建设用地使用权，土地面积为500平方米，土地出让年限为50年，不可续期，且政府到期收回土地使用权并不对建筑物价值进行补偿。该写字楼于获得土地使用权2年后建成并投入使用，写字楼建筑面积为1 500平方米，经济寿命年限为60年。该区域写字楼正常的租金标准为每月160元/平方米建筑面积，空置率为10%。该写字楼的运营费用情况如下：维修费用为租金收入的2%，管理费用为租金收入的3%，保险费用每年为32 000元，房产税税率为12%，城镇土地使用税税额标准为每年15元/平方米，增值税征收率为5%，城市维护建设税税率为7%，教育费附加费率为3%，地方教育附加费率为2%，写字楼的预期收益率为10%。根据上述资料，试估算该写字楼的价值。

（1）估算预期收入

有效租金收入=1 500×160×12×（1-10%）=2 592 000（元）

不含税租金收入=2 592 000÷（1+5%）=2 468 571（元）

（2）估算预期运营费用

年维修费用=2 592 000×2%=51 840（元）

年管理费用=2 592 000×3%=77 760（元）

年保险费用=32 000元

房产税=2 468 571×12%=296 229（元）

城镇土地使用税=500×15=7 500（元）

增值税=2 468 571×5%=123 429（元）

城市维护建设税=123 429×7%=8 640（元）

教育费附加=123 429×3%=3 703（元）

地方教育附加=123 429×2%=2 469（元）

运营费用=51 840+77 760+32 000+296 229+7 500+123 429+8 640+3 703+2 469=603 570（元）

（3）估算预期收益

预期收益=2 592 000-603 570=1 988 430（元）

（4）确定收益年限

收益年限=50-5=45（年）

（5）计算评估价值

$$评估价值 = \frac{1\,988\,430}{10\%} \times \left[1 - \frac{1}{(1 + 10\%)^{45}}\right] = 19\,611\,503（元）\approx 1\,961.15（万元）$$

（二）土地剩余使用权年限短于建筑物剩余经济寿命年限，政府收回土地使用权并对建筑物价值进行补偿，或预计房地产在第n年进行转让情况

评估计算公式为：

$$p = \frac{A}{r}\left[1 - \frac{1}{(1 + r)^n}\right] + \frac{P_n}{(1 + r)^n} \tag{5-22}$$

式中，p表示房地产价值；A表示房地产预期收益；r表示房地产折现率；P_n表示房地产在第n年的补偿价值或转让价值；n表示房地产收益年限。

【例5-16】

某写字楼建筑面积为2 500平方米，目前的市场价格为15 000元/平方米。目前的房地产市场不景气，其市场租金为每月90元/平方米，空置率为15%，该写字楼的运营费用为市场租金的25%。预测房地产市场3年后会回暖，那时，该写字楼的市场价格将达到16 000元/平方米，转让该写字楼的税费约为市场价格的8%。如果投资者要求该类投资的报酬率为10%，试估算该写字楼目前的市场价值。

（1）写字楼的预期收益=90×12×2 500×（1-15%）×（1-25%）=1 721 250（元）=172.125（万元）

（2）写字楼3年后的预期价值=16 000×2 500×（1-8%）=36 800 000（元）=3 680（万元）

（3）写字楼目前的市场价值为：

$$p = \frac{A}{r}\left[1 - \frac{1}{(1 + r)^n}\right] + \frac{P_n}{(1 + r)^n}$$

$$= \frac{172.125}{10\%}\left[1 - \frac{1}{(1 + 10\%)^3}\right] + \frac{3\,680}{(1 + 10\%)^3}$$

$$= 428.05 + 2\,764.84$$

$$= 3\,192.89（万元）$$

（三）土地剩余使用权年限长于建筑物剩余经济寿命年限情况

评估计算公式为：

$$p = \frac{A}{r}\left[1 - \frac{1}{(1 + r)^n}\right] + \frac{A_1}{r_1(1 + r_1)^n}\left[1 - \frac{1}{(1 + r_1)^{N - n}}\right] \tag{5-23}$$

式中，p表示房地产价值；A表示房地产预期收益；A_1表示土地预期收益；r表示房地产折现率；r_1表示土地折现率；n表示建筑物剩余经济寿命年限；N表示土地剩余使用权年限。

【例5-17】

评估对象为某收益性房地产，建筑物剩余经济寿命年限为30年，土地剩余使用权年限为40年，房地合一的年预期收益为120万元，土地未来年预期收益为30万元，综合折现率为8%，土地折现率为5%。根据上述资料，试估算该房地产的价值。

该房地产的价值为：

$$p = \frac{A}{r}\left[1 - \frac{1}{(1+r)^n}\right] + \frac{A_1}{r_1(1+r_1)^n}\left[1 - \frac{1}{(1+r_1)^{N-n}}\right]$$

$$= \frac{120}{8\%}\left[1 - \frac{1}{(1+8\%)^{30}}\right] + \frac{30}{5\%(1+5\%)^{30}}\left[1 - \frac{1}{(1+5\%)^{40-30}}\right]$$

$$= 1\,350.93 + 53.60$$

$$= 1\,404.53（万元）$$

延伸阅读5-6

《资产评估执业准则——
不动产》第二十条、
第二十一条、第二十二条
和《房地产估价规范》
4.3收益法

自测题5-3

延伸阅读5-7

房地产评估收益法案例

视频资源5-3

第四节 房地产评估的成本法

一、成本法的评估思路

（一）成本法的含义

成本途径是通过估算被评估房地产的重新购建成本，然后扣除各种贬值，以确定评估对象房地产价值的评估思路和技术方法。

成本途径的理论依据，从卖方的角度来看是生产费用价值论，即卖方愿意接受的价格，不能低于其为开发建造该房地产所花费的代价（包括建造费用、税金、利润等）；从买方的角度来看是替代原理，即买方愿意支付的最高价格，不能高于其所预计的重新开发建造该房地产所花费的代价。如果所购买的房地产是旧的，还要考虑建筑物的贬值。

（二）成本法评估的适用条件和范围

成本法的应用条件是重置成本和各种贬值能够合理估算的房地产。成本法主要适用于较少发生市场交易和无经济收益的房地产，包括学校教学楼、图书馆、体育馆、医院、政府办公楼、部队营房等公用、公益用房地产，化工厂、钢铁厂、发电厂等特殊厂房，以及油田、码头、机场等有特殊设计或特定使用者的房地产。

二、重置成本的估算

房地产的重置成本是指按照评估时的价格水平重新建造或购置全新的房地产所花费的全部成本。房地产重置成本分为复原重置成本和更新重置成本。房地产重置成本通常包括土地取得成本、开发成本、管理费用、投资利息、开发利润、销售费用、销售税金等。

（一）土地取得成本

土地取得成本是取得土地使用权所支付的全部成本费用。土地取得成本的构成与土地取得方式有关，而土地取得方式有市场购买土地、征收集体土地和征收国有土地上房屋取得土地等三种方式。

1.市场购买土地

该方式土地取得成本包括土地购置价格和相关税费。土地购置价格是土地购买方支付给土地出让或转让方的土地总价（含增值税）；相关税费主要包括契税、印花税等。土地购置价格通常采用市场法、基准地价修正法求取；相关税费通常根据税法及中央和地方政府有关规定计算。

2.征收集体土地

该方式土地取得成本包括土地征收补偿费用、相关税费和其他相关费用。土地征收补偿费用一般包括土地补偿费、安置补助费、住宅补偿费、地上物和青苗补偿费、被征地农民社保费用等；相关税费一般包括耕地占用税、新菜地开发建设基金、耕地开垦费、征地管理费等；其他相关费用主要包括地上物拆除费、市政基础设施建设费、建设用地使用权出让金等。土地征收补偿费用按省、自治区、直辖市政府规定的标准计算；相关税费按省、自治区、直辖市政府规定的标准计算，其中，耕地占用税按税法规定计算；其他相关费用依照规定的标准或采用市场法计算。

3.征收国有土地上房屋取得土地

该方式土地取得成本包括房屋征收补偿费用和相关费用。房屋征收补偿费用通常包括被征收房屋补偿费、搬迁费、临时安置费、停产停业损失补偿费、相关补助和奖励等；相关费用一般包括房屋征收评估费、房屋征收服务费和其他相关费用，其中，其他相关费用主要包括地上物拆除费、市政基础设施建设费、建设用地使用权出让金等。房屋征收补偿费用一般按评估价值和房屋征收规定标准确定；房屋征收评估费、房屋征收服务费按规定收费标准确定；其他相关费用依照规定的标准或采用市场法计算。

（二）开发成本

开发成本分为土地开发成本和房屋建造成本两部分，其是在已取得的土地上进行基础设施建设和房屋建造所必需的费用。开发成本具体包括以下几项内容：

1.前期费用

前期费用包括前期可行性研究、规划、设计、地质勘测以及施工通水、通电、通路和平整场地等土地开发工程费支出。前期费用可按建筑安装工程费用或项目总投资的一个百分比估算；也可根据实际工作量，参照有关计费标准估算。

2.建筑安装工程费

建筑安装工程费是指直接用于建筑安装工程建设的总成本费用，主要包括建筑工程费、设备及安装工程费以及室内装修工程费等。建筑安装工程费可采用单位比较法、指数调整法、重置核算法等方法估算。单位比较法是采用与近期建成的具有较强可比性的类似房屋单位工程造价比较，将类似房屋单位工程造价修正为评估对象房屋工程造价的方法。指数调整法是以评估对象房屋的工程决算资料为基础，运用价格指数、费用变动率等指标将原工程决算中的建筑安装工程费数额调整到评估时点数额的方法。重置核算法是根据评估对象房屋建筑安装工程费构成，按现行的建筑材料及配件、价格水平和费用标准重新核算得到评估对象房屋现行建筑安装工程费的方法。

3.基础及配套设施建设费

基础及配套设施建设费为经规划部门批准建设的、国家建设项目用地规划红线以内的道路、供水、排水、电力、通信、燃气、热力等的建设以及配套设施发生的费用。

基础设施建设费按照政府的城市规划定额指标计算；配套设施建设费可按建筑安装工程费的估算方法确定。

4.城市基础设施配套费

城市基础设施配套费是指按照城市总体规划的要求，为筹集城市市政公用基础设施建设资金所收取的费用。其按照建设项目的建筑面积计征，专项用于城市基础设施和城市共用设施建设，包括城市道路、桥梁、公共交通、供水、燃气、污水处理、集中供热、园林、绿化、路灯、环境卫生、中小学、幼儿园等设施的建设。该项费用按照政府规定的费用标准计算。

5.其他费用

其他费用是指除上述四项费用之外，房屋建设中的其他费用支出，如人防工程费、白蚁防治费、工程监理费、工程检测费、竣工验收费等，按照当地政府规定的标准计算。

评估时，可将基础设施建设费归入土地开发成本，配套及公共设施建设费视具体情况归入土地开发成本或房屋建造成本，或者在两者之间进行合理分配，其他费用一般归入房屋建造成本。

（三）管理费用

管理费用是指房地产开发企业为组织和管理房地产开发活动所发生的费用，主要包括房地产开发企业的人员工资、福利费、办公费、差旅费等。管理费用一般按土地取得成本与开发成本之和的一定比率来测算。

（四）投资利息

投资者贷款需要向银行偿还贷款利息，投资者利用自有资金投入，可视为利息的损失，因此，在房地产评估中，以土地取得成本、开发成本、管理费用之和为基数计算投资利息。利息率应选择评估基准日银行贷款的利率。如果选择1年期贷款利率，则采用复利计息；如果选择与项目建设期相同期限的贷款利率，则采用单利计息。土地取得成本的计息期一般为整个开发建设期；开发成本和管理费用的计息期一般为开发建设期的一半。

（五）开发利润

开发利润是指房地产开发项目正常情况下获得的投资利润。开发利润以开发项目的投资额为基数乘以投资利润率获得，投资额通常为土地取得成本、开发成本和管理费用之和，利润率选择房地产开发行业开发某类房地产的平均利润率。投资利润率还有总投资利润率和年投资利润率之分。总投资利润率是指房地产开发项目所获得的利润总额与项目总投资额的比率，反映整个房地产开发项目总的盈利水平。年投资利润率是指房地产开发项目在开发经营期内一个正常年份的年利润总额或项目开发经营期内年平均利润总额与项目总投资的比率，反映整个房地产开发项目的年盈利水平。评估实务中，通常采用总投资利润率。

（六）销售费用

销售费用是指房地产开发项目销售过程中发生的费用，主要包括广告宣传费、销售代理费等。销售费用可按土地取得成本、开发成本、管理费用、投资利息、开发利润之和为基数换算成不含增值税的销售价格，再乘以销售费用率计算。其计算公式为：

$$销售费用 = \frac{土地取得成本 + 开发成本 + 管理费用 + 投资利息 + 开发利润}{1 - 销售费用率} \times 销售费用率 \qquad (5-24)$$

（七）销售税金

销售税金主要是指增值税及附加，其附加一般包括城市维护建设税和教育费附加。增值税及附加按税法有关规定计算。增值税通常以土地取得成本、开发成本、管理费用、投资利息、开发利润、销售费用为基数乘以增值税税率或征收率计算。销售 2016 年 4 月 30 日以前开发（自建）的不动产，一般纳税人和小规模纳税人均按 5% 的征收率计算增值税；销售 2016 年 5 月 1 日以后开发（自建）的不动产，一般纳税人按 9% 的税率计算增值税，小规模纳税人按 5% 的征收率计算增值税。城市维护建设税按增值税税额的 7% 计算，教育费附加和地方教育附加按增值税税额的 3% 和 2% 计算。

延伸阅读 5-8

财政部　国家税务总局《营业税改征增值税有关事项的规定》（八）销售不动产

【例 5-18】

评估对象为某钢筋混凝土结构房屋，该房屋建于 2016 年。经调查测算，该土地的购置价格及税费为 500 万元，开发成本为 1 250 万元，管理费用为土地取得成本和开发成本的 3%，建设期为 2 年，第 1 年投入开发成本和管理费用的 60%，第 2 年投入剩余的 40%，为均匀投入，银行贷款年利率为 4.35%，项目总投资利润率为 20%，销售费用率为 4%，增值税征收率为 5%，城市维护建设税税率为 7%，教育费附加费率为 3%，地方教育附加费率为 2%。试估算该建筑物在 2023 年 10 月的重置成本。

（1）土地取得成本 = 500 万元

（2）开发成本 = 1 250 万元

（3）管理费用 =（500 + 1 250）×3% = 52.50（万元）

（4）投资利息 = 500×$[(1+4.35\%)^2-1]$ +（1 250 + 52.50）×60%×$[(1+4.35\%)^{1.5}-1]$ +（1 250 + 52.50）×40%×$[(1+4.35\%)^{0.5}-1]$
　　　　　 = 107.20（万元）

（5）开发利润 =（500 + 1 250 + 52.50）×20% = 360.50（万元）

（6）销售费用 =（500 + 1 250 + 52.50 + 107.20 + 360.50）÷（1 - 4%）×4% = 94.59（万元）

（7）增值税 =（500 + 1 250 + 52.50 + 107.20 + 360.50 + 94.59）×5% = 118.24（万元）

（8）城市维护建设税 = 118.24×7% = 8.28（万元）

（9）教育费附加 = 118.24×3% = 3.55（万元）

（10）地方教育附加 = 118.24×2% = 2.36（万元）

（11）增值税及附加 = 118.24 + 8.28 + 3.55 + 2.36 = 132.43（万元）

（12）重置成本 = 500 + 1 250 + 52.50 + 107.20 + 360.50 + 94.59 + 132.43 = 2 497.22（万元）

三、实体性贬值的估算

房地产实体性贬值主要体现在建筑物部分。建筑物实体性贬值是由于自然力作用和人们使用等引起建筑物老化、磨损或损坏造成的建筑物价值损失。建筑物实体性贬值一般通过实体性贬值率或成新率估算，评估实务中主要采用成新率指标。下面主要介绍成新率的估算方法。

（一）年限法

年限法是用建筑物尚可使用年限占建筑物总使用年限的比率作为建筑物成新率的方法。其数学公式为：

$$成新率 = \frac{尚可使用年限}{实际已使用年限 + 尚可使用年限} \times 100\% \tag{5-25}$$

建筑物实际已使用年限是指建筑物有效使用年限，一般是根据建筑物的施工、使用、维护和更新改造等状况，在名义已使用年限的基础上进行适当的加减调整得出。建筑物总使用年限为建筑物实际已使用年限加上尚可使用年限之和。建筑物总使用年限是根据建筑物的经济寿命确定。建筑物的经济寿命是建筑物对房地产价值有贡献的时间，即建筑物自竣工时起至其对房地产价值不再有贡献时止的时间。建筑物尚可使用年限是从评估时点到建筑物经济寿命截止的时间。

运用年限法的关键是合理估算建筑物尚可使用年限。建筑物尚可使用年限通常是根据建筑物的总使用年限减去实际已使用年限确定。建筑物的总使用年限可以参考建筑物耐用年限指标（见表5-9），并根据建筑物建造质量、现行状态、维修保养状况、更新改造或大修理情况进行全面分析确定。

表5-9 **房屋耐用年限参考表**

房屋结构	生产用房	非生产用房
钢结构	70年	80年
钢筋混凝土结构	50年	60年
砖混结构	40年	50年
砖木结构	30年	40年

确定建筑物总使用年限时，应当注意土地使用权年限对建筑物经济寿命的影响。对于住宅建筑，根据"住宅建设用地使用权期间届满的，自动续期"的规定，不需考虑土地使用权年限对建筑物经济寿命的影响。对于非住宅建筑，如果建筑物经济寿命比土地使用期限短，应当按照建筑物经济寿命确定建筑物总使用年限。如果建筑物经济寿命比土地使用期限长，分为两种情况：一是无特殊约定，出让合同约定建设用地使用权期间届满需要无偿收回建设用地使用权时，根据收回时建筑物的残余价值给予土地使用者相应补偿，应当按照建筑物经济寿命确定建筑物总使用年限；二是有特殊约定，出让合同约定建设用地使用权期间届满需要无偿收回建设用地使用权时，建筑物也无偿收回，应当按照建筑物经济寿命减去土地使用权年限到期后的那部分寿命确定建筑物总使用年限。由于建筑物经济寿命受土地使用权年限的制约，第二种情况下求取的成新率，是反映了建筑物实体性贬值和经济性贬值的综合成新率。

年限法在运用中还可以分别求取建筑物结构、装修、设备各部分的成新率，然后对三个部分的成新率进行加权平均来确定建筑物的成新率。

（二）打分法

打分法是将建筑物分为结构、装修、设备三个部分，评估专业人员依据建筑物不同成新率的评分标准，通过现场勘查，对每个部分再按不同项目分别打分，并对结构、装修和设备三个部分的得分分别给出不同的权重（修正系数），最后根据加权平均值确定建筑物的成新率。其计算公式为：

$$成新率=结构部分合计得分×G+装修部分合计得分×S+设备部分合计得分×B \qquad (5-26)$$

式中，G 表示结构部分的评分修正系数；S 表示装修部分的评分修正系数；B 表示设备部分的评分修正系数。

评估专业人员采用打分法测定建筑物的成新率，一般通过填制"房屋建筑物成新率评定表"来完成，其格式见表5-10。

表5-10　　　　　　　　　　　房屋建筑物成新率评定表

建筑名称		结构类型		建造年份		层数		建筑面积	
分部	序号	项目	评分	评分依据					
结构部分	1	地基基础		是否有足够承载力，有无不均匀下沉					
	2	承重构件		是否完好坚固，梁、板、柱有无裂缝、变形、露筋					
	3	非承重墙		墙体有无腐蚀、损坏，预制板节点是否牢固					
	4	屋面		是否渗漏，防水、隔热、保暖层是否完好					
	5	楼地面		整体面层是否牢固，有无空鼓、起砂、下沉、裂缝					
	6	（1+2+3+4+5）×G							
装修部分	7	门窗		是否完好无损、开关灵活，玻璃五金是否齐全					
	8	外装饰		是否完整、黏结牢固、有无剥落					
	9	内装饰		是否完整牢固，有无空鼓、裂缝、剥落					
	10	细木装修		是否完好无损，有无变形，油漆是否完好、有光泽					
	11	（7+8+9+10）×S							
设备部分	12	水卫		上下水是否通畅，各种器具是否完好、齐备					
	13	电气照明		线路、装置是否完好、牢固，绝缘是否良好					
	14	暖气		管道、设备是否完好无堵漏，使用是否正常					
	15	（12+13+14）×B							
总计（6+11+15）						成新率			

采用打分法应注意的问题包括以下几点：一是打分标准是否合理，其可依据原城乡建设环境保护部颁布的《房屋完损等级评定标准》来判断。该标准将房屋的结构、装修、设备等组成部分的完好程度划分为5个等级：（1）完好房，成新率为80%~100%；（2）基本完好房，成新率为60%~80%；（3）一般损坏房，成新率为40%~60%；（4）严重损坏房，成新率在40%以下；（5）危险房，仅余残值。二是实际打分是否客观合理，其主要

依靠评估专业人员的专业知识和实际评估操作经验判断。三是成新率评分修正系数的确定是否合理。成新率评分修正系数主要依据结构、装修、设备各部分价值在整个建筑物中所占的比重大小来确定，同时，建筑物的不同结构类型、装修的豪华程度等都会对其产生影响，评估专业人员应根据评估对象建筑物的实际情况，认真分析和测算，制定出科学合理的成新率评分修正系数。不同结构类型房屋成新率的评分修正系数见表5-11。

表5-11　　　　　　　　　　不同结构类型房屋成新率的评分修正系数表

项目	钢筋混凝土结构			混合结构			砖木结构			其他结构		
	结构部分	装修部分	设备部分	结构部分	装修部分	设备部分	结构部分	装修部分	设备部分	结构部分	装修部分	设备部分
单层	0.85	0.05	0.1	0.7	0.2	0.1	0.8	0.15	0.05	0.87	0.1	0.03
二、三层	0.8	0.1	0.1	0.6	0.2	0.2	0.7	0.2	0.1			
四、五、六层	0.75	0.12	0.13	0.55	0.15	0.3						
七层以上	0.8	0.1	0.1									

四、功能性贬值的估算

房地产功能性贬值是指由于科学技术进步、人们消费理念改变，导致原有建筑物标准过低，以及建筑设计存在缺陷等，造成建筑物价值损失。房地产功能性贬值主要体现在建筑物部分，功能性贬值的估算方法有：

（一）修复费用法

修复费用法是通过修复原有建筑物的功能使其达到能够满足现实需要所花费的修复费用确定房地产功能性贬值的方法。运用该方法时，应当注意在修复建筑物功能的同时，往往也修复了建筑物的实体，在这种情况下，修复费用等于房地产功能性贬值和一部分实体性贬值。

（二）收益损失折现法

收益损失折现法是通过求取房地产的未来收益净损失额的现值确定房地产功能性贬值的方法。运用该方法时，需要注意的是引起房地产收益损失的原因是房地产功能陈旧，而不是其他原因。

五、经济性贬值的估算

房地产经济性贬值是指由于宏观经济环境、市场竞争、政府有关房地产制度及政策、税收政策、交通管制、自然环境、人口因素、人们心理因素等外界条件的变化，使房地产利用率下降、收益减少，导致其价值损失。房地产经济性贬值的估算方法主要有：

（一）年限法

年限法是估算土地经济性贬值的方法。该方法是用土地已使用年限占土地总使用年限的比率作为土地经济性贬值率的方法。土地已使用年限是指从获得土地使用权开始到评估时点的年限。土地总使用年限通常是指土地的最高出让年限。土地经济性贬值等于土地重置成本乘以经济性贬值率。

（二）收益损失折现法

收益损失折现法是通过求取房地产的未来收益净损失额的现值确定房地产经济性贬值的方法。运用该方法时，需要注意的是引起房地产收益损失的原因是房地产本身以外的因素，而不是房地产自身的原因。

估算房地产经济性贬值时，也应考虑外界因素造成房地产价值增值的情况，此时需要估算的是房地产的经济性溢价，而不是经济性贬值。

六、成本法下房地产价值的估算

（一）土地价值的估算

单独评估土地价值时，通常用土地重置成本减去土地经济性贬值来估算土地的价值。土地重置成本可根据市场购买土地、征收集体土地、征收国有土地上房屋取得土地等不同的土地使用权取得方式估算。土地通常不存在实体性贬值和功能性贬值，如果存在受土地使用权年限影响使土地价值损失的情况，应当估算土地的经济性贬值。土地价值的评估计算公式为：

土地价值=土地重置成本-土地经济性贬值　　　　　　　　　　　　　　　（5-27）

【例5-19】

某建设用地为2017年通过征收农地获得的土地使用权，土地使用权年限为50年，当时支付的土地征收补偿费用为1 200万元，相关费用为350万元，其他相关费用为800万元，于2023年评估。经调查分析，该建设用地2023年的土地征收补偿费用、相关费用、其他相关费用与2107年相比分别上涨了20%、8%、12%。试估算该建设用地2023年的价值。

（1）土地重置成本=1 200×（1+20%）+350×（1+8%）+800×（1+12%）=2 714（万元）

（2）土地经济性贬值=2 714×6/50=325.68（万元）

（3）土地价值=2 714-325.68=2 388.32（万元）

（二）建筑物价值的估算

单独评估建筑物价值时，以建筑物的重置成本扣减建筑物各种贬值确定建筑物的评估价值。建筑物的贬值包括实体性贬值、功能性贬值和经济性贬值。建筑物价值的评估计算公式为：

建筑物价值=建筑物重置成本-实体性贬值-功能性贬值-经济性贬值　　　（5-28）

建筑物价值=建筑物重置成本×成新率-功能性贬值-经济性贬值　　　　　（5-29）

建筑物重置成本=建筑物建造成本+管理费用+投资利息+开发利润+销售费用+销售税金　（5-30）

【例5-20】

评估对象为一幢办公楼，钢筋混凝土结构，建筑面积为1 200平方米，建成于2011年，于2023年评估。经调查分析，该类房屋2023年的单位工程造价为2 300元/平方米，管理费用为工程造价的3%，建设期为2年，银行1年期贷款利率为4.35%，总投资利润率为20%，销售费用率为4%，增值税及附加综合税费率为5.6%，该办公楼的经济寿命为60年。试估算该办公楼的价值。

（1）建造成本=1 200×2 300=2 760 000（元）=276（万元）

（2）管理费用=276×3%=8.28（万元）

（3）投资利息=（276+8.28）×4.35%=12.37（万元）

（4）开发利润=（276+8.28）×20%=56.86（万元）

（5）销售费用=（276+8.28+12.37+56.86）÷（1-4%）×4%=14.73（万元）

（6）销售税金=（276+8.28+12.37+56.86+14.73）×5.6%=20.62（万元）

（7）重置成本=276+8.28+12.37+56.86+14.73+20.62=388.86（万元）

（8）成新率=（60-12）÷60×100%=80%

（9）评估值=388.86×80%=311.09（万元）

（三）房地价值的估算

评估房地价值时，通常是分别估算土地价值和建筑物价值，并将两部分价值相加确定房地价值。评估房地价值的评估计算公式为：

$$房地价值=土地价值+建筑物价值 \tag{5-31}$$

$$土地价值=土地重置成本-土地经济性贬值 \tag{5-32}$$

$$建筑物价值=建筑物重置成本×成新率-功能性贬值-经济性贬值 \tag{5-33}$$

【例5-21】

评估对象为一幢办公楼，该办公楼于2005年取得土地使用权，土地出让合同无特殊约定，土地取得成本为500万元，土地使用权年限为50年，该办公楼建成于2007年，历史成本为1 800万元，评估时点为2023年。经调查分析估算，该办公楼土地2023年的市场价值为860万元，购买该土地的相关税费为35万元，运用重置核算法估算该办公楼的重置成本为2 500万元，该办公楼的经济寿命为60年。根据上述资料，试估算该办公楼2023年的价值。

（1）土地价值=860+35=895（万元）

（2）建筑物重置成本=2 500万元

（3）成新率=（60-16）÷60×100%=73.33%

（4）评估值=895+2 500×73.33%=2 728.25（万元）

延伸阅读5-9

《资产评估执业准则——不动产》
第二十三条、第二十四条、第二十五条
和《房地产估价规范》4.4成本法

自测题5-4

延伸阅读5-10

房地产评估成本法案例

第五节　房地产评估的其他方法

一、假设开发法

(一)假设开发法的评估思路

1.假设开发法的含义

假设开发法又称剩余法,是指将评估对象房地产预期开发完成后的价值,减去未来正常的开发成本利润和税费等,以此确定评估对象价值的方法。假设开发法是土地价值评估中的一种重要方法。

假设开发法的评估思路是,开发商欲投资开发一宗房地产,由于存在竞争,其投资目的是希望获取社会正常利润。因此,开发商首先需要仔细研究所开发土地的内外条件,如坐落位置、面积大小、周围环境、交通状况、规划所允许的用途、容积率、建筑密度等,然后进行最有效利用方式的设计,包括使用用途和使用强度,同时,预测开发完成最有效设计后的房地产转让或租赁的价格,以及为开发建造房地产发生的开发建设成本、获得的正常利润以及应缴纳的税费。这样,开发商就会知道可为待开发房地产支付的最高价格,这个最高价格就等于预期开发完成后的价值减去开发成本、开发利润和缴纳税费后的余额。

2.假设开发法的适用范围

(1)待开发土地,包括生地、毛地、熟地。

(2)在建工程,主要是指各类未完工的建筑工程项目。

(3)可装修改造或可改变用途的旧房。

3.假设开发法的评估公式

$$\text{待开发房地产价值} = \text{开发完成后房地产价值} - \text{开发成本} - \text{管理费用} - \text{投资利息} - \text{开发利润} - \text{销售费用} - \text{销售税金} \tag{5-34}$$

(二)假设开发法的评估步骤

1.调查待开发房地产的基本情况

调查的内容包括土地位置;土地的面积大小、形状、平整情况、地质状态、基础设施状况、交通状况等;政府规划限制,如土地规定的用途、容积率、建筑密度、建筑高度等;土地使用权的限制,如使用年限、可否续期,以及对转让抵押等的有关规定。如果评估在建工程,还应调查工程进度、完工情况、开发成本的投入情况等。如果评估对象是毛地,调查的内容还包括旧建筑物情况、拆迁规模和费用等情况。

2.选择最佳的开发利用方式

在政府城市规划所允许的范围内,如土地用途、建筑容积率、建筑密度等,选取最佳的开发方式,如建筑规模、建筑高度、建筑式样。选择最佳的开发利用方式,最重要的是选择最佳的房地产用途及设计方案,应注意考虑现实社会需要程度和未来发展趋势。

3.估计建设期

建设期包括整个房地产开发过程周期，以及在房地产开发过程的各个不同时期的各项费用投入时间，其目的是考虑货币的时间价值。建设期可根据其他相同类型、同等规模的建筑物已有的正常建设期来估计确定。

4.预测开发完成后房地产价值

开发完成后房地产的价值是房地产未来的价值。通常，可以根据相同地区、同类用途、建筑规模和式样相同或相似的房地产现行市场价格，然后考虑该类房地产价格的变化趋势进行推测。如果预计房地产出租，则可以通过预测未来租金，然后以收益折现的方法确定房地产开发后的价值。

5.估算开发成本

评估对象的开发成本，主要包括前期工程费、建筑安装工程费、基础及配套设施建设费、城市基础设施配套费及其他费用等，可以根据房地产价格的构成情况分项估算，估算方法与成本法相同。

6.估算管理费用

管理费用可按待开发房地产价值与开发成本之和的一定比例估算，或按开发成本的一定比例估算。

7.估算投资利息

投资利息以待开发房地产取得成本、开发成本和管理费用三项之和为基数，乘以评估基准日银行贷款利率求得。其中，待开发房地产取得成本的计息期为整个开发建设期，开发成本和管理费用的计息期为开发建设期的一半。

8.估算开发利润

投资利润以待开发房地产取得成本、开发成本和管理费用之和为基数，按行业同类房地产开发的平均利润率计算。利润率通常采用项目总投资利润率。

9.估算销售费用

销售费用主要包括中介代理费、市场营销广告费等，可按开发完成后房地产价值的一定比例估算，或按成本法的思路估算。

10.估算销售税金

销售税金主要包括增值税及附加，增值税可按不含税的开发完成后房地产价值乘以税率或征收率计算，或按成本法的思路计算。

延伸阅读5-11

《资产评估执业准则——不动产》第二十六条和《房地产估价规范》4.5假设开发法

11.计算并确定待开发房地产价值

上述各项指标确定后，可以根据假设开发法的评估计算公式计算待开发房地产价值。需要注意的是，用开发完成后房地产价值减去开发成本、管理费用、利息、利润和销售税费后得到的是待开发房地产在开发完成后时点的价值，如果计算待开发房地产评估时点的价值，还应将待开发房地产开发完成后时点的价值折现。折现率的确定，应考虑同一市场上类似房地产开发项目所要求的平均收益率。

需要注意的是，通过计算得到的待开发房地产价值是包括取得待开发房地产时缴纳的契税、印花税等相关税费的价值。

【例5-22】

评估对象土地为七通一平的空地，面积为2 000平方米，允许用途为住宅用地，允许建筑容积率为6，覆盖率≤50%，土地使用年限为70年。试采用假设开发法估算该土地在2023年10月的市场价值。

（1）评估折现模型设计。假设房地产开发完成时点的地价为P_n，评估时点的地价为P，折现率为r，建设期为n，则：

$$P_n = P \times (1+r)^n$$

（2）选取最佳开发方式。根据规划的要求和市场调查，该地块的最佳开发方式为：建筑覆盖率适宜为50%，建造商品住宅，钢筋混凝土框架结构，总建筑面积为12 000平方米，单层建筑面积均为1 000平方米，共12层。

（3）预计建设期。预计建设期为2年，即2025年10月完成。

（4）预计开发完成后房地产价值。预计建造完成后，该商品住宅即可全部售出，开发完成后住宅的销售价格为18 000元/平方米，则：

开发完成后房地产价值=12 000×18 000=216 000 000（元）=21 600（万元）

（5）估计开发费用。经估算，总开发费用（包括管理费用）为3 000万元。

（6）估算投资利息。该房地产在未来2年的建设期内，开发费用的投入情况为：第1年投入60%，第2年投入40%。经调查了解，银行贷款年利率为4.35%，则：

投资利息=P×$[(1+4.35\%)^2-1]$+3 000×60%×$[(1+4.35\%)^{1.5}-1]$+

$\qquad$ 3 000×40%×$[(1+4.35\%)^{0.5}-1]$

$\qquad$ =0.09P+144.54

（7）估算开发利润。经调查分析，房地产行业开发同类房地产的平均利润率为20%，则：

开发利润=（P+3 000）×20%

$\qquad$ =0.2P+600

（8）估算销售费用。经分析，销售费用为开发后房地产价值的4%，则：

销售费用=21 600×4%=864（万元）

（9）估算销售税金。根据规定，评估对象的增值税征收率为5%，城市维护建设税税率为7%，教育费附加费率为3%，地方教育附加费率为2%，则：

增值税=21 600÷（1+5%）×5%=1 028.57（万元）

城市维护建设税=1 028.57×7%=71.99（万元）

教育费附加=1 028.57×3%=30.86（万元）

地方教育附加=1 028.57×2%=20.57（万元）

增值税及附加合计为：

1 028.57+71.99+30.86+20.57=1 151.99（万元）

（10）计算土地价值。将上述各项数值代入假设开发法评估计算公式，折现率为10%，则：

P_n=21 600-3 000-（0.09P+144.54）-（0.2P+600）-864-1 151.99

$(1+10\%)^2$P=15 839.47-0.29P

（1.21+0.29）P=15 839.47

P=15 839.47÷1.5=10 559.65（万元）

因此，评估对象土地在2023年10月的市场价值为10 559.65万元。

自测题 5-5　　　　房地产评估假设开发法案例　　　　视频资源 5-4

延伸阅读 5-12

二、基准地价修正法

（一）基准地价修正法的评估思路

1.基准地价修正法的含义

基准地价修正法是指将评估对象宗地所处地段的基准地价进行市场状况、土地状况修正，将基准地价修正为评估对象宗地价值的方法。

基准地价是对城镇各级土地或均质地域及其商业、住宅、工业等土地利用类型评估的土地使用权单位面积平均价格。它是由政府确定的城镇国有土地的基本标准价格，是不同区域、不同用途土地的一级市场平均价格。

2.基准地价修正法的适用范围

基准地价修正法主要适用于土地批量评估，市场不发达情况下的宗地价值评估，税收、抵押等保守性宗地评估目的的评估。

3.基准地价修正法的评估公式

$$评估对象宗地的价值=评估对象宗地所处地段的基准地价×市场状况修正系数×土地状况修正系数 \qquad (5-35)$$

$$p=A×a_1×a_2$$

式中，p 表示评估对象宗地的价值；A 表示评估对象宗地所处地段的基准地价；a_1 表示市场状况修正系数；a_2 表示土地状况修正系数。

（二）基准地价修正法的评估步骤

1.收集有关资料

收集有关资料的关键是获取当地政府最新发布的关于基准地价的文件和有关资料，具体包括土地级别图、基准地价图、样点地价分布图、基准地价表和相应的因素条件说明表等。这是采用基准地价修正法的前提。

2.市场状况修正

市场状况修正是将基准地价在其基准日期的价格，修正为评估基准日的价格。市场状况修正的方法与市场法中交易日期修正的方法相同。

3.土地状况修正

土地状况修正是将基准地价修正为评估对象宗地状况下的价格。评估对象宗地状况包括位置、土地使用年限、土地条件、容积率、土地形状、临街状况等。土地状况修正的方法同市场法中个别因素修正的方法相同。

4.估算评估对象宗地的价值

上述各修正系数计算确定后，可以根据下列公式计算评估对象宗地的价值：

评估对象宗地的价值=评估对象宗地所处地段的基准地价×市场状况修正系数×土地状况修正系数

【例5-23】

评估对象宗地为工业用地，面积为1 200平方米，于2023年评估。经调查了解，政府2008年确定的该宗地所在区域的基础地价为3 500元/平方米，2023年本地区工业用地价格与2008年相比上涨了5%，经对土地状况因素列表打分计算确定修正系数为1.2，则评估对象宗地的价值为：

1 200×3 500×（1+5%）×1.2=5 292 000（元）

三、路线价法

（一）路线价法的评估思路

1.路线价法的含义

路线价法是对面临特定街道、接近性相等的城镇土地，设定标准深度，计算在该深度上数宗地块的平均单价并附设于该特定街道上（此单价称为路线价），然后据此路线价，再配合深度价格修正率表，计算出临街该街道的其他土地地价的一种估价方法。

延伸阅读5-13

《资产评估执业准则——不动产》第二十七条

路线价法的评估思路是城市内各宗地块的价格随其离开街道的距离（临街深度）的增加而递减，而在同一路线价区段内各宗地块又因其深度、宽度、形状、位置和面积的差异使价格有所不同，要进行合理修正才能最终得到宗地价格。路线价、深度价格修正率是路线价法的主要参数。

2.路线价法的适用范围

路线价法主要适用于土地课税、征地拆迁、土地重划或其他需要在大范围内对大量土地进行评估的情况。

3.路线价法的评估公式

土地单价=路线价×深度价格修正率　　　　　　　　　　　　　　　（5-36）

土地总价=路线价×深度价格修正率×土地面积　　　　　　　　　　（5-37）

采用此方法估价时，如果街道两边的土地另有特殊条件存在，如街角地、两面临街地、不规则形地等，则还需进行因素的加减修正，其数学表达式为：

土地单价=路线价×深度价格修正率×其他价格修正率　　　　　　　（5-38）

土地总价=路线价×深度价格修正率×其他价格修正率×土地面积　　（5-39）

（二）路线价法的评估步骤

1.划分路线价区段

路线价区段是指具有同一路线价的地段。划分路线价区段时，应将接近性大致相等的地段划分为同一路线价区段。两个路线价区段的分界线，原则上是地价有显著差异的地点，通常以十字路或丁字路的中心处划分。但在较繁华的街道，有时需将两路口之间的地段划分为两个以上的路线价区段，分别设定不同的路线价。而在某些不繁华的街道，有时需将数个路口划分为一个路线价区段。此外，在同一街道上，两侧繁华程度有显著差异时，应视为两个路线价区段。

2.设定标准深度

设定的标准深度通常是路线价区段内临街各宗土地的深度的众数，如某路线价区段的临街宗地大部分深度为18米，则标准深度应设定为18米。

3.确定路线价

路线价是设定在街道上的标准地块的单位地价。路线价的计算通常是在同一路线价区段内选择若干标准地块作为样本，然后采用市场法、收益法等评估方法，分别求出各样本的单位地价，并将各样本的单位地价进行算术平均（或取众数），最终得出路线价。

4.制定深度指数表和其他修正率表

深度指数是指宗地地价随临街深度的差异的变化程度。深度指数表是将土地随临街深度的不同而引起相对价格差异的关系编制而成的表格。制作深度指数表的原则是，地块的各部分价格随临街深度的增加而有递减的趋势，即深度越深、接近性越差，价格就越低。标准深度为18米的深度指数表，具体见表5-12。此外，根据其他因素，如角地、形状、宽窄等的影响，还应编制其他修正率表。

表5-12 临街深度指数表

深度（米）	4以下	4~8	8~12	12~16	16~18	18以上
指数（%）	130	125	120	110	100	40

5.估算评估对象宗地的价值

根据路线价、深度指数表和其他修正率表以及宗地面积，就可以估算评估对象宗地的价值。

【例5-24】

某路线价区段，标准深度为18米，路线价为1 000元/平方米，假设宗地的宽度均为6米，临街深度为13.5米，则宗地的价值为：

$1\,000 \times 110\% \times (13.5 \times 6) = 89\,100$（元）

延伸阅读5-14

《房地产估价规范》4.6其他估价方法

自测题5-6

【思政课堂】　牢固树立法律意识　保证评估执业质量

2019年11月8日，湖北省武汉市青山区人民法院对张军祥、吴艳提供虚假证明文件罪进行一审判决【（2019）鄂0107刑初245号】：资产评估机构法定代表人张军祥犯提供虚假证明文件罪，被判处有期徒刑1年4个月，罚金3万元。项目负责人吴艳犯提供虚假证明文件罪，被判处有期徒刑1年4个月，罚金2万元。现场负责人吴学勇犯提供虚假证明文件罪，被判处有期徒刑1年4个月，罚金1万元。未实际参与项目的签字评估师黄征犯出具证明文件重大失实罪，罚金2万元；评估助理陈敏君犯出具证明文件重大失实罪，免予刑事处罚。

经法院审理查明，2016年11月，湖北中联资产评估有限公司（以下简称"湖北中联评估公司"）以中联资产评估集团有限公司（以下简称"中联评估集团公司"）的名义与湖北省国资委、三环集团有限公司签订了《资产评估业务约定书》，约定以2016年8月31日为基准日，对三环集团全部资产及相关负债出具评估报告（资产评估费为人民币238万元）。在资产评估过程中，被告人张军祥、吴艳受三环集团总经理姚某（另案处理）的误导，被告人吴学勇作为现场评估员也未按规定到现场勘查，错误地认定三环集团权属的武汉市东湖开发区关山一路325号（以下简称"关某路"）五宗土地为"插花地"，属于无效资产，并按照姚某的授意，将关某路五宗地不纳入评估范围，导致上述五宗地漏评。被告人陈敏君在担任该项目的评估助理期间，由于工作疏忽、严重不负责任，将三环集团权属的黄石华信机械设备有限公司（以下简称"黄石华信"）的二宗地在评估表上错误地设置为隐藏，导致该二宗地也被漏评。案发后，经湖北永业行资产评估有限公司评估，上述被漏评的资产共计价值约人民币2.414亿元。2017年10月至11月评估期间，被告人张军祥、吴艳在三环集团总经理助理姚某的干预和授意下，蓄意对三环集团的投资性房地产评估项目进行低评，将该项目的评估值从人民币20.80亿元反复压低调整至人民币17.29亿元。案发后，经湖北永业行资产评估有限公司评估，上述资产被低评部分共计价值约人民币1.23亿元。在上述评估过程中，被告人黄征审核及签署评估报告时，没有严格履行职责，未发现上述漏评情形，导致评估报告出现重大失实。

依法依规是资产评估的基本遵循，独立、客观、公正是资产评估的基本原则，资产评估专业人员在执业中必须树立法律意识，严守职业道德，才能提高执业质量，规避职业风险，维护资产评估职业形象。

资料来源：佚名. 出大事！虚假评估导致国资损失2.4亿，评估机构5人被判刑、助理才25岁［EB/OL］.［2019-12-06］. https://caifuhao.eastmoney.com/news/20191206121252876820720.

【本章小结】

本章阐述了房地产的含义及特征、房地产评估的特点、房地产评估的程序。本章重点介绍了房地产评估的市场法、收益法和成本法三种基本方法，其中，阐述了市场法的评估思路，市场法评估参数估算，包括可比实例选取、交易情况修正、交易日期修正、区域因素修正和个别因素修正等，市场法下房地产价值的估算；阐述了收益法的评估思路，收益法评估参数估算，包括预期收益估算、折现率估算和收益年限确定等，收益法下房地产价值的估算；阐述了成本法的评估思路，成本法评估参数估算，包括重置成本估算、实体性贬值估算、功能性贬值估算和经济性贬值估算等，成本法下房地产价值的估算。本章介绍了房地产评估中假设开发法、基准地价修正法和路线价法等其他评估方法。

【复习思考】

1.如何界定房地产的概念？
2.房地产评估有哪些特点？
3.房地产评估中选择可比实例应符合哪些要求？
4.如何估算房地产的预期收入？

5. 如何确定房地合一情况下房地产的收益期限?

6. 房地产重置成本由哪些因素构成?

7. 假设开发法适用于哪些房地产评估?

【练习题】

(一) 单选题

1. 具有完善的城市基础设施、土地平整,能够直接在其上进行房屋建造的土地是 ( )。

A. 生地   B. 毛地   C. 熟地   D. 房地

2. 房地产评估中可比实例的交易价格与正常交易价格相比偏低12%,则交易情况修正系数为 ( )。

A. 1.14   B. 0.89   C. 0.12   D. 0.88

3. 折现率是将未来各期间房地产的预期收益换算为评估时点价值的比率,其与收益风险的关系是 ( )。

A. 收益风险越小,折现率越大   B. 收益风险越大,折现率越小

C. 收益风险越大,折现率越大   D. 收益风险与折现率无关

4. 选择最佳的房地产开发利用方式最重要的是选择最佳的 ( )。

A. 房地产用途   B. 设计方案

C. 开发经营期   D. 房地产用途及设计方案

5. 路线价是在特定街道上若干标准临街宗地的 ( )。

A. 平均价格   B. 最低价格   C. 最高价格   D. 比准价格

(二) 多选题

1. 房地产的存在形态包括 ( )。

A. 土地   B. 建筑物

C. 房地   D. 房地产实体

E. 房地产权益

2. 下列适用市场法评估的房地产有 ( )。

A. 商品住宅   B. 写字楼

C. 标准厂房   D. 学校教学楼

E. 高档公寓

3. 出租型房地产的预期运营费用主要包括租赁期间正常的 ( )。

A. 维修费用   B. 管理费用

C. 保险费用   D. 房地产折旧费用

E. 税金及附加

4. 成本法评估中,房地产重置成本包括 ( )。

A. 开发成本   B. 房产税

C. 投资利息   D. 管理费用

E. 开发利润

5. 下列适用于假设开发法评估的待开发房地产有 ( )。

A.生地 B.熟地

C.毛地 D.在建工程

E.旧房

（三）判断题

1.根据国务院的规定，工业用地使用权最高出让年限为70年。（　　）

2.房地产评估中，交易日期修正的目的是将可比实例的交易价格修正为评估基准日下的价格。（　　）

3.如果土地剩余使用权年限比建筑物剩余经济寿命长，则以建筑物剩余经济寿命为房地产总的收益年限。（　　）

4.假设开发法只适用于待开发土地的评估。（　　）

5.标准临街深度通常是路线价区段内各宗临街土地临街深度的众数。（　　）

（四）计算业务题

1.评估对象为某写字楼，建筑面积为1 200平方米，采用市场法评估，有关资料如下：（1）可比实例交易日期和交易价格表（见表5-13）；（2）可比实例交易情况表（见表5-14）；（3）该类房地产价格变化情况表（见表5-15）；（4）可比实例区域因素比较打分表（见表5-16），可比实例个别因素比较打分表（见表5-17），可比实例权益状况因素比较打分表（见表5-18）。

表5-13　　　　　可比实例交易日期和交易价格表

项目	可比实例A	可比实例B	可比实例C
交易日期	2023.03.01	2023.02.01	2023.07.01
交易价格	9 000元/平方米	8 800元/平方米	9 210元/平方米

表5-14　　　　　　　可比实例交易情况表

项目	可比实例A	可比实例B	可比实例C
交易情况	2%	-1%	5%

表5-14中，正值表示可比实例交易价格高于正常交易价格的幅度，负值表示可比实例交易价格低于正常交易价格的幅度。

表5-15　　　　　　　该类房地产价格变化情况表

月份	1	2	3	4	5	6	7	8	9
环比价格指数	100%	100.5%	98.6%	102.3%	101.2%	103.4%	101.6%	99.8%	104.1%

表5-16　　　　　　　可比实例区域因素比较打分表

区域因素	权重	评估对象	可比实例A	可比实例B	可比实例C
因素1	0.40	100	98	92	108
因素2	0.35	100	105	96	97
因素3	0.25	100	103	98	104

表 5-17   可比实例个别因素比较打分表

项目	评估对象	可比实例A	可比实例B	可比实例C
个别因素综合得分	100	103	108	94

表 5-18   可比实例权益状况因素比较打分表

项目	评估对象	可比实例A	可比实例B	可比实例C
权益状况因素综合得分	100	101	102	99

要求：试运用上述资料，评估该写字楼在 2023 年 9 月 1 日的市场价值。

2.某评估机构接受委托，对某出租写字楼的价值进行评估，为确定该写字楼的转让价格提供依据。评估对象写字楼位于城市中心商务区，土地性质为商业用地，土地面积为600 平方米，房屋建筑面积为 1 800 平方米。该区域写字楼正常的租金标准为每月 210 元/平方米建筑面积，空置率为 15%。房产税税率为 12%，城镇土地使用税税额标准为每年18 元/平方米，增值税及附加综合税费率为 5.6%。维修费用为租金收入的 1.5%；管理费用为租金收入的 2%；保险费用根据建筑物的保险价值计算，每年为 25 000 元。评估时点的无风险利率为 3.5%，评估对象房地产的风险收益率为 6.5%。该土地使用权是 2008 年 12 月取得的，土地性质为商业用地，最高使用年限为 40 年。评估专业人员对该建筑物进行了专业检测，预计其剩余经济使用寿命为 30 年。选择的价值类型为市场价值，评估基准日为 2023 年 12 月 31 日。

要求：试运用上述资料，评估该写字楼的价值。

3.评估对象为某办公楼，土地面积为 500 平方米，建筑面积为 1 500 平方米，土地为2015 年以出让方式取得，土地使用权年限为 50 年，土地出让合同无特殊规定，当时的土地取得成本为 2 500 元/平方米，2017 年该办公楼建成投入使用，评估基准日为 2023 年 12月 20 日。经调查，2023 年该办公楼建设用地取得成本为 2 800 元/平方米，该办公楼的建造成本为 2 300 元/平方米，管理费用为建造成本的 2%，银行 1 年期贷款利率为 4.35%，项目投资利润率为 18%，销售费用率为 3%，增值税及附加综合税费率为 5.6%，该办公楼的经济寿命年限为 60 年。

要求：试运用上述资料，评估该办公楼的价值。

第六章
机器设备评估

【学习目标】

本章主要阐述机器设备及其特征，机器设备评估的特点，机器设备评估的程序，机器设备评估的成本法、市场法和收益法等内容。通过对本章内容的学习，应达到以下的目标：

1. 了解机器设备的分类，机器设备的特点。
2. 熟悉机器设备评估的程序。
3. 掌握机器设备评估的特点，机器设备评估的成本法、市场法和收益法。
4. 通过学习本章内容，使学生关注我国装备制造业的发展状况，增强学生的民族自豪感和爱国热情，更好地掌握机器设备评估技能。

【思维导图】

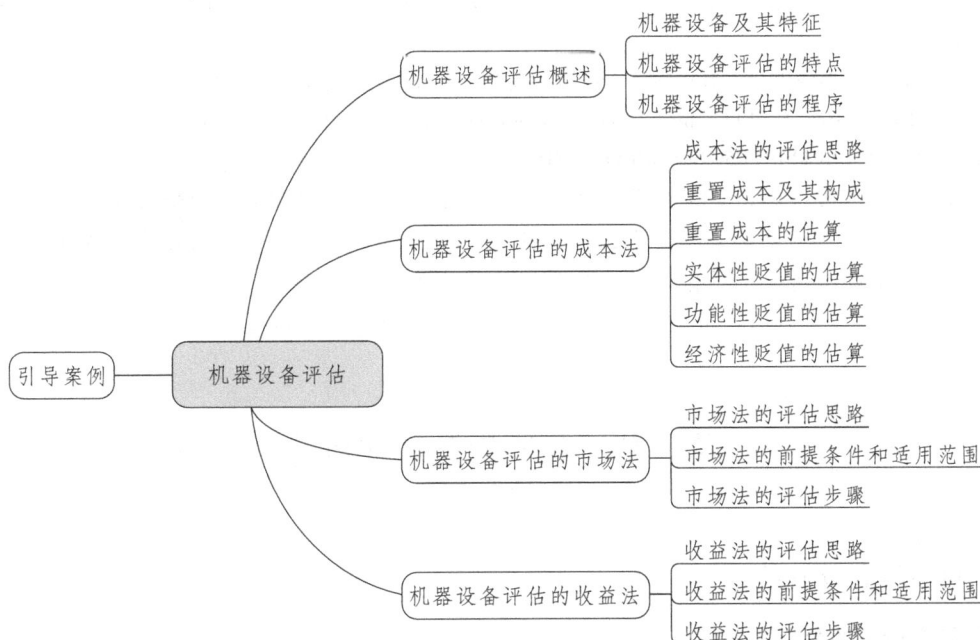

【引导案例】

2023年12月23日，中国医药健康产业股份有限公司（以下简称"中国医药"，证券代码600056）发布"关于公司收购关联方资产的公告"，中国医药与通用技术集团医药控股有限公司（以下简称"通用医控"）签署《股权转让协议》，以自有资金出资 19 231.08 万元，收购通用医控所持海南通用康力制药有限公司（以下简称"康力药业"）46% 股权。

上海东洲资产评估有限公司承担了本次收购资产业务的资产评估工作，出具了东洲评报字〔2023〕第 1507 号资产评估报告。评估报告内容显示，本次评估的目的是协议收购，评估对象为被评估单位的全部股东权益，评估范围为被评估单位的全部资产及全部负债，具体包括流动资产、非流动资产以及负债等，价值类型为市场价值，评估基准日为 2022 年 12 月 31 日，评估方法采用资产基础法、收益法，评估报告结论依据资产基础法的评估结果。本次评估结论为：被评估单位股东全部权益价值为人民币 418 066 926.19 元。

资产基础法具体是指将构成企业的各种要素资产的评估值加总减去负债评估值，求得企业股东全部权益价值的方法。本次评估纳入评估范围的固定资产包括房地产和设备类资产，其中，房地产（略），设备类资产分为机器设备、运输设备和电子设备及其他设备三大类，具体如下：（1）机器设备 482 台（套），主要有：DGI 型真空冷冻干燥机（SIP，CIP）、真空冷冻干燥机、车间水处理改造工程、层流干热灭菌隧道洪箱、液体灌装机等；（2）运输设备 3 辆，包括：江西五十铃 JXW1030CSG、奥德赛牌 HG6482BAC5A 和奥德赛 HG6481BAA；（3）电子设备及其他设备 667 台（套），包括：高效液相色谱仪、总有机碳分析仪、稳定性留样室改造工程、岛津液相色谱仪等，主要分布于企业厂房和办公场所。设备类资产评估方法采用成本法进行评估，通过重置成本乘以综合成新率，估算各类设备的价值。固定资产评估结果为：固定资产原值 7 968.18 万元，评估值 10 395.21 万元，增值率 30.46%。

资料来源：巨潮资讯. 上海东洲资产评估有限公司《资产评估报告》（东洲评报字〔2023〕第 1507 号）〔EB/OL〕.〔2023-11-14〕. http://www.cninfo.com.cn/new/fulltextSearch?notautosubmit=&keyWord=% E4%B8%AD%E5%9B%BD%E5%8C%BB%E8%8D%AF.

本案例展示的内容，包括企业价值评估中评估目的、评估对象、价值类型、评估基准日、评估方法等资产评估基本要素，也包括资产基础法中对机器设备的分类、成本法在机器设备评估中的运用等。机器设备评估的内容将在本章介绍。

● -

第一节　机器设备评估概述

一、机器设备及其特征

（一）机器设备的含义

机器设备是指由金属或其他材料组成，由若干零部件装配，在一种或几种动力驱动下，能够完成生产、加工、运行等功能或效用的装置。从结构角度来看，机器设备一般由多个零件、构件和机构通过静连接或动连接协调组合而成；从功能角度来看，机器设备通常由动力部分、传动部分、工作部分（执行部分）和控制部分组成。

资产评估中的机器设备是指构成固定资产的机器、仪器、器械、装置、附属的特殊建筑物等。资产评估中常见的机器设备主要有金属切削设备（机床）、内燃机、金属熔炼设备、金属锻压加工设备、压力容器、锅炉、起重机械、运输设备（主要是汽车）等类型。

（二）机器设备的分类

机器设备种类繁多，分类方法非常复杂。按照不同的分类方式，机器设备可以被分为不同的类别。资产评估中，对机器设备一般按下列标准进行分类：

1.按国家固定资产分类标准分类

按国家固定资产分类标准，机器设备可分为：通用设备，专用设备，交通运输设备，电气设备，电子及通信设备，仪器仪表、计量标准器具，文艺体育设备等。

2.按会计核算标准分类

按会计核算标准，机器设备可分为：生产经营用机器设备、非生产经营用机器设备、租出机器设备、未使用机器设备、不需用机器设备、融资租入机器设备等。

3.按机器设备组合形式分类

按机器设备组合形式，机器设备可分为：单台设备（独立设备）、机组，如组合机床、成套设备（包括生产线）等。

（三）机器设备的特点

作为一类独立资产的机器设备，与其他资产相比较具有以下特点：

1.单位价值大，使用寿命长

机器设备是一类可以长期使用的劳动手段，具有单位价值大、使用寿命长的特点。我国的经济核算中，凡列为固定资产的机器设备，必须同时具备两个条件：一是单位价值在规定标准以上；二是使用年限在1年以上。无法同时具备以上两个条件的，一般列为低值易耗品。另外，资产评估中的机器设备仅指作为劳动手段的部分，不包括作为生产物或产品的机器设备。由于机器设备使用年限较长，其评估价值不仅受到实体性损耗的影响，还会受到功能性贬值及经济性贬值的影响。

2.价值补偿和实物更新不一致

机器设备价值补偿是在机器设备发挥功能的期间通过折旧形式逐渐实现的，而实物更新一般是在机器设备寿命终结时一次性完成的。由于机器设备是以折旧的形式进行价值补偿，而企业折旧受到企业会计政策和政府的税收制度的制约和影响。因而，机器设备的会计折旧并不一定能够客观反映出机器设备价值损失和价值转移。机器设备的价值补偿与实物更新的非同步性，使机器设备评估具有较大的复杂性。

3.涉及专业门类多，工程技术性强

机器设备存在于各行各业，各专业门类的机器设备千差万别，而机器设备又是工程技术性较强的一类资产，许多机器设备的价值是由其技术性决定的。因此，评估时应注意把握不同门类机器设备的技术特点，并且要注意与企业设备管理和技术装备部门在评估过程中的密切合作。

二、机器设备评估的特点

机器设备评估是评估专业人员根据特定评估目的和评估规范的要求，对单独的机器设备或者作为企业资产组成部分的机器设备的价值进行分析、估算并发表专业意见的行为和

过程。机器设备自身所具有的特点决定了机器设备的评估特点。

（一）以单台（件）设备为评估对象

由于机器设备单位价值大，规格型号多，情况差异大，为了保证评估结果的真实性和准确性，通常要对机器设备逐台、逐件进行评估。当然，对数量多、单位价值相对低的同类机器设备，可选择合理的分类标准，按分类进行评估，但也必须逐台、逐件核实数量。

（二）以技术检测为评估基础

机器设备本身就是一类技术含量很高的资产，机器设备自身的技术含量的多少就直接决定了机器设备评估价值的高低，技术检测是确定机器设备技术含量的重要手段。另外，由于机器设备使用时间长，工程技术性强，又处于不断磨损过程中，其磨损程度的多少因机器设备使用、维修保养等状况的不同而存在一定的差异。通过技术检测来判断机器设备的磨损状况，也是判断机器设备评估价值的重要方面。因此，在机器设备评估时，必须进行技术检测，以此评定机器设备的技术水平、损耗程度、实物状况和评估价值。

三、机器设备评估的程序

机器设备评估程序是指机器设备评估的具体工作步骤，主要包括明确基本事项、签订业务约定书、制订评估工作计划、实地勘查评估对象、收集评估资料、估算机器设备价值、编制评估报告等工作。

（一）明确基本事项

评估专业人员在完成机器设备评估的业务接洽之后，首先应明确评估的基本事项，主要包括明确评估目的、评估对象、评估价值类型和评估基准日等。

1.明确评估目的

机器设备评估大体可分为两种情形：一种是机器设备作为独立的评估对象评估；另一种是机器设备与企业的其他资产一同评估。机器设备单独评估的评估目的是：机器设备转让（包括出售、继承、赠与、抵债等），机器设备抵押，机器设备保险，机器设备投资，处理机器设备纠纷和有关法律诉讼等。机器设备与企业的其他资产一同评估的评估目的是：企业合资、合作，企业兼并、分立，企业出售，企业租赁经营，企业承包经营，企业改制，企业上市，企业破产清算等。因此，在受理机器设备评估业务时，必须了解评估目的，并将其明确写进资产评估委托协议和资产评估报告中。

2.明确评估对象

明确评估对象主要是明确机器设备的类别和范围。由于机器设备的种类繁多，涉及的专业领域比较广，工程技术性较强，评估时必须明确评估对象的类别，以便有效地收集评估资料和合理安排评估专业人员。资产评估中，可以根据需要选择不同的标准对机器设备进行分类。资产评估时，除明确评估对象的类别外，还需根据评估的特定目的，明确评估对象的具体范围，如评估对象中是否包含租出和租入机器设备，是否包含作为房地产组成部分的机器设备，是否包含含有技术类无形资产的机器设备等，以避免重复评估或者遗漏。

3.明确价值类型

机器设备评估的价值类型一般分为市场价值和市场价值以外的价值两类，具体的价值类型主要有市场价值、在用价值、投资价值、拆迁补偿价值、抵押价值、保险价值、残余价值等。机器设备评估的价值类型的选择，通常考虑机器设备评估目的、评估时的市场条件、评估对象自身的性质和状况。如果将机器设备作为房地产的有机组成部分（如电梯、锅炉等）评估，其价值类型应与房地产评估的价值类型相一致；如果机器设备与企业整体资产一同评估，其价值类型应与企业价值评估的价值类型相一致。

4.明确评估基准日

机器设备评估基准日通常由委托方根据实现特定资产业务的需要确定。如果机器设备作为单独的评估对象评估，评估基准日通常选择现在的某个日期，个别情况下评估基准日也可选择过去或将来的某个日期。机器设备评估基准日的确定应根据评估的特定目的，遵循与评估目的实现日相接近的原则。如果将机器设备作为房地产的有机组成部分评估或者与企业整体资产一同评估，其评估基准日应与房地产或者企业价值评估的评估基准日相一致。

（二）签订业务约定书

机器设备评估业务约定书的主要内容包括机器设备评估目的、评估对象和评估范围、评估价值类型、评估基准日、评估收费、评估报告提交日期等内容。

（三）制订评估工作计划

机器设备评估工作计划主要包括评估专业人员安排计划、评估工作进度计划和评估作业经费计划等内容。其中的重点是做好评估专业人员安排计划，由于机器设备种类繁多，工程技术复杂，评估时需要多种类型的专业技术人员，如果评估机构无法满足，应聘请专家协助评估专业人员进行工作。

（四）实地勘查评估对象

现场勘查工作的主要任务是清查核实评估对象，对机器设备进行技术鉴定，以测定机器设备的各种技术参数。

1.清查核实评估对象

清查核实评估对象应根据委托方提供的机器设备评估申报明细表，通过核对企业的账面记录和盘点实物两个方面，对评估对象机器设备进行核对，尽可能对所有申报评估的机器设备逐台核实。对于数量较多的成批同型号设备，可以采用抽查的办法，以落实评估对象。需要特别注意的是，对未进账的机器设备、已摊销完设备、租入和租出设备、建筑附属设备的清查核实，应避免重复评估或者漏评。

2.对机器设备进行勘查和技术鉴定

对机器设备进行勘查和技术鉴定是机器设备评估现场工作的核心。勘查鉴定的内容包括：（1）对机器设备所在整个生产系统、生产环境、生产强度以及生产系统的产品结构、产品市场需求状况进行总体鉴定和评价，以此为单台（件）机器设备的技术鉴定提供背景资料。（2）对机器设备的使用状况，包括机器设备的购建时间、已使用年限、利用率以及运行负荷的大小、完好率、技术改造、大修理情况进行勘查和鉴定。（3）对机器设备的技术状况，包括设备的类别、规格型号、制造厂家、生产能力、加工精度、设备实际所处状况等进行分析和鉴定。

对机器设备进行勘查和技术鉴定时，应注意向操作工人、技术人员、维修管理人员调查了解设备的使用、维护、修理情况，向财务人员了解资金的发生和使用情况。对于大型、复杂、高精尖设备，应由多名专业技术人员组成专家组进行勘查和鉴定。

（五）收集评估资料

机器设备评估所需的资料，主要有委托方提供和评估专业人员有针对性收集两种渠道来源。

评估专业人员首先要求委托方对委托评估的机器设备进行自查，查实机器设备的数量，并在此基础上，填写机械设备评估申报明细表，提供租出及租入机器设备的合同、证明，提供新购设备、重点设备的购货合同、发票及运输安装调试费用的收据，以及提供其他必要的经济技术资料。

评估专业人员还要广泛收集与评估工作有关的数据资料，包括机器设备的成本资料、市场价格资料、技术资料，对机器设备价格产生影响的利率、税率、汇率等资料，这对于提高评估工作的效率是非常重要的。

（六）估算机器设备价值

根据机器设备评估的目的、评估对象的状况、市场状况以及资料的收集情况，选择适合的方法对机器设备的价值进行分析和估算。机器设备评估常用的方法是成本法，运用成本法评估时，需要注意分析机器设备是否存在功能性贬值和经济性贬值，并采用适合的方法进行估算；运用市场法评估时，应当注意可比实例的可比性以及可比因素的确定和差异量化；运用收益法评估时，应当注意收益法适用的评估对象，合理估算预期收益和折现率。

（七）编制评估报告

按照评估报告准则的相关要求，编制机器设备评估报告。如果是单独的机器设备评估项目，应按照评估报告规范的格式和内容编制完整的报告；如果机器设备评估作为评估项目中的一部分内容，应编写机器设备评估说明，而不必编制完整的评估报告。

延伸阅读6-1

《资产评估执业准则——机器设备》
第二章基本遵循和第三章操作要求

自测题6-1

视频资源6-1

第二节　机器设备评估的成本法

一、成本法的评估思路

成本法是首先估算被评估机器设备的重置成本，然后判定和估算机器设备的实体性贬值、功能性贬值和经济性贬值，最后用机器设备的重置成本扣减各种贬值来测定被评估机器设备价值的评估方法。成本法的评估公式为：

机器设备评估值=重置成本-实体性贬值-功能性贬值-经济性贬值　　　　　　　　（6-1）

或　机器设备评估值=重置成本×成新率-功能性贬值-经济性贬值　　　　　　　　（6-2）

成本法在机器设备评估中的适用范围比较广，对于市场狭窄、没有市场交易案例和不具有收益性的机器设备，都可以运用成本法进行评估，成本法特别适用于在用、续用的机器设备评估。

二、重置成本及其构成

运用成本法评估机器设备价值时，首先应估算机器设备的重置成本。资产评估中，机器设备的重置成本不是一般意义上成本的概念，而是指机器设备的重置价值，其应该包括机器设备的建造成本、利润、税金和其他成本费用等内容。

(一) 机器设备重置成本

机器设备重置成本是指按现行价格水平购建与被评估机器设备相同的全新设备所需的成本。机器设备的重置成本中的现行价格水平，是指评估时的价格水平。与被评估机器设备相同的设备包括两种情形：一是与被评估设备完全相同；二是与被评估机器设备在功能上相同。

机器设备重置成本通常分为复原重置成本和更新重置成本两种。复原重置成本是指按现行价格水平购建与被评估机器设备完全相同的全新设备所需的成本。更新重置成本是指按现行价格水平购建与被评估机器设备功能相同的全新设备所需的成本。

复原重置成本和更新重置成本虽然都属于重置成本范畴，但二者在成本构成因素上是有所差别的。复原重置成本仅考虑价格因素所确定的现行成本。更新重置成本是在充分考虑技术条件、制造标准、材料替代以及价格变动等因素变化的前提下所确定的现行成本。两种重置成本在成本构成要素上的差别，对机器设备成新率及功能性贬值可能产生不同的影响。评估时，一般要求估算机器设备的更新重置成本。

(二) 机器设备重置成本的构成

机器设备的重置成本一般包括设备自身购置价格、运杂费、安装费、基础费及其他费用。作为评估对象的机器设备，包括外购国产设备、进口设备以及自制设备等。由于机器设备的取得方式不同，其成本构成项目也不一致。

1.外购国产设备重置成本

外购国产设备重置成本主要包括设备自身购置价格、运杂费、安装费、基础费、其他费用等。

2.进口设备重置成本

进口设备重置成本主要包括设备自身购置价格（通常为离岸价）、海运费、海运保险费、进口关税、增值税、银行财务费用、外贸手续费、国内运杂费、安装费、基础费、其他费用等。其中，设备离岸价（FOB）、海运费、海运保险费三者之和为设备到岸价（CIF）。

3.自制设备重置成本

自制设备重置成本主要包括生产成本（直接材料、直接人工、燃料及动力和制造费用）、利润、税金、安装费、基础费、其他费用等。

延伸阅读6-2

三、重置成本的估算

机器设备重置成本的估算可以按照机器设备重置成本的构成，分别估算设备的自身购置价格、运杂费、安装费、基础费和其他成本费用，然后将各部分的数额相加得到机器设备的重置成本。

离岸价格和到岸价格有关资料

(一) 设备自身购置价格的估算

对外购的国产或进口设备的自身购置价格进行估算时，可以采用市场询价法、功能价值法、价格指数法等估算方法；对自制的设备的自身购置价格进行估算时，通常采用重置核算法。

1.市场询价法

市场询价法是通过市场调查，从生产厂家、销售部门或其他途径获得设备销售价格，在认真分析的基础上确定设备自身购置价格的方法。该方法主要适用于评估时市场上有被评估设备销售的情况。对机器设备的市场价格而言，制造商与销售商或者不同的销售商之间的售价可能是不同的，在同等条件下，评估专业人员应该选择可能获得的最低售价。一些专用设备和特殊设备，由于只有少数厂家生产，市场交易较少，一般没有公开的市场价格。由于市场透明度较差，生产厂家的报价和实际成交价往往存在较大的差异，评估专业人员应当谨慎使用报价，一般应该向近期购买该厂同类产品的其他客户了解实际成交价。对于进口设备的评估，可以从国外生产厂家、销售商、外贸进出口公司、海关等单位获得设备的离岸价或到岸价。由于进口渠道不同，进口设备的市场价格可能也存在不同，评估专业人员应当充分调查和认真分析后，确定进口设备的自身重置价格。

【例6-1】

评估对象为某企业的一台普通卧式车床，生产厂家产品目录的标价为18.5万元。经评估专业人员调查了解，当地经销商的报价为18万元，厂家直销价为产品目录标价的95折，当地经销商和厂家均负责运输和安装调试。

经综合分析，评估专业人员确定被评估机床的自身重置价格为17.58万元。

2.功能价值法

功能价值法是以同类设备的市场价格为基础，并根据被评估设备功能与同类设备功能的比较，经调整后得到被评估设备自身购置价格的方法。

功能价值法中的同类设备是指与被评估设备类型相同，但规格型号或加工能力不同的设备，并且是全新设备。同类设备的市场价格可以根据市场询价获得。对于进口设备的评估，所选择的同类设备也应该是进口设备，而不宜是国产设备。

采用功能价值法，应当重点对被评估设备与类似设备之间的功能与购置价格的关系进行分析，根据不同的情况采取不同的计算公式。

当设备的功能与购置价格之间呈线性关系时，评估计算公式为：

$$设备自身购置价格=同类设备市场价格×\frac{被评估设备功能}{同类设备功能} \tag{6-3}$$

当设备的功能与购置价格之间呈指数关系时，评估计算公式为：

$$设备自身购置价格=同类设备市场价格×\left(\frac{被评估设备功能}{同类设备功能}\right)^{x} \tag{6-4}$$

其中，x为功能价值指数，或称规模效益指数，其是用来反映价格与功能之间指数关系的具体指标。经过大量的数据测算，取得的经验数据是：指数x的取值范围为0.4~1.2，机器设备评估中一般的取值范围为0.6~0.7。

【例6-2】

某被评估设备的年生产能力为90吨，同类全新设备的年生产能力为120吨，同类设备的市场价格为100 000元。经分析，该类设备的功能与价格之间呈线性关系。则：

$$设备自身购置价格=100\,000\times\frac{90}{120}=75\,000（元）$$

【例6-3】

通过对某公司年产6 000吨产品的设备进行评估得知，该设备3年前的购置价格为150万元，但无法获得该型号设备评估时的市场销售价格。同时，年产8 000吨产品的同类型设备当前的市场价格为300万元。经测算，该类设备的功能价值指数为0.7。则：

$$设备自身购置价格 = 300 \times \left(\frac{6\,000}{8\,000}\right)^{0.7} = 245（万元）$$

3.价格指数法

价格指数法是以被评估设备的原购置价格为基础，利用同类设备的价格指数将被评估设备的原购置价格调整为评估时购置价格的方法。

价格指数法中被评估设备的原购置价格是指被评估设备购买时的市场价格，不包括运费、安装费等其他费用；同类设备的价格指数是指被评估设备所属设备类别的价格指数，如金属切削设备类、金属压力加工设备类、起重设备类等；价格指数有年价格指数和月价格指数之分，可以根据设备的购置时间选择；对于进口设备，应该选择设备生产国（出口国）的同类设备价格指数。价格指数法通常适用于技术进步速度不快、技术进步因素对价格影响不大的设备自身购置价格的估算。

运用价格指数法时，可以根据获得价格指数的情况，采用定基价格指数或环比价格指数进行调整。

（1）定基价格指数。定基指数是以某一固定时期作为基期，按时间顺序编制的各个时期（年、月）的指数，定基指数用百分比表示。定基价格指数是反映报告期价格总水平的指数，与之相对应的还有定基价格变动指数。定基价格变动指数是反映报告期价格变动情况的指数。定基价格指数等于1加上定基价格变动指数。

运用定基价格指数计算被评估设备自身购置价格的公式为：

$$设备自身购置价格=设备原购置价格\times\frac{评估时定基价格指数}{购置时定基价格指数} \qquad (6-5)$$

【例6-4】

某被评估设备购置于2018年，当时的购置价格为85 000元，2018年该类设备的定基价格指数为106%。2023年进行评估时，该类设备的定基价格指数为112%。则该被评估设备自身购置价格为：

$$85\,000\times\frac{112\%}{106\%}=89\,811（元）$$

【例6-5】

某被评估设备于2017年从美国进口，当时的购置价格（离岸价）为56 300美元，于2023年对该设备进行评估。经调查，2023年该类设备在美国的价格比2017年下降了2%，评估时美元与人民币的比价为 1 : 7.13。则该被评估设备自身购置价格（离岸价）为：

$$56\,300 \times \frac{98\%}{100\%} \times 7.13 = 393\,391（元人民币）$$

（2）环比价格指数。环比价格指数是对比基期随报告期的变动而相应变动的指数，主要有月环比价格指数和年环比价格指数。与环比价格指数相对应的还有环比价格变动指数。环比价格指数等于 1 加上环比价格变动指数。

运用环比价格指数计算被评估设备自身购置价格的公式为：

$$设备自身购置价格 = 设备原购置价格 \times \prod_{t=t_0+1}^{t_n} 环比价格指数 \tag{6-6}$$

式中，t_0 表示设备购置时间（年、月）；t_n 表示设备评估时间（年、月）。

【例 6-6】

某被评估设备购置于 2018 年，当时的购置价格为 38 200 元。2023 年进行评估时，该类设备 2018 年至 2023 年的环比价格指数分别为 99.6%、98.1%、103.8%、104.5%、102.6%、111.1%。则该被评估设备自身购置价格为：

$$38\,200 \times 98.1\% \times 103.8\% \times 104.5\% \times 102.6\% \times 111.1\% = 46\,335（元）$$

【例 6-7】

某被评估设备购置于 2018 年，当时的购置价格为 45 800 元。2023 年进行评估时，该类设备 2018 年至 2023 年的环比价格变动指数分别为 3.7%、4.5%、2.6%、11.1%、4.2%。则该被评估设备自身购置价格为：

$$45\,800 \times （1+4.5\%）\times（1+2.6\%）\times（1+11.1\%）\times（1+4.2\%）=56\,847（元）$$

4. 重置核算法

重置核算法是根据设备建造时所消耗的材料、人工、燃料及动力，按现行价格水平和费用标准重新计算设备自身的生产成本，然后加上合理的利润、税金等来确定被评估设备自身购置价格的方法。

重置核算法主要适用于自制设备自身购置价格的估算。自制设备通常是根据某企业自身特定需要，自行设计和制造的设备。估算自制设备的自身购置价格，不能采用市场询价法，如果有同类设备的市场价格和生产能力指标等资料或者能够获得同类设备的价格指数资料，可以采用功能价值法或价格指数法。

运用重置核算法估算设备自身购置价格的公式为：

$$设备自身购置价格 = 生产成本 + 利润 + 税金 \tag{6-7}$$

生产成本包括按照现行价格水平和费用标准计算的直接成本和间接成本；利润是以行业平均成本利润率计算的利润总额，利润率可以选择直接成本利润率或生产成本利润率等；税金包括增值税、城市维护建设税和教育费附加。

【例 6-8】

对某企业的一台自制设备进行评估，该设备是 3 年前企业自行设计和制造的。根据企业提供的账目，该设备制造中的有关材料成本（不含税）、工时、制造费用等核算资料见表 6-1。

表6-1 生产成本核算表

消耗的料工费	数量	单价（元）	金额（元）
钢材消耗	8吨	3 200	25 600
铸铁消耗	6吨	2 500	15 000
外协件（电机）	1台	12 500	12 500
工时消耗	3 000工时	8	24 000
直接成本合计			77 100
制造费用		0.5[①]	38 550
生产成本合计			115 650

注：①为制造费用占直接成本的比重。

评估专业人员经过市场调查和测算获得的有关材料（不含税）的价格分别为：钢材为3 500元/吨，铸铁为2 600元/吨；外协件（电机）为12 800元/台；单位工时成本为12元，制造费用占直接成本的比重为0.48；行业平均成本利润率为10%；该企业适用的增值税税率为9%，城市维护建设税税率为7%，教育费附加费率为3%，地方教育附加费率为2%。

根据现行价格水平和费用标准，该设备自身购置价格计算如下：

（1）计算生产成本。

直接成本=8×3 500+6×2 600+12 800+3 000×12=28 000+15 600+12 800+36 000=92 400（元）

制造费用=92 400×0.48=44 352（元）

生产成本=92 400+44 352=136 752（元）

（2）计算利润。

利润=136 752×10%=13 675（元）

（3）计算应缴纳的税金。

增值税=销项税额－进项税额

=（136 752+13 675）×9%－（8×3 500+6×2 600+12 800）×9%=13 538－5 076=8 462（元）

城市维护建设税=8 462×7%=592（元）

教育费附加=8 462×3%=254（元）

地方教育附加=8 462×2%=169（元）

税金合计=8 462+592+254+169=9 477（元）

（4）计算设备自身购置价格。

设备自身购置价格=136 752+13 675+9 477=159 904（元）

（二）运杂费的估算

设备的运杂费是指国产设备从生产厂家，进口设备从港口、车站、码头等地到安装使用地点所发生的装卸、运输、保管、保险及其他有关费用。运杂费的估算方法有以下两种：

1.运费标准计算法

运费标准计算法是根据设备的生产地点、使用地点以及重量、体积、运输方式，根据铁路、公路、船运、航空等部门的运输计费标准进行计算。

以铁路运输为例,《铁路货物运价规则》规定了各种货物的整车运价号、零担运价号和集装箱运价号。货物运价由货物的发到基价和运行基价两部分构成,其中:发到基价是与运送里程远近无关的始发和终到作业费,该部分费用是固定的;运行基价是车辆运行途中运行作业费,与运送里程成正比例。货物的运费计算公式如下:

(1)整车货物运输费用。

$$整车运费=(发到基价+运行基价×运价里程)×计费重量 \quad (6-8)$$

(2)零担货物运输费用。

$$零担运费=(发到基价+运行基价×运价里程)×计费重量÷10 \quad (6-9)$$

(3)其他费用。

$$建设基金=费率×计费重量×运价里程 \quad (6-10)$$

$$电气化附加费=费率×计费重量×电气化里程 \quad (6-11)$$

2.运杂费率计算法

运杂费率计算法是按国产设备价格、进口设备到岸价的一定比率作为设备的运杂费率,并以此来计算设备的运杂费。国产设备价格和进口设备到岸价是按照现行价格水平计算的设备自身购置价格和到岸价,设备运杂费率可以参考《机械工业建设项目概算编制办法及各项概算指标》选取。

运用运杂费率计算法计算国产和进口设备国内运杂费的公式为:

$$国产设备运杂费=国产设备价格×国产设备运杂费率 \quad (6-12)$$

$$进口设备运杂费=进口设备到岸价×进口设备运杂费率 \quad (6-13)$$

(三)安装费的估算

设备安装包括设备的装配和安装,锅炉及其他各种工业锅窑的砌筑,设备附属设施的安装,设备附属管线的敷设,设备及附属设施和管线的绝缘、防腐、油漆、保温等。设备的安装费是指上述工程所发生的所有材料费、人工费、机械费及其他费用等。设备安装费的估算可以采用以下方法:

1.重置核算法

重置核算法是根据设备原来安装过程中材料、人工、机械的消耗量,按照现行的价格水平和费用标准重新计算,再加上其他费用,以此得到重置安装费的方法。重置核算过程中可以按照原来的材料计算,也可以按照新型材料进行计算。其计算公式为:

$$安装费=材料费+人工费+机械费+其他费用 \quad (6-14)$$

2.安装费率计算法

安装费率计算法是按国产设备的价格、进口设备的到岸价的一定比率作为设备的安装费率,并以此来计算设备的安装费的方法。国产设备价格和进口设备到岸价是按照现行价格水平计算的设备自身购置价格和到岸价。

运用安装费率计算法计算国产和进口设备安装费的公式为:

$$国产设备安装费=国产设备价格×国产设备安装费率 \quad (6-15)$$

$$进口设备安装费=进口设备到岸价×进口设备安装费率 \quad (6-16)$$

国产设备安装费率可以参考《机械工业建设项目概算编制办法及各项概算指标》选取,进口设备安装费率一般按照同类型国产设备的30%~70%确定。

（四）基础费的估算

设备基础是为安装设备而建造的特殊构筑物。设备的基础费是指建造设备基础所发生的材料费、人工费、机械费和其他费用。

设备基础费的估算可以采用重置核算法和基础费率计算法。其中，重置核算法与安装费的估算基本相同；基础费率计算法可以按照国产设备价格、进口设备到岸价的一定比率作为设备的基础费率，并以此来计算设备的基础费。

（五）进口设备其他成本费用的估算

进口设备其他成本费用主要包括海运费、海运保险费、关税、消费税、增值税、外贸手续费等。对于进口车辆，其还应包括车辆购置税。

1.海运费的估算

海运费通常以设备的离岸价为基数乘以海运费率计算，也可以按设备的重量、体积及海运公司的收费标准计算。远洋运输的海运费率一般选取5%～8%，近洋运输的海运费率一般选取3%～4%。海运费费的计算公式为：

海运费=设备离岸价×海运费率　　　　　　　　　　　　　　　　　　　　（6-17）

2.海运保险费的估算

海运保险费通常以设备到岸价加上保险加成乘以保险费率计算。保险费率一般为0.8%，保险加成率一般为10%。海运保险费的计算公式为：

海运保险费=到岸价×（1+保险加成率）×保险费率　　　　　　　　　　　（6-18）

到岸价=（离岸价+海运费）÷（1-保险费率）　　　　　　　　　　　　　（6-19）

3.关税的估算

关税以进口设备的关税完税价格乘以相应的关税税率计算。关税完税价格为进口设备的到岸价，关税税率按照《中华人民共和国进境物品进口税率表》确定。关税的计算公式为：

关税=关税完税价格×关税税率　　　　　　　　　　　　　　　　　　　（6-20）

4.消费税的估算

消费税以关税完税价格与关税之和为基数，并换算成含消费税的计税价格后乘以消费税税率计算。进口设备中仅有小汽车、中轻型商用客车以及摩托车等车辆征收消费税，消费税税率按照国家发布的消费税税率表确定。消费税的计算公式为：

$$消费税 = \frac{关税完税价格 + 关税}{1 - 消费税税率} × 消费税税率　　　　　　　　　　（6-21）$$

5.增值税的估算

增值税以关税完税价格、关税和消费税之和为基数乘以增值税税率计算。不缴纳消费税的进口设备，以关税完税价格和关税之和为基数计算。进口设备增值税税率一般为13%，城市维护建设税、教育费附加、地方教育附加按增值税税额的7%、3%、2%计算。增值税的计算公式为：

增值税=（关税完税价格+关税+消费税）×增值税税率　　　　　　　　　（6-22）

6.银行财务费的估算

银行财务费是银行为客户进口设备办理外汇结算业务而收取的费用。银行财务费以设备离岸价为基数乘以相应的费率计算，现行银行财务费率一般为0.4%～0.5%。银行财务费的计算公式为：

银行财务费=设备离岸价×费率   (6—23)

7.外贸手续费的估算

外贸手续费是外贸进出口公司为客户代理设备进口业务而收取的费用。外贸手续费通常以设备到岸价为基数乘以相应的费率计算，外贸公司进口业务的费率一般为1%~1.5%。外贸手续费的计算公式为：

外贸手续费=设备到岸价×费率   (6—24)

8.车辆购置税的估算

车辆购置税以关税完税价格、关税和消费税之和为基数乘以车辆购置税税率计算。车辆购置税的税率一般为10%。车辆购置税的计算公式为：

车辆购置税=（关税完税价格+关税+消费税）×车辆购置税税率   (6—25)

【例6—9】

评估对象为某企业从美国进口的一套设备，评估基准日为2023年12月20日。评估专业人员经过调查了解，该设备从美国进口的离岸价58万美元，海运费率为6%，海运保险费率为0.8%，保险加成率为10%，该设备现行进口关税税率为10%，增值税税率为13%，城市维护建设税、教育费附加、地方教育附加分别为增值税税额的7%、3%、2%，银行财务费率为0.5%，外贸手续费率为1.3%。国内运杂费率为1.5%，安装费率为0.8%，基础费率为1.2%。评估基准日美元与人民币的比价为1：7。则该进口设备重置成本的计算如下：

设备自身购置价（FOB）=58万美元

海运费=58×6%=3.48（万美元）

海运保险费=（58+3.48）÷（1−0.8%）×（1+10%）×0.8%=0.55（万美元）

到岸价（外汇计价）=58+3.48+0.55=62.03（万美元）

到岸价（人民币计价）=62.03×7=434.21（万元人民币）

关税=434.21×10%=43.42（万元人民币）

增值税=（434.21+43.42）×13%=62.09（万元人民币）

城市维护建设税=62.09×7%=4.35（万元人民币）

教育费附加=62.09×3%=1.86（万元人民币）

地方教育附加=62.09×2%=1.24（万元人民币）

银行财务费=58×7×0.5%=2.03（万元人民币）

外贸手续费=434.21×1.3%=5.64（万元人民币）

国内运杂费=434.21×1.5%=6.51（万元人民币）

安装费=434.21×0.8%=3.47（万元人民币）

基础费=434.21×1.2%=5.21（万元人民币）

进口设备重置成本=434.21+43.42+62.09+4.35+1.86+1.24+2.03+5.64+6.51+3.47+5.21

=570.03（万元人民币）

四、实体性贬值的估算

实体性贬值主要是机器设备使用过程中的磨损，或者外力、自然力的作用造成的机器设备价值损失。除新设备外，机器设备都会存在一定的实体性贬值，但由于机器设备的类型、使用状况不同，贬值程度也不尽相同。反映机器设备实体性贬值的相对数是实体性贬值率，实体性贬值率是实体性贬值额占重置成本的比重。其计算公式为：

$$实体性贬值率=\frac{实体性贬值额}{重置成本}\times100\% \tag{6-26}$$

成新率是与实体性贬值率相对应的指标。成新率是反映机器设备新旧程度的指标，或者可以理解为机器设备现实状态与设备全新状态的比率。成新率与实体性贬值率的关系为：

$$成新率=1-实体性贬值率 \tag{6-27}$$

资产评估中，通常是估算机器设备的成新率，成新率的估算是以被评估对象的有关事实和环境条件为依据，通常采用观察法、年限法和修复费用法进行。

（一）观察法

观察法是评估专业人员根据对机器设备的现场观察和技术检测，在综合分析机器设备的已使用时间、使用状况、技术状态、维修保养状况、大修技改情况、工作环境和条件等因素的基础上，估算机器设备成新率的方法。运用观察法估算机器设备成新率，可采用以下两种具体方法：

1.直接观察法

直接观察法是首先确定和划分不同档次的成新率标准（见表6-2），然后根据被评估对象实际情况，经观测、分析、判断直接确定被评估机器设备的成新率。这种办法的特点是相对简便、省时、易行，具有较强的主观性，一般适用于单位价值小、数量多、技术简单的机器设备成新率的估算。

表6-2　　　　　　　　　　　　　机器设备成新率评估参考表

类别	新旧情况	有形损耗率（%）	技术参数标准参考说明	成新率（%）
1	新设备及使用不久设备	0～10	全新或刚刚使用不久的设备。在用状态良好，能按设计要求正常使用，无异常现象	100～90
2	较新设备	11～35	已使用1年以上或经过第一次大修恢复原设计性能使用不久的设备。在用状态良好，能够满足设计要求，未出现过较大故障	89～65
3	半新设备	36～60	已使用2年以上或大修后已使用一段时间的设备。在用状态较好，基本上能够达到设备设计要求，满足工艺要求，需要经常维修以保证正常使用	64～40
4	旧设备	61～85	已使用较长时间或几经大修，目前仍能维持使用的设备。在用状态一般，性能明显下降，使用中故障较多，经维护仍能满足工艺要求，可以安全使用	39～15
5	报废待处理设备	86～100	已超过规定使用年限或性能严重劣化，目前已不能正常使用或停用，即将报废待更新	14～0

2.打分法

打分法是按机器设备的构成部分分项，按各项的价值比重或贡献度给出标准分值（满分100），然后根据对设备各部分实际状况的技术鉴定，通过打分来确定被评估机器设备的成新率。这种方法的特点是使单项设备的成新率的确定变得可量化，在一定程度上克服了主观随意性，使成新率的确定更加科学合理。下面以普通机床为例对该方法的运用加以具体说明。

对机床采用打分法估算成新率时，首先将机床划分为机床精度、操作系统、运动系统、润滑系统、电器系统、外观及其他等几个部分，并给定每个部分的标准分，然后对各部分进行观测或技术鉴定，在此基础上对各部分的实际状况打分，最后将各部分的实得分数相加，即可得到被评估机床的成新率，具体情况见表6-3。

表6-3　　　　　　　　　　　　机器设备（机床）成新率鉴定表

设备名称		规格型号		制造厂家		
购置时间		已使用年限		近期大修理日期/金额		
序号	项目	标准分		鉴定内容及实际情况		实际打分
1	机床精度	55		①几何精度，如溜板移动在垂直平面内的直线度、主轴锥孔中心线的径向跳动等指标是否达到设计及有关要求；②工作精度，如精车轴类零件外圆的圆度和圆柱度、精车端面的平面度等指标是否达到有关要求		
2	操作系统	6		变速及溜板操作手轮或手柄是否灵活轻便，丝杠与螺母之间的间隙是否过大		
3	运动系统	8		包括主轴箱、进给箱的齿轮传动系统，各部位轴承有无振动及发热，各滑动面有无拉伤		
4	润滑系统	10		润滑油泵出口压力是否达到额定值，油管是否有泄漏，油路是否畅通		
5	电器系统	15		电控箱中电流开断装置如磁力启动器、交流接触器、空气断路器以及各种继电器触点有无烧损或接触不良，工作是否正常。电动机在运转中是否有发热升温超过正常值的情况		
6	外观及其他	6		机床附件是否齐全，安全保护装置是否完好，外观有无锈蚀、碰伤及油漆剥落等		
合计	100	成新率（%）				

运用此方法估测机床成新率的难点是机床精度的测定，因为机床精度可分为几何精度和工作精度（加工精度），具体又通过很多指标来反映，这些指标的测定通常用仪器来完成。事实上，由于受技术装备条件及评估作业时间的限制，评估机构很难做到这一点。在实际评估中，评估专业人员可通过向机器设备技术管理人员、设备操作人员调查了解机床的实际加工精度情况，再通过与机床的标准加工精度或设计加工精度对比，来给机床的精度打分。

3.几种主要类型设备技术检测的内容

观察法的重点是在全面了解被评估机器设备基本情况的基础上，对机器设备进行技术检测。在进行技术检测时，应根据设备的不同类型，确定检测的项目和重点。下面就评估实务中经常遇到的典型机器设备加以说明。

（1）各类切削机床技术检测的内容。其包括精度、性能能否满足生产工艺要求，精密、稀有机床主要精度性能能否达到出厂标准；各传动系统是否运转正常、变速齐全；各操作系统动作是否灵敏可靠；润滑系统是否装置齐全、管道完整、油路畅通；电气系统是否装置齐全、管线完整、性能灵敏、运行可靠；滑动部位运转是否正常，各滑动部位及零件有无严重拉、研、碰伤情况；机床内部是否清洁，有无油垢、锈蚀现象；机床有无漏油、漏水、漏气现象；零部件是否完整，随机附件是否齐全；安全防护装置是否安全可靠。

（2）起重设备技术检测的内容。其包括起重和牵引能力能否达到设计要求；各传动系统运转是否正常，钢丝绳、吊钩、吊环是否符合安全技术规程；制动装置是否安全可靠，主要零件有无严重磨损；操作系统是否灵敏可靠，调速是否正常；主副梁的上拱、下挠、旁弯是否有变形，变形程度如何；电器装置是否齐全有效，安全装置是否灵敏可靠；车轮与轨道是否接触良好，有无严重啃轨现象；润滑装置是否齐全，运行是否正常，有无漏油现象；吊车内外是否清洁，有无锈蚀现象；零部件及附件是否齐全。

（3）锅炉设备技术检测的内容。其包括锅炉蒸发量、压力、温度是否达到设计要求或主管部门的规定，锅筒、入孔、联箱、手孔及管路、阀门等是否保温良好，有无锈蚀、泄漏现象；水冷壁、对流管束、烟管、过热器、空气预热器等各受热面有无严重积烟垢现象，受压部件是否符合技术要求，有无泄漏现象；安全阀、压力表、水位表、水位报警器等是否符合技术要求，使用是否可靠；炉墙是否完整，构件有无烧损，炉墙外表温度是否符合有关要求；燃烧设备是否完整无损，锅炉运行热效率是否达到规定要求；传动装置是否运转可靠，润滑良好，水、气管道敷设是否整齐合理，有无泄漏现象；给煤装置、出渣装置运转是否正常；给水设备及水处理设备是否配备合理、运转正常；鼓引二次风机是否配备合理、运转正常，各调风门或调鼓风装置调节是否灵活可靠；吹灰装置是否完备、运行良好，除尘系统是否符合要求；电气设备、电气线路是否安全可靠、使用良好，各种仪表装置是否符合技术要求；锅炉外表是否清洁，有无积灰和锈蚀现象。

（4）运输设备技术检测的内容。其包括发动机是否有活塞敲缸或曲轴、连杆振动等异常声响；变速器是否有脱档、跳档及敲击声，转向轮及变速杆操作是否轻便灵活；离合器分离是否彻底，接合是否平稳可靠，有无发抖、打滑及异常声响；加速性能、制动性能是否达到设计要求或安全行驶有关规定；汽车行驶后，冷却水温、机油温度、齿轮油温度是否达到有关规定要求，废气排放色度是否正常；发动机及变速器箱体、后桥结合部等部位是否漏油，冷却系统是否漏水；汽车外部有无碰伤、划痕、脱漆及锈蚀，车身及驾驶室的门窗玻璃是否完好，密封是否良好，驾驶室仪表是否完好；轮胎磨损程度如何。

（5）变压器技术检测的内容。其包括变压器的油面高度是否正常，油色是否正常，外壳有无渗油、漏油现象；变压器瓷套管是否有破损或放电痕迹；变压器运行声响是否正常；外壳接地是否良好，接地线有无断裂和锈蚀；引线接头、电缆、母线有无发热现象；冷却装置运行是否正常；变压器上层油温是否超过允许值85℃；基础是否牢固，保护、测量、信号装置是否齐全。

（二）年限法

年限法是用机器设备的尚可使用年限与总使用年限的比估算机器设备成新率的方法。该方法运用的假设前提是机器设备实体性贬值与其使用年限呈线性关系。机器设备总使用年限是机器设备实际已使用年限与尚可使用年限之和，总使用年限根据机器设备的经济寿命确定。年限法的评估计算公式为：

$$成新率 = \frac{尚可使用年限}{实际已使用年限 + 尚可使用年限} \times 100\% \tag{6-28}$$

1.实际已使用年限的确定

机器设备实际已使用年限是指机器设备的有效使用年限。通常根据机器设备名义已使用年限，同时考虑机器设备使用中负荷程度、维修保养等情况确定机器设备的利用率，用名义已使用年限乘以利用率得到机器设备的实际已使用年限。其评估计算公式为：

$$实际已使用年限 = 名义已使用年限 \times 设备利用率 \tag{6-29}$$

如果机器设备进行更新改造和大修理追加了投资，不同部件的已使用年限不同，应对各部件不同的已使用年限进行加权平均，再考虑机器设备的利用率情况，确定整个机器设备的实际已使用年限。

【例6-10】

对某机器设备进行评估，该设备购于2015年，购置成本为25万元，于2023年评估。经调查了解，该设备于2017年进行了一次更新改造，主要是添置了自动化控制装置，投资额为1.2万元，2020年进行了一次大修理，更换了一部分结构部件，投资额为3.6万元。该设备从投入使用到评估时点的综合利用率为85%。假设从2015年至2023年，该类机器设备的环比价格变动指数平均为5%，试估算该设备的实际已使用年限。

（1）分别计算机器设备整体框架、自控装置、结构部件的重置成本。

整体框架重置成本=25×（1+5%）⁸=36.94（万元）

自控装置重置成本=1.2×（1+5%）⁶=1.61（万元）

结构部件重置成本=3.6×（1+5%）³=4.17（万元）

（2）以各部分的重置成本为权重，加权平均计算机器设备的已使用年限。

$$已使用年限 = \frac{(36.94 - 4.17) \times 8 + 1.61 \times 6 + 4.17 \times 3}{(36.94 - 4.17) + 1.61 + 4.17} = 7.38（年）$$

（3）计算机器设备的实际已使用年限。

实际已使用年限=7.38×85%=6.27（年）

2.尚可使用年限的确定

机器设备尚可使用年限是指从评估基准日开始到机器设备经济寿命结束所经历的时间。机器设备尚可使用年限通常用机器设备经济寿命减去实际已使用年限确定。机器设备经济寿命是指从投入使用开始到因继续使用在经济上不合理而被更新所经历的时间。机器设备经济寿命通常根据机器设备设计标准（如使用时间、使用次数、行驶里程等）、折旧年限、已报废设备平均寿命等，考虑评估对象实际已使用年限、使用状况、维修保养状况以及设备运行环境的影响，综合分析确定。机器设备经济寿命参考年限见表6-4。

表6-4 机器设备经济寿命参考表

设备类别	寿命年限（年）	设备类别	寿命年限（年）
普通金属切削机床	15~20	矿山工业专用机械	12~16
起重设备	16~18	冶金工业专用设备	12~20
锅炉	15~20	炼油化工工业专用设备	10~20
运输设备	16~20	工程机械、建筑施工设备	12~18
锻压设备	14~18	电力工业发电设备	20~30
铸造设备	12~16	非金属矿物制品工业专用设备	10~20
空调设备	14~18	机械工业专用设备	15~20
包装机械	12~16	造纸和印刷机械	12~16
工业炉窑	12~16	纺织机械	10~18
变配电设备	16~20	医疗器械	16~20
电子通信设备	6~15	食品工业专用设备	12~16
通用仪器仪表	8~15	化学药品和中成药制炼设备	10~20
检测仪器设备	8~12	工矿汽车、起重机、叉车	10~14
自动化控制设备	8 12	办公设备	4~8

【例6-11】

评估对象为某企业一台普通金属切削机床，该机床已使用5年，经调查该类机床的经济寿命一般为15~20年。通过查阅近3年该企业设备报废记录，总共报废该类机床6台，其中，使用寿命15年的1台，使用寿命16年的1台，使用寿命17年的3台，使用寿命18年的1台。评估对象与已报废机床的使用情况、维修保养情况及运行环境状况基本相同，试估算被评估机床的尚可使用年限。

（1）平均使用寿命 $= \dfrac{15 \times 1 + 16 \times 1 + 17 \times 3 + 18 \times 1}{6} \approx 16.5$（年）

（2）评估对象机床的平均使用寿命符合该类机床15~20年经济寿命情况，确定评估对象机床的经济寿命为16.5年。

（3）尚可使用年限=16.5-5=11.5（年）

运用年限法需要注意国家产业政策调整所涉及的淘汰落后生产能力、产品、设备规定对机器设备使用年限的影响。如果国家规定相关设备淘汰的时间相较评估对象机器设备经济寿命截止的时间，则应以评估对象机器设备从投入使用到国家规定淘汰的时间作为总使用年限，以此估算出的成新率即为同时考虑了实体性贬值和经济性贬值的综合成新率。

【例6-12】

评估对象为一台抛煤机锅炉，该锅炉已使用6年，使用及维修保养状况正常，经分析，该锅炉的经济寿命为15年，由于该类锅炉效率低、污染严重，国家规定3年后淘汰。试分别估算仅考虑实体性贬值的成新率和同时考虑国家政策规定的综合成新率。

（1）成新率 $= \dfrac{15-6}{15} \times 100\% = 60\%$

（2）综合成新率 $= \dfrac{3}{6+3} \times 100\% = 33.33\%$

（三）修复费用法

修复费用法是根据修复机器设备磨损部件所需要的费用数额来确定机器设备实体性贬值的方法。该方法主要适用于机器设备某些特定结构部件已经被磨损，但能够以经济上可行的办法修复的情形。因此，机器设备的实体性贬值等于修复费用。

运用修复费用法时，应当注意该方法仅适用于机器设备可修复部分的实体性贬值估算，如机器设备零部件的更换或者修复、改造等方面，而对于机器设备整体部分的实体性贬值，通常采用年限法或打分法估算。因此，修复费用方法不能作为一种独立的实体性贬值估算方法，需要配合其他方法运用。此外，还需考虑修复机器设备实体时，是否同时修复了功能，避免实体性贬值和功能性贬值的重复计算。

【例6-13】

评估对象为某企业一台加工炉，该加工炉以每周7天、每天24小时工作的方式连续运转。经调查了解，该加工炉是8年前安装的，现在需要对炉内的耐火材料、一部分管道及外围设备更换。如果更换耐火材料、管道和外围设备，该加工炉就能再运转15年。更换耐火材料需投资15万元，更换管道及外围设备需投资7万元，该加工炉的重置成本为160万元。试运用年限法和修复费用法估算该加工炉的实体性贬值。

（1）可修复部分的实体性贬值=15+7=22（万元）

（2）不可修复部分的重置成本=160-22=138（万元）

（3）不可修复部分的实体性贬值 $= 138 \times \dfrac{8}{8+15} \times 100\% = 48$（万元）

（4）加工炉的实体性贬值=48+22=70（万元）

五、功能性贬值的估算

功能性贬值是由于新技术发展的结果导致机器设备价值的损失。估算机器设备的功能性贬值，应判定功能性贬值是否存在，分析估算重置成本和实体性贬值时是否已经扣除了功能性贬值因素，然后采用相应的估算方法。

（一）差额法

差额法是通过机器设备复原重置成本与更新重置成本之间的差额估算机器设备功能性贬值的方法。该方法适用于重置成本估算时选择复原重置成本，并且复原重置成本高于更新重置成本，即存在超额投资成本的情形。

运用差额法时，应当注意如果可以直接确定机器设备的更新重置成本，则不需要计算复原重置成本，超额投资成本引起的功能性贬值也不需要计算。

（二）修复费用法

修复费用法是根据修复机器设备功能所需要的费用数额来确定机器设备功能性贬值的

方法。该方法主要适用于机器设备的落后功能能够以经济上可行的办法进行修复的情形。因此，机器设备的功能性贬值等于修复费用。

运用修复费用法时，应当注意修复机器设备功能时，是否同时修复了机器设备的实体，避免功能性贬值和实体性贬值的重复计算。

（三）超额运营成本折现法

超额运营成本折现法是通过估算机器设备未来预期年净超额运营成本的现值来确定机器设备功能性贬值的方法。该方法主要适用于生产加工型的机器设备，并且旧设备预期的年超额运营成本能够可靠估算的情形。

超额运营成本折现法的评估思路是：首先将旧设备（评估对象）未来预期年运营成本（工资、能源消耗、材料消耗等）与新设备未来预期年运营成本进行比较计算年超额运营成本，将年超额运营成本扣减所得税计算年净超额运营成本，确定评估对象的剩余经济寿命，按一定的折现率将年净超额运营成本折算成现值。其评估计算公式为：

年超额运营成本=旧设备年运营成本-新设备年运营成本 (6-30)

年净超额运营成本=年超额运营成本×（1-所得税税率） (6-31)

功能性贬值=年净超额运营成本×年金现值系数 (6-32)

【例6-14】

评估对象为某炼油厂一台锅炉，该锅炉正常运转需要6名操作人员，每名操作人员的年工资及福利费约为36 000元，锅炉的年耗电量为10万千瓦时，目前相同能力的新式锅炉只需3名操作人员，年耗电量为7.5万千瓦时，电的价格为1.2元/千瓦时。被评估锅炉的尚可使用年限为8年，所得税税率为25%，适用的折现率为10%。试估算该锅炉的功能性贬值。

（1）年超额运营成本=（6-3）×36 000+（100 000-75 000）×1.2=138 000（元）

（2）年净超额运营成本=138 000×（1-25%）=103 500（元）

（3）功能性贬值 $= \frac{103\,500}{10\%} \times \left[1 - \frac{1}{(1+10\%)^8}\right] = 552\,165$（元）

六、经济性贬值的估算

经济性贬值是因外界因素影响而引起的机器设备价值损失。导致经济性贬值的外界因素主要有市场竞争加剧，产品需求减少，原材料能源价格上涨，法律法规变化、产业政策调整，环境保护因素等。估算机器设备的经济性贬值，应判定经济性贬值是否存在，分析估算重置成本和实体性贬值时是否已经扣除了经济性贬值因素，然后采用相应的估算方法。

（一）贬值率法

贬值率法是通过估算机器设备的经济性贬值率确定机器设备经济性贬值的方法。经济性贬值率通过比较机器设备未来预期生产能力和设计生产能力，以百分比的形式确定。机器设备的重置成本乘以经济性贬值率，即可得到经济性贬值。贬值率法主要适用于受外界因素影响机器设备利用率下降造成的经济性贬值的情形。其评估计算公式为：

$$经济性贬值率 = \left[1 - \left(\frac{预期生产能力}{设计生产能力} \right)^x \right] \times 100\% \qquad (6\text{-}33)$$

式中，x为规模效益指数，机器设备评估中，x的取值范围一般为0.6~0.7。

经济性贬值=重置成本×经济性贬值率

【例6-15】

评估对象为某企业一条生产线，该生产线的设计生产能力为每天生产10 000件产品，设备状况良好，技术上也较先进。由于市场竞争加剧，导致该生产线开工不足，该情形会持续较长时间，未来预期生产能力为每天生产7 500件产品，该生产线的重置成本为600万元，规模效益指数为0.7。试估算该生产线的经济性贬值。

（1）经济性贬值率 $= \left[1 - \left(\frac{7\,500}{10\,000} \right)^{0.7} \right] \times 100\% = (1 - 0.8176) \times 100\% = 18.24\%$

（2）经济性贬值=600×18.24%=109.44（万元）

运用贬值率法时，应当注意机器设备的加工能力下降是外界因素造成的，而非企业内部因素造成的；外界因素对机器设备加工能力的影响是长时间的，而非短时间的；机器设备的生产能力与经济性贬值是指数关系，而非线性关系。

（二）收益损失折现法

收益损失折现法是通过估算机器设备未来预期年净收益损失的现值来确定机器设备经济性贬值的方法。该方法主要适用于受外界因素影响所造成的机器设备收益损失能够可靠估算的情形。

收益损失折现法的评估思路是：首先将机器设备未来预期正常收益与受外界因素影响后的未来预期非正常收益进行比较计算年收益损失额，将年收益损失额扣减所得税计算年净收益损失额，确定评估对象的收益损失年限，按一定的折现率将年净收益损失额折算成现值。其评估计算公式为：

年收益损失=未来预期正常收益－未来预期非正常收益 (6-34)

年净收益损失=年收益损失×（1－所得税税率） (6-35)

经济性贬值=年收益损失×年金现值系数 (6-36)

运用收益损失折现法时，应当注意分析外界因素造成机器设备收益损失的具体原因是产品销量减少、产品价格降低，还是生产成本提高。

【例6-16】

评估对象为某企业一条生产线，该生产线的设计生产能力为每年生产2 000吨产品，设备状况良好，由于市场供求的变化，使该生产线开工不足，年生产能力预计为1 600吨产品。该企业生产的产品销售价格为620元/吨，销售利润率为10%，该生产线尚可继续使用5年，折现率为12%，所得税税率为25%。试估算该生产线的经济性贬值。

（1）年收益损失=（2 000－1 600）×620×10%=24 800（元）

（2）年净收益损失=24 800×（1－25%）=18 600（元）

（3）经济性贬值 $= \frac{18\,600}{12\%} \times \left[1 - \frac{1}{(1 + 12\%)^5} \right] = 67\,049$（元）

延伸阅读6-3

《资产评估执业准则——
机器设备》第二十条

自测题6-2

延伸阅读6-4

机器设备评估成本法案例

视频资源6-2

第三节　机器设备评估的市场法

一、市场法的评估思路

市场法是以市场上相同或类似机器设备的近期交易价格为基础，通过对影响评估对象机器设备与可比实例的各种因素对比分析，将可比实例的市场交易价格修正为评估对象机器设备价值的方法。

市场法中的相同或类似设备主要是指机器设备的规格型号、功能、新旧程度等方面相同或类似；近期交易是指距离评估基准日较近的交易时间；影响评估对象机器设备与可比实例价格的各种因素一般包括交易情况、交易日期、个别因素、交易地点等。市场法的评估计算公式为：

$$评估值 = \frac{可比实例}{交易价格} \times \frac{交易情况}{修正系数} \times \frac{交易日期}{修正系数} \times \frac{个别因素}{修正系数} \times \frac{交易地点}{修正系数} \tag{6-37}$$

二、市场法的前提条件和适用范围

市场法的前提条件为：一是要有一个充分并发育活跃的机器设备交易市场。机器设备交易市场包括二手设备交易市场、新设备交易市场，从地域上分为地方性市场和全国性市场。二是要有相同或类似机器设备市场交易案例。可比实例与评估对象之间不仅在生产厂家（品牌）、规格型号、实体状态、新旧程度等方面具有可比性，而且在交易情况、交易日期、交易地点等方面具有可比性。

市场法主要适用于通用设备评估，如金属切削机床、运输车辆、锻压设备、起重设备、空调设备、通用仪器仪表等。

三、市场法的评估步骤

运用市场法对机器设备进行评估，通常采取收集交易资料、选择比例实例、进行可比因素修正、估算评估结果等操作步骤。

（一）收集交易资料

市场法的首要工作就是在掌握被评估机器设备基本情况的基础上，进行市场调查，收集与被评估对象相同或类似的机器设备交易实例资料。所收集的资料一般包括机器设备的交易价格、交易日期、交易目的、交易方式、交易双方情况以及机器设备的类型、规格型号、性能、已使用年限、实际状态等。对所收集的资料还应查实，以确保资料的真实性和可靠性。

（二）选择可比实例

对所收集的资料进行分析整理后，选择可比性较强的交易案例作为可比实例。可比实例的选择应当注意交易情况的可比性，规格型号的可比性，设备状态的可比性，新旧程度的可比性，交易日期的可比性，交易地点的可比性等。可比实例通常选择3~5个。

（三）进行交易情况修正

交易情况修正是将可比实例的交易价格修正为正常交易价格。机器设备交易中，可能由于交易双方存在利害关系、急于购买、急于出售等情况，使交易价格偏高或偏低，需要将可比实例非正常交易价格修正为正常交易价格。交易情况修正的思路通过正常交易情况值（100）与可比实例交易情况值（根据实际交易情况打分）的比确定交易情况修正系数。其评估计算公式为：

$$正常交易价格=可比实例交易价格×\frac{正常交易情况值}{可比实例交易情况值} \tag{6-38}$$

（四）进行交易日期修正

交易日期修正是将可比实例交易日期的价格修正为评估基准日交易价格。可比实例交易日期的价格与评估基准日交易价格存在差异，可以利用同类设备的价格指数进行修正。价格指数可以选择定基指数或环比指数。其评估计算公式为：

$$交易日期调整后价格=可比实例交易价格×\frac{评估基准日同类设备价格指数}{可比实例交易时间同类设备价格指数} \tag{6-39}$$

$$交易日期修正后价格=可比实例交易价格×\prod 各期环比价格指数 \tag{6-40}$$

（五）进行个别因素修正

个别因素修正是将可比实例自身状况的价格修正为评估对象自身状况的价格。影响机器设备价格的个别因素主要有生产厂家、规格型号、实体状态、新旧程度等。生产厂家因素具体表现为品牌、质量、服务等；规格型号因素具体表现为技术指标，如动力总成、加工能力等；实体状态因素具体表现为外观、运行状况、实际性能等；新旧程度因素具体表现为出厂日期、实际已使用年限、磨损情况等。

（1）生产厂家因素修正通常以评估对象新设备价格为基准（100），将可比实例生产厂家的同一型号新设备价格与评估对象新设备价格进行对比分析和计算打分，确定生产厂家修正系数；或者直接用评估对象新设备价格比可比实例生产厂家的同一型号新设备价格确定修正系数。

【例6-17】

评估对象为A企业生产的一台某型号机床，评估时选择B企业生产的同型号机床作为可比实例。经调查了解，该型号新机床的出厂价为68 000元，B企业生产的同型号新机床的出厂价为60 000元。试确定生产厂家因素的修正系数。

$$生产厂家修正系数=\frac{100}{(88)}$$

或　$$生产厂家修正系数=\frac{68\,000}{(60\,000)}=1.13$$

（2）机器设备评估时，通常要求选择相同规格型号的可比实例，这样就不需要进行设备规格型号因素修正，当无法选择相同型号的可比实例时，需要进行该因素修正。因素修正时，应对生产厂家和规格型号因素同时修正，其具体思路为以评估对象新设备价格为基准（100），将可比实例生产厂家的不同型号新设备价格与评估对象新设备价格进行对比分析和计算打分，确定生产厂家和规格型号修正系数；或者直接用评估对象新设备价格比可比实例生产厂家的不同型号新设备价格确定修正系数。

【例6-18】

评估对象为A企业生产的一台某型号机床，评估时选择B企业生产的不同型号机床作为可比实例。经调查了解，该型号新机床的出厂价为65 000元，B企业生产的不同型号新机床的出厂价为73 000元。试确定生产厂家和规格型号因素的修正系数。

$$生产厂家和规格型号修正系数=\frac{100}{(112)}$$

或　$$生产厂家和规格型号修正系数=\frac{65\,000}{(73\,000)}=0.89$$

（3）实体状态因素修正是通过对评估对象和可比实例机器设备的外观、运行状况、实际性能等方面进行调查了解，以评估对象的外观、运行状况、实际性能为基准（100），通过对可比实例实体状态打分，确定修正系数。

【例6-19】

评估对象为A企业生产的一台某型号机床，评估时选择B企业生产的同型号机床作为可比实例。经对评估对象与可比实例的外观、运行状况、实际性能等方面的比较，判定可比实例的实体状态好于评估对象，可比实例的综合打分为105。试确定实体状态因素的修正系数。

$$实体状态修正系数=\frac{100}{(105)}$$

（4）新旧程度因素修正是通过对评估对象和可比实例机器设备的出厂日期、实际已使用年限、磨损情况等方面进行调查了解，以评估对象的出厂日期、实际已使用年限、磨损情况为基准（100），通过对可比实例新旧程度打分，确定修正系数；或者分别估算出评估对象与可比实例的成新率，通过成新率的比确定修正系数。

【例6-20】

评估对象为A企业生产的一台某型号机床，评估时选择B企业生产的同型号机床作为可比实例。评估对象为3年前购置的，可比实例为5年前购置的，评估对象与可比实例的使用保养情况均比较正常。经调查了解，该类机床的经济寿命一般为16年左右，通过对评估对象与可比实例的出厂日期、实际已使用年限、磨损情况等方面的比较，判定可比实例的实体状态差于评估对象，可比实例的综合打分为85。试确定实体状态因素的修正系数。

$$新旧程度修正系数=\frac{100}{(85)}$$

或　$$新旧程度修正系数=\frac{[(16-3)/16]}{[(16-5)/16]}=1.18$$

（六）进行交易地点因素修正

交易地点因素修正是将可比实例交易地点的价格修正为评估对象交易地点的价格。选择可比实例时，通常要求可比实例与评估对象处于同一交易地点，如果交易地点不同造成评估对象与可比实例价格产生差异，则需要进行修正。其修正的思路是以评估对象交易地点的价格为基准（100），通过对可比实例交易地点价格进行分析并打分，确定交易地点修正系数。

【例6-21】

评估对象为A企业生产的一台某型号机床，评估时选择B企业生产的同型号机床作为可比实例。评估对象为本地市场交易，可比实例为外地市场交易，经分析，相同机床外地市场的交易价格比本地市场低5%，但需要承担大约交易价格3%的运费。试确定交易地点因素的修正系数。

$$交易地点修正系数 = \frac{100}{(100-5+3)} = \frac{100}{(98)}$$

（七）估算评估对象价值

可比实例交易价格乘以各因素修正后，便可得出比准价值，对各比准价值进行算术平均或加权平均后，确定最终评估结果。

【例6-22】

评估对象为甲企业生产的一台GA615纺织机，该纺织机已使用3年。选择本地区近几个月已经成交的GA615纺织机的三个交易案例作为可比实例。可比实例A生产厂家为甲企业，交易价格为10 500元，4个月前交易，已使用3年；可比实例B生产厂家为乙企业，交易价格为8 600元，3个月前交易，已使用4年；可比实例C生产厂家为丙企业，交易价格为7 300元，1个月前交易，已使用5年。

经调查了解，三个可比实例均为正常交易；A生产厂家的纺织机品牌、质量优于B、C生产厂家的同类产品，B、C生产厂家的同类产品价格较A生产厂家低2%和3%；评估对象与三个可比实例的使用、维修保养均比较正常，评估对象的实体状态与可比实例A基本相同，优于可比实例B、C，对可比实例B、C打分分别为96和93；该类纺织机的经济寿命为10年左右，评估时点与可比实例A、B、C交易时点的定基价格指数分别为110%、105%、106%、108%。经对比分析计算，对各修正系数打分见表6-5。

表6-5　　　　　　　　　　　**各修正系数打分表**

项目	评估对象	可比实例A	可比实例B	可比实例C
交易价格		10 500元	8 600元	7 300元
交易情况	100	100	100	100
生产厂家	100	100	98	97
规格型号	100	100	100	100
实体状态	100	100	96	93
新旧程度	70%	70%	60%	50%
交易日期	110%	105%	106%	108%
交易地点	100	100	100	100

根据评估计算公式"比准价值=可比实例交易价格×交易情况修正系数×生产厂家修正系数×规格型号修正系数×实体状态修正系数×新旧程度修正系数×交易日期修正系数×交易地点修正系数",可得：

$$可比实例A比准价值=10\ 500 \times \frac{100}{(100)} \times \frac{100}{(100)} \times \frac{100}{(100)} \times \frac{100}{(100)} \times \frac{70\%}{(70\%)} \times \frac{110\%}{(105\%)} \times \frac{100}{(100)}$$

$$=11\ 000\ （元）$$

$$可比实例B比准价值=8\ 600 \times \frac{100}{(100)} \times \frac{100}{(98)} \times \frac{100}{(100)} \times \frac{100}{(96)} \times \frac{70\%}{(60\%)} \times \frac{110\%}{(106\%)} \times \frac{100}{(100)}$$

$$=11\ 067\ （元）$$

$$可比实例C比准价值=7\ 300 \times \frac{100}{(100)} \times \frac{100}{(97)} \times \frac{100}{(100)} \times \frac{100}{(93)} \times \frac{70\%}{(50\%)} \times \frac{110\%}{(108\%)} \times \frac{100}{(100)}$$

$$=11\ 539\ （元）$$

评估值=（11 000+11 067+11 539）÷3=11 202（元）

延伸阅读6-5

《资产评估执业准则——机器设备》
第二十一条

自测题6-3

视频资源6-3

第四节　机器设备评估的收益法

一、收益法的评估思路

收益法是通过估算评估对象机器设备的预期收益，选用适当的折现率将机器设备预期收益折算为现值，以此确定机器设备价值的方法。收益法的评估计算公式为：

$$p = \frac{A}{r}\left[1 - \frac{1}{(1+r)^n}\right] \tag{6-41}$$

$$p = \frac{A}{r}\left[1 - \frac{1}{(1+r)^n}\right] + \frac{P_n}{(1+r)^n} \tag{6-42}$$

式中，p表示评估值；A表示预期收益；r表示折现率；n表示收益期限；P_n表示评估对象第n年的可变现价值。

二、收益法的前提条件和适用范围

收益法的前提条件是机器设备具有独立的、连续可计量的预期收益，并且机器设备期望的收益率和收益期限可以估算和确定。

收益法主要适用于能够获得租金收入的租赁设备、可以独立运营的运输车辆、可以作为独立获利能力整体的生产型机器设备评估。需要注意的是，运用收益法估算出的可以独立运营的出租车、客运汽车、货运卡车等运输车辆的预期收益现值应为车辆价值和车辆特许经营权价值，运输车辆的价值为运输车辆的收益现值减去运输车辆的特许经营权价值。

三、收益法的评估步骤

运用收益法评估机器设备（以租赁设备为例）的价值，应按下列步骤进行：

（一）收集有关资料

运用收益法评估，首先应收集评估对象有关资料，包括机器设备生产厂家、技术性能、实体状态、出厂日期、已使用年限，以及设备出租中租赁合同约定的租金、租期及其他条款，还需获取租赁市场上类似设备的租金水平等方面的资料。

（二）估算机器设备预期收益

在设备实际租赁收入和市场租金水平分析的基础上，预测评估对象的预期租赁收入和相关费用，估算未来的预期收益。

（三）估算机器设备折现率

根据国债利率、设备租赁的风险报酬率、类似设备的租金及市场价格等资料，采用累加法或市场提取法等，估算设备的折现率。

（四）确定机器设备收益期限

收益期限根据出租设备的经济寿命、实际已使用年限、设备租赁合同约定的期限等相关资料，经过综合分析确定。如果租赁合同约定设备出租的期限至设备报废为止，则以设备的尚可使用年限为收益期限；如果租赁合同约定设备出租的期限短于设备的尚可使用年限，则以租赁合同约定的期限为收益期限。

（五）估算机器设备价值

根据评估对象机器设备的预期收益、折现率和收益期限，运用适合的收益折现公式，估算机器设备的价值。

【例6-23】

评估对象为已出租的一台大型挖掘机，租赁合同约定评估对象的年租金为28 000元，维修费用由承租方负担，租期为5年，截至评估基准日已满1年，该类设备的经济寿命一般为18年左右，评估对象已使用4年，使用和维修保养均正常，评估对象租赁按3%的征收率计算增值税，城市维护建设税、教育费附加、地方教育附加按增值税的7%、3%、2%计算。经调查分析，评估对象的租金水平较为客观合理，国债利率为4%，该类设备出租的风险报酬率为8%，预计租赁期满时评估对象的市场价格为250 000元。试运用收益法估算该挖掘机的价值。

$$（1）预期收益 = 28\ 000 - \left[\frac{28\ 000}{(1+3\%)} \times 3\%\right] - \left[\frac{28\ 000}{(1+3\%)} \times 3\%\right] \times 7\% - \left[\frac{28\ 000}{(1+3\%)} \times 3\%\right] \times 3\% - $$

$$\left[\frac{28\ 000}{(1+3\%)} \times 3\%\right] \times 2\%$$

$$= 28\ 000 - 816 - 57 - 24 - 16$$

$$= 27\ 087（元）$$

（2）折现率 = 4% + 8% = 12%

（3）收益期限 = 5 - 1 = 4（年）

（4）评估值 $= \dfrac{27\,087}{12\%}\left[1-\dfrac{1}{(1+12\%)^4}\right]+\dfrac{250\,000}{(1+12\%)^4}$

$= 82\,273+158\,880$

$= 241\,153$（元）

延伸阅读6-6

《资产评估执业准则——机器设备》
第二十二条

自测题6-4

视频资源6-4

【思政课堂】　大国重器　民族骄傲——中国装备制造业的崛起

党的二十大报告提出，实施产业基础再造工程和重大技术装备攻关工程，支持专精特新企业发展，推动制造业高端化、智能化、绿色化发展。近些年，随着我国科学技术的突飞猛进，中国重型机械制造水平有了很大进步，机械制造能力稳步向高端装备制造迈进，生产建造出了多种领先世界的重型装备。

徐工集团生产的DE400采矿自卸汽车是全球载重量最大的电传动自卸车，功率高达3 650马力，载重量可达400公吨，相当于5层楼高，车厢容量高达265立方米。大连重工起重集团建造的20 000吨桥式起重机，设备总体高度为118米，主梁跨度为125米，最大起升重量达20 160吨，创下了世界之最。中国第二重型机械集团自主设计、制造、安装、调试投用的8万吨大型模锻压机，总高42米，设备总重2.2万吨，使我国成为拥有世界最高等级模锻装备的国家。D5200-240上回转自升式塔机是中联重科股份有限公司总结多年塔式起重机开发的技术经验，结合创新技术开发的高性能、高安全性、高可靠性的起重力矩全球最大的上回转塔式起重机，最大起重能力240吨，起升高度210米。中国三峡集团金沙江流域水电开发项目中的首台投产发电的1号机组，转子直径达18.97米，整体起吊重量超过2 100吨，单机容量达80万千瓦，是目前世界上单机容量最大的水轮发电机组。中信重工的18 500吨油压机机组规格居世界之最，最大镦粗力达到18 500吨，可锻造世界最大的600吨级钢锭、单重400吨级锻件。武汉重型机床集团有限公司生产的DL250数控五米超重型卧式车床，车身长50多米，最大直径为5米，总重量1 450吨，最大加工长度20米，堪称当今全球最大规格的超重型数控车床。沪东中华造船（集团）有限公司建造的我国第一艘液化天然气（LNG）船"大鹏昊"，船长292米、船宽43.35米、航速19.5节，装载量为14.7万立方米，是世界上最大的薄膜型LNG船。实例较多，这里不再一一列举。

上述重型装备均属于机器设备评估的范畴，在机器设备评估的学习中，要明确机器设备的类别，了解和掌握机器设备的状况，根据特定的评估目的，选择适当的价值类型，采用适合的评估方法进行评估。

资料来源：佚名. 大国重器！中国制造领先世界的10个巨无霸，个个让国人自豪！[EB/OL].[2019-06-27]. https://baijiahao.baidu.com/s? id=1637453777679095806&wfr=spider&for=pc.

【本章小结】

本章主要阐述了机器设备及特征，机器设备评估的特点，机器设备评估的程序；机器设备评估成本法的评估思路，机器设备重置成本的构成及估算，机器设备实体性贬值、功能性贬值和经济性贬值的估算；机器设备评估市场法的评估思路和适用范围，市场法的评估步骤；机器设备评估收益法的评估思路和适用范围，收益法的评估步骤。

【复习思考】

1.机器设备现场勘查包括哪些内容？

2.机器设备重置成本包括哪些内容？

3.机器设备自身购置价格的估算方法有哪些？

4.机器设备实体性贬值的估算方法有哪些？

5.简述机器设备功能性贬值超额运营成本折现法的评估思路。

6.运用市场法评估机器设备价值，通常需要进行哪些因素修正？

【练习题】

（一）单选题

1.进口设备到岸价不包括（　　）。

A.离岸价　　　　　　B.海运费　　　　　　C.海运保险费　　　　D.关税

2.自制设备自身购置价格的估算方法通常采用（　　）。

A.重置核算法　　　B.市场询价法　　　C.功能价值法　　　D.价格指数法

3.某设备的原购置价格为 30 000 元，当时的定基价格指数为 105%，评估时的定基价格指数为 115%，则评估时该设备自身购置价格为（　　）元。

A.32 857　　　　　B.27 391　　　　　C.32 587　　　　　D.27 931

4.对超额投资成本造成的机器设备功能性贬值的估算思路为（　　）。

A.更新重置成本减复原重置成本　　　　B.复原重置成本减更新重置成本

C.重置成本减历史成本　　　　　　　　D.历史成本减重置成本

5.如果企业有已经报废的设备使用年限记录，估算设备经济寿命时通常依据（　　）。

A.记录寿命年限　　B.平均寿命年限　　C.预期寿命年限　　D.折旧寿命年限

（二）多选题

1.外购机器设备重置成本一般包括（　　）。

A.设备自身购置价格　　　　　　　　　B.运杂费

C.安装费　　　　　　　　　　　　　　D.基础费

E.折旧费

2.机器设备自身购置价格的估算方法包括（　　）。

A.重置核算法　　　　　　　　　　　　B.价格指数法

C.年限法　　　　　　　　　　　　　　D.功能价值法

E.市场询价法

3.计算进口设备增值税时，组成计税价格包括（　　）。

A.关税完税价格　　　　　　　　　B.关税

C.增值税　　　　　　　　　　　　D.消费税

E.车船税

4.运用市场法评估机器设备价值的基本前提条件包括（　　　）。

A.活跃的设备交易市场　　　　　　B.类似设备的交易活动

C.设备预期收益可确定　　　　　　D.设备投资风险可确定

E.设备使用年限可确定

5.可以采用收益法评估的机器设备主要有（　　　）。

A.外购设备　　　　　　　　　　　B.自制设备

C.进口设备　　　　　　　　　　　D.租赁设备

E.生产线

（三）判断题

1.与房地产不可分离的机器设备通常不能单独作为评估对象。　　　　　（　　）

2.价格指数法通常适用于技术进步速度较快的机器设备重置成本的估算。（　　）

3.实际已使用年限是指会计记录记载的设备已提折旧的年限。　　　　　（　　）

4.设备利用率小于1，表明设备实际已使用年限小于名义已使用年限。　（　　）

5.可修复的实体性损耗不仅在技术上具有修复的可能性，而且在经济上是合算的。

（　　）

（四）计算业务题

1.某企业的进口设备于2018年购进，当时的购置价格（离岸价）为8.5万欧元，于2023年进行评估。根据调查得知，2023年与2018年相比，该类设备国际市场价格上升了12%；现行的海运费率和海运保险费率分别为5%和0.8%；保险加成率为10%，该类设备进口关税税率为10%，增值税税率为13%，城市维护建设税、教育费附加、地方教育附加分别按增值税的7%、3%、2%计算，银行财务费率为0.8%，外贸手续费率为1.2%；国内运杂费费率为1%，安装费费率为0.5%，基础费费率为1.5%；评估基准日欧元同人民币的比价为1∶7.8。

要求：根据上述条件，估算该进口设备的重置成本。

2.某公司的一条生产线购建于2018年，购建成本为800万元，2023年对该生产线进行评估。有关资料如下：

（1）2018年和2023年该类设备定基价格指数分别为108%和115%；

（2）与同类生产线相比，该生产线的年运营成本超支额为3万元；

（3）被评估生产线尚可使用12年；

（4）该公司的所得税率为25%，评估时国债利率为3%，风险收益率为5%。

要求：根据上述条件，估算该生产线的价值。

3.对某企业的一台通用机床进行评估，评估专业人员经过市场调查，选择本地区近几个月已经成交的三个交易实例作为参照物，被评估对象及参照物的有关资料见表6-6。

表 6-6 被评估对象及参照物的有关资料表

项目		参照物 A	参照物 B	参照物 C	被评估对象
交易价格（万元）		186	155	168	
因素修正	交易情况	105	98	103	100
	生产厂家	102	100	102	100
	实体状态	99	101	98	100
	价格指数	110%	112%	108%	125%
	新旧程度	80%	70%	75%	70%

要求：根据上述条件，估算该机床的价值。

4.评估对象为已出租的某设备，租赁合同约定该设备的年租金为 13 000 元，设备维修、保险等费用由承租方负担，租期为 6 年，截至评估基准日已满 2 年。根据租赁合同约定租赁期满承租方以 160 000 元价格买断该设备，该设备租赁的增值税按 3% 征收率计算，城市维护建设税、教育费附加、地方教育附加按增值税的 7%、3%、2% 计算，设备租赁期望报酬率为 8%。

要求：根据上述资料，运用收益法估算该设备的价值。

第七章
无形资产评估

【学习目标】

本章主要阐述无形资产评估基本理论和无形资产评估实务。其具体包括：无形资产的概念及分类、无形资产评估的特点、无形资产评估的程序，以及无形资产评估的收益法、市场法和成本法。通过对本章内容的学习，应达到以下的目标：

1.掌握无形资产的内涵及其评估的特点。

2.掌握无形资产评估的三种基本方法的评估思路和实际应用。

3.熟悉无形资产鉴定的内容。

4.通过学习本章内容，理解无形资产评估准则的发展历程及其在我国资本市场发展过程中的重要性。

【思维导图】

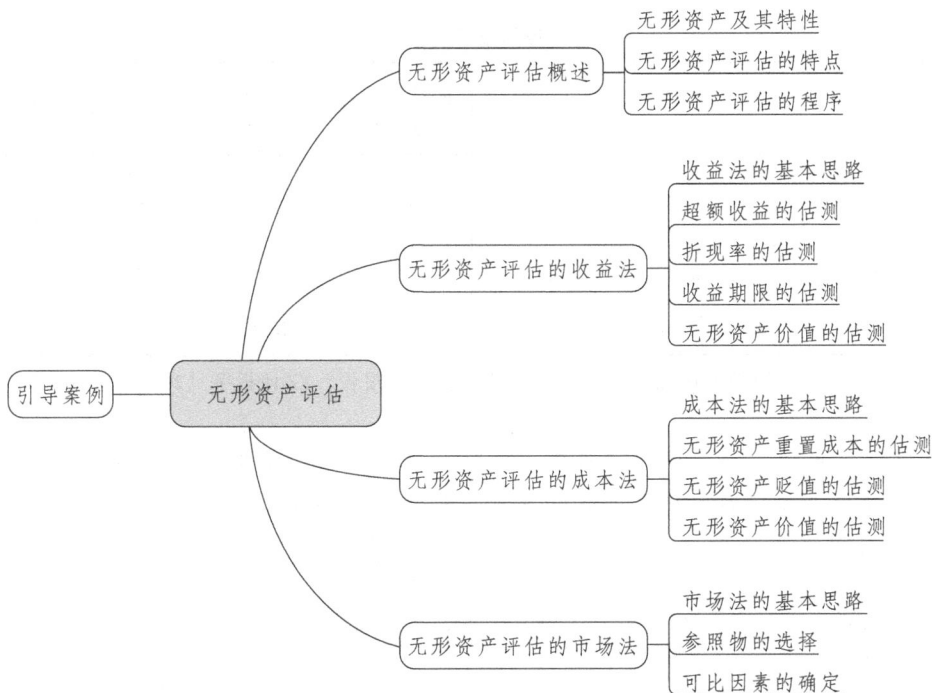

【引导案例】

L资产评估有限公司接受S股份公司的委托，根据有关法律、法规和资产评估准则、原则，采用收益法，按照必要的评估程序，对S股份公司拟对无形资产进行减值测试的行为涉及的相关资产在2014年12月31日的可回收价值进行了评估。

本次评估的目的是对S股份公司的"一种治疗老年性痴呆的药物及其制备方法"和"治疗缺血性中风的药物组合物"两项无形资产在评估基准日的可回收价值进行评估，为S股份公司对上述两项无形资产减值测试提供价值参考。

评估对象为S股份公司的"一种治疗老年性痴呆的药物及其制备方法"和"治疗缺血性中风的药物组合物"两项专利资产的可回收价值。

评估范围为S股份公司持有的"一种治疗老年性痴呆的药物及其制备方法（ZL02999999.9）"和"治疗缺血性中风的药物组合物（ZL03888888.2）"两项无形资产。其中，"一种治疗老年性痴呆的药物及其制备方法"的账面价值为23 738 281.25元；"治疗缺血性中风的药物组合物"的账面价值为16 201 550.24元。

本次评估选取的价值类型为市场价值以外的价值类型——可回收价值。

本次评估的评估基准日是2014年12月31日。

根据评估目的、纳入评估范围资产的特点及评估机构所掌握的资料，采用收益法评估。在评估假设条件成立的前提下，纳入评估范围的资产在评估基准日的账面净额合计为3 993.99万元，评估价值为4 261.04万元，评估增值为267.05万元，增值率为6.69%，具体见表7-1。

表7-1　　　　　　　　　　　评估结果

	项目	账面价值（万元）B	评估价值（万元）C	增减值（万元）D=C-B	增值率 E=D/B×100%
11	一种治疗老年性痴呆的药物及其制备方法	2 373.83	2 504.62	130.79	5.51%
22	治疗缺血性中风的药物组合物	1 620.16	1 756.42	136.26	8.41%

资料来源：根据《S股份公司无形资产减值测试项目评估报告》ZZ评报字〔2015〕第009号整理.（已授权）

上述案例中包括无形资产评估对象、评估范围、评估价值类型、评估方法、评估结论及其成立条件等内容。这些内容既涉及无形资产评估理论，也涉及无形资产评估实务。本章将对无形资产评估理论和各种评估方法的适用性及其具体应用进行详细讲解。

第一节　无形资产评估概述

无形资产对于企业的创新发展具有不可替代的驱动作用。党的二十大报告提出，我国企业将进入新型工业化的发展阶段，企业的技术创新和绿色创新是必经的发展路径。借助时代科技和研发投入，企业将从多种渠道获得大量的无形资产。在这种背景下，如何鉴定识别无形资产并确定其价值，就会显得尤为重要。

一、无形资产及其特性

（一）无形资产的含义

在经济学、会计学和资产评估领域，对无形资产概念的界定虽然不完全相同，但都是描述性的。根据《资产评估准则——无形资产》的规定，无形资产是由特定的主体所拥有或控制的，不具备实物形态，能持续发挥作用且能带来经济利益的资源。为了厘清无形资产的概念，需要区分可辨认无形资产和不可辨认无形资产。可辨认无形资产包括专利权、商标权、著作权、专有技术、销售网络、客户关系、特许经营权、合同权益、域名等；不可辨认无形资产是指商誉。土地使用权、矿业权、水域使用权没有被直接列为无形资产的评估对象。

（二）无形资产的分类

无形资产种类很多，可以按不同的标准进行分类。

1.按无形资产的性质和属性分类

按无形资产的性质和属性，可分为知识产权型无形资产、权利型无形资产、关系型无形资产和组合型无形资产。专利权、商标权和版权是典型的知识产权型无形资产；权利型无形资产是指能给特定当事人带来超额收益的相关权利，如特许经营权和采矿权等；关系型无形资产是一种基于信任关系而形成的社会资本类的经济资源，如销售网络、顾客名单等；组合型无形资产是指由于多重因素综合形成的无形资产，如商誉。

2.按无形资产的取得方式分类

按无形资产的取得方式，可分为自创无形资产和外购无形资产。企业自身研究创造和形成的专利权、商标权、专有技术、商誉等均属于自创无形资产；企业外购的专利权、商标权、专有技术等均属于外购无形资产。

3.按无形资产是否独立存在分类

按无形资产是否独立存在，可分为可确指无形资产和不可确指无形资产。可确指无形资产是指具有专门名称，可以单独取得、转让的无形资产。不可确指无形资产是指不能辨识、不可单独取得，离开企业整体就不复存在的无形资产。一般认为，除商誉以外的无形资产都是可确指无形资产。

如果将可确指无形资产和不可确指无形资产作为一级分类，与无形资产的性质和内容结合起来，便可以形成如表7-2所示的综合分类。

表7-2 无形资产的综合分类

序号	一级分类	二级分类	存在形式
1	可确指无形资产	知识产权	工业产权（专利权、商标权等）、版权（含计算机软件）
2		关系型无形资产	客户关系、客户名单等
3		权利型无形资产	租赁权、特许经营权和矿业权等
4	不可确指无形资产	组合型无形资产	商誉

（三）无形资产的特性

与有形资产相比，无形资产具有明显的形式特征，比如非实体性，不具有实物形态是无形资产最显著的基本特征。除此之外，无形资产还具有排他性和收益性的本质特征。排他性表现为无形资产特定权利仅与特定主体有关；收益性是指无形资产能够直接或间接为其控制主体创造经济效益。

由于无形资产的形成、发挥作用的方式、研发成本等都与有形资产存在很大的差异，由此也形成了其独特的功能特性和成本特性。

1.无形资产的功能特性

（1）积累性。无形资产的形成基于其他无形资产的发展，无形资产自身的发展也是一个不断积累和演进的过程。无形资产总是在生产经营的一定范围内发挥作用的，其成熟程度、影响范围和获利能力是在不断变化之中。

（2）共益性。无形资产可以作为共同财产在同一时间、不同地点，由不同的主体使用，并同时给不同的主体创造效益。无形资产的共益性一般会受到相关合约的限制。由于无形资产可同时被不同的主体拥有或控制，评估时应根据其权益界限界定相关范围。

（3）替代性。随着科学技术的进步，一种技术会取代另一种技术，一种工艺也会取代另一种工艺，无形资产在不断的替代、更新中发展。无形资产的作用期间，特别是尚可使用年限，取决于该领域技术进步的速度和无形资产之间的竞争。

2.无形资产的成本特性

（1）不完整性。会计核算中，一般将科研费用从当期生产经营费用中列支，而不是先对科研成果进行资本化处理，再按无形资产减值或摊销的办法从生产经营费用中补偿。这样，企业账簿上不能全面反映无形资产研发过程中所发生的全部成本费用。

（2）弱对应性。无形资产的研发时间较长，有些经过若干年的研究才能形成成果，有些是在一系列的研究失败后偶尔出现的成果，成果的出现带有很大的随机性和偶然性。因此，无形资产价值并不与开发费用和开发时间产生某种既定的关系。

（3）虚拟性。既然无形资产的成本具有不完整性、弱对应性的特点，因而，无形资产的成本往往是相对的。特别是一些无形资产的内涵已经远远超出了其外在形式的含义，这种无形资产的成本仅具有象征意义。

二、无形资产评估的特点

无形资产评估是指评估师依据相关法律、法规和资产评估准则，对无形资产的价值进行分析、估算并发表专业意见的行为和过程。无形资产的特性决定了无形资产评估具有其自身特点。

（一）无形资产评估通常以产权变动为前提

从无形资产评估所涉及的具体资产业务来看，无形资产评估通常是以产权变动为前提。无形资产评估一般应以产权变动为前提。无形资产发生产权变动大体有两种情况：一种情况是，无形资产的拥有者或控制者以无形资产对外投资或交易时，需要对无形资产进行评估；另一种情况是，当企业整体发生产权变动时，企业资产中所包括的无形资产随企业产权变动而产生评估的需求。

（二）无形资产评估是对超额获利能力的评估

无形资产的价值体现了无形资产所拥有的超额获利能力，无形资产的超额获利能力是无形资产被利用后给产权主体带来的超额收益的能力，无形资产的超额收益通常表现为无形资产直接带来的新增收益额或超过行业平均水平的收益额。无形资产的超额获利能力主要取决于无形资产的稀缺性、技术成熟程度、效用状况、适用范围等。

三、无形资产评估的程序

无形资产评估程序是指无形资产评估的具体工作步骤，主要包括明确基本事项、签订业务约定书、制定工作计划、鉴定无形资产、收集评估资料、估算无形资产价值、编制评估报告等工作。

（一）明确基本事项

明确无形资产评估的基础事项主要是明确无形资产评估目的、评估对象、价值类型和评估基准日等基本情况。

1.明确评估目的

无形资产因评估目的不同，其评估的价值类型和选择的方法也不同，评估结果也会不同。从我国目前的市场条件和人们对无形资产的认识水平来看，无形资产评估一般应以产权变动为前提。根据无形资产产权变动的情况，无形资产评估的特定目的可分为：无形资产转让；以无形资产出资，用于工商注册登记；股份制改造；企业合资、合作、重组及兼并；企业改制、上市；银行质押贷款；处理无形资产纠纷和有关法律诉讼；其他目的等。

2.明确评估对象

明确无形资产评估对象：一是明确评估对象的类别。明确无形资产类别，一方面便于把握无形资产和识别无形资产，另一方面便于了解无形资产的属性及作用空间，以便进一步掌握无形资产的价值变化规律。二是明确评估对象的自身状况。作为评估标的物的无形资产，其自身状况对其自身价值高低的影响非常大。无形资产的自身状况包括：无形资产的适用性和先进性；安全可靠性和配套性；评估时无形资产所处的经济寿命阶段；受法律保护的程度或自我保护程度；保密性与扩散情况；研制开发成本及宣传成本；无形资产的产权状况、无形资产的获利能力等。对无形资产的自身状况的了解和掌握，往往通过对无形资产的鉴定来完成。

3.明确价值类型

无形资产评估的价值类型是无形资产评估结果的价值属性的表现形式。无形资产评估的价值类型一般分为市场价值和市场价值以外的价值两类。评估无形资产市场价值的基础条件包括无形资产评估目的、评估时的市场条件、评估对象自身的性质和状况等。就一般情况而言，除无形资产出售外，对其他无形资产价值的评估基本上都属于市场价值以外的价值类型。

4.明确评估基准日

无形资产作为单独的评估对象评估，评估基准日通常选择现在某个日期，个别情况下评估基准日也可选择过去或将来某个日期，如对无形资产评估结果有争议而引起的复合评估，评估无形资产未来预期价值等。如果无形资产作为机器设备的有机组成部分，与机器设备一同评估，则无形资产的评估基准日应与机器设备的评估基准日相一致。如果无形资产与企业整体资产一同评估，则其评估基准日应与企业价值评估的评估基准日相一致。

（二）签订业务约定书

无形资产评估业务约定书的主要内容包括：无形资产评估目的、评估对象和评估范围、评估价值类型、评估基准日、评估收费、评估报告提交日期等内容。

（三）制订工作计划

无形资产评估工作计划主要包括评估人员安排计划、评估工作进度计划和评估作业经费计划等内容。其中，评估人员安排计划是重点工作，由于无形资产评估类型较多，市场透明度不高，无形资产较有形资产的评估难度较大，因此，应当选择适合的评估人员或外聘专家完成。

（四）鉴定无形资产

鉴定无形资产直接影响到评估范围和评估价值的科学性。通过鉴定无形资产，可以确认无形资产是否存在，鉴别和确定无形资产的权利状况、效用和有效期限。

1.确认无形资产的存在

确认无形资产是否存在，主要是验证无形资产来源是否合法，产权是否明确，经济行为是否合法、有效，评估对象是否已经成为无形资产。对于单独作为评估对象的无形资产，可从以下几个方面进行分析：一是查询评估对象无形资产的内容、国家有关规定、专业人员评价情况、法律文书，核实有关资料的真实性、可靠性和权威性，分析和判定评估对象是否真正形成了无形资产。二是分析无形资产使用所要求的与之相适应的特定技术条件和经济条件，鉴定其应用能力。三是核查无形资产的归属是否为委托者所拥有或他人所有。对于作为企业资产的组成部分随同企业整体资产评估而评估的无形资产（特别是商誉），应当分析企业是否具有由无形资产所带来的超额收益。超额收益一般表现为超额利润或者垄断利润。

2.确认无形资产的权利状况

确认无形资产的权利状况，其主要分析无形资产所具有的是所有权还是使用权。如果是使用权，那么是独家许可使用权、独占许可使用权还是普通许可使用权。无形资产的权利状况通常根据委托方提供的合法有效的产权证明文件确定。

3.鉴定无形资产的效用

无形资产价值的大小主要取决于无形资产的效用。对无形资产效用的鉴定，可从以下两个方面进行：一是鉴别无形资产的类别。其主要确定无形资产的种类、具体名称、存在形式，以及无形资产的使用范围和作用领域。二是分析无形资产的先进性和可靠性。其主要考虑无形资产自身的技术状况、成熟程度，以及与同类无形资产的有关技术指标进行比较。

4.确定无形资产的有效期限

无形资产的有效期限是指无形资产能够获得超额收益的时间（通常以年为单位计量），其是无形资产存在和具有价值的前提。例如，某项专利权如果超过国家法律保护期限，就不能将其作为专利权评估；有的未交专利年费，则视为撤回，专利权失效。对无形资产进行鉴定时，必须要求委托方提供各种能够反映无形资产有效期限的证明文件。

（五）收集评估资料

无形资产评估所需的相关资料一般通过委托人提供和评估人员调查获得，这些资料主要包括以下内容：

1.法律、权属资料

法律、权属资料主要是指无形资产的法律文件或其他证明材料，如专利证书、商标注册证、有关机构和专家的鉴定材料等。

2.成本资料

成本资料主要是指无形资产的研发成本和外购成本的费用和价格资料，如自创无形资产所耗费的材料、人工及其他费用，外购无形资产的购置价格、购置费用，同类无形资产的价格水平及价格变动情况。

3.技术资料

技术资料主要是指反映无形资产技术先进性、可靠性、成熟度、适用性等方面的资料，如无形资产技术国内或国际所处的地位，技术应用的范围和具体的使用状况等。

4.转让内容和条件

转让内容主要考虑无形资产转让的是所有权或使用权以及使用权的不同方式等；转让条件包括转让方式、已转让次数、已转让地区范围、转让时的附带条件以及转让费支付方式等。

5.盈利能力资料

盈利能力资料主要是指运用无形资产的生产能力、产品的销售状况、市场占有率、价格水平、行业盈利水平及风险等。

6.使用期限

使用期限主要考虑无形资产的存续期、法定期限、收益年限、合同约定期限、技术寿命期等。

7.市场供求状况

市场供求状况主要考虑评估对象无形资产及同类无形资产的供给、需求、范围、活跃程度、变动情况等。

8.其他所需资料

无形资产评估的前期基础工作还应包括与委托方签订委托合同和制订评估计划等事项，完成这些工作后，就可以选择适当的方法对无形资产进行评估。

（六）估算无形资产价值

收益法是无形资产评估的主要方法之一。采用收益法评估时，应合理确定超额获利能力和预期收益，分析与之有关的预期变动、收益期限，与收益有关的资金规模、配套资产、现金流量、风险因素及货币时间价值。需要注意的是，评估对象收益额的计算口径与折现率口径应保持一致。

采用市场法评估时，应根据有关资料，选择可比性较强的交易实例作为可供比较的参照物，并根据宏观经济、行业和无形资产变化情况，考虑交易条件、时间因素、交易地点和影响价值的其他因素的差异，调整确定评估值。

采用成本法评估时，应注意根据现行条件下重新形成或取得该项无形资产所需的全部费用确定评估值，并充分考虑无形资产存在的功能性贬值和经济性贬值因素。

（七）编制评估报告

上述工作完成后，应根据评估报告规范要求的格式和内容，在对评估过程综合分析的基础上撰写评估报告。评估报告中要明确阐述评估结论产生的前提、假设和限定条件，各种参数的选用依据，评估方法使用的理由及逻辑推理方式。

延伸阅读7-1

《资产评估执业准则——无形资产》
第一章至第四章

自测题7-1

视频资源7-1

第二节　无形资产评估的收益法

一、收益法的基本思路

收益法是将无形资产带来的超额收益以适当的折现率折现求和，以此确定无形资产价值的评估思路和技术方法。

无形资产以收益性为主要特征，而且无形资产的收益与其投入成本之间没有直接的对应性，因此，无形资产未来收益是衡量无形资产价值的主要依据。与有形资产相比，无形资产能够给其控制者带来超额收益。如果无形资产获得超额收益所承担的风险能够预测和量化，同时也能够确定无形资产获得超额收益的持续年限，就符合收益法评估的基本前提条件。运用收益法评估无形资产价值的关键参数包括超额收益、折现率和收益期限。

二、超额收益的估测

根据无形资产的类型和收益取得方式的不同，无形资产超额收益的估测方法通常有直接估算法、分成率法和差额法。

（一）直接估算法

直接估算法是通过未使用无形资产和使用无形资产以后收益情况的对比，确定无形资产带来的收益。其具体又分为以下三种情况：

1.销售价格提高

无形资产应用于生产经营过程，使生产的产品能够以高出同类产品的价格出售，从而获得超额收益。假设在销售量和单位成本不变，不考虑销售税金的情况下，无形资产形成的超额收益的计算公式为：

$$R = (P_2-P_1) Q (1-T) \tag{7-1}$$

式中，R表示超额收益；P_2表示使用无形资产以后单位产品的价格；P_1表示使用无形资产以前单位产品的价格；Q表示产品销售量；T表示所得税税率。

2.销售量增加

无形资产应用于生产经营过程，使生产的产品销售数量大幅度增加，从而获得超额收益。假设在单位价格和单位成本不变，不考虑销售税金的情况下，无形资产形成的超额收益的计算公式为：

$$R = (Q_2-Q_1)(P-C)(1-T) \tag{7-2}$$

式中，R表示超额收益；Q_2表示使用无形资产以后单位产品的销售量；Q_1表示使用无形资产以前单位产品的销售量；P表示产品价格；C表示产品单位成本；T表示所得税税率。

3.成本费用降低

无形资产应用于生产经营过程，使生产的产品的成本费用降低，从而获得超额收益。假设在销售量和单位产品价格不变，不考虑销售税金的情况下，无形资产形成的超额收益的计算公式为：

$$R = (C_1-C_2) Q (1-T) \tag{7-3}$$

式中，R表示超额收益；C_1表示使用无形资产以前的单位产品成本；C_2表示使用无形资产以后的单位产品成本；Q表示产品销售量；T表示所得税税率。

实际上，使用无形资产以后，所带来的超额收益通常是价格提高、销售量增加以及成本降低等各因素共同形成的结果，评估人员应根据不同情况加以综合性的运用和测算，以科学地估测无形资产的超额收益。

（二）分成率法

分成率法是以运用无形资产后的销售收入或销售利润为基数，乘以无形资产的分成率来确定无形资产超额收益的方法。其评估计算公式为：

超额收益=运用无形资产后的销售收入（或新增销售收入）×销售收入分成率 (7-4)

或 超额收益=运用无形资产后的销售利润（或新增销售利润）×销售利润分成率 (7-5)

1.销售收入或销售利润的估测

由于无形资产的种类不同，其发挥作用的形式、能否再转让等都是有所差异的。预测无形资产的超额收益，应当根据每项无形资产的具体实际情况，考虑适宜的估测思路。对使用无形资产后的销售收入或销售利润预测时，应当充分考虑同行业竞争因素的影响，未来市场产品或服务的需求数量，以及对受让方市场份额的预期，与无形资产相关的产品或服务价格的预期，使用无形资产需追加的投资及相关费用的预期等，并且均应建立在科学、合理、可靠的基础之上。

2.分成率的估测

无形资产销售收入分成率的估测，可以考虑按同行业约定俗成的无形资产销售收入分成率确定，如行业技术分成率、特许使用权分成率、商标分成率等。例如，按照国际惯例一般技术转让费不超过销售收入的1%~10%。但从销售收入分成率和销售利润分成率的比较来看，销售利润分成率比销售收入分成率更能反映出转让价格的合理性，因此，无形资产评估中主要选用销售利润分成率。

销售利润分成率通常是以无形资产带来的追加利润在利润总额中的比重为基础确定。

无形资产转让利润分成率的估测可以有多种方法，下面主要介绍三种方法。

（1）分成率换算法。分成率换算法是通过已知的销售收入分成率和销售利润率指标，并通过计算求得销售利润分成率。其计算公式为：

$$销售利润分成率 = 销售收入分成率 \div 销售利润率 \tag{7-6}$$

【例7-1】

某高新技术企业的行业平均销售利润率为10%，技术转让费为销售收入的4%，则无形资产转让的利润分成率为：

4%÷10%=40%

（2）边际分析法。边际分析法是选择无形资产受让方运用无形资产前后两种经营条件下的利润差额，即由无形资产使用所形成的增加利润，测算其占无形资产使用后的总利润的比率作为无形资产的利润分成率的一种方法。该方法的具体步骤是：首先，对无形资产的边际贡献因素进行分析，包括新市场的开辟，销售量的提高；消耗量的降低，成本费用的节约；产品质量的改进，功能的增加，价格的提高等。其次，测算使用无形资产后受让方可以实现的总利润和无形资产带来的增加利润。再次，根据无形资产的剩余经济寿命或设定年限，将各年的新增利润和利润总额分别折现累加，得到剩余经济寿命或设定年限内的新增利润现值之和与利润总额现值之和。最后，利用新增的利润现值之和与利润总额现值之和的比率作为无形资产利润分成率。其计算公式为：

$$K = \sum_{i=1}^{n} \frac{R'_i}{(1+r)^i} \div \sum_{i=1}^{n} \frac{R_i}{(1+r)^i} \tag{7-7}$$

式中，K表示利润分成率；R'_i表示第i年无形资产带来的新增利润；R_i表示第i年受让方运用无形资产后的利润总额；n表示无形资产的剩余经济寿命。

边际分析法仅是确定无形资产超额收益比例的一种可参考的技术思想，即运用无形资产后增加的超额收益，不能全部划归无形资产。无形资产带来的超额收益仅是其中的一部分。无形资产应分得的部分是多少，应根据无形资产在其中发挥的作用程度来确定，因此，该方法的重点应放在对无形资产边际贡献度的分析上。

【例7-2】

某企业拟转让一项高新技术，受让方在未取得该项技术之前，年利润额在50万元水平上，如果受让方购买了该项技术，年利润额每年将会比上年增加20万元。假定该项技术的经济寿命尚有5年，折现率为10%，则该项技术的利润分成率测算如下：

受让方使用无形资产后每年的利润总额为70万元、90万元、110万元、130万元和150万元，每年新增利润为20万元、40万元、60万元、80万元和100万元。

$$
\begin{aligned}
利润分成率 &= [\frac{20}{(1+10\%)} + \frac{40}{(1+10\%)^2} + \frac{60}{(1+10\%)^3} + \frac{80}{(1+10\%)^4} + \frac{100}{(1+10\%)^5}] \div \\
&\quad [\frac{70}{(1+10\%)} + \frac{90}{(1+10\%)^2} + \frac{110}{(1+10\%)^3} + \frac{130}{(1+10\%)^4} + \frac{150}{(1+10\%)^5}] \\
&= (18.182 + 33.058 + 45.079 + 54.641 + 62.092) \div (63.636 + 74.380 + \\
&\quad 82.645 + 88.792 + 93.138) \\
&= 213.052 \div 402.591 = 0.529
\end{aligned}
$$

经计算，该项技术的利润分成率大约为53%。

（3）约当投资分成法。约当投资分成法是根据等量资本获得等量报酬的思想，将共同发挥作用的有形资产和无形资产换算成相应的投资额（约当投资量），再按无形资产的约当投资量占总约当投资量的权重确定无形资产利润分成率。其计算公式为：

$$利润分成率 = \frac{无形资产约当投资量}{购买方约当投资量 + 无形资产约当投资量} \tag{7-8}$$

无形资产约当投资量=无形资产重置成本×（1+适用成本利润率）

购买方约当投资量=购买方投入总资产的重置成本×（1+适用成本利润率）

约当投资分成法的关键是能否准确地确定无形资产的约当投资量，由于无形资产的种类繁多，既有高技术含量的无形资产，也有普通的无形资产，无形资产的重置成本和适用的成本利润率均不易准确把握。因此，使用约当投资分成法确定无形资产利润分成率时，应当充分掌握有关数据资料。

【例7-3】

A企业以智能汽车新技术向B企业投资，该技术的重置成本为450万元，乙企业投入合营的资产重置成本为7 000万元，甲企业无形资产的成本利润率为400%，乙企业拟合作的资产原利润率为15%。试评估该无形资产投资的利润分成率。

无形资产的约当投资量=450×（1+400%）=2 250（万元）

企业资产的约当投资量=7 000×（1+15%）=8 050（万元）

$$无形资产的利润分成率 = \frac{2\ 250}{2\ 250 + 8\ 050} = 21.84\%$$

（三）差额法

差额法是采用无形资产和其他类型资产在经济活动中的综合收益与行业平均水平进行比较，从而得到无形资产超额收益的方法。该方法的具体步骤是：首先，收集有关使用无形资产的产品生产经营活动财务资料，进行盈利分析，计算得到企业的销售收入和销售利润；其次，收集并确定行业平均销售利润率指标，用企业的销售收入乘以行业的平均利润率得到按行业评估利润率计算的企业利润；最后，计算无形资产带来的超额收益。其计算公式为：

超额收益=销售利润-销售收入×行业平均销售利润率 (7-9)

需要注意的是，运用差额法计算的超额收益，往往是各类无形资产共同创造的，对某一项无形资产评估时，还需将计算的超额收益进行分解处理。

三、折现率的估测

折现率是将无形资产带来的超额收益换算成现值的比率。它本质上是从无形资产受让方的角度，作为受让方投资无形资产的投资报酬率。折现率的高低取决于无形资产投资风险的大小和社会正常的投资收益率。因此，从理论上讲，无形资产评估中的折现率是社会正常的投资报酬率（无风险投资报酬率）与无形资产的投资风险报酬率之和。其计算公式为：

无形资产评估中的折现率=无风险报酬率+无形资产投资风险报酬率 (7-10)

关于无风险报酬率，在市场经济比较发达的国家，无风险报酬率大都选择政府债券利率，从我国目前的情况来看，除了可以选择国库券利率以外，国家银行利率也可以考虑。无风险报酬率体现了投资回报的安全性和可靠性，我国的国库券利率与银行利率基本上都可以保证这两点。

无形资产投资风险报酬率的选择和量化主要取决于无形资产本身的状况，以及运用和实施无形资产的外部环境，如技术的先进性，技术成果是否已经在市场中得以体现，企业整体素质和管理水平，企业所处行业，市场因素和政策因素等。因此，对于无形资产的投资风险报酬率的确定，通常需要根据具体的评估对象的具体情况分析判断而定。

总之，无形资产评估中的折现率的确定是一个比较复杂的过程，其受诸多因素的影响和制约。评估人员需要抓住影响无形资产折现率的主要因素，在认真调查研究的基础上，经过充分分析予以量化。

四、收益期限的估测

无形资产的收益期限是指无形资产发挥作用，并具有超额收益能力的时间。无形资产能够带来超额收益持续的时间通常取决于无形资产的剩余经济寿命。但是，在无形资产转让或其他形式的产权变动过程中，转让的期限、无形资产受法律保护的年限等因素都将影响某一具体无形资产的收益持续时间。因此，判断无形资产获得超额收益持续的时间，需要掌握这样一个原则，即剩余经济寿命与法律保护年限以及合同年限孰短的原则。关于无形资产的法定寿命和合同年限，一般都是明确的，而无形资产的剩余经济寿命通常需要评估人员予以估测。当然，无形资产的种类不同，其剩余经济寿命的决定因素也不同，需要根据无形资产的具体特点采取适当的方式加以判断，比如技术型无形资产，通常需要采用产品更新周期法或技术更新周期法来判断其剩余经济寿命。

五、无形资产价值的估测

在已经确定无形资产的超额收益、折现率和收益期限后，便可按照将利求本的思路，运用收益折现法将无形资产在其发挥效用的年限内的超额收益折现累加求得评估值。其计算公式为：

$$P = \sum_{i=1}^{n} \frac{R_i}{(1+r)^i}$$
(7-11)

式中，P表示评估值；R_i表示第i年无形资产带来的预期超额收益；r表示折现率；n表示收益持续的年限数；i表示序号。

【例7-4】

A葡萄酒庄将该酒庄知名的注册商标使用权通过许可使用合同允许B葡萄酒庄使用，使用期限为5年。双方约定，由B葡萄酒庄每年按使用该商标新增利润的25%支付给A葡萄酒庄，作为商标使用费。经预测，在未来5年，B葡萄酒庄使用A葡萄酒庄的商标后每年新增净利润分别为290万元、320万元、350万元、370万元和390万元。假设折现率为12%，则该商标使用权的价值为：

$$\frac{290 \times 25\%}{(1+12\%)} + \frac{320 \times 25\%}{(1+12\%)^2} + \frac{350 \times 25\%}{(1+12\%)^3} + \frac{370 \times 25\%}{(1+12\%)^4} + \frac{390 \times 25\%}{(1+12\%)^5}$$

$$= 64.732 + 63.776 + 62.281 + 58.785 + 55.324$$

$$= 304.898 （万元）$$

当然，根据不同无形资产的特点，还可以选择收益法中的其他具体方法进行评估。需要指出的是，本教材中的举例纯粹是为了说明收益法的原理，而并不是实际案例，因此，读者不可以不加分析地将例题中的参数作为实际评估时的参数，尤其是折现率的选取，即使很小的偏差都会导致评估结果的较大变化。所以，收益法中的各个参数应根据实际情况来确定。

延伸阅读7-2

《商标资产评估指导意见》

自测题7-2

视频资源7-2

第三节　无形资产评估的成本法

一、成本法的基本思路

成本法是在确信无形资产具有现实或潜在的获利能力，但不易量化的情况下，以无形资产的现行重置成本为基础判断其价值的方法。

运用成本法评估无形资产，需要把握两大基本要素：一是无形资产的重置成本；二是无形资产的贬值，主要是无形资产的功能性贬值和经济性贬值。

由于无形资产的成本具有不完整性、弱对应性和虚拟性等特点，因此，运用成本法评估无形资产的价值受到一定的限制。

二、无形资产重置成本的估测

无形资产的重置成本是指在现行的条件下，重新取得该无形资产需要支出的全部费用。根据无形资产形成的渠道，在测算无形资产重置成本时，需要区分外购无形资产和自创无形资产两类加以考虑。

（一）自创无形资产重置成本的估测

自创无形资产的成本包括研制、开发、持有期间发生的全部物化劳动和活劳动的费用支出。在现实中，大多数企业或个人对自创无形资产的基础成本数据积累不够，使得自创无形资产的成本记录不完整、不真实，甚至是缺失。这样就为运用成本法评估无形资产带来了一定的困难。在无形资产研制、开发费用资料较为完备的情况下，可按下列思路测算其重置成本：

1.核算法

核算法是将以现行价格水平和费用标准计算的无形资产研发过程中的全部成本费用（包括直接成本和间接成本）加上合理利润、税费确定无形资产的重置成本。其计算公式为：

无形资产重置成本=直接成本+间接成本+合理利润+税费　　　　　　　　（7-12）

式中，无形资产的直接成本是指无形资产研发过程中按现行价格计算的物质资料实际消耗额与按现行标准计算的实际工时费用的总和。其计算公式为：

$$\text{无形资产直接成本} = \sum(\text{物质资料实际消耗量} \times \text{现行价格}) + \sum(\text{实耗工时} \times \text{现行费用标准}) \quad (7-13)$$

间接成本是指与无形资产研发有关，应摊入无形资产成本的费用，包括管理费用、非专用设备折旧费、应分摊的公共费用和能源费用等。合理利润是指以无形资产直接成本和间接成本为基础，按同类无形资产平均成本利润率计算的利润。税费是指无形资产转让过程中应缴纳的增值税、城市维护建设税和教育费附加，以及无形资产转让过程中发生的其他费用，如宣传广告费、技术服务费、交易手续费等。

2.倍加系数法

对于投入智力比较多的技术型无形资产，考虑到科研劳动的复杂性和风险性，可以采用以下公式估算无形资产重置成本：

$$C_r = \frac{C + \beta_1 V}{1 - \beta_2}(1 + P)\frac{1}{1 - T} \quad (7-14)$$

式中，C_r表示无形资产重置成本；C表示研制开发无形资产的物化劳动消耗；V表示研制开发无形资产的活劳动消耗；β_1表示科研人员创造性劳动的倍加系数；β_2表示科研的平均风险系数；P表示无形资产投资报酬率；T表示流转税（增值税及附加）税费率。

当评估对象无形资产为非技术型无形资产时，科研人员创造性劳动的倍加系数β_1和科研的平均风险系数β_2可以不予考虑。当然，上述公式中并没有反映间接成本和转让成本的因素，在实际评估操作中，也应将其考虑在内。

没有较为完备的费用支出数据资料的无形资产的重置成本估测，应尽可能利用类似无形资产的重置成本作为参照，通过调整求得评估对象无形资产的重置成本。

（二）外购无形资产重置成本的测算

外购无形资产由于其原始购入成本在企业账簿上有所记录，相对于自创无形资产的重置成本的估测似乎容易一些。外购无形资产的重置成本包括购买价和购置费用两部分，一般可采用以下两种方法：

1.类比法

类比法是以与评估对象相类似的无形资产近期交易实例作为参照物，再根据功能和技术先进性、适用性等对参照物的交易价格进行调整和修正，从而确定评估对象无形资产现行购买价格，再根据现行标准和实际情况核定无形资产的购置费用，以此来确定无形资产的重置成本。该方法的难点是能否找到合适的参照物以及调整因素的确定与量化。

2.价格指数法

价格指数法是以被评估无形资产的历史成本为基础，采用同类无形资产的价格指数将无形资产的历史成本调整为重置成本的方法。根据获得价格指数的情况，具体采用定基价格指数和环比价格指数进行调整。

采用定基价格指数进行调整的公式为：

$$\text{重置成本} = \text{历史成本} \times \frac{\text{评估时定基价格指数}}{\text{购置时定基价格指数}} \quad (7-15)$$

采用环比价格指数进行调整的公式为：

$$\text{重置成本} = \text{历史成本} \times \prod_{t = t_0 + 1}^{t_n} \text{环比价格指数} \quad (7-16)$$

式中，t_0 表示无形资产购置时间（年、月）；t_n 表示无形资产评估时间（年、月）。

价格指数应当综合考虑生产资料价格指数的变化和消费资料价格指数的变化。根据评估对象无形资产的种类，以及可能投入的活劳动情况，选择消费资料价格指数与生产资料价格指数的权重。

三、无形资产贬值的估测

无形资产本身没有有形损耗，其贬值主要体现在功能性贬值和经济性贬值方面，而无形资产的功能性贬值和经济性贬值又会通过其经济寿命的减少和缩短加以体现。评估时，可以将无形资产的贬值以其剩余经济寿命的减少来表示。这样，利用使用年限法就能较为客观地反映无形资产的贬值。其计算公式为：

$$贬值率 = \frac{已使用年限}{已使用年限 + 尚可使用年限} \times 100\% \tag{7-17}$$

运用年限法确定无形资产的贬值率，其关键问题是如何确定无形资产的尚可使用年限。无形资产尚可使用年限可以根据无形资产法律保护期限或合同期限减去已使用年限确定，或者通过有关专家对无形资产的先进性、适用性、同类无形资产的状况以及国家有关政策等方面的综合分析，判定其剩余经济寿命。此外，还应注意分析无形资产的使用效用与无形资产的使用年限是否呈线性关系，以此来确定上述公式的适用性。

四、无形资产价值的估测

无形资产评估实质上是对其权利和获利能力的评估。在无形资产转让过程中，无形资产的权利可分为所有权和许可使用权。由于无形资产的权利不同，其获利能力也不同，无形资产的价值也不同。因此，对于无形资产价值的评估可分为以下两种情况：

（一）无形资产所有权价值的估测

无形资产所有权是无形资产最根本的权利。无形资产所有权的转让标志着无形资产的权利（控制权、使用权、收益权、处置权等）的全部转移。在这种情况下，无形资产的评估价值应该是无形资产的重置成本扣除无形资产贬值的全部余额。其评估计算公式为：

$$无形资产评估值 = 重置成本 \times (1 - 贬值率) \tag{7-18}$$

（二）无形资产许可使用权价值的估测

无形资产许可使用权通常可分为独占使用权、排他使用权和普通使用权等。上述使用权转让的形式和内容尽管有所不同，但其具有共同的特点，即无形资产的所有权仍被原产权主体拥有，无形资产的使用权和收益权在一定的时间和地域范围内被多个产权主体拥有。因此，在这种情况下，无形资产使用权的价值就不是全部无形资产重置成本的净值，而是全部无形资产重置成本的净值的分摊额与无形资产转让的机会成本之和。其评估计算公式为：

$$评估值 = 重置成本 \times (1 - 贬值率) \times 转让成本分摊率 + 转让的机会成本 \tag{7-19}$$

$$转让成本分摊率 = \frac{购买方运用无形资产的设计能力}{运用无形资产总的设计能力} \times 100\% \tag{7-20}$$

转让的机会成本 = 无形资产转让的净减收益 + 无形资产再开发的净增费用

上述公式中，购买方运用无形资产的设计能力和运用无形资产总的设计能力可根据设计产量或按设计产量计算的销售收入计算确定。无形资产转让的净减收益一般是指在无形资产尚能发挥作用期间减少的净现金流量。无形资产再开发的净增费用包括保护和维持无形资产追加的科研费用和其他费用。无形资产转让的净减收益和无形资产再开发的净增费用通常运用边际分析法进行分析测算。

由于无形资产自身的特点，其价值主要不是取决于其"物化"的量，而是其带来的经济利益的量。因此，只有确信评估对象确有超额获利能力，运用成本法评估其价值才能避免出现重大失误。

【例 7-5】

某国有企业拟进行改制，需要对其进行全面资产评估。该企业拥有一项专利技术（实用新型），两年前研发成功并获得专利证书。有关资料如下：（1）该专利研发过程中的直接成本费用（包括材料费、人工费及其他费用等）合计为 16.5 万元；（2）间接成本费用（包括分摊的管理费用、非专用设备折旧费及其他费用等）合计为 2.4 万元；（3）由于人工费占研发成本的比重较小，按生产资料价格指数调整原始成本，近两年同类生产资料价格变动指数分别为 5% 和 8%；（4）同类专利技术现行平均的成本利润率为 200%；（5）该专利技术剩余经济寿命为 6 年。试评估该专利权的所有权价值。

（1）计算无形资产的重置成本。

直接成本现值 = 16.5×（1+5%）×（1+8%）=18.71（万元）

间接成本现值 = 2.4×（1+5%）×（1+8%）=2.72（万元）

研发利润 =（18.71+2.72）×200%=42.86（万元）

重置成本 =18.71+2.72+42.86=64.29（万元）

（2）计算无形资产的贬值率。

$$贬值率 = \frac{2}{2+6} \times 100\% = 25\%$$

（3）计算无形资产的评估值。

评估值 =64.29×（1-25%）=48.22（万元）

【例 7-6】

A 企业转让人工智能专利技术许可使用权，有关资料如下：（1）该专利技术是该公司两年前购买的，当时的购买价格及有关购置费用合计为 500 万元；（2）近两年同类无形资产的转让价格上涨了 15%；（3）经分析，该专利技术的剩余经济寿命为 8 年；（4）根据合同规定，该专利转让的是排他使用权，即使用权仅为买卖双方所拥有，不再转让给第三者使用，买卖双方运用无形资产生产产品的设计生产能力分别为 60 000 件和 80 000 件；（5）预计由于专利权的转让，该公司未来的收益净损失额现值合计为 80 万元，需要投入的再开发及保护费用的现值合计为 16 万元。试评估该专利技术的使用权转让价值。

（1）计算无形资产的重置成本净值（现值）。

$$重置成本净值 = 500 \times (1+15\%) \times (1 - \frac{2}{2+8} \times 100\%) = 460（万元）$$

（2）计算无形资产的转让成本分摊率。

$$转让成本分摊率 = \frac{60\,000}{60\,000 + 80\,000} \times 100\% = 42.86\%$$

（3）计算无形资产的使用权转让价值。

评估值=460×42.86%+80+16=293.16（万元）

自测题 7-3

视频资源 7-3

第四节　无形资产评估的市场法

一、市场法的基本思路

市场法是指通过市场调查，选择与被评估无形资产相同或类似的近期交易实例作为参照物，并通过对交易情况、交易时间、交易价格类型，以及无形资产的先进性、适用性、可靠性、使用范围、经济寿命等各方面的因素比较、量化和修正，将参照物无形资产的市场交易价格调整为评估对象价值的评估思路和技术方法。

由于无形资产的个别性、垄断性、保密性等特点决定了无形资产的市场透明度较低，加之我国无形资产市场尚不发达，交易不频繁，使得运用市场法评估无形资产有诸多的困难。因此，我国目前的条件下运用市场法评估无形资产的情况并不普遍。

二、参照物的选择

同有形资产一样，无形资产采用市场法评估首先也需要收集资料和合理选择参照物。根据无形资产评估准则的相关规定，收集资料时应当确定具有合理比较基础的无形资产；收集类似的无形资产交易市场信息和被评估无形资产以往的交易信息；价格信息具有代表性，且在评估基准日是有效的；根据宏观经济、行业和无形资产情况的变化，考虑时间因素，对被评估无形资产以往信息进行必要调整。在对所收集资料进行分析、整理和筛选的基础上合理选择参照物，参照物的选择需要注意：（1）所选择的参照物应与评估对象无形资产在功能、性质、适用范围等方面相同或基本相同；（2）参照物的成交时间应尽可能接近评估基准日，或其价格可调整为评估基准日价格；（3）参照物的价格类型应与评估对象要求的价格类型相同或接近；（4）至少有三个参照物可供比较。

三、可比因素的确定

可比因素就是影响被评估对象和参照物之间价格差异的因素。从较大的层面来看，这些影响因素包括交易情况因素、交易时间因素、无形资产状况因素等。其中，交易情况因素包括交易类型、市场供求状况、交易双方状况、交易内容（如所有权转让或使用权转让）、交易条件、付款方式等。交易时间因素主要分析参照物交易时同类无形资产的价格水平与评估时点是否发生变化，变化的幅度以及对无形资产价格的影响程度。无形资产的类型不同，无形资产状况因素也不完全相同。技术类无形资产的状况因素主要包括无形资产的产权状况，无形资产的适用性、先进性、安全可靠性和配套性，无形资产的剩余经济寿命，无形资产受法律保护和自我保护的程度，无形资产的保密性和扩散性，无形资产的研发和宣传成本等。评估时，应对上述因素进行全面分析，合理确定可供比较的各种因素，并通过对可比因素的量化和调整最终估测出被评估对象无形资产的价值。

根据不同的资产业务，采用收益法、成本法或市场法对无形资产价值进行评估后，按照评估报告准则的要求撰写无形资产评估报告。评估报告中应明确说明无形资产评估的价值类型及其定义，评估方法的选择及其理由，各重要参数的来源、分析、比较与测算过程，对初步评估结论进行分析，形成最终评估结论的过程，评估结论成立的假设前提和限制条件等内容，使评估报告使用者能够明确理解评估结论。

延伸阅读7-3

《资产评估执业准则——无形资产》
第五章至第七章

自测题7-4

【思政课堂】　抚今追昔 开拓创新——回顾无形资产评估准则的发展历程

2000年后，为了规范上市公司行为，保护中小投资者的合法权益，我国证券市场开始加大力度清理上市公司大股东占用上市公司资产的行为。在此过程中，多起大股东以无形资产作价偿还所欠上市公司债务的案例，引起了资本市场的高度关注。为适应资本市场的迫切要求，我国开始加快组织制定无形资产评估准则。中国资产评估协会组织专家组成三个工作小组分别对准则进行起草，然后汇总、讨论、修改，数易其稿后，于2001年7月由财政部发布了我国第一部无形资产评估准则——《资产评估准则——无形资产》。无形资产评估准则的发布对我国资本市场无形资产交易定价的规范工作发挥了十分积极的作用，同时，无形资产评估准则的发布也标志着我国资产评估准则发生了从无到有的根本变化。

无论是在国际评估准则还是在我国资产评估准则体系中，无形资产评估准则都是非常重要的内容。2008年，在中国资产评估协会的具体组织领导下，多位专家一道共同完成了无形资产评估准则的修订工作，并于2008年11月发布。这次《资产评估准则——无形资产》修订工作的完成，标志着我国资产评估准则的建设工作已经从主要关注准则总体系建设和单体准则制定工作，发展到追求建立一种在具体实体性准则之下，具有分层次有机联系的完备准则子体系的较为完善的评估准则体系。

随着资产评估行业的进一步发展和资产评估法律、法规的完善，无形资产评估准则又迎来了新的变化。为贯彻落实《资产评估法》，规范资产评估执业行为，保证资产评估执业质量，保护资产评估当事人合法权益和公共利益，在财政部的指导下，中国资产评估协会根据《资产评估基本准则》，对《资产评估准则——无形资产》进行了修订，制定了《资产评估执业准则——无形资产》，自2017年10月1日起施行。

抚今追昔，经过近二十年的发展历史和辛勤努力，我国资产评估准则从无到有并日益完善，体现了开拓创新和不断超越的历程。有了这样的坚实基础，我们将更加满怀信心地迎接新的、更大的挑战。

资料来源：崔劲．抚今追昔　开拓创新——回顾无形资产评估准则的发展历程［J］．中国资产评估，2019（7）．（有增删）

【本章小结】

本章阐述了无形资产评估的基本理论和实务，包括无形资产的含义及特征、无形资产评估的特点、无形资产评估的程序以及无形资产评估的三种主要方法。本章重点介绍了无形资产评估的收益法和成本法，概括介绍了无形资产评估的市场法的评估思路。本章结合无形资产评估实务，在收益法部分主要讲解了无形资产超额收益的估测、折现率的估测以及收益期限的估测；在成本法部分详细讲解了重置成本和无形资产贬值的估测。

【复习思考】

1. 无形资产评估有哪些特点？
2. 无形资产主要有哪些分类？
3. 无形资产的评估程序是什么？
4. 影响无形资产价值的因素有哪些？
5. 市场法评估无形资产需要修正哪些因素？
6. 运用收益法评估无形资产价值的基本前提条件有哪些？
7. 如何理解和确定无形资产的收益期限？
8. 运用成本法评估无形资产的重置成本该如何确定？

【练习题】

(一) 单选题

1. 折现率是将未来各期间被评估资产的预期收益换算为评估时点价值的比率，其与收益风险的关系是（　　）。

A. 收益风险越小折现率越大　　　　　　B. 收益风险越大折现率越小

C. 收益风险越大折现率越大　　　　　　D. 收益风险与折现率无关

2. 无形资产不具有实物形态，不需要存放空间，也无法使人们直观地判断其是否存在，因而其不存在（　　）。

A. 无形贬值　　　　B. 实体性贬值　　　　C. 经济性贬值　　　　D. 功能性贬值

3. 不具有法律或合同规定期限的无形资产是（　　）。

A. 著作权　　　　B. 专利权　　　　C. 商标权　　　　D. 商誉

4. 无形资产成本资料不完整，评估时不宜采用（　　）。

A. 收益法　　　　B. 市场法　　　　C. 成本法　　　　D. 超额收益法

5. 按照无形资产的分类，企业文化属于（　　）无形资产。

A. 权利型　　　　B. 关系型　　　　C. 组合型　　　　D. 知识型

（二）多选题

1.运用成本法评估无形资产时，其中无形资产的贬值率包含的因素有（　　）。

A.外观性贬值　　　　　　　　　　B.实体性贬值

C.功能性贬值　　　　　　　　　　D.经济性贬值

E.周期性贬值

2.成本法也是无形资产评估的基本方法之一，运用成本法进行无形资产评估必须具备的基本条件有（　　）。

A.无形资产评估对象具有可替代性　　B.重置该无形资产技术上可行

C.重置该无形资产法律上许可　　　　D.具备可利用的历史资料

E.无形资产需要是外购形式获得的

3.关于土地使用权评估的说法，下列选项中正确的有（　　）。

A.土地使用权属于无形资产

B.通行的评估方法有市场比较法、收益还原法、剩余法（假设开发法）、成本逼近法、基地地价系数修正法等

C.工业用地法定最高年限为50年

D.我国土地的所有权属于国家

E.土地评估不需要考虑规划用途，而是根据实际用途确定土地性质

4.无形资产的功能性特征包括（　　）。

A.不完整性　　　　　　　　　　　B.替代性

C.积累性　　　　　　　　　　　　D.共益性

E.附着性

5.下列各类无形资产，有专门法律保护的有（　　）。

A.商誉　　　　　　　　　　　　　B.计算机软件

C.商标　　　　　　　　　　　　　D.非专利技术

E.销售网络

（三）判断题

1.无形资产评估一般以产权变动为前提。　　　　　　　　　　　　　　　　（　　）

2.考虑无形资产的共益性，就要求在资产评估时考虑机会成本的补偿问题。（　　）

3.无形资产的有效期限是无形资产能够获得超额收益的时间。　　　　　　（　　）

4.评估时需要注意无形资产收益额计算口径与折现率口径相一致，若收益额采用净利润，则折现率应选择投资回收率。　　　　　　　　　　　　　　　　　　　　　（　　）

5.若无形资产形成时间较短，并且存在另一种类似无形资产可以替代，则其仅适用成本法。　　　　　　　　　　　　　　　　　　　　　　　　　　　　　　　　（　　）

（四）计算业务题

1.某企业拟转让其拥有的某产品的商标使用权，该商标产品市场售价为1 000元/台，比普通商标同类产品单位售价高出100元，拟购买商标企业年生产能力为100 000台，双方商定商标使用权许可期为3年，被许可方按使用该商标的产品年超额利润的30%作为商标特许权使用费，每年支付一次，3年支付完价款。被许可方的正常销售利润率为10%，折现率按10%计算（暂不考虑税费因素）。

要求：根据上述资料，计算该商标使用权的价值。

2.某企业拟转让一项专利技术，与购买方商议双方利用该专利技术的生产能力分别为800万件和400万件产品。该专利技术的开发成本为400万元，已经使用5年，剩余经济使用年限为3年。该专利技术转让后对出让方的生产经营产生较大影响，由于市场竞争，使得产品销售额下降，减少净收入的现值为60万元。转让后为受让方提供技术指导等转让成本为20万元。

要求：试评估确定该无形资产转让的最低收费额。

3.甲企业将一项专利使用权转让给乙企业，拟采用利润分成支付的方法。该专利技术是3年前自行研制的，账面成本为80万元，3年期间价格指数上涨了25%。该专利保护期为10年，剩余保护期为6年，专业人员测算认为该专利技术的成本利润率为400%，乙企业资产的重置成本为4 000万元，成本利润率为13%。专业人员通过对该专利技术的同类技术发展趋势分析，认为该专利剩余经济使用年限为4年。通过对市场供求状况及生产状况分析得知，乙企业的年实际生产能力为20万件，成本费用为每件400元，未来4年期间的产量与成本费用变动不大，使用该专利技术后产品的性能提高，预计每件产品的售价在未来第1、2年均为500元，第3、4年均为450元。假定折现率为12%，适用的所得税税率为20%。

要求：试确定该专利技术的评估价值。

4.甲企业将其注册商标通过许可使用合同许可给乙企业使用。使用时间为5年，双方约定乙企业按照使用商标新增加利润的25%支付给甲企业。根据估测乙企业使用该商标后，每件产品可新增加税前利润10元，预计5年内的生产销售量分别为40万件、45万件、55万件、60万件、65万件。假定折现率为12%，适用的所得税税率为20%。

要求：试估算该商标许可使用权的价值。

5.甲企业将一项专利使用权转让给乙公司使用5年，拟采用利润分成的方式收取转让费。该专利的开发研制成本为100万元，成本利润率为500%，乙公司的资产重置成本为3 000万元，成本利润率为15%。乙公司的实际年生产能力为20万件，每件生产成本为50元，预计未来5年的市场出售价格分别为90元、90元、85元、75元、75元。假定折现率为12%，适用的所得税税率为20%。

要求：试确定该专利的使用权转让费。

第八章

流动资产评估

【学习目标】

本章主要阐述流动资产评估的基本理论和具体方法，包括实物流动资产评估、金融流动资产评估以及其他流动资产评估。通过对本章内容的学习，应达到以下的目标：

1.掌握流动资产的概念和分类。

2.掌握流动资产及其评估的特点。

3.掌握实物流动资产的特点和评估方法。

4.掌握非实物流动资产的内容和评估方法。

5.通过学习本章内容，了解我国企业流动资产评估现状及优化措施。

【思维导图】

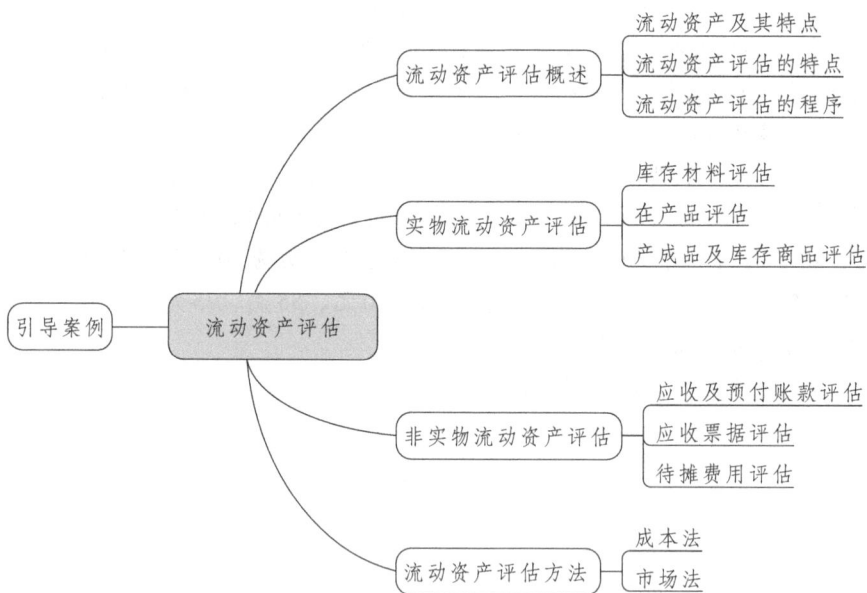

【引导案例】

D集团公司存货账面值为人民币 18 521 926.50 元，其中：原材料账面值为人民币 17 163 780.96 元，工程施工账面值为人民币 1 358 145.54 元。存货跌价准备为人民币 2 732 307.91 元，存货账面净额为人民币 15 789 618.59 元。存货的具体评估方法及过程如下：

（1）原材料

原材料账面值为人民币 17 163 780.96 元，主要是企业为生产购入的生产辅助材料、备品备件、燃料煤等。评估时，应先核对明细账与总账、报表余额是否相符，核对与委估明细表是否相符。根据评估要求对原材料实物进行抽查盘点，制作存货盘点表，根据盘点数与基准日到盘点日账务记载的收发数倒推出基准日实有数量。原材料核实结果与账表金额相符。在清查核实的基础上，经调查分析，得知企业各类材料、工器具、备品备件及其他材料等耗用量较大，周转速度较快，账面值与评估基准日市价较为接近，故以市场询价为基础确定其评估值；企业原料煤账面值采用加权平均计价，而近期市场煤价有一定变化。因此，本次评估对于原料煤，以清查核实的数量乘以调查确定的现行市场采购单价确定评估值。

原材料评估值为 17 203 355.20 元，评估增值为 39 574.24 元。

具体举例为：产品名称：20G 无缝钢管；明细表序号：表 3-9-2-5；账面值：11 001.60 元；数量：4 米；账面单价：2 750.40 元/米。

经询价，该材料在基准日的市场单价（不含税，包括运杂费）与账面记录单价相当，因此，在实际操作中以账面记录单价作为市场单价。经过以上程序，确定原材料评估值与账面值相比，增值为 39 574.24 元，增值率为 0.23%。

（2）工程施工

工程施工账面值为人民币 1 358 145.54 元，系企业工程施工费。评估人员通过核对企业账簿、财务凭证及相关证明，以核实后账面值作为评估值。

工程施工评估值为 1 358 145.54 元。

另外，存货合计评估值为 15 829 192.83 元，评估增值为 39 574.24 元，增值率为 0.25%。

资料来源：根据《热电股份有限公司拟发行股份购买资产涉及之 D 集团公司模拟股东全部权益价值评估说明》ZZ 评报字〔2015〕第 99 号整理．（已授权）

上述案例中涉及的存货属于企业实物流动资产，除此之外，企业流动资产还包括非实物流动资产和其他流动资产。不同类型的流动资产具有共同的特点，但是其评估方法存在差异。本章将详细讲解企业流动资产的分类和具体的评估方法。

第一节　流动资产评估概述

流动资产是企业进行运营活动的基础，在企业日常经营管理中占据重要的位置。对流动资产的合理分类和有效的价值认定，可以加强流动资产管理并提高使用效果，进而提高企业运营效率并实现高质量发展。

一、流动资产及其特点

（一）流动资产的含义

流动资产是指企业在生产经营活动中，在一年或一个经营周期内变现或耗用的资产。流动资产是企业资产的重要组成部分，一般是为交易或生产经营目的而持有并预计在一个正常营业周期内变现、出售或耗用。流动资产包括货币资金、交易性金融资产、应收票据、应收账款、预付账款、其他应收款、存货及其他流动资产等。

货币资金是指在企业生产经营过程中处于货币形态的那部分资金。按其形态和用途不同，可分为库存现金、银行存款和其他货币资金。其他货币资金包括外埠存款、银行汇票存款、银行本票存款、信用证保证金存款、信用卡存款、存出投资款等。

交易性金融资产是指企业为了近期内出售而持有的股票、债券和基金等金融资产。

应收票据是指企业持有的、尚未到期兑现的商业票据。应收票据按照到期时间分类，可分为短期应收票据和长期应收票据，如无特指，应收票据即为短期应收票据。

应收账款是指企业因销售商品、材料及提供劳务等，应向购货单位收取的款项，以及代垫运杂费和承兑到期而未能收到款项的商业承兑汇票。

预付账款是指企业按照购货合同规定预付给供应单位的款项。预付账款按照实际付出的金额入账，如预付的材料、商品采购货款，必须预先发放的在以后收回的农副产品预购定金等。

其他应收款是指企业在商品交易业务以外发生的各种应收、暂付款项。其主要有应收的各种赔款、罚款，应收的出租包装物租金，应向职工收取的各种垫付款项，以及备用金、存出保证金等。

存货是指企业在日常活动中持有以备出售的产成品或商品，处在生产过程中的在产品，在生产过程或提供劳务过程中耗用的材料、物料等。存货包括商品、产成品、再产品、半成品以及各类原材料、燃料、包装物、低值易耗品等。

其他流动资产是指除上述流动资产之外的流动资产，主要包括待摊费用等。

（二）流动资产的分类

从不同的角度，流动资产可以有不同的分类方式，而且不同行业也会有不同的流动资产构成。

1.按流动资产的表现形态分类

按流动资产的表现形态，流动资产可分为实物流动资产、金融流动资产和其他流动资产。实物流动资产主要是存货，包括商品、产成品、再产品、半成品以及各类原材料、燃料、包装物、低值易耗品等。金融流动资产包括货币资金、交易性金融资产和债权流动资产。其中，货币资金包括库存现金、银行存款和其他货币资金；交易性金融资产包括近期内出售而持有的股票、债券和基金等；债权流动资产包括应收票据、应收账款、预付账款和其他应收款等。其他流动资产主要包括待摊费用等。

2.按流动资产在企业生产经营的作用分类

（1）按流动资产在企业生产经营的作用，工业企业的流动资产可分为：①储备资产，包括原材料及主要材料、辅助材料、燃料、修理用备件、低值易耗品、包装物、外购半成品等。②生产资产，包括在产品、自制半成品、待摊费用等。③成品资产，包括产成品和准备销售的半成品和零部件等。④结算资产，指发出商品、应收账款、应收票据等。⑤货币资产，指银行存款、库存现金等。

（2）按流动资产在企业生产经营的作用，商业企业的流动资产可分为：①商品资产，包括库存商品和在途商品等。②非商品资产，包括包装物、物料用品、低值易耗品、待摊费用。③结算资产，包括各种应收应付款、应收票据等。④货币资产，包括银行存款、库存现金等。

3.按流动资产的管理需要分类

按流动资产的管理需要分类，流动资产可分为定额流动资产和非定额流动资产。定额流动资产是流动资产的基本组成部分，包括原材料、辅助材料、在产品、自制半成品、产成品等。非定额流动资产包括结算资产和货币资金。

（三）流动资产的特点

与非流动资产相比，流动资产具有以下特点：

1.流动性强，周转速度快

流动资产在企业生产经营过程中依次经过购买、生产、销售三个阶段，并分别采取货币资产、储备资产和成品资产等形态，经过一个生产经营周期，其价值全部转移到所形成的商品中，然后从营业收入中得到补偿。

2.多样化的存在形态

流动资产的存在形态多种多样，在企业生产经营过程中，流动资产以货币形态、储备形态、生产形态、成品形态及结算形态等多种形态存在。流动资产的实物形态更是种类繁多，不同行业企业流动资产的实物形态千差万别，即使在同一行业中，不同类型企业流动资产的实物形态也差别较大。

3.变现能力较强

流动资产周转速度快，流动性好，也决定了流动资产的变现能力强，各种流动资产可以在较短的时间内出售和变现。从流动资产变现的快慢排序来看，首先是货币资金，其本来就是随时可用的资金，可以交易的有价证券也可以随时变现，其次是可在短期内变现的债权性资产和短期内出售的存货，再次是生产加工过程中的在制品及准备耗用的物资。

二、流动资产评估的特点

流动资产评估是专业评估人员根据评估目的和评估规范的要求，对各类流动资产的价值进行分析、估算并发表专业意见的行为和过程。流动资产自身所具有的特点，决定了流动资产的评估特点。

（一）以企业会计核算资料作为主要的评估依据

由于流动资产种类繁多，数量较大，且处在快速周转过程中，因此，评估时不可能对全部的流动资产逐一进行清查盘点，许多价格要素也不可能通过市场全部了解。多数情况是以企业会计账表的有关数据资料为依据，并经过抽查、核实，对企业会计账表的有关资料进行可用性判断，在此基础上确定评估基准日流动资产的实有数量及价值量。当然，如果通过分析判断认为，企业会计账表的数据资料质量存在问题，则不能直接加以运用。

（二）要求准确选择评估基准日

流动资产与其他资产的显著不同是其流动性和波动性。流动资产的快速周转，使资产的构成、数量及价值金额都处在一系列的变化之中，而评估则是评定其在某一时点上的价值，而不可能人为地停止企业流动资金的运转。因此，所选择的评估基准日，应尽可能在会计期末，这样可以充分利用企业会计核算资料，提高评估的准确性和工作效率。同时，要求评估人员必须在规定的时点进行资产清查、登记和确定流动资产的资产数量，避免重复登记的现象发生。

（三）账面价值和评估价值相关程度高

由于流动资产周转快，变现能力强，在物价水平相对稳定的情况下，正常流动资产的账面价值基本上可以反映出流动资产的现值。因此，在特定情况下，可以采用历史成本作为其评估价值。同时，评估流动资产时，一般不需要考虑资产的功能性贬值因素，实体性贬值的计算只适用于诸如低值易耗品以及呆滞、积压存货类流动资产的评估。

三、流动资产评估的程序

流动资产评估的评估对象、评估范围、评估时点确定后，就应该组织评估人员按以下的步骤展开评估工作：

（一）流动资产的清查核实

流动资产的清查核实是根据企业提供的流动资产评估申报明细表，对被评估资产进行全面清查和抽查，核实企业提供的申报表的内容与实际情况是否相符，具体应当核实以下几方面的内容：

1.检查核实各种存货的实际数量

检查核实各种存货的实际数量与企业提供的申报表数字是否一致。抽查的范围应根据企业的管理水平高低和企业自查的质量好坏而确定。如果企业的管理水平高、自查质量好，抽查的范围可以小一些，否则应大范围抽查和全面清查。当抽查中发现有短缺和盘盈时，应该对申报明细表进行调整。被评估资产应以实存数量为准，而不应以账面记载情况为依据。当然，由于流动资产周转速度快，流动性强，经过人员实地清查的数量往往和企业自查时的数量不一致，应该进行必要的调整。

2.核实各类预付款项和应收款项

对各类预付款项和应收款项进行核实，主要核实有无重复记录和漏记的问题，是否有应该核销而未核销的项目。在条件允许的情况下，应采取信函及其他形式与债务人核对，并同时进行债务人的资信情况和偿债能力情况的调查。

3.核实各种货币资金的数量

核实货币资金，主要是核实企业库存现金是否和会计账目上的数字相一致，有无短库情况以及用"白条子"抵库现象，企业银行存款账目上的金额是否与银行对账单相一致。

4.对实物形态的流动资产进行质量检测和技术鉴定

对流动资产进行清查核实的同时，应对实物形态的流动资产进行质量检测和技术鉴定，特别是对那些有时效要求的各种存货，如有保鲜期要求的食品和有效期要求的药品、化学试剂等，技术检测尤为重要。存货在存放期内质量发生变化，会直接影响其市场价格，因此，评估必须考虑各类存货的内在质量因素。

（二）对企业存货市场进行分析预测

企业存货的各种价格的评估均以现行市场价格为基本参照，因此，评估时必须对市场情况进行分析预测，考察企业各种存货的销路情况及价格水平，分析哪些存货的销路好，可随时变现，并分清滞销的存货以及滞销的原因。在对市场进行初步分析调查的基础上，对存货变现的可能、变现的时间、变现的费用以及变现的风险做出基本的判断，为评估作价提供依据。

（三）估算流动资产价值

在对流动资产进行清查核实和对存货市场进行分析预测的基础上，应根据评估目的和不同种类流动资产的特点，选择适应的方法对流动资产进行评估。对于实物类流动资产，可以采用市场法和成本法评估，对存货中价格变动较大的需要考虑市场价格，对买入价较低的需要按现价调整，对买价提高的除考虑市场价格外，还要分析最终产品价格是否能够相应提高，或存货本身是否具有按现价出售的现实可能性。对于货币类流动资产，其清查核实后的账面价值本身就是现值，不需采用特殊方法进行评估，应对外币存款按评估基准日的国家外汇牌价进行折算。对于债权类流动资产，只适用于按可变现值进行评估。对于其他流动资产，应分别不同情况处理，其中有物质实体的流动资产，则应视其价值情形采用与机器设备相同的方法进行评估。

（四）编制评估报告

对各项评估结果进行汇总得出综合性评估结论后，评估人员应当完成评估报告的撰写工作。如果是流动资产作为企业资产评估的一部分进行评估，可不编制单独的评估报告，但应对有关情况进行说明。特别是企业待处理流动资产的情况，应在评估报告中单独列示，并注明资产占用单位所需办妥的有关手续。

自测题 8-1

第二节　实物流动资产评估

一、库存材料评估

库存材料包括各种主要材料、辅助材料、燃料、修理用备件、包装物、库存低值易耗品等。库存材料具有品种多、金额大，而且性质各异，计量单位、计价和自然损耗各不相同的特点。

（一）库存材料的清查核实

对库存材料进行评估时，评估人员应在企业自查的基础上进行抽查，抽查的比率可根据企业会计账表的置信度、评估工作及评估时间要求而确定，一般认为抽查比例应不低于材料金额的20%。通过抽查核实，做到库存材料的账表与实物数量相符。

对库存材料的质量进行检查，主要是查明有无霉烂、变质和毁损的材料，有无超储呆滞的材料，有无尚可利用的边角余料等。

（二）库存材料的评估方法

1.成本法

（1）账面价值法。账面价值法是将被评估材料的账面价值确定为材料评估价值的方法。该方法适用于购进时间较短，市场价格没有变化的材料评估。其评估公式为：

材料评估值=材料账面价值　　　　　　　　　　　　　　　　　　　　　　（8-1）

【例8-1】

某纺织工厂于2022年5月27日购进用于编织纺布的原材料1 200吨，于2022年5月29日购进同样规格的原材料1 000吨，单价均为1 270元/吨。2022年6月1日，对这两批所购材料进行资产评估时，共计2 200吨，其账面价值为2 794 000元。则该材料的评估值为：

材料评估值=2 794 000元

（2）重置核算法。重置核算法是根据材料的现行市场价格、购置费用等重新核算被评估材料购置成本的方法。该方法适用于材料的市场价格发生变化，账面价值不能合理反映价值的材料评估。其评估公式为：

材料评估值=材料数量×材料现行市场价格+购置费用　　　　　　　　　　　（8-2）

【例8-2】

某跨国企业从美国购进30 000件相同规格型号的电子配件并运输至国内进行加工组装，国际市场单价为1美元/件。由于海运过程中受自然灾害影响，运送至国内耗时共计6个月（每月以30天计算），运费共计2万美元。此时，由于国际电子产品供给短缺，该规格型号的电子配件的国际单价涨至1.2美元/件，假设运输费用受宏观经济影响基本保持不变。则该电子配件的评估值为：

电子配件评估值=30 000×1.2+20 000=56 000（美元）

（3）类比调整法。类比调整法是以同类材料（参照物）的市场价格为基础，经过对比分析和因素修正，确定被评估材料价值的方法。该方法适用于被评估材料购置时间较长，市场已经脱销，没有准确市场价格的材料评估。其评估公式为：

材料评估值=材料数量×同类材料现行市场价格×修正系数+购置费用　　　　（8-3）

【例8-3】

某企业一批用来生产电机的原材料库存剩余20吨，生产该原材料的工厂已经停产并在市场上不存在购销活动，而在市场上存在一种与该原材料功能类似的替代品材料，其市场价格为150元/吨。对企业该库存材料进行资产评估时，替代品材料的单价比被评估材料高出14%。假设材料的购置费用率为3%，则该材料的评估值为：

材料评估值$=20 \times 150 \times \dfrac{100}{114} \times (1+3\%) = 2\ 710.53$（元）

（4）价格指数法。价格指数法是用价格指数将被评估材料的账面价值调整为现值的方法。该方法适用于被评估材料购置时间较长，市场已经脱销，没有准确市场价格的材料评估，也没有类似材料的市场价格的材料评估。其评估公式为：

材料评估值=材料账面成本×同类商品价格指数　　　　　　　　　　　　　　（8-4）

【例8-4】

某工厂1年前购置的2 000吨用于生产化肥的原材料现已剩余500吨，市场已经脱销，当时的采购成本为40 000元。对该部分剩余的材料价格进行评估，其中，购进时同类生产材料定基价格指数为120%，评估时定基价格指数为180%。则该材料的评估值为：

材料评估值$=\dfrac{500}{2\ 000} \times 40\ 000 \times \dfrac{180\%}{120\%} = 15\ 000$（元）

运用成本法评估材料价值时，如果勘察发现因材料失效、变质、残损、报废等原因造成材料实体性价值损失的情况，可用上述方法估测出材料的重置成本，然后再扣减贬值因素得到材料的价值。其评估公式为：

材料评估值=重置成本-贬值额 　　　　　　　　　　　　　　　　　　　　　　(8-5)

【例8-5】

某企业采购某类石材300吨并暂时存放至仓库待后续使用，采购时的单价为102元/吨，采购手续费为1 000元，运杂费为1 200元。评估时与购置时相比，材料价格下降1%，运杂费率上涨2%，手续费不变。由于在后续使用运输过程中不慎造成部分石材一定程度的损坏，导致该材料整体发生贬值，贬值率为5%。则该材料的评估值为：

材料评估值=［300×102×（1-1%）+1 000+1 200×（1+2%）］×（1-5%）=30 892.1（元）

2.市场法

市场法是根据被评估材料合理的市场价格以及销售费用估测材料价值的方法。市场法一般适用于需要变现的库存材料变现价值的评估。其评估公式为：

材料评估值=材料数量×材料市场价格-销售费用 　　　　　　　　　　　　　　(8-6)

【例8-6】

某生产厂家准备将用于生产慢速充电器的生产线进行升级改造，决定尽快清理库存的2 000件慢速充电器并对其价值进行评估。根据市场需求调研，仅有较为早期版本的电子产品才会使用该慢速充电器，按照以往的销售情况，每月大概能够售出200件。为出售该产品，每月需要支付网络平台广告费用，为售出产品价格的1.2%，快递包装费为0.9元/件，同时既往最佳销售价格为30元/件。则被评估专用配件的评估值为：

专用配件评估值=2 000×30-（2 000÷200）×（200×30×0.012+200×0.9）=57 480（元）

二、在产品评估

（一）按社会平均工艺定额和现行的市场价格计算评估值

这种方法是在清查核实在产品数量的基础上，通过计算各道工序的在产品定额成本，求得各道工序上在产品的资产价值。其评估公式为：

$$在产品评估值=在产品数量×\left(\frac{该工序单位}{材料工艺定额}×\frac{单位材料}{现行市场价格}+\frac{该工序累计}{单位工时定额}×\frac{正常小时}{工资费用}\right)\quad(8-7)$$

【例8-7】

对某企业一批共计300件正在生产的产品进行价值评估，该产品的生产工序共有两道，每件产品特定材料消耗定额为30千克，该材料的现行市场价格为1 000元/千克，生产该产品的第一道工序的累计单位工时定额为200小时，第二道工序的累计单位工时定额为100小时，每小时工资及附加费定额均为7元，检验费定额为1元，企业管理费定额为2元。则该在产品的评估值为：

在产品评估值=300×［30×1 000+（200+100÷2）×（7+1+2）］
　　　　　　=300×（30 000+250×10）
　　　　　　=975（万元）

（二）按在产品的完工程度计算评估值

这种方法是在清查核实在产品数量的基础上，根据在产品的完工程度和社会平均单位产品成本计算评估值。其评估公式为：

在产品评估值=在产品数量×在产品完工程度×社会平均单位产品成本　　　　　　（8-8）

【例8-8】

某电子笔的生产需要经过四道工序进行加工，第一道工序在产品3 000件，第二道工序在产品4 000件，第三道工序在产品3 000件，第四道工序在产品4 000件；制笔所需的原材料在生产过程中的第一道工序就已投放完毕，且在产品的材料已投入75%；该产品工时定额为18小时，其中，第一道工序7小时，第二道工序3小时，第三道工序4小时，第四道工序4小时。单位产品社会平均成本为：材料成本70元，工资费用成本15元，管理费用成本7元。

根据上述资料，可按以下步骤估算在产品评估值：

（1）估算各道工序在产品完工程度。

第一道工序完工程度：

$$\frac{7 \times 50\%}{18} \times 100\% = 19.4\%$$

第二道工序完工程度：

$$\frac{7 + 3 \times 50\%}{18} \times 100\% = 47.2\%$$

第三道工序完工程度：

$$\frac{7 + 3 + 4 \times 50\%}{18} \times 100\% = 66.7\%$$

第四道工序完工程度：

$$\frac{7 + 3 + 4 + 4 \times 50\%}{18} \times 100\% = 88.9\%$$

（2）估算在产品材料成本。

在产品材料成本=3 000×75%×70+4 000×70+3 000×70+4 000×70

　　　　　　　=157 500+280 000+210 000+280 000

　　　　　　　=927 500（元）

（3）估算在产品工资费用成本。

在产品工资费用成本=3 000×19.4%×15+4 000×47.2%×15+3 000×66.7%×15+4 000×88.9%×15

　　　　　　　　　=8 730+28 320+30 015+53 340

　　　　　　　　　=120 405（元）

（4）估算在产品管理费用成本。

在产品管理费用成本=3 000×19.4%×7+4 000×47.2%×7+3 000×66.7%×7+4 000×88.9%×7

　　　　　　　　　=4 074+13 216+14 007+24 892

　　　　　　　　　=56 189（元）

（5）估算在产品评估值。

在产品评估值=927 500+120 405+56 189=1 104 094（元）

三、产成品及库存商品评估

（一）成本法

成本法是指根据清查核实后的产成品的实有数量乘以产品的单位定额成本或单位产品的社会平均成本再加上合理利润确定产成品的评估值。评估时，如果企业使用定额成本方法对产成品进行核算，而且定额成本资料可靠，与社会平均成本差异不大时，可用定额成本作为产成品评估的依据；如果企业没有可靠的标准成本资料，或企业成本与社会平均成本差异较大时，应以社会平均成本作为产成品评估的依据。其评估公式为：

产成品评估值=产成品数量×单位定额成本×（1+成本利润率） （8-9）

或

产成品评估值=产成品数量×单位产品社会平均成本×（1+成本利润率） （8-10）

【例8-9】

某农产品加工企业对库存农产品A进行评估，有关资料如下：农产品A的实有数量为1 000件，标准单位材料用量为3千克，目前市场上的价格为10元/千克，标准单位工时为2小时，每小时标准工资率为2元，每小时标准制造及管理费用率为3元，农产品A的成本利润率为15%。则该产品的评估值为：

农产品A评估值=1 000×（3×10+2×2+2×3）×（1+15%）=46 000（元）

【例8-10】

某电脑配件企业委托资产评估机构对库存头戴耳机进行评估。经清查核实，头戴耳机数量为2 000个，而企业没有可靠的标准成本资料，头戴耳机的行业平均单位成本为200元，成本利润率为15%。则该产品的评估值为：

头戴耳机评估值=2 000×200×（1+15%）=460 000（元）

（二）市场法

市场法是指按不含价外税的可接受的市场价格，扣除销售费用后确定被评估产成品评估值的方法。其评估公式为：

产成品评估值=产成品数量×产成品现行市场价格-销售费用 （8-11）

【例8-11】

某文创企业有库存纪念品3 000件，入库时均为一等品，单位成本为50元/件，单位售价为130元/件。2022年7月1日，经评估专业人员核实和鉴定，该库存纪念品中有200件是二等品，400件是三等品，二等品、三等品的销售价格为一等品销售价格的90%和80%。预计销售这些产成品需要花费的销售费用为2 400元，产品销路较好。则该产品的评估值为：

纪念品评估值=2 400×130+200×130×90%+400×130×80%-2 400=374 600（元）

【例8-12】

2022年7月1日，某玩具企业委托资产评估机构对其流动资产进行评估，评估专业人员获得的资料如下：（1）单位玩具制造成本为180元；（2）正常销售价格为每套240元；（3）经评估专业人员现场勘察，企业目前库存玩具为300套。

自测题8-2

由于该玩具的设计理念过时，销路不畅，形成库存积压。评估专业人员经过市场调查分析认为，该玩具的销售价格需要降低30%，预计销售费用为500元。则该产品的评估值为：

玩具评估值=300×240×（1-30%）-500=49 900（元）

第三节　非实物流动资产评估

一、应收及预付账款评估

企业的应收及预付账款主要是指企业在经营过程中由于赊销而产生的应收账款，企业根据合同规定预付给供货单位的货款等。

对应收及预付账款的评估，要根据企业各种应收及预付账款款项核实的结果和每笔款项可收回的数额确定评估值。具体评估步骤如下：

（一）应收及预付账款的核实

评估时，可根据债权资产的内容进行分类，即将外部债权、机构内部独立核算单位之间往来及其他债权分成几类，并根据其特点和内容，采取不同的方法进行核实。对于外部债权，除账表核对外，在条件允许的情况下应尽可能对外逐件证实债权关系是否存在，金额是否与企业提供清单吻合；对机构内部独立核算单位之间往来进行双向核对，避免重计、漏计及其他不真实的债权关系；对于预付货款，应重点对货已到但尚未结清货款的项目进行核对，避免将已到的货物按账外资产处理，重复计算资产价值。

（二）分析确定坏账损失数额

对应收及预付账款进行调查核实后，应根据历史资料和评估时调查了解的情况，具体分析欠款的时间和原因，前期欠款数额占销售额的比重，欠款人的资金、信用、经营管理现状以及欠款人同该企业之间的业务往来状况等，从而确定坏账损失数额。具体方法有以下三种：

1.分类判断法

该方法是根据企业与债务人往来的历史情况和债务人的信用状况，分析应收款项支付或拒付的可能性，将应收款项分为可收回的、部分收回的及呆账等几类。例如：（1）业务往来较多，对方结算信用较好的，应收项目确定能够收回，坏账损失为零。（2）业务往来较少，对方结算信用一般的，应收账款收回的可能性很大，但回收时间不确定，可能转化为呆账。（3）一次性业务往来，对方信用情况不太清楚的，应收账款会产生一部分坏账。（4）长期拖欠或对方单位已撤销，这类应收账款如果确定无法收回，全部确认为坏账。

2.坏账比例法

该方法是根据企业前若干年（一般为3~5年）的实际坏账损失额占其应收账款发生额的百分比确定坏账比例，然后用核实后的应收账款数额乘以坏账比例，得出坏账损失数额。其评估公式为：

坏账损失额=核实后的应收账款数额×坏账比例　　　　　　　　　　　　　（8-12）

坏账比例=实际坏账损失额÷应收账款发生额×100%　　　　　　　　　　　（8-13）

3.账龄分析法

该方法是按应收账款拖欠时间的长短及其各期回收率的经验数据，分析判断可收回的金额和坏账。一般来说，应收账款账龄越长，坏账损失的可能性越大。因此，评估时可将应收账款按账龄长短分组，按组估计坏账损失的可能性，并进而计算坏账损失的金额。

（三）计算应收及预付账款的评估值

应收及预付账款的评估值用核实后的应收及预付账款的数额减去确定的坏账损失额即可得到。其评估公式为：

应收及预付账款评估值=核实后的应收及预付账款数额-坏账损失额　　　　　　（8-14）

【例8-13】

2022年7月1日，资产评估专业人员对A企业的应收账款进行评估，截至评估基准日，A企业的应收账款为120 000元。企业前三年的坏账损失为50 000元，应收账款余额为1 000 000元。则应收账款的评估值为：

坏账比例=50 000÷1 000 000×100%=5%

应收账款评估值=120 000×5%=6 000（元）

【例8-14】

2022年4月1日，资产评估专业人员对该企业的应收账款进行评估，得到如下相关信息资料（见表8-1）：

表8-1　　　　　　　　　　　　　　　坏账计算分析表

拖欠时间	应收金额（元）	预计坏账率（%）	坏账金额（元）	备注
未到期	200 000	1	2 000	
半年	158 000	7	11 060	
一年	120 000	23	27 600	
二年	94 000	47	44 180	
三年以上	69 000	82	56 580	
合计	641 000	—	141 420	

则应收账款的评估值为：

应收账款评估值=641 000-141 420=499 580（元）

二、应收票据评估

商业汇票是一种远期票据，在未到期之前，其一般不能从承兑人方面直接得以收兑。因此，对企业应收票据的评估，通常是以应收票据的贴现值作为评估值。所谓票据贴现，是指票据持有人在票据到期之前，向银行申请贴付一定的利息，将票据债权转让给银行的信用活动。票据贴现值是票据到期价值扣除所付贴现利息后的金额。由于票据有带息和不带息之分，对于不带息的票据，其到期价值即为票面价值；对于带息的票据，其到期价值应由本金和利息两部分组成。其具体计算公式为：

应收票据评估值=票据到期价值-贴现利息 （8-15）

不带息票据到期价值=票据面值 （8-16）

带息票据到期价值=票据面值×（1+利率×票据期限） （8-17）

贴现利息=票据到期价值×贴现率×贴现期 （8-18）

贴现期=票据到期天数（票据期限）-持票天数 （8-19）

【例8-15】

A企业收到甲公司不带息汇票一张，票面金额为200 000元，签发日为2022年7月1日，票据期限为4个月，评估基准日为2022年8月1日，评估基准日的年贴现率为5.35%。则该票据的评估值为：

贴现天数=120-30=90（天）

贴现利息=200 000×5.35%×90/360=2 675（元）

评估值=200 000-2 675=197 325（元）

【例8-16】

A企业于2022年7月1日收到票面金额为50 000元的带息票据，年利率为5.35%，90天到期，评估基准日为2022年9月1日，评估时银行月贴现率为千分之五。则该票据的评估值为：

贴现天数=90-60=30（天）

票据到期值=50 000×（1+5.35%×90/360）=50 668.75（元）

贴现利息=50 668.75×5‰=253.34（元）

评估值=50 668.75-253.34=50 415.41（元）

三、待摊费用评估

待摊费用是指企业已经支付或发生，但应由本月和以后各个月份负担的费用。费用本身并不是资产，其是已耗用资产的反映，但如果这些费用的发生形成了某些新的资产或权利，其中对于评估目的实现后的资产占有者还存在的部分资产和权利就是评估后的对象，这部分尚存资产和权利的价值就是评估值。

（一）待摊费用的种类

待摊费用大致包括以下几类：一是属于预付费用性质，如预付保险费、预付租入固定资产租金；二是属于均衡成本性质，如一次性大量领用低值易耗品，为均衡成本按受益期摊销；三是属于无形资产形成性质，如因引进生产线而开支的职工技术培训费等，如果没有设计相应的无形资产科目，也反映在待摊费用中；四是属于特殊性质，如按规定分期摊入成本的融资租入固定资产的租赁费、固定资产购置费等，这部分视同折旧进入成本进行成本分摊。

（二）待摊费用的评估思路

待摊费用评估时，应了解和分析费用的合法性、合理性、真实性和准确性，费用支出和摊余情况以及费用发生形成新的资产和权利及其尚存情况。待摊费用的评估值，要根据评估目的实现后的资产占有者还存在的且与其他评估对象没有重复的资产和权利的价值确定。其具体可分为以下几种情况：

（1）对于尚存资产或权利的价值是确定的待摊费用，应根据实际内容计算评估值。

（2）对于尚存资产或权利的价值难以准确计算的待摊费用，可按其账面余额计算评估值。

（3）对于没有尚存资产和权利所对应的待摊费用，不计算评估值。

（4）对于在其他类型资产中已经计算的待摊费用，也不计算评估值。

【例8-17】

A企业委托资产评估机构对其流动资产进行评估，确定评估基准日为2022年7月1日。其中待摊费用的有关资料如下：（1）预付保险费100 000元，受益年限为1年，已摊销34 000元，账面余额66 000元；（2）预付租金50 000元，已摊销28 000元，余额22 000元，根据租约合同，租约开始时间为2020年7月1日，租约终止日期为2023年7月1日；（3）企业于2021年引进一条生产线，对职工进行技术培训的培训费41 000元，已摊销11 500元，余额29 500元；（4）企业以前年度应结转因成本过高而未结转的费用29 000元；（5）尚待摊销的低值易耗品余额224 500元，企业的低值易耗品已同其他资产一起进行评估。

评估专业人员根据上述资料，进行如下评估：

（1）预付保险费的评估：

100 000÷2=50 000（元）

评估值=50 000元

（2）租入固定资产的评估：

年摊销租金=50 000÷3=16 667（元）

评估值=16 667×1=16 667（元）

（3）职工技术培训费的评估：

由于该项待摊费用的作用期限难以界定，故以账面余额为评估值，评估值为29 500元。

（4）以前年度结转的费用的评估：

这部分费用是应转未转的费用，因此，评估值为零。

（5）低值易耗品的评估：

这部分费用在其他类型资产中已经计算，因此，评估值为零。

自测题8-3

（6）确定评估结果：

待摊费用评估值=50 000+16 667+29 500=96 167（元）

【思政课堂】 我国企业非实物流动资产评估现状分析

非实物流动资产是指除存货以外的其他流动资产。当前，企业非实物流动资产评估主要参照《资产评估基本准则》的评估规定参考进行。近年来，我国资产评估准则与国际评估准则不断趋同，不断推进和宣传国际评估准则委员会的宗旨和目标。对于非实物流动资产，常见的清查核实方法有盘点、函证、抽查和访谈等。

非实物流动资产属于债权类资产，应收账款是其中主要的评估对象。应收账款是指债权已经成立，债务人负有偿债责任的各种款项的总称，包括应收账款和其他应收。应收账款具有的经济特点是债权以明确的货币金额量化，无论是否约定偿债期，到期偿还的债务额都是事先形成的约定。因此，可以认为应收账款的价值会通过特有的资产评估方法得到体现。目前，企业评估应收账款的方法是先确定应收款项账面余额，再确认已发生的坏账损失并确定可能发生的坏账损失。

目前，我国企业大多关注实物流动资产即存货的评估问题，而对非实物流动资产的关注度不高。例如，相关调查显示，我国大多数企业的相关负责人对非实物流动资产的问题较实物流动资产而言了解甚少。其中，非实物流动资产中的应收账款是一种变现性很强的资产，其账面金额是固定的。如果不存在回收风险，应收账款的价值应该是足额的，但因为资金具有时间价值，所以，反映评估基准日的资产价值时需要考虑充分。在这种情况下，如果企业无法全面认识到非实物流动资产的价值，就会导致企业对非实物流动资产不进行评估或者随意评估的现象发生。如果无法准确进行非实物流动资产的评估，就会使得企业在非实物流动资产方面有所损失。

资料来源：王婧萍. 企业非实物流动资产评估存在的问题及解决对策［J］. 中国管理信息化，2021，24（4）：27-28.

【本章小结】

本章讲授了流动资产评估基本理论和评估方法，具体包括实物流动资产评估、金融流动资产评估和其他流动资产评估。本章重点讲解了流动资产评估的成本法和市场法两种基本方法。本章详细讲解了库存材料、在产品和产成品（包括库存商品）等实物流动资产的评估思路和具体评估方法，以及应收、预付账款和应收票据等金融流动资产的评估思路和具体评估方法的应用。另外，本章还介绍了待摊费用评估等其他流动资产的具体评估方法。

【复习思考】

1.什么是流动资产？流动资产具备哪些主要特征？
2.如何根据流动资产的评估目的确定评估结果的价值类型？
3.如何说明流动资产的评估程序？
4.在产品的评估方法有哪些？
5.应收账款评估时是否需要考虑折现问题？
6.如何评估待摊费用？

【练习题】

（一）单选题
1.下列不属于流动资产的是（　　）。
A.货币资金　　　　B.应收票据　　　　C.无形资产　　　　D.待摊费用
2.运用成本法计算材料评估值时，价格指数法适用的情形是（　　）。
A.适用于购进时间较短，市场价格没有变化的材料评估
B.适用于被评估材料购置时间较长，市场没有脱销，有准确市场价格的材料评估

C.适用于被评估材料购置时间较长，市场已经脱销，没有准确市场价格的材料评估

D.适用于被评估材料购置时间较长，市场已经脱销，没有准确市场价格的材料评估，也没有类似材料的市场价格的材料评估

3.运用市场法计算产成品评估值时，通常使用市场价格扣除销售费用，其中"市场价格"是指（　　）。

A.不含价外税的可接受的平均市场价格

B.含有价外税的可接受的平均市场价格

C.不含价外税的可接受的市场价格

D.含有价外税的可接受的市场价格

4.2022年7月1日，资产评估专业人员对A企业的应收账款进行评估，截至评估基准日，A企业的应收账款为120 000元。企业前三年的坏账损失为50 000元，应收账款余额为1 000 000元。则应收账款的评估值为（　　）元。

A.114 000　　　　　　　B.6 000　　　　　　　C.70 000　　　　　　　D.9 500 000

5.对于应收票据评估，以下说法错误的是（　　）。

A.对于企业应收票据评估，通常是以应收票据的贴现值作为评估值

B.对于不带息的票据，其到期价值不是其票面价值

C.对于带息的票据，其到期价值应由本金和利息两部分组成

D.应收票据评估值等于票据到期价值扣除贴现利息

（二）多选题

1.流动资产评估的特点包括（　　）。

A.对企业会计核算资料的依赖度较低

B.严格要求选准评估基准日

C.账面价值基本上可以反映现值

D.流动资产具有较强的变现能力

E.评估流动资产时不需要考虑资产的功能性贬值因素

2.流动资产的清查核实是根据企业提供的流动资产评估申报明细表，对被评估资产进行全面清查和抽查，核实企业提供的申报表的内容与实际情况是否相符，具体应核实的内容包括（　　）。

A.各种存货　　　　　　　　　　　　B.各类预付款项和应收款项

C.各种货币资金　　　　　　　　　　D.各种固定资产

E.对实物形态的流动资产进行质量检测和技术鉴定

3.下列各事项正确的有（　　）。

A.对库存材料进行评估时，评估人员应在企业自查的基础上进行抽查，抽查的比率可以根据企业会计账表的置信度、评估工作及评估时间的要求而确定，一般认为抽查比例应不低于材料金额的10%

B.运用市场法计算材料评估值时，其评估公式为：材料评估值=材料数量×材料市场价格-销售费用

C.根据在产品的完工程度计算在产品评估值时，其评估公式为：在产品评估值=在产品数量×在产品完工程度×社会平均单位产品成本

D.运用成本法计算产成品评估值时，如果企业没有可靠的标准成本资料，或者企业成本与社会平均成本差异较大时，应以定额成本作为产成品评估的依据

E.运用成本法计算产成品评估值时，如果企业没有可靠的标准成本资料，或者企业成本与社会平均成本差异较大时，应以社会平均成本作为产成品评估的依据

4.在分析确定坏账损失数额时，根据企业与债务人往来的历史情况和债务人的信用状况，分析应收款项支付或拒付的可能性，可以将应收款项分为（ ）。

A.业务往来较多，对方结算信用好的，应收项目能够百分之百收回，坏账损失为零

B.业务往来较少，对方结算信用好的，应收账款收回的可能性很大，应收账款可能会收回大部分

C.业务往来较少，对方结算信用一般的，应收账款收回的可能性很大，但回收时间不确定

D.一次性业务往来，对方信用情况不太清楚的，应收账款可能只收回一部分

E.长期拖欠或对方单位已撤销，应收账款可能无法收回，百分之百坏账

5.待摊费用的评估思路包括（ ）。

A.对于尚存资产或权利的价值是确定的待摊费用，应根据实际内容计算评估值

B.对于尚存资产或权利的价值难以准确计算的待摊费用，可按其账面余额计算评估值

C.对于没有尚存资产和权利所对应的待摊费用，不计算评估值

D.对于在其他类型资产中已经计算的待摊费用，也不计算评估值

E.待摊费用的评估值，要根据评估目的实现后的资产占有者还存在的且与其他评估对象没有重复的资产和权利的价值确定

（三）判断题

1.由于流动资产周转快，变现能力强，在物价水平相对比较稳定的情况下，正常流动资产的账面价值基本上可以反映出流动资产的现值，因此，不可以采用历史成本作为其评估价值。 （ ）

2.对库存材料的质量进行检查，主要是查明有无霉烂、变质和毁损的材料，有无超储呆滞的材料，有无尚可利用的边角余料等。 （ ）

3.按社会平均工艺定额和现行的市场价格计算在产品评估值，其评估公式为：在产品评估值=在产品数量×（该工序单位材料工艺定额×单位材料现行市场价格+该工序平均单位工时定额×正常小时工资费用）。 （ ）

4.对应收及预付账款进行调查核实后，应根据历史资料和评估时调查了解的情况，具体分析欠款的时间和原因，前期欠款数额占销售额的比重，欠款人的资金、信用、经营管理现状，以及欠款人同该企业之间的业务往来状况等，从而确定坏账损失数额，具体方法有以下三种：坏账计提法、坏账比例法、账龄分析法。 （ ）

5.待摊费用的评估值，要根据评估目的实现后的资产占有者还存在的且与其他评估对象没有重复的资产和权利的价值确定。 （ ）

（四）计算业务题

1.某厂家生产了一批300吨待进一步加工的半成品并暂时存放至仓库，生产完毕时的市场单价为115元/吨，运杂费为4 500元。评估时，与生产完毕时相比，半成品价格下降3%，运杂费率下降1.5%，由于在后续加工过程中市场上出现了大量价格较低的同类型半成品替代品，导致该批半成品发生贬值，贬值率为7%。

要求：根据上述资料，估算该半成品的价值。

2.某产品的生产需要经过五道工序，其中，第一道工序在产品200件，第二道工序在产品310件，第三道工序在产品400件，第四道工序在产品230件，第五道工序在产品200件；生产所需原材料在生产过程中的第一道工序已经投放完毕，且在产品的材料已投入60%；该产品工时定额为50小时，其中，第一道工序15小时，第二道工序10小时，第三道工序7小时，第四道工序8小时，第五道工序10小时。单位产品社会平均成本为：材料成本90元，工资费用成本30元，管理费用成本10元。

要求：根据上述资料，估算各道工序在产品完工程度、在产品材料成本、在产品工资费用成本、在产品管理费用成本以及在产品评估值。

3.A企业向B企业出售一批充电元件，充电元件价款为400万元，双方约定3个月收款，采用商业汇票结算。2022年8月10日，A企业开出商业汇票，该商业汇票由B企业进行承兑，汇票到期日为2022年11月10日。资产评估专业人员对A企业的商业汇票进行评估，评估基准日为2022年9月10日，年贴现率为7%。

要求：根据上述资料，估算A企业商业汇票的价值。

第九章
金融资产评估

【学习目标】

本章主要阐述金融资产基本概念、特点、分类，金融资产评估概念与特点、基本要素与方法，以及两类典型金融资产——债券资产与股票资产的价值评估相关知识。通过对本章内容的学习，应达到以下的目标：

1. 了解金融资产概念与分类、金融资产评估要素。

2. 熟悉债券资产与股票资产的基本知识、债券价值与股票价值的影响因素。

3. 掌握金融资产的评估方法，以及如何评估不同类型债券资产与不同类型股票资产的价值。

4. 以党的二十大精神为指引，深刻领悟金融资产在国民经济和社会发展中的重要意义，"强化金融稳定保障体系，守住不发生系统性风险底线""金融活，经济活；金融稳，经济稳；经济兴，金融兴；经济强，金融强"。

【思维导图】

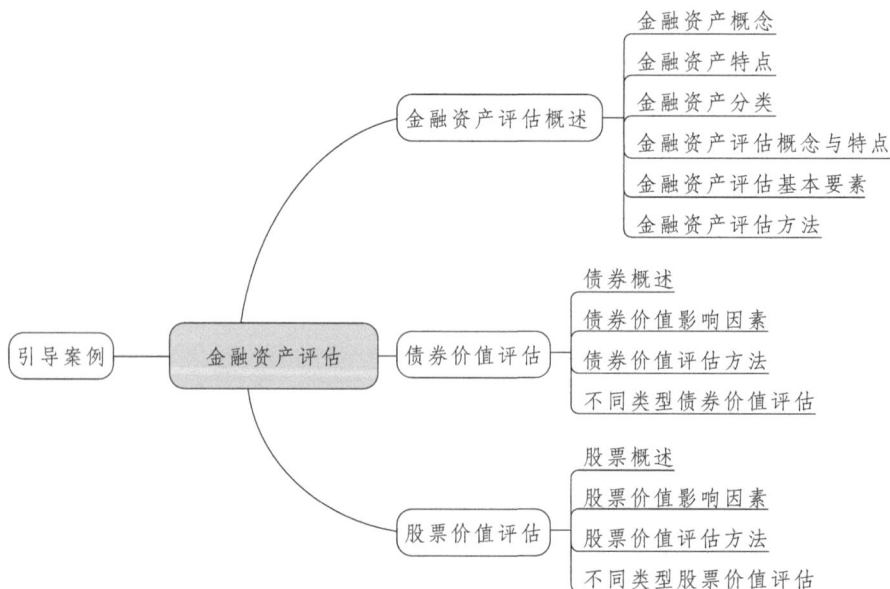

【引导案例】

2022年11月25日，灵康药业集团股份有限公司发布公告称，公司于2020年12月1日公开发行的 A 股可转换债券，将于 2022 年 12 月 1 日开始支付自 2021 年 12 月 1 日至 2022 年 11 月 30 日期间的利息。

该可转换债券最初发行规模为 52 500 万元，发行数量为 525 万张，每张面值为人民币 100 元，并按照面值发行。可转换债券存续期限为自发行之日起 6 年，即 2020 年 12 月 1 日 至 2026 年 11 月 30 日，对应可转换债券利率为第 1 年 0.40%、第 2 年 0.70%、第 3 年 1.00%、第 4 年 1.50%、第 5 年 2.50%、第 6 年 3.00%。可转换债券采用每年付息一次的付息方式，到期归还所有未转股的可转换债券本金和最后一年利息。可转换债券转股期限自可转债发行结束之日（2020 年 12 月 7 日）起满 6 个月后的第 1 个交易日起至可转债到期日止，即 2021 年 6 月 7 日至 2026 年 11 月 30 日。初始转股价格为人民币 8.81 元/股，最新转股价格修正为人民币 8.51 元/股。

资料来源：证券日报. 灵康药业集团股份有限公司可转换公司债券付息公告［EB/OL］.［2022-11-25］. http://epaper.zqrb.cn/html/2022-11/25/content_897021.htm.

本案例涉及多项金融资产评估内容，主要包括：能否确定该可转换债券发行时的公允价值？如果到期时选择将债券转为股票，如何确定该股票的公允价值？通过对本章内容的学习，这些问题自然都会一一有所解答。

第一节　金融资产评估概述

一、金融资产概念

金融，传统意义上是指资金融通。其中，金一般表示贵金属；融最早指固态融化变成液态，同时也具有融通的含义。因此，从原始表面定义来看，金融即是将贵金属融化分散从而促进交易与流通。早在 1915 年，《词源》一书指出，"今谓金钱之融通曰金融，旧称银根"；类似地，"各种银行、票号、钱庄曰金融机关"。《中国金融百科全书》对金融一词进行了白话解释："货币流通和信用活动以及与之相关的经济活动的总称。"参考《The New Palgrave Dictionary of Money and Finance》（《新帕尔格雷夫货币金融大辞典》），"金融基本的核心问题是资本市场的运营、资本资产的供给和定价。其方法论是使用相近的替代物给金融契约和工具定价。对于那些有时间连续特点和收益取决于解决不确定性的价值工具来说都适用"。

在国民经济生活领域，从狭义角度来看，金融是指银行、证券、保险等金融市场中的主体机构，采用募集资金的方式，进而面向其他市场主体机构发放借贷的经济行为。从广义视角来看，政府、组织、个人等市场主体，通过募集、配置和使用资金而发生的全部资本流动一般都可以称为金融。因此，金融涵盖的范围更加广泛，诸如政府财政配置、企业投融资行为、个人理财等均属于金融的重要组成部分。近年来，随着现代金融学的飞速发展与不断完善，金融的内涵与外延进一步扩充，学术界主要认为金融的本质包含资产定价、跨期优化与风险管理三个维度。具体地，从时间动态视角来看，金融侧重于如何推迟消费并给予补偿；从风险规避视角来看，金融主要关注于如何承担风险并给予补偿。

金融资产是指行为主体持有的现金与可以从其他主体收取现金或其他金融资产的合同权利，以及与其他主体交换金融资产或者金融负债的合同权利，主要包括债券、股票、基金、期货、期权等金融衍生产品。不难发现，金融资产属于一大类广义的无形资产，其可以表现为索取实物资产的无形权利，能够为持有者带来货币资金的流入。一般来说，金融资产可以在金融市场进行广泛的交易，得益于自身的资金融通特性，金融资产通常比不动产、机器设备、狭义的无形资产具有更强的流动性。通常情况下，金融资产的最典型特征即是可以在市场交易中为其所有者提供即期或远期的货币收入流量。

延伸阅读 9-1

《企业会计
准则第 22
号——金融
工具确认和
计量》

在会计领域，金融资产的定义更为具体，根据《企业会计准则第 22 号——金融工具确认和计量》，金融资产是指企业持有的现金、其他方的权益工具以及符合下列条件之一的资产：①从其他方收取现金或其他金融资产的合同权利；②在潜在有利条件下，与其他方交换金融资产或金融负债的合同权利；③将来须用或可用企业自身权益工具进行结算的非衍生工具合同，且企业根据该合同将收到可变数量的自身权益工具；④将来须用或可用企业自身权益工具进行结算的衍生工具合同，但以固定数量的自身权益工具交换固定金额的现金或其他金融资产的衍生工具合同除外。

二、金融资产特点

金融资产作为资产的一种具体类型，同样具备一般资产的基本特点——收益性与风险性，在此基础上，金融资产还具备流动性、期限性、可分性等特点。

(一) 收益性

投资者持有金融资产的主要目的即是为了获取投资收益，因此，金融资产最基本的一个特点是可以给持有者带来投资收益，即表现为收益性。一般情况下，金融资产的投资风险越高，对应的投资收益也就越大。金融资产的风险主要受到通货膨胀率、银行存款利率以及发行者自身财务状况等因素的影响。

(二) 风险性

风险性主要体现在投资者购买金融资产的本金与未来的预期收益可能遭受损失。一般来说，金融资产的风险主要可以分为系统性风险与非系统性风险。系统性风险也称市场风险，又称不可分散风险，是指由于多种因素的影响和变化，导致投资金融资产的风险增大，从而给投资者带来损失的可能性。系统性风险虽然不可以通过分散化投资进行规避，但是可以通过风险对冲进行风险管理。非系统性风险又称非市场风险或可分散风险，通常指仅针对某个行业或个别企业的金融资产造成影响的风险，其通常是由某一特殊的因素引起，与整个资本市场的价格不存在系统性与全面性的联系，而只会对个别或少数金融资产的收益产生影响。与系统性风险不同的是，非系统性风险可以通过分散化投资进行规避。

(三) 流动性

金融资产一般具有依据一个合理的价格顺利变现而不遭受损失的能力。金融资产作为资产的具体表现形式，只有在快速流动中才能实现收益，而且流动速度越快，获取收益的机会与可能性也会显著提高。金融资产的流动性通常高于实物资产，金融资产按照流动性从高到低依次为：库存现金、银行存款、其他货币资金、应收账款、应收票据、其他应收款、股票、债券以及衍生金融工具形成的资产等。

（四）期限性

期限性是指金融资产的发行时间至最终的支付时间需要经由人为的划分，具体期限主要源自金融资产相关契约的详细规定。通常情况下，金融资产的期限以自然年份或者月份为时间单位，例如，政府发行的国债有一年期、三年期、五年期等；银行定期存款利率有三个月或者六个月等。从金融资产的具体类型来看，股票资产一般没有固定的到期期限，而债券资产往往都会设定明确的到期期限。

（五）可分性

金融资产通常具有一定的单位价值，而金融资产的交易单位则需要经过人为的划分。例如，股票资产的交易通常以1手（100股）为单位，债券资产的发行面值一般为1 000元，银行理财类金融产品的购买通常以1万元、5万元、30万元等为基本申购起点。整体来看，这些差异化的交易单位均是人为规定所形成的，而且在一段时期内呈现一定的稳定性特征。

三、金融资产分类

依据国民经济核算体系（SNA），基于统计分析视角可以对金融资产做出如下分类，具体包括：①货币黄金和特别提款权；②通货和存款；③股票以外的证券（包括衍生金融工具）；④贷款；⑤股票和其他权益；⑥保险专门准备金；⑦应收/其他应收账款。具体来看，国民经济核算体系所囊括的各项金融资产，实际上是根据国民经济各个部门在各自资产负债表中所记载统计的全部金融资产及负债。因此，对于其中的任何一个部门来说，资产负债表记录的则是该部门为筹集资金而需要承担的金融负债，以及该部门已经取得的金融资产。所以，这种分类具体呈现了某个国民经济部门的金融手段运用程度以及该部门在金融债权与金融债务关系中所处的双重地位关系。

从企业角度来看，依据《企业会计准则第22号——金融工具确认和计量》，参考管理金融资产的业务模式和金融资产的合同现金流量特征，金融资产可以划分为以下三类：①以摊余成本计量的金融资产；②以公允价值计量且其变动计入其他综合收益的金融资产；③以公允价值计量且其变动计入当期损益的金融资产。可见，企业会计所涉及的各项金融资产，实际上是立足会计事项的确认与计量的角度进行区分，具体反映的是企业如何管理其金融资产以产生现金流量，呈现一定合同约定的、反映相关金融资产经济特征的现金流量属性。

从国民经济的广义角度对金融资产加以区分，金融资产的范畴则相对较广，例如，银行存款、应收账款、应收票据、贷款、股权、看涨期权或者看跌期权、基金、衍生金融工具等均属于金融资产。

四、金融资产评估概念与特点

金融资产评估，是指资产评估机构及其资产评估专业人员遵守法律、行政法规和资产评估准则，根据委托对评估基准日特定目的下的金融资产价值进行评定和估算，并出具资产评估报告的专业服务行为。金融资产评估除具备一般资产评估的基本特点外，还具有如下特点：

　　首先，金融资产评估需要重点关注被投资者的自身状况，例如，分析被投资者的偿还能力或者获利能力。通常情况下，投资者购买金融资产，并不一定是为了获取被投资方的控制权与经营权，有时也可能是为了追求投资收益，所以，投资者会更加关心债券利息的高低以及偿还风险、股票的股利分红以及收益波动情况，而这些投资因素在很大程度上取决于被投资者的偿还能力与获利能力。所以，一般来说，针对债券资产价值的评估，评估时要重点分析债券发行者的偿还能力；而针对股票资产价值评估，评估时则要重点分析被投资者的未来获利能力。

　　其次，金融资产的评估对象具有很强的异质性。目前市场上的金融资产种类繁多，存在形式呈现一定的多元化，导致不同类型的金融资产之间可比性较差。因此，针对金融资产进行价值评估，要特别注意不同类型金融资产在基本表现形式、存在特点与收益模式等方面的显著差异。具体地，金融资产评估时，应根据不同的评估目的、不同的评估对象，同时充分结合评估时的市场条件等因素，科学、合理评估金融资产的价值。

　　再次，金融资产评估需要考虑金融市场的风险对价值造成的影响。金融市场的风险主要表现为收益的不确定性，其直接决定了一项金融资产未来预期收益的高低。因此，在实际评估过程中，可以综合运用理论模型对金融市场的风险进行科学、系统的研判，从而提高金融资产收益预测的准确性。此外，金融市场的风险对金融资产价值的影响还具有很强的时效性。例如，存款利率调整与通货膨胀等宏观经济因素的波动，会直接引致债券资产、股票资产或者金融衍生工具等金融资产产生一系列的连锁反应，最终影响金融资产评估价值。

　　最后，金融资产评估还需要深刻把握金融产业的相关政策。金融产业的相关政策主要包括利率政策、外汇政策、借贷政策、货币政策、证券政策等，这些政策可以针对性地干预金融产业的不断优化与促进金融产业的协调发展，通过弥补金融市场的缺陷，实现金融资源的有效配置，从而保持金融体系流动性的合理充裕，最终稳定整个社会的投资预期。因此，在不同的金融产业政策的影响下，金融资产的价值也会随之发生改变。

五、金融资产评估基本要素

（一）评估主体

　　资产评估机构及其资产评估专业人员开展金融资产评估业务。资产评估机构是金融资产评估业务的实际承接组织，一般由资产评估机构出具金融资产评估报告。资产评估专业人员是金融资产评估业务的实际承办自然人主体，一般由资产评估专业人员签署金融资产评估报告。具体地，评估专业人员包括评估师和其他具有评估专业知识及实践经验的评估从业人员，其中，评估师是指通过评估师资格考试的评估专业人员。

　　对于法定金融资产评估业务，应当由不少于两名的资产评估师承办；对于非法定金融资产评估业务，应当由不少于两名的其他资产评估专业人员承办。执行金融资产评估业务，要求资产评估专业人员掌握金融资产相关的法律、法规及前沿知识，应当具备从事金融资产评估的专业技能和业务素质，能够胜任所执行的金融资产评估业务。

（二）评估客体

　　金融资产评估客体即为各类金融资产评估标的对象。如本节金融资产分类部分所述，金融资产评估客体主要包括银行存款、应收账款、应收票据、贷款、股权、看涨期权或者看跌期权、基金、衍生金融工具等金融资产。

（三）评估目的

金融资产评估目的是指金融资产评估业务对应的经济行为对金融资产评估结果的使用要求，即金融资产评估的具体用途。任何一项金融资产评估业务，均关联确定的评估目的。一方面，金融资产评估的一般目的即是科学、正确地反映金融资产在评估时点的公允价值，并为金融资产评估业务对应的经济行为提供价值参考依据。另一方面，金融资产评估还因其经济行为对评估结果的具体要求而有所不同，进而呈现出多样化的金融资产评估特定目的。具体来看，即使是完全相同的一项金融资产，如果存在不同的评估目的，那么不同评估目的对应的评估价值也会有所差异。简而言之，金融资产评估的特定目的即是评估某项金融资产在特定条件下的公允价值。金融资产评估所涉及的评估目的主要包括：

1.以交易为目的

引发金融资产评估的交易行为主要包括金融资产的收购、置换、抵债等，其是最常见的评估目的。交易行为对应的标的资产可以是组织或个人拥有的能够依法交易的金融资产，这类评估业务有些是国家法律与法规规定的法定评估业务，还有一些则是市场参与者自愿委托的非法定评估业务。

2.以财务报告为目的

根据《以财务报告为目的的评估指南》与《企业会计准则第22号——金融工具确认和计量》，要求对相关金融资产开展以财务报告为目的的评估与计量，需要资产评估机构及其资产评估专业人员遵守法律、行政法规、资产评估准则和企业会计准则以及会计核算、披露的有关要求，根据委托对评估基准日以财务报告为目的所涉及的各类金融资产的公允价值或者特定价值进行评定与估算，并出具金融资产评估报告。

3.以抵押或者质押为目的

金融资产可以作为抵押资产或者质押资产参与借贷交易。组织或个人在向金融机构或者其他非金融机构进行融资时，金融机构或者其他非金融机构需要取得借款人或担保人用于抵押或者质押资产的金融资产评估报告，相应的评估目的则是确定用于抵押或者质押金融资产的评估价值，以此作为判断贷款发放数额的重要参考依据。

4.以清算为目的

以清算为目的的金融资产评估，旨在衡量评估标的金融资产的变现价值，因为相关行为主体通常希望以现金的方式获得清偿。如果是企业破产、司法强制执行的清算行为，评估标的金融资产主要表现为快速清算的价值；如果是企业自主决定进行结业清算，侧重于对评估标的金融资产开展有序清算，则其价值为有序清算的价值。

5.以保险为目的

在保险行为中，金融资产可以作为保险标的。在订立保险合同时，一般需要对作为保险标的的金融资产进行价值评估，从而作为确定保险价值的基础。

（四）评估假设

金融资产评估假设是对金融资产评估过程中客观存在但是无法进行直接控制与量化衡量的要素，依据客观现状或发展趋势做出的符合事实条件的科学推断。金融资产评估假设主要包括交易假设、公开市场假设、清算假设等。

1.交易假设

作为金融资产评估得以正常开展的基本假设条件，交易假设阐述了金融资产评估所面临的基本条件。交易假设拟定所有待评估的金融资产均已经处于交易过程中，所以，资产评估专业人员可以依据评估标的金融资产的交易条件真实地模拟市场环境从而进行评估，即将评估标的金融资产人为地置于"交易"过程中。

2.公开市场假设

公开市场假设是对评估标的金融资产拟进入的市场条件，以及评估标的金融资产在这样的市场条件下受到何种影响的一种限定性说明。所谓公开市场，是指一个有众多买家和卖家的充分竞争性的市场。在这个市场中，买家和卖家的地位是平等的，双方有获取足够市场信息的机会与时间，互相之间的交易行为也表现为自愿行为与理性行为。公开市场假设即是假定这种较为完善的公开市场是客观存在的，评估标的金融资产即将进入这样的公开市场进行交易。不过，现实世界中的各类市场均未能真正达到上述公开市场的完善程度，因此，公开市场假设是以评估标的金融资产在市场上可以公开买卖这样一种客观事实为基础。

3.清算假设

清算假设是对评估标的金融资产在非公开市场条件下被迫出售或快速变现条件的假定说明，因此，这种情况下的金融资产评估具有一定的特殊性。在清算假设条件下，金融资产的评估价值一般会低于公开市场假设条件下的评估价值。所以，清算假设条件下的金融资产评估结果的适用范围也是较为局限的。

（五）价值类型

延伸阅读9-2

《金融不良资产评估指导意见》

金融资产评估的价值类型是指金融资产评估结果的价值属性及其具体表现形式，不同的价值类型是从不同的角度反映金融资产评估价值的属性与特征。《金融不良资产评估指导意见》要求，资产评估专业人员应当明确资产评估业务的基本情况，依据金融资产的评估目的、评估对象、资产处置方式、可获得的评估资料等因素，恰当选择价值类型。明确金融资产评估的价值类型，有助于科学、清晰地展示评估结果，避免评估报告使用者误用评估结果。金融资产评估的价值类型主要包括市场价值、投资价值、在用价值、清算价值等。

六、金融资产评估方法

金融资产评估需要采用科学与适宜的评估方法，以实现金融资产评估结果的公平与合理，保障金融资产交易各方的合法权益。金融资产评估方法主要包括市场法、收益法、成本法、期权定价模型法等。

（一）市场法

市场法是资产评估实践中较为简单、直接的评估方法，主要依据替代原则。采用市场法评估金融资产的价值，需要满足两项基本假设前提：其一，评估标的金融资产需要存在于一个活跃并充分发育的公开市场。其二，在这个公开市场上，存在与评估标的金融资产相同或相似的金融资产及其交易活动。在金融资产评估实践中，市场法主要采用差额调整法与修正系数法；此外，亦可以采用市盈率乘数、市净率乘数、市销率乘数等相对估价方法。特别地，在债券资产与股票资产的评估领域，市场法得到较为广泛的应用。

1.差额调整法

差额调整法需要针对评估标的金融资产与可比金融资产之间的差异因素进行分析，计算各项差异影响评估价值的绝对数值，并在可比金融资产成交价格的基础上，以数值调整的方式进行修正，从而测算得到评估标的金融资产的价值。差额调整法一般模型可以表示为：

评估标的金融资产价值 = 可比金融资产成交价格 ± 差异因素调整数值 (9-1)

2.修正系数法

修正系数法需要针对评估标的金融资产与可比金融资产之间的各项差异因素的影响程度进行分析，计算各项差异因素的修正系数，并以系数调整的方式进行修正，从而测算得到评估标的金融资产的价值。修正系数法一般模型可以表示为：

评估标的金融资产价值 = 可比金融资产成交价格 × 差异因素修正系数 (9-2)

采用市场法评估金融资产的价值，其优势在于相关的评估参数与指标均可以从市场上直接获得，因此最终的评估结论可以科学、客观地反映市场中金融资产的真实价值。尤其是评估所需的信息均直接来源于市场，所以评估结论更容易被评估报告的使用者所接受。不过，运用市场法评估金融资产的价值同样存在一定的困难。一方面，市场法的重要假设前提——公开市场假设很难完全满足，只能通过更加严格的假设条件来予以限定。另一方面，不同类型的金融资产存在显著的异质性，个性化特征较多，因此，可比金融资产一般较难确定，即使可以选取到较为相近的可比金融资产，其与评估标的金融资产之间的差异因素也可能不易于进行直接对比与调整。

（二）收益法

收益法是资产评估实践中较为科学的评估方法，主要依据预期收益原则。运用收益法评估金融资产的价值，要求金融资产的未来预期收益、投资者风险承担以及未来收益期限是可以进行预测的，即需要确定的评估参数包括预期收益数额、资本化率或者折现率、收益期限。运用收益法评估金融资产价值的一般模型可以表示为：

$$P = \frac{R_1}{(1+r)^1} + \frac{R_2}{(1+r)^2} + \cdots + \frac{R_n}{(1+r)^n} \qquad (9-3)$$

式中，P表示评估标的金融资产未来收益的现值，即评估标的金融资产的价值；R_n表示评估标的金融资产在未来第n年的预期收益额；r表示资本化率或者折现率。

运用模型（9-3）评估金融资产的价值，其前提是投资金融资产之后可以连续获利。具体地，评估标的金融资产与其投资收益之间需要存在稳定的相关性，从而合理预测评估标的金融资产的预期收益。在评估实务中，根据现金流类型的不同，预测收益又可以分为股利现金流、股权自由现金流、公司自由现金流等。

采用收益法评估金融资产的价值，其优势在于投资于金融资产的资本化价值可以得到充分、真实地反映。因此，如果相关评估参数可以精确预测，那么收益法的评估结果即是金融资产的真实价值。当然，受限于各种约束条件，相关评估参数的预测一般很难精确，因此这也是运用收益法评估金融资产价值的主要不足。外部不可观测因素的影响以及评估主体的主观判断，均会导致预测值与真实值之间的偏差，影响最终的评估结果。

（三）成本法

成本法假定理性投资者在购买某项资产时，其愿意支付的价格不会超出重新购置相同资产的现行购置成本。运用成本法评估金融资产的价值，要求评估标的金融资产处于持续发挥作用的状态，同时可以取得评估标的金融资产相关的历史成本信息，而且形成评估标的金融资产的相关耗费是必要的。

成本法在金融资产评估中的应用范围十分有限，一般采用调整账面价值的方式确定金融资产的评估价值。具体地，可以采用基于重置成本的价格指数调整价值替代金融资产的账面价值。不难发现，成本法属于一种静态评估方法，其无法真实反映账面价值与市场价值之间的差异。不过，如果金融资产不存在活跃的公开交易市场，或者很难确定可比金融资产，以及运用收益法很难精准预测各项参数，可以使用成本法评估金融资产的价值。

(四) 期权定价模型法

中国资产评估协会于 2017 年发布《实物期权评估指导意见》，标志着期权定价模型被正式引入资产评估领域。期权定价模型作为一种动态评估工具，重点关注了不确定性对评估标的资产潜在机会价值的影响，这与当前阶段投资者已经普遍认可资产在未来增长与机会的价值保持高度一致。

期权定价模型的核心主体即为期权。期权又称选择权，是指在未来某一特定时间可以按照特定价格购买或者出售一定数量的某种特定标的物的权利。期权是在期货的基础上衍生出的一种金融工具，其给予持有者购买或者出售标的物的权利。在期权到期时，期权的持有者可以选择购买或者出售标的物，当然也可以选择放弃行使该项权利。不难发现，首先，期权是一种合约权利；其次，期权所关联的权利要被赋予一个特定的主体，即期权的购买者或者持有者，而且该权利会伴随交易行为而转移；最后，期权权利表现为交易双方可以在特定时间购买或者出售一定数量的特定标的物。期权的购买或者出售分别对应不同种类的期权形式，如果是购买标的物，则为看涨期权；如果是出售标的物，则为看跌期权。

在评估实务中，期权定价模型一般采用 Black-Scholes 模型。Black-Scholes 模型简称 BS 模型，由 Fischer Black、Myron Scholes、Robert Merton 建立并完善，该模型为包括股票、债券、货币、商品在内的新兴衍生金融市场的各种以市价价格变动定价的金融资产与金融工具的合理定价奠定了基础。BS 模型假定金融资产的价格是连续变动的，通常需要满足如下基本假设条件：①金融资产价格服从对数正态分布，即金融资产的对数收益率服从正态分布；②在期权有效期内，无风险利率和金融资产收益是恒定的；③市场无摩擦，即不存在税收与交易成本；④金融资产在期权有效期内无股利分红或者其他收益（该假设在后续模型完善中被舍弃）；⑤期权是欧式期权，即在期权到期之前不可行权。BS 模型的一般形式可以表示为：

$$C = S \times N(d_1) - L \times e^{-r \times T} \times N(d_2) \tag{9-4}$$

$$d_1 = \frac{\ln \dfrac{S}{L} + (r + 0.5 \times \sigma^2) \times T}{\sigma \times \sqrt{T}} \tag{9-5}$$

$$d_2 = \frac{\ln \dfrac{S}{L} + (r - 0.5 \times \sigma^2) \times T}{\sigma \times \sqrt{T}} = d_1 - \sigma \times \sqrt{T} \tag{9-6}$$

式中，C 表示看涨期权的当前价值；S 表示所交易金融资产的现值；L 表示期权的执行价格；e 表示自然对数的底数；r 表示连续复利的无风险利率；T 表示期权的到期时间；

$N(d_1)$和$N(d_2)$表示正态分布变量的累积概率分布函数；σ^2表示所交易金融资产回报率的方差。

在此基础上，如果考虑期权标的股票资产的股利分红，则需要在模型（9-4）中S的基础上，扣除在某时间t支付的已知红利D_t，从而得到考虑股利分红的BS模型的一般形式如下：

$$C = \left(S - D_t \times e^{-r \times T}\right) \times N(d_1) - L \times e^{-r \times T} \times N(d_2) \tag{9-7}$$

自测题9-1

式中，变量定义与模型（9-4）保持一致。

第二节　债券价值评估

一、债券概述

债券，属于一种有价证券，是社会各类经济主体为筹集资金而向债券投资者出具的、承诺按一定利率定期支付利息并到期偿还本金的债权债务凭证。债券对资金借贷双方的权责关系进行了明确规定，具体包括：首先，借贷所涉资金的具体数额；其次，借贷的时间期限；最后，在借贷时间期限内所涉资金的成本或者应付的补偿，主要是指债券的利息。

债券一般具有如下性质：①债券是有价证券，其反映并代表一定的价值。同时，债券本身具有面值，是债券投资者投入资金量化数据的直接体现。持有债券可以直接反映债券所代表的权利，因而转让债券也就意味着将债券所代表的权利一并转移。②债券是一种虚拟资本。债券虽然可以体现财产的价值，但毕竟只是一种虚拟资本，即使债券具有一定的面值。而且，债券的流动并不等同于其所代表的实际资本的流动，债券本质上独立于其所对应的实际资本之外。③债券是债权的体现，代表着债券投资者的权利。持有债券的人是债权人，债权人属于企业的外部利益相关者。

债券是用于证明债权与债务关系的原始凭证，通常情况下，债券在票面上需要明确以下四项基本要素：①债券票面价值，即债券票面标明的货币价值，一般等于债券发行人承诺在债券到期日偿还给债券持有者的金额。②债券到期期限，即债券从发行之日起至偿还全部本金与利息之日止的时间区间，同样也是债券发行人承诺履行合同义务的全部时间。③债券票面利率，票面利率也称名义利率，一般采用债券年利息与债券票面价值的比率，通常采用百分数的形式表示年利率。④债券发行者名称，债券以此明确该债券的债务主体，即债务人，这为债权人可以合法追索本金与利息提供了重要的依据。

从具体特征来看，债券通常具有如下四方面的特征：①偿还性，是指债券有规定的偿还期限，债务人被强制要求按期向债权人偿还本金与支付利息。②流动性，是指债券持有者可以依据对外部环境的研判，按照个人需要自由地转让债券，从而预先收回本金，实现及时止损或者获取投资收益。③安全性，是指债券持有者的收益具有相对的稳定性，尽管债券发行者的经营收益会出现波动的可能性，但是债券持有者仍然可以按期获取利息以及收回本金。④收益性，是指债券可以为投资者带来一定的收入，即债券的投资报酬。在一般的经济活动中，债券的收益性主要体现在：其一是利息收入，即债权人在持有债券期间按约定的条件分期、分次取得利息或者到期时一次性取得利息；其二是资本损益，即债权人到期收回的本金与买入债券或中途卖出债券与买入债券之间的价差收入；其三是再投资收益，即投资债券所获现金流量再投资的利息收入，不过其一般会受到市场收益率变化的影响。

债券的分类标准较为多样化，依据不同的分类标准，债券主要包括以下类别：按照发行主体的不同，债券可以分为政府债券、金融债券、企业债券；按照偿还期限，债券可以分为短期债券、中期债券、长期债券、永续债券；按照能否转换，债券可以分为可转换债券、不可转换债券；按照债券发行条款中是否规定在约定期限内向债券持有者支付利息，债券可以分为零息债券、附息债券、息票累积债券；按照利率是否固定，债券可以分为固定利率债券、浮动利率债券；按照是否有财产担保，债券可以分为有担保债券、无担保债券；按照是否可以流通，债券可以分为可流通债券、不可流通债券；按照券面形态，债券可以分为实物债券、凭证式债券、记账式债券等。

二、债券价值影响因素

从债权人的角度来看，其持有债券的目的主要是为了获取未来的现金流入，因此，债券的价值在一定程度上取决于未来现金流入的大小，进而表现为未来发生现金流的折现价值。具体地，由于债券收益较为固定，因此其价值影响因素可以进一步细化为：①债券票面价值。一般来说，债券票面价值与债券价值正相关，即债券票面价值越大，债券价值也越大。②债券到期期限。该期限为债券发行者即债务人必须偿还本金的期限。通常情况下，债券期限越长，不确定性越大，债券持有者所面临的风险也就越高。因此，债券到期期限越长，收益率一般也就越高，未来产生的收益则相应增加。③债券票面利率。债券票面利率一般表现为年化利率，是债券风险的直接体现。当其他条件不变时，债券票面利率越高，债券价值越大。

除上述三项债券价值的基本影响因素外，债券外部环境中的市场利率也会在一定程度上影响债券的价值。因为在实务评估中，通常采用现金流折现的方式判断债券价值，所以市场利率直接决定了拟采用的折现率水平。因此，当其他条件不变时，市场利率越高，债券拟采用的折现率则同样越高，债券价值反而越低。

三、债券价值评估方法

依据前文所述的债券价值影响因素，债券价值评估一般借助于现金流折现方法，即采用一定的资本化率或者折现率测算债券有效期内发生的全部现金流的现值。其中，资本化率或者折现率由无风险收益率与风险收益率两部分组成。未来产生的现金流通常包括债券每期支付的利息和到期需要支付的本金。但是，由于不同类型债券的利息与本金支付的期限、方式与数额各不相同，因此，不同种类债券的现金流计算方式存在一定的差异。为了方便起见，假设某债券每年于年末支付一次利息，并在到期后一次性支付本金，则其现金流折现一般模型可以表示为：

$$P = \sum_{t=1}^{n} \frac{C_t}{(1+i)^t} + \frac{M}{(1+i)^n} \tag{9-8}$$

式中，P 表示债券资产的现值，即债券价值；C_t 表示债券第 t 年支付的利息数额；M

表示债券的票面价值，即债券到期时可收回的本金数额；n表示债券期限；i表示债券年资本化率或者折现率。

模型（9-8）为债券价值评估的现金流折现一般模型，针对不同类型的债券，该模型可以进一步衍生为各类具体形式的评估模型。

四、不同类型债券价值评估

（一）一次性还本付息债券

一次性还本付息债券是指在债券到期日一次性支付利息和本金的债券类型。因此，该债券在期限内产生的现金流仅有一次，而且同时包含了债券利息与债券本金。针对一次性还本付息债券的价值评估，需要首先测算该债券在到期时产生的利息与本金之和，然后确定适宜并合理的资本化率或者折现率，最后进行现金流折现处理，即可评估得到一次性还本付息债券的价值。值得注意的是，考虑到实际经济情况，针对资本化率或者折现率的计算，在评估中一般采用复利方式。依据模型（9-8），一次性还本付息债券价值的一般评估模型可以表示为：

$$P = \frac{M + C}{(1 + i)^n} \tag{9-9}$$

式中，P表示一次性还本付息债券资产的现值，即债券价值；M表示债券的票面价值，即债券到期时可收回的本金数额；C表示债券到期时支付的利息数额；因此，M + C表示该债券到期时产生的利息与本金之和，即债券产生的全部现金流；n表示债券期限；i表示债券年资本化率或者折现率。

【例9-1】

甲公司拟购买A公司发行的一张期限为5年的一次性还本付息债券，该债券票面价值为100 000元，票面利率为10%（年化）。假设市场实际利率为8%（年化），计算该债券在购买时的评估价值。

根据模型（9-9），该债券在购买时的评估价值为：

$$P = \frac{M + C}{(1 + i)^n}$$

$$= \frac{100\,000 + 100\,000 \times 10\% \times 5}{(1 + 8\%)^5}$$

$$\approx 102\,087.48$$

因此，该一次性还本付息债券在购买时的评估价值为102 087.48元。

（二）分期付息债券

分期付息债券是指在债券到期日之前在规定日期按照票面利率支付债券利息，并在债券到期时偿还本金的债券类型，又称息票债券或付息债券。根据债券发行时约定的利息支付时间，分期付息债券可以按照季度期、半年期或者全年期支付利息。针对分期付息债券的价值评估，需要首先分别测算该债券每期产生的利息以及到期时支付的本金，然后确定适宜并合理的资本化率或者折现率，最后进行现金流折现处理，即可评估得到分期付息债券的价值。依据模型（9-8），分期付息债券价值的一般评估模型可以表示为：

$$P = \sum_{t=1}^{n} \frac{M \times r}{(1 + i)^t} + \frac{M}{(1 + i)^n} \tag{9-10}$$

式中，P表示分期付息债券资产的现值，即债券价值；M表示债券的票面价值，即债券到期时可收回的本金数额；r表示债券的票面利率（一般以年化利率表示）；因此，M × r表示该债券每期应当支付的利息数额，即每期产生的现金流；n表示债券期限；i表示债券年资本化率或者折现率。

【例9-2】

甲公司拟购买A公司发行的一张期限为10年的分期付息债券，该债券票面价值为10 000元，票面利率为10%（年化），且每年年底支付当年全部利息，并在债券到期日一次性支付全部本金。假设市场实际利率为8%（年化），计算该债券在购买时的评估价值。

根据模型（9-10），该债券在购买时的评估价值为：

$$P = \sum_{t=1}^{n} \frac{M \times r}{(1 + i)^t} + \frac{M}{(1 + i)^n}$$

$$= \sum_{t=1}^{10} \frac{10\,000 \times 10\%}{(1 + 8\%)^t} + \frac{10\,000}{(1 + 8\%)^{10}}$$

$$\approx 6\,710.08 + 4\,631.93$$

$$= 11\,342.01$$

因此，该分期付息债券在购买时的评估价值为11 342.01元。

（三）零息债券

零息债券是指以贴现的方式对外发行，并且在到期日之前并不支付任何利息，而是在到期日一次性归还本金的债券类型。零息债券发行价一般低于债券面值，二者的差值即相当于在发行时一次性提前支付的利息。不难发现，零息债券在未来持有期间的现金流入有且仅有一次，即在到期日按照债券面值给付的现金流入。所以，针对零息债券的价值评估，仅需确定在到期日的现金流入即可，然后确定适宜并合理的资本化率或者折现率，最后进行现金流折现处理，即可评估得到零息债券的价值。依据模型（9-8），零息债券价值的一般评估模型可以表示为：

$$P = \frac{M}{(1 + i)^n} \tag{9-11}$$

式中，P表示零息债券资产的现值，即债券价值；M表示债券的票面价值，即债券到期时可收回的本金数额；n表示债券期限；i表示债券年资本化率或者折现率。

【例9-3】

甲公司拟购买A公司发行的一张期限为10年的零息债券，该债券票面价值为10 000元。假设甲公司针对该债券的期望回报率为10%（年化），计算甲公司购买该债券的预期价格。

根据模型（9-11），该债券在购买时的预期价格为：

$$P = \frac{M}{(1 + i)^n}$$

$$= \frac{10\,000}{(1 + 10\%)^{10}}$$

$$\approx 3\,855.43$$

因此，甲公司拟购买该零息债券的预期价格为 3 855.43 元。

（四）永续债券

永续债券通常没有到期日，是指债券发行者不需要向投资者偿还本金的债券类型，但是需要按期向投资者支付债券利息。不过，为了保证债权人的利益、降低债券投资者的风险，永续债券一般会约定赎回条款或者利率调整条款等。不难发现，永续债券在未来持有期间的现金流入即为每期按照债券利率给付的利息流入。所以，针对永续债券的价值评估，仅需根据票面利率计算每期的现金流入即可，然后确定适宜并合理的资本化率或者折现率，最后进行现金流折现处理，即可评估得到永续债券的价值。依据模型（9-8），永续债券价值的一般评估模型可以表示为：

$$P = \frac{M \times r}{i} \tag{9-12}$$

式中，P 表示永续债券资产的现值，即债券价值；M 表示债券的票面价值；r 表示债券的票面利率（一般以年化利率表示）；因此，M × r 表示该债券每期应当支付的利息数额，即每期产生的现金流；i 表示债券年资本化率或者折现率。

【例 9-4】

甲公司拟购买 A 公司发行的一张永续债券，该债券票面价值为 10 000 元，票面利率为 5%。假设甲公司针对该债券的期望回报率为 8%（年化），计算甲公司购买该债券的当前评估价值。

根据模型（9-12），该债券在购买时的评估价值为：

$$P = \frac{M \times r}{i}$$
$$= \frac{10\,000 \times 5\%}{8\%}$$
$$= 6\,250$$

因此，甲公司拟购买该永续债券的当前评估价值为 6 250 元。

（五）可转换债券

可转换债券是指发行主体依照法定程序发行，在一定期限内依据约定条件可以转换为企业股票的债券。可转换债券是一种混合型的金融资产，兼具债权与股权的双重特性。具体来看，一方面，可转换债券是具有债券和股票双重属性的金融工具，因而具有债券和股票的双重特点。在转换以前，可转换债券是一种债券，具备债券的全部特征，反映的是债权与债务的关系，持有者是债权人；在转换成股票之后，可转换债券则变为股票，并具备股票的一般特征，反映的是投资者对企业的所有权关系，持有者则由债权人变为企业所有者。另一方面，可转换债券体现一定的双重选择权。首先，投资者有权利选择是否转换为股票，并为此承担可转换债券利率较低的机会成本；其次，可转换债券发行者拥有是否实施赎回条款的选择权，并因此要支付比未设定赎回条款的可转换债券更高的利息。

企业发行可转换债券的目的是增强证券对投资者的吸引力，以期通过较低的融资成本筹集所需的资金，企业通常在股市低迷、银行利率较高的情况下选择发行可转换债券。企业如果采取面向股市筹资，新股发行价或配股定价一般较低，筹集得到的资金也相对较少。企业如果面向银行申请贷款，则会由于贷款利率偏高，进而加大企业的融资成本。相比之下，企业如果采用发行可转换债券的方式进行筹资，投资者可以在企业股票价格上涨时选择行使转换权利，这样的做法更容易被投资者认可与接受，有助于企业融资方案的实现。从企业的角度来看，可转换债券的利息率较低，不仅降低了融资成本，而且可以充分利用财务杠杆的优势。同时，如果未来可转换债券转换为普通股，则有助于企业将前期筹集的有限期资金转化为长期且稳定的股本，不仅不需要偿还本金，而且还避免了申请发行新股的复杂手续，节省了一定的发行费用。从投资者的角度来看，在股票市场疲软或者发行企业财务状况较差导致股价低迷时，通过购买可转换债券可以得到稳定的债券利息收入并具备投资本金相对安全的法律保障。如果后期股票市场趋于好转或者企业经营状况有所改善导致股价上涨时，投资者可以通过行使转换权取得股票，进而享受丰厚的股利分红与资本利得。

可转换债券基本要素包括：有效期限、转换期限、票面利率、转换比例、转换价格、赎回条件、回售条件、转换价格修正。这些要素共同决定了可转换债券的转换条件、转换价值、市场价格等。①有效期限，一般与债券期限相同，从债券发行之日起至偿清本息之日止的时间期限。②转换期限，是指可转换债券可以转换为股票的起始日至结束日的时间期限。通常情况下，发行者会规定一个特定的转换期限，在该期限内，允许可转换债券的持有者按照一定的转换比例或者特定的转换价格将可转换债券转换成发行者的股票。③票面利率，一般由发行者根据当前市场利率水平、债券资信等级与发行条款等因素确定，该利率通常会低于相同条件下不可转换债券的利率。可转换债券一般半年或一年付息一次，到期后应偿还未转为股票的债券本金及最后一期的利息。④转换比例，是指一定面值的可转换债券与可以转换为股票数量的比例。例如，某可转换债券的面值为100元，合同约定的转换价格为20元，则转换比例为5，即100元面值的可转换债券可以按照20元1股的价格转换为5张股票。⑤转换价格，是指可转换债券转换为股票所需支付的价格。通常情况下，转换价格应在募集说明书中进行约定，且应以公布募集说明书前三十个交易日股票的平均收盘价格为基础，并上浮一定幅度（具体上浮幅度由发行者与主承销商商定）。⑥赎回条件。赎回是指发行者在可转换债券发行一段时间后，可以提前赎回未到期发行在外的可转换债券；赎回条件一般是当股票价格在一段时间内连续高于转换价格达到一定比例时，企业可以按照合同约定的赎回价格购买发行在外且尚未完成转换的可转换债券。⑦回售条件，是指当股票价格在一段时间内连续低于转换价格达到某一比例时，可转换债券的持有者可以按照合同约定的回售价格将所持有的可转换债券售卖给发行者的行为。⑧转换价格修正，是指发行者在发行可转换债券后，由于企业送股、配股、增发股票、分立、合并等原因导致股票名义价格下降时而对初始转换价格做出的必要调整。

由于可转换债券兼具债券与股票的双重特征，且可以在未来特定时期进行转换，所以不同阶段下可转换债券的价值具有不同的表现形式，主要包括现行债券价值与未来转换价值。因此，可转换债券的评估价值通常同时包括现行债券价值与未来转换价值。具体地，依据模型（9-8），现行债券价值的一般评估模型可以表示为：

$$P_p = \sum_{t=1}^{n} \frac{M \times r}{(1+i)^t} + \frac{M}{(1+i)^n} \tag{9-13}$$

式中，P_p表示可转换债券资产的现行债券价值；M表示可转换债券的票面价值，即可转换债券到期时可收回的本金数额；r表示可转换债券的票面利率（一般以年化利率表示）；因此，$M \times r$表示该可转换债券每期应当支付的利息数额，即每期产生的现金流；n表示债券期限；i表示债券年资本化率或者折现率。

针对可转换债券的未来转换价值，一般采用无套利期权模型进行测算。具体地，假设可转换债券作为衍生资产且风险中性，对应股票价格变动满足布朗运动，则未来转换价值的一般评估模型可以表示为：

$$P_f = S \times N(d_1) - L \times e^{-r \times T} \times N(d_2) \tag{9-14}$$

$$d_1 = \frac{\ln\dfrac{S}{L} + (r + 0.5 \times \sigma^2) \times T}{\sigma \times \sqrt{T}} \tag{9-15}$$

$$d_2 = \frac{\ln\dfrac{S}{L} + (r - 0.5 \times \sigma^2) \times T}{\sigma \times \sqrt{T}} = d_1 - \sigma \times \sqrt{T} \tag{9-16}$$

式中，P_f表示可转换债券的未来转换价值；S表示可转换债券发行企业的股票价格；L表示期权的执行价格；e表示自然对数的底数；r表示转换期内的连续复利的无风险利率；T表示期权到期时间；$N(d_1)$和$N(d_2)$表示正态分布变量的累积概率分布函数；σ表示可转换债券发行企业股票价格的波动率。

由此，可转换债券的评估价值可以表示为：

$$P = P_p + P_f \tag{9-17}$$

【例9-5】

甲公司拟购买A公司发行的一张可转换债券，该债券票面价值为10 000元，债券期限为5年，票面利率为10%，每年年底支付一次利息，到期全额支付本金。根据可转换债券发行合同，该债券到期时的转换价格为10元，且发行时公司股票的价格为每股12元。经分析后得知，A公司以历史数据测算得到该公司的股价波动率为20%。假设国债收益率为5%，风险收益率为3%，且公司股票未来无派发股利的计划，同时不考虑股票增发等稀释因素，计算甲公司购买该可转换债券的当前评估价值。

根据模型（9-13），该可转换债券资产的现行债券价值为：

$$
\begin{aligned}
P_p &= \sum_{t=1}^{n} \frac{M \times r}{(1 + i)^t} + \frac{M}{(1 + i)^n} \\
&= \sum_{t=1}^{5} \frac{10\,000 \times 10\%}{[1 + (5\% + 3\%)]^t} + \frac{10\,000}{[1 + (5\% + 3\%)]^5} \\
&\approx 3\,992.71 + 6\,805.83 \\
&= 10\,798.54
\end{aligned}
$$

因此，甲公司拟购买该可转换债券资产的现行债券价值为10 798.54元。

根据模型（9-14）（9-15）（9-16），该可转换债券资产的未来转换价值为：

$$
\begin{aligned}
d_1 &= \frac{\ln\dfrac{S}{L} + (r + 0.5 \times \sigma^2) \times T}{\sigma \times \sqrt{T}} \\
&= \frac{\ln\dfrac{12}{10} + (5\% + 0.5 \times 0.2^2) \times 5}{0.2 \times \sqrt{5}} \\
&\approx 1.19
\end{aligned}
$$

$$d_2 = d_1 - \sigma \times \sqrt{T}$$
$$= 1.19 - 0.2 \times \sqrt{5}$$
$$\approx 0.74$$
$$P_f = S \times N(d_1) - L \times e^{-r \times T} \times N(d_2)$$
$$= 12 \times N(1.19) - 10 \times e^{-5\% \times 5} \times N(0.74)$$
$$\approx 4.59$$

因此，甲公司拟购买该可转换债券资产的每股未来转换价值为 4.59 元，全部未来转换价值为 4 590 元（10 000÷10×4.59）。

根据模型（9-17），该可转换债券资产的当前评估价值为：

$$P = P_p + P_f$$
$$= 10\ 798.54 + 4\ 590$$
$$= 15\ 388.54$$

综上，甲公司拟购买该可转换债券的当前评估价值为 15 388.54 元。

自测题 9-2

视频资源 9-1

第三节　股票价值评估

一、股票概述

股票，属于一种有价证券，是由股份有限公司签发并且可以证明股东持有该公司股份的权益凭证。一般来说，股份有限公司会对公司资本进行划分，即形成了对应份额的股份，每一股股份的金额一般相等。实际上，股票代表着股票持有者对公司剩余权益的索取权，而且股票持有者还可以凭借股票享有公司发放的股息与红利，并且可以参加股东大会从而行使自身的权利。当然，股票持有者在享有权利的同时也需要承担相应的责任与风险。

公司股份的发行必须遵循公开、公平、公正的基本原则，而且同一类型的每一股股份具有同等的权利。公司同次发行的同种类型的股票，每股的发行条件和价格应当相同。公司发行股票的价格可以按票面金额，也可以超过票面金额，但不得低于票面金额。同时，任何单位或者个人所认购的股份，每股应当支付相同的价额。

《中华人民共和国公司法》规定，股票采用纸面形式或者国务院证券监督管理机构规定的其他形式。一般来说，股票应当载明如下主要事项：公司名称、公司成立日期、股票种类、票面金额及代表的股份数、股票的编号。同时，股票需要法定代表人签名，并加盖公司印章。如果股票属于发起人的股票，还需要注明"发起人股票"字样。此外，公司发行的股票，可以为记名股票，也可以为无记名股票。具体地，公司向发起人、法人发行的股票，应当为记名股票，并应当记载该发起人、法人的名称或者姓名，不得另立户名或者以代表人姓名记名。公司如果发行记名股票，应当置备股东名册，记载事项包括：股东的姓名或者名称及住所、各股东所持股份数、各股东所持股票的编号、各股东取得股份的日期。公司如果发行无记名股票，公司应当记载其股票数量、编号及发行日期。股份有限公司成立后，即向股东正式交付股票，公司成立前不得向股东交付股票。

股票一般具有如下性质：①股票是有价证券，是财产价值和财产权利的统一表现形式。股票一方面表示拥有一定价值量的财产，另一方面表明股票持有者可以行使该证券所代表的权利。②股票是要式证券，具备《中华人民共和国公司法》规定的有关内容。③股票是证权证券，不同于设权证券，证权证券的权利不以股票的制作和存在为条件，是一种物化的外在形式，是权利的载体，权利是已经客观存在的。④股票是资本证券，是股份有限公司筹集自有资本的主要手段，是股东投入股份公司资本份额的证券化表现。⑤股票是综合权利证券，本身既不属于物权证券，也不属于债权证券，而是一种综合权利证券，股票持有者依法享有资产收益、重大决策、选择管理者等权利。

从具体特征来看，股票通常具有如下五方面的特征：①收益性，可以为持有者带来收益，其一是股份有限公司派发的股息和红利，其二是在证券交易场所进行价差交易实现的资本利得。②风险性，主要源自股票投资收益的不确定性，具体表现为预期收益与实际收益之间的偏离，通常情况下，股票遵循"高风险高收益、低风险低收益"的基本规律。③流动性，即股票可以通过依法转让从而实现变现的特征，一般来说，大盘股票流动性强于小盘股票流动性，上市公司股票流动性强于非上市公司股票流动性。④永久性，该特征表现为股票所载有的权利呈现始终不变的有效性，因为股票属于一种无期限的法律凭证。⑤参与性，是指股票持有者有权参与公司重大决策，有权出席股东大会，从而行使对公司经营决策的参与权，而且当股东持有的股份数量达到决策规定的有效多数时，股票持有者就可以实质性地影响公司的各项决策与计划。

股票的分类标准较为多样化，根据不同的分类标准，股票主要包括以下类别：按照股东享有权利的不同，股票可以分为普通股票与优先股票；按照是否记载股东姓名，股票可以分为记名股票与无记名股票；按照是否在股票票面上表明金额，股票可以分为有面额股票与无面额股票；按照股东有无表决权，股票可以分为表决权股票与无表决权股票；按照公司上市区域，股票可以分为A股、B股、H股、N股、S股等。

延伸阅读9-3

《中华人民共和国公司法》

二、股票价值影响因素

（一）宏观经济因素

企业的盈利能力和未来发展直接受到宏观经济因素的影响，进而关系到企业股票价值的变化。一般情况下，影响股票价值的宏观经济因素主要包括经济周期与经济政策。

1.经济周期

经济周期一般是指经济活动中周期性出现的经济扩张与经济紧缩交替更迭、循环往复的一种现象，具体表现为国民总产出、总收入和总就业的波动。经济周期一般包括繁荣、衰退、萧条和复苏四个具有一定顺序的阶段并且循环交替。全社会的经济活动、就业、消费者与企业支出、通货膨胀等均会受到经济周期的影响。因此，经济周期是宏观经济分析的首要因素。

经济周期直接影响全社会的需求与供给，并通过溢出效应影响整个资本市场。与经济周期四个时期的循环交替类似，股市也呈现出峰值、谷底、上涨和下跌四个循环交替时期。经济周期对股票而言，是一种宏观的、系统性的、外生的影响因素，因此，股票的价值将直接受到经济周期的影响。此外，在不同的经济周期时期，投资者的信心程度、风险偏好、期望收益等均会呈现一定的异质性变化。因此，经济周期对投资者股票交易行为的影响，将直接作用于股票价值。

2.经济政策

经济政策是一个国家或政府为了达到充分就业、稳定价格水平、推动经济增长、平衡国际收支等经济目标，为增进经济福利而制定的解决经济问题的指导原则与调控措施。经济政策的制定与实施主要表现为一定的连续性与弹性。经济政策主要分为宏观经济政策和微观经济政策：宏观经济政策包括财政政策、货币政策、收入政策等；微观经济政策则是指制度层面一系列规范市场正常运行的法律、法规与部门规章等政策。

财政政策所关联的经济扩张或者经济紧缩会直接引起资本市场形势的高涨或者低走，进而影响股票价值的上涨或者下跌。货币政策对股票价值的影响主要通过利率水平以及货币供应量而间接实现。通常情况下，利率水平下调或者货币供应量增加时，股票市场走势会随之上涨，反之亦然。

（二）产业因素

企业所属产业的基本属性会对产业范围内企业股票的价值产生直接或间接的影响，产业层面的影响因素主要体现在以下几个方面：

1.产业性质

产业性质直接决定企业所属产业的未来前景与发展潜力。企业如果属于夕阳产业或者传统产业，其未来发展潜力一般较小，因此很难吸引大量的投资者，股票价格一般会处于低位或者保持比较平稳的状态，例如，纺织产业、化工产业等。反之，企业如果属于朝阳产业或者新兴产业，其未来发展潜力相对较好，因此会吸引大量投资者的关注，股票价格在未来上涨的潜力也相对较大，例如，生物医药产业、互联网产业等。值得注意的是，夕阳产业与朝阳产业本身就是相对的概念，二者均会受到宏观经济周期、国家经济政策以及国家产业政策的影响，从而发生相互的转换。

2.产业生命周期

产业生命周期是每个产业都要经历的一个由成长到衰退的演变过程，一个典型的产业生命发展周期主要包括四个阶段，即初创阶段、成长阶段、成熟阶段和衰退阶段。首先，如果某产业正处于初创阶段，整个产业正值刚刚起步，需求与供给均相对较小，且其未来发展前景也并不是很明朗。因此，企业所属的产业如果处在初创阶段，股票价值会受到未来不确定性的影响进而表现为持续波动。其次，如果某产业正处于成长阶段，整个产业开始慢慢扩张，产业内企业的规模也正在逐步扩大，整个产业呈现一片欣欣向荣的发展前景。因此，企业所属的产业如果处在成长阶段，股票价值也会因为投资者对未来的较好预期而呈现一定的上涨趋势。再次，如果某产业已经达到成熟阶段，整个产业的需求与供给均相对稳定，企业的盈利能力也会达到一定的平衡，增速放缓进而趋于稳定。因此，企业所属的产业如果处在成熟阶段，股票价值也会相对稳定。最后，如果某产业已经步入衰退阶段，整个产业的效益很低甚至出现亏损。因此，企业所属的产业如果处在衰退阶段，股票价值会持续走低。

3.产业政策

产业政策是政府为了实现一定的经济和社会目标而对产业的形成和发展进行干预的各种政策的总和，具有调控经济结构、改造产业结构、调整商品供求结构等主要作用。通常情况下，政府会向需要重点扶持的产业倾斜，给予各种类型的产业政策优惠；相反，对于需要进行适度管控的产业，政府则会在一定程度上限制该产业的发展。产业政策一般表现在贷款融资、税收政策等方面，进而对股票价值产生不同程度的影响。一般来说，政府如果颁布了支持产业的政策，股票价值通常会呈现上涨的趋势；相反，政府如果颁布了限制产业的政策，股票价值则会呈现一定的下跌趋势。

(三) 企业因素

股票是由股份制企业签发并证明股东持有股份权益的凭证，因此，股票价值会受到企业各项因素的直接影响，主要包括企业生命周期、企业经营状况、企业财务状况、企业未来发展前景等。

1.企业生命周期

企业生命周期与产业生命周期类似，一般也会经历初创阶段、成长阶段、成熟阶段和衰退阶段四个时期。首先，如果某企业正处于初创阶段，企业生产规模较小、产品市场份额较低、固定成本相对较大、组织结构比较简单，特别是企业的盈利能力较低，而且现金流转不够通畅，会频繁出现财务困难。因此，企业如果处在初创阶段，股票价值会受到不确定性的影响从而表现为持续波动。其次，如果某企业正处于成长阶段，此时企业基本建立了优势的产品系列，产品市场份额稳步提高，而且市场竞争力逐步增强，业绩增长速度加快。因此，企业如果处在成长阶段，股票价值也会因为投资者对企业未来良好发展前景的预判而呈现一定的上涨趋势。再次，对于处在成熟阶段的企业，这类企业往往资金雄厚、技术先进、人力资源丰富、管理水平较高，具有较强的生存能力和竞争能力。而且，企业能够有效地进行日常业务流程的协调和资源的有效配置。同时，企业融资渠道更加多元化，现金流转极其顺畅，资产结构十分合理，资本结构政策相对稳健。因此，企业如果处在成熟阶段，股票价值也会相对稳定。最后，如果某企业已经步入衰退阶段，企业产品的市场份额会逐渐下降，新产品可能试制失败，或者还没有完全被市场所接受。此时，银行信用贷款会进一步收紧，企业的融资能力不断下降，股票价值也会开始逐步下跌。此外，非持续经营状态下的企业也可能会处于衰败期，这类企业生存受到严重威胁，产品市场份额几近跌至谷底，盈利能力极度不足，财务状况严重恶化，融通资金十分困难，最终股票价值也会一落千丈。

2.企业经营状况

企业的经营状况是决定股票价值最直接的因素，分析经营状况主要考虑企业的销售收入或利润水平。如果某企业的销售成本相对稳定，那么扩大商品销售规模将会给企业带来更多的盈利。因此，销售能力较为旺盛的企业，其利润水平势必会加速增长与累积。企业累积的利润越多，可用于股票分红的留存收益也就越多，归属于股票投资者可供索取的份额也相应增加，从而提高资本市场的吸引力与关注度，最终刺激股票价值的上涨。此外，企业经营状况良好，市场声誉也相对较高，进而巩固企业的市场地位，增强投资者的信心，最终提升投资者对股票未来盈利能力的良好预期。综上，企业经营状况良好，股票价值往往上涨；企业经营状况较差，股票价值通常下跌。

3.企业财务状况

企业的财务状况主要源自财务分析进而考虑企业的各种财务指标与财务比率，较为常用的财务状况分析主要包括利润率、资产周转率、资本回报率、权益资本收益率、经营成本、偿债能力、发展能力等。上述财务状况信息是重要的会计信息，可以缓解企业内部与外部利益相关者之间的信息不对称。进一步地，这些财务状况信息在一定程度上可以有效反映企业现阶段的财务绩效以及未来的发展前景，是投资者进行前瞻性预判的重要参考。因此，如果企业的财务状况较好，投资者将偏好投资于此类企业的股票，对应的股票价值也会随之上涨。相反，如果企业的财务状况堪忧，投资者则会抛售此类企业的股票，最终导致股票价值的下跌。

4.企业未来发展前景

企业未来发展前景主要包括两个维度：内部因素维度和外部因素维度。内部因素维度主要表现为企业的竞争能力、创新能力、产品开发能力、盈利能力等；外部因素维度主要分析企业所处行业的发展状况与趋势、宏观经济的发展状况与趋势等。上述企业未来发展前景因素会直接影响企业股票的成长性。如果企业未来发展前景堪忧，则对应股票的成长性也相对较差，股票价值也往往持续走低。相反，未来发展前景广阔的企业，其股票的成长性通常相对较好，因此股票价值也会保持上涨的趋势。

（四）其他因素

1.政治因素

政治因素作为外部宏观影响因素对股票价值的影响较为直接，而且会迅速引发股票市场的大幅震荡，带来股票价值的持续波动。股票价值受政治因素影响的滞后性极其短暂，通常会在第一时间做出剧烈反应。政治因素一般包括战争、政权变更、国际政治形势、法律制度等。其中，战争对股票价值的影响，既有长期性，也有短期性。战争可能会导致股票价值的上涨，亦有可能导致股票价值的下跌，要视战争的具体性质而确定。政权的变更、政治领袖的更替，也会对股票价值产生正向或负向的影响。国际政治形势会诱发一个国家或地区的政治、经济、财政等结构的调整，股票市场与股票价值也会随之发生变化。法律制度有助于一个国家或地区规范与管理投资行为，保护投资者的正当权益，提高投资者的信心，从而促进股票市场的健康发展，有利于股票价值的实现。

2.社会因素

社会因素主要表现为一个国家或地区的自然状态与文化传统。自然状态对股票价值的影响具有不可抗性，属于系统性因素。例如，如果发生自然灾害，全社会的生产经营就会受到严重制约，从而导致相关股票价值的下跌。相反，如果全社会转入恢复重建阶段，则需要增加大量投入，相关物品的需求也随之增加，从而导致相关股票价值的上涨。文化传统在一定程度上决定着投资者的储蓄与投资心理偏好，从而影响股票市场资金流入与流出的整体格局，进而影响股票的价格。同时，投资者的文化素质状况也从投资决策的视角影响股票的价值。通常情况下，文化素质较高的投资者在投资时较为理性，股票市场的价格走势也相对稳定，对股票价值的影响也较为稳健。

三、股票价值评估方法

依据前文所述金融资产评估方法，由于股票资产自身的特殊性，成本法在股票资产评估过程中的应用较为受限。相比之下，由于股票资产可以在持有之后产生连续的获利，因此适于采用收益法进行评估。此外，针对可以在市场中进行交易的股票资产，如果该市场为活跃的、充分发育的公开市场，且存在与评估标的股票资产相近的其他股票资产及其交易活动，则股票资产同样适于采用市场法进行评估。

（一）股票价值评估市场法

1.现行市价法

现行市价法是市场法中评估股票价值最基本的方法。该方法一般针对上市普通股进行价值评估，因为上市普通股具有较好的流动性，其公开交易的市场价格可以有效反映股票资产在评估时点的真实价值。

运用现行市价法评估股票资产的价值，需要满足两个基本假设条件：其一，有效市场假设。只有处于有效市场或者强式有效市场，股票价格才能如实反映其内在价值。在这样的市场条件下，制度体系十分完备、市场机制愈发成熟、信息流通极度顺畅，有效缓解了信息不对称问题，因此股票价格近乎可以包含所有的相关信息并且相对公允。所以，股票资产在某一时点的市场价格正是其内在价值的真实体现，因此可以将股票资产的市场价格作为股票资产的评估价值。其二，短线投资假设。短线投资假设是指投资者购买股票主要出于投机动机，而非投资动机，即只是为了短期持有，并在适宜时机选择卖出股票，从而获得买卖价差赚取投资收益。如果投资者购买股票是为了长期持有，那么评估标的股票资产的价值则不仅仅体现在以买卖价差为主要表现形式的投资收益，还包括股票分红等现金流的价值。因此，采用现行市价法评估股票价值需要满足股票资产的持有目的为短线投资。

运用现行市价法评估股票资产价值时，一般假设不考虑交易费用与税金费用等，因此仅需考虑评估标的股票资产的总量与其在评估基准日的市场价格即可。运用现行市价法评估股票资产价值的一般评估模型可以表示为：

$$P = Amount \times Price \tag{9-18}$$

式中，P表示评估标的股票资产的评估价值；Amount表示评估标的股票资产的数量总额；Price表示评估标的股票资产的市场价格。值得注意的是，由于股票的价格具有实时波动的特性，交易日一天之内会出现开盘价、收盘价、最高价、最低价等多种价格数值。在实务评估过程中，一般采用评估基准日的收盘价格作为基准股票价格。此外，在部分评估实务中，也可以采用加权平均价格代替收盘价格。

在实际评估过程中，现行市价法的假设前提一般很难完全满足，所以股票的市场价格不能有效反映出所有的信息，因此需要对现行市价法进行价值修正，即引入价值调整系数。具体地，价值调整系数需要依据评估标的股票资产所处的市场条件来确定。一般情况下，当经济发展较为旺盛、股票市场走势较好时，企业股票价格的上涨可能与企业的经营绩效不匹配，此时，价值调整系数取值应小于1；当经济发展不景气、股票市场走势较差时，企业股票价格的下跌同样有可能与企业的经营绩效不匹配，此时，价值调整系数取值应大于1。由此，考虑价值调整系数的现行市价法一般评估模型可以表示为：

$$P = \text{Amount} \times \text{Price} \times K \tag{9-19}$$

式中，K表示评估标的股票资产的价值调整系数；其余变量定义与模型（9-18）保持一致。

2.价格乘数法

针对评估标的股票资产，如果股票市场或者其他金融市场存在与评估标的股票资产相同或相似的股票资产及其交易活动，则可以通过比较评估标的股票资产与可比股票资产之间的差异，并以可比股票资产市场价格或者交易价格作为评估的价值基础，进而开展相应的差异调整，最终计算得到评估标的股票资产的评估价值。其中，一般用于差异调整的指标称作价格乘数，主要包括：市盈率乘数、市净率乘数、市销率乘数。

（1）市盈率乘数

市盈率乘数需要计算可比股票资产的市盈率，即每股价格÷每股盈余。市盈率乘数的基本原理是将股票价值作为盈余的乘数，如果已知评估标的股票资产的每股盈余，则根据可比股票资产的市盈率乘数，即可计算得到评估标的股票资产的每股价值。运用市盈率乘数评估股票资产价值的一般评估模型可以表示为：

$$P = E \times \text{Ratio}_1 \tag{9-20}$$

式中，P表示评估标的股票资产的每股价值，即股票价值；E表示评估标的股票资产的每股盈余；Ratio_1表示可比股票资产的市盈率乘数。

（2）市净率乘数

市净率乘数需要计算可比股票资产的市净率，即每股价格÷每股净资产。市净率乘数的基本原理是将股票价值作为净资产的乘数，如果已知评估标的股票资产投资企业的每股净资产，则根据可比股票资产的市净率乘数，即可计算得到评估标的股票资产的每股价值。运用市净率乘数评估股票资产价值的一般评估模型可以表示为：

$$P = \text{NA} \times \text{Ratio}_2 \tag{9-21}$$

式中，P表示评估标的股票资产的每股价值，即股票价值；NA表示评估标的股票资产的每股净资产；Ratio_2表示可比股票资产的市净率乘数。

（3）市销率乘数

市销率乘数需要计算可比股票资产的市销率，即每股价格÷每股销售收入。市销率乘数的基本原理是将股票价值作为销售收入的乘数，如果已知评估标的股票资产投资企业的每股销售收入，则根据可比股票资产的市销率乘数，即可计算得到评估标的股票资产的每股价值。运用市销率乘数评估股票资产价值的一般评估模型可以表示为：

$$P = S \times \text{Ratio}_3 \tag{9-22}$$

式中，P表示评估标的股票资产的每股价值，即股票价值；S表示评估标的股票资产的每股销售收入；Ratio_3表示可比股票资产的市销率乘数。

（二）股票价值评估收益法

1.收益法一般模型

在资本市场中，部分投资者购买股票是以长期持有为目的，以期获得长期收益。由此可见，这一类股票资产的价值无法通过短期买卖价差来直接体现。如果投资者购买股票是出于上述投资目的，则运用市场法评估股票资产价值时缺乏一定的科学性与合理性。具体地，以投资为目的而长期持有的股票资产，其价值影响因素更为复杂，考虑某一静态时点的股票资产价格或者可比股票资产的价格，与评估标的股票资产的长期价值之间缺少直接的相关性，无法有效反映此类股票资产的内在价值。因此，在评估以长期持有为目的的股票资产时，较为科学的做法是采用收益法对其进行评估，即科学预测评估标的股票资产在未来一定时期内可以为投资者创造的收益，同时选择适宜并合理的资本化率或者折现率，从而以测算得到的未来预期收益的现值作为评估标的股票资产的价值。运用收益法评估股票资产价值的一般模型可以表示为：

$$P = Amount \times \left[\frac{D_1}{(1+r)^1} + \frac{D_2}{(1+r)^2} + \cdots + \frac{D_n}{(1+r)^n} \right] \tag{9-23}$$

式中，P表示评估标的股票资产未来收益的现值，即评估标的股票资产的价值；Amount表示评估标的股票资产的数量总额；D_n表示评估标的股票资产在未来第n年的预期收益额；r表示资本化率或者折现率。

模型（9-23）中，影响评估结论的两个关键要素分别为评估标的股票资产对应的未来预期收益额D_n与资本化率r。其中，未来预期收益额D_n的预测很难完全精确，预测值与真实值之间的差异势必会对评估结论产生一定的影响。类似地，资本化率r的确定也存在一定的不足，因为资本化率r在未来各个收益期内也可能处于不断变化的状态。在评估实务中，针对未来各个收益期，一般择取一个统一的资本化率r进行测算，因此也会产生一定的评估误差。

2.收益法股利固定模型

如果企业经营稳健、财务状况良好，一般可以长期保持派发股利的政策。在此基础上，如果该企业未来的股利分红可以保持在一个稳定的水平，即未来各个收益期派发的股利均为一个固定的额度，则可以采用股利固定模型评估该股票资产的价值。具体地，根据模型（9-23），令$D_1 = D_2 = \cdots = D_n = A$，即该股票未来各个收益期派发相等的股利数额，则模型（9-23）可以进一步推导为：

$$P = Amount \times \sum_{t=1}^{\infty} \frac{A}{(1+r)^t}$$
$$= Amount \times \frac{A}{r} \tag{9-24}$$

式中，A表示评估标的股票资产未来预期的固定股利年金收益额；t表示未来各个收益期；其余变量定义与模型（9-23）保持一致。

3.收益法股利稳定增长模型

企业除采用固定股利政策外，还可以按照一定的股利增长比率进行股利派发，即股利在未来各个收益期内按照一定的比率进行增长。由此，可以得到企业在第t期的股利计算模型如下：

$$D_t = D_1 \times (1+g)^{t-1} \tag{9-25}$$

式中，g表示股利增长比率；其余变量定义与模型（9-23）保持一致。在此基础上，模型（9-23）可以进一步推导为：

$$P = Amount \times \sum_{t=1}^{\infty} \frac{D_1 \times (1+g)^{t-1}}{(1+r)^t}$$
$$= Amount \times \frac{D_1}{r-g} \tag{9-26}$$

式中，变量定义与模型（9-23）（9-25）保持一致。

通常情况下，股利稳定增长模型较为适用于成长型的企业。该类企业盈利保持逐年增长，因此其股利派发一般也会随之加大。不过，该模型的使用需要一定的假设前提。如模型（9-26）所示，评估标的股票资产的资本化率 r 需要大于股利增长比率 g，否则评估标的股票资产的价值将无限增长。特别地，当股利增长比率 g = 0 时，股利稳定增长模型（9-26）则变为股利固定模型（9-24）。

4.收益法股利增长两阶段模型

在评估实务中，成长型企业实际上很难一直维持一个固定的增长率。成长型企业通常会在初期阶段保持一个较高的增长率，然后在发展后期转为一个较低的增长率。考虑到此类企业股利分配分阶段增长的基本特点，评估中需要借助股利增长两阶段模型对此类企业的股票资产进行价值评估。

假设第一阶段截止时间为第 m 年，股利增长比率为 g_1；从第 m + 1 年开始，股利增长比率为 g_2，并一直持续至永续年。由此，股利增长两阶段模型可以表示为：

$$P = Amount \times \left[\sum_{t=1}^{m} \frac{D_1 \times (1+g_1)^{t-1}}{(1+r)^t} + \frac{D_1 \times (1+g_1)^{m-1} \times (1+g_2)}{(1+r)^m \times (r-g_2)} \right] \tag{9-27}$$

式中，其余变量定义与模型（9-26）保持一致。

整体来看，股利增长两阶段模型（9-27）是由股利稳定增长模型（9-26）分阶段处理后推导得到的。因此，股利增长两阶段模型（9-27）可以进一步衍生出股利增长三阶段模型、股利增长多阶段模型等，需要根据实际评估过程中的具体情况进行判断与测算。

四、不同类型股票价值评估

（一）优先股

优先股是企业发行的具有固定股息的股票，且其股息发放一般优先于股票分红，而且在企业破产清算时，优先股股东可以优先于普通股股东分配公司的剩余资产，但是位列在债券持有者分配企业的剩余资产之后。可见，优先股同时兼具债券与普通股的双重特征。整体来看，优先股主要表现为如下三方面的特征：

1.收益固定性

企业在发行优先股时会约定一个固定的股息率，并在每期向优先股股东按时支付股息。因此，无论该企业的经营绩效如何，优先股对应的股息都必须支付，而且股息数额不会因为企业经营绩效的变化而做出调整。此外，优先股股东在获得企业支付的股息之后一般不再参与企业的股利派发。

2.决策无关性

优先股只有收益权，并无表决权，因此，优先股股东一般情况下无权参与公司的各项决策。不过，如果某项决策涉及优先股股东的自身权益时，优先股股东可以行使相应的权利来保护自身的利益。

3.分配优先性

从企业分配公司盈余顺序以及在清算时的偿还顺序来看，优先股股东一般位列在普通股股东之前，但是次于企业的债权人。

基于上述特点，优先股在收益方面与债券较为类似，在每期均需要支付固定的股息或利息，而且体现一定的强制性。所以，评估实务中一般采用收益法来评估优先股资产的价值。首先，需要根据优先股的股息率计算未来各期的收益数额；其次，根据企业的经营现状、市场预期、未来发展等要素确定适宜并合理的风险报酬率；再次，根据无风险利率计算得到优先股的资本化率或者折现率；最后，进行现金流折现处理，即可评估得到优先股资产的评估价值。根据模型（9-24），优先股价值的一般评估模型可以表示为：

$$P = Amount \times \sum_{t=1}^{\infty} \frac{M \times i}{(1 + r)^t}$$

$$= Amount \times \frac{M \times i}{r}$$

(9-28)

式中，P表示评估标的优先股资产未来收益的现值，即评估标的优先股资产的价值；Amount表示评估标的优先股资产的数量总额；M表示评估标的优先股资产的面值；i表示评估标的优先股资产的股息率；r表示评估标的优先股资产的资本化率或者折现率；t表示未来各个收益期。

【例9-6】

甲公司拟购买A公司发行的优先股1 000 000股，每股面值为1元。A公司优先股规定的年股息率为15%，股息在每年年末派发一次。假设无风险利率为4%，A公司的特定风险报酬率为8%。计算甲公司拟购买A公司优先股的评估价值。

根据模型（9-28），甲公司拟购买A公司优先股的评估价值为：

$$P = Amount \times \frac{M \times i}{r}$$

$$= 1\,000\,000 \times \frac{1 \times 15\%}{4\% + 8\%}$$

$$= 1\,250\,000$$

因此，甲公司拟购买A公司优先股的评估价值为1 250 000元。

（二）非上市普通股

非上市普通股是指由企业发行，但是没有在股票交易机构挂牌进行公开买卖交易的股票，其与上市普通股的主要区别就是无法自由流通并且一般没有市场价格。因此，股票价值评估的市场法并不适于评估非上市普通股的价值。

非上市普通股的股东不仅享有企业决策的表决权，而且有权分享企业派发的普通股股利。所以，评估实务中通常考虑非上市普通股的未来收益，即企业派发的股利，同时确定适宜并合理的资本化率或者折现率，进而采用对未来收益进行折现的方式评估非上市普通股的价值。不过，非上市普通股未来派发的股利一般会随着企业未来经营绩效的变化而相应调整，因此针对未来收益的预测难免会存在一定的误差，需要综合分析未来会对非上市普通股价值产生影响的各类因素，包括宏观经济因素、产业因素、企业因素与其他因素等，以此提高股利预测的科学性与准确性。

【例9-7】

甲公司持有A公司非上市普通股50 000股，每股面值为1元。经分析后得知，A公司发展目前已经进入稳定期，并预测得到A公司未来五年每股股利依次为9元、10元、11元、9元、11元，即未来五年每股股利平均值为10元。而且，预计A公司在五年之后的每股股利也基本保持在10元水平。假设无风险利率为4%，A公司的特定风险报酬率为8%。计算甲公司持有A公司非上市普通股的评估价值。

根据模型（9-24），甲公司持有A公司非上市普通股的评估价值为：

$$P = \text{Amount} \times \frac{A}{r}$$
$$= 50\,000 \times \frac{10}{4\% + 8\%}$$
$$\approx 4\,166\,666.67$$

因此，甲公司持有A公司非上市普通股的评估价值为4 166 666.67元。

【例9-8】

甲公司持有A公司非上市普通股50 000股，每股面值为1元。经分析后得知，A公司发展目前正处于成长期，预计净利润将以每年10%的速度保持增长。通过分析A公司历史派发股利数据得知，A公司在今年的每股股利约为20%。假设无风险利率为4%，A公司的特定风险报酬率为8%。计算甲公司持有A公司非上市普通股的评估价值。

根据模型（9-26），甲公司持有A公司非上市普通股的评估价值为：

$$P = \text{Amount} \times \frac{D_1}{r - g}$$
$$= 50\,000 \times \frac{1 \times 20\%}{4\% + 8\% - 10\%}$$
$$= 500\,000$$

因此，甲公司持有A公司非上市普通股的评估价值为500 000元。

【例9-9】

甲公司持有A公司非上市普通股50 000股，每股面值为1元。经分析后得知，A公司发展目前正处于成长期的最后阶段，净利润仍将以每年10%的速度保持增长。同时，预计A公司在五年之后经营进入稳定发展阶段，公司规模不会发生较大变化，公司盈余持续保持稳定。通过分析A公司历史派发股利数据得知，A公司在今年的每股股利约为20%。假设无风险利率为4%，A公司的特定风险报酬率为8%。计算甲公司持有A公司非上市普通股的评估价值。

根据模型（9-27），甲公司持有A公司非上市普通股的评估价值为：

$$P = \text{Amount} \times \left[\sum_{t=1}^{m} \frac{D_1 \times (1+g_1)^{t-1}}{(1+r)^t} + \frac{D_1 \times (1+g_1)^{m-1} \times (1+g_2)}{(1+r)^m \times (r-g_2)} \right]$$
$$= 50\,000 \times \left[\sum_{t=1}^{5} \frac{1 \times 20\% \times (1+10\%)^{t-1}}{(1+4\%+8\%)^t} + \frac{1 \times 20\% \times (1+10\%)^4 \times (1+0)}{(1+4\%+8\%)^5 \times (4\%+8\%-0)} \right]$$
$$\approx 50\,000 \times (0.8615 + 1.3846)$$
$$= 112\,305$$

因此，甲公司持有A公司非上市普通股的评估价值为112 305元。

【例9-10】

甲公司持有A公司非上市普通股50 000股，每股面值为1元。在评估基准日，A公司上市普通股收盘价为每股12元。经分析后得知，A公司所在行业由于产业政策调整，利好消息持续发酵导致整个行业内企业的股票价值持续走高，因此评估师认为A公司普通股股价与实际经营绩效相比稍显偏高，故拟定经营性价值调整系数取值0.90。同时，由于非上市普通股相较于上市普通股流动性较差，因此评估师拟定流动性价值调整系数取值0.95。计算甲公司持有A公司非上市普通股的评估价值。

根据模型（9-19），甲公司持有A公司非上市普通股的评估价值为：

$$P = Amount \times Price \times K$$
$$= 50\,000 \times 12 \times 0.90 \times 0.95$$
$$= 513\,000$$

因此，甲公司持有A公司非上市普通股的评估价值为513 000元。

（三）上市普通股

上市普通股是指在股票交易市场上公开发行并在股票交易机构挂牌进行买卖交易的股票。一般情况下，上市普通股在竞价或交易时间，其股票价格处于动态变化的状态。上市普通股的收益主要包括两个方面：其一，企业派发的股票股利。通常情况下，股利高低与企业的经营绩效直接相关，企业盈余越多，其股利派发水平也会相应提高。其二，二级市场的买卖价差。部分短线投资者会以低价买入股票，并在股票价格上涨到预期价位时卖出股票，即通过赚取买卖价差来实现投资收益。

不难发现，由于上市普通股可以给投资者带来投资收益，因此收益法适于评估上市普通股的价值。此外，考虑到上市普通股可以在股票交易市场上进行买卖，这在一定程度上满足市场法的评估前提，因此市场法同样适于评估上市普通股的价值。

【例9-11】

甲公司持有A公司上市普通股50 000股，每股面值为1元。经分析后得知，A公司发展目前正处于成长期的最后阶段，并预测得到A公司未来五年每股股利依次为9元、10元、11元、12元、13元。同时，预计A公司在五年之后经营进入稳定发展阶段，公司规模不会发生较大变化，公司盈余持续保持稳定，并预测得到A公司在五年之后的每股股利将稳定保持在14元水平。假设无风险利率为4%，A公司的特定风险报酬率为8%。计算甲公司持有A公司上市普通股的评估价值。

根据模型（9-23）和（9-24），甲公司持有A公司上市普通股的评估价值为：

$$P = Amount \times \left[\frac{D_1}{(1+r)^1} + \frac{D_2}{(1+r)^2} + \cdots + \frac{D_5}{(1+r)^5} + \frac{A}{r(1+r)^5} \right]$$

$$= 50\,000 \times \left[\frac{9}{(1+4\%+8\%)^1} + \frac{10}{(1+4\%+8\%)^2} + \frac{11}{(1+4\%+8\%)^3} + \frac{12}{(1+4\%+8\%)^4} + \frac{13}{(1+4\%+8\%)^5} + \frac{14}{(4\%+8\%)(1+4\%+8\%)^5} \right]$$

$$\approx 50\,000 \times (8.0357 + 7.9719 + 7.8296 + 7.6262 + 7.3765 + 66.1998)$$
$$= 50\,000 \times 105.0397$$
$$= 5\,251\,985$$

因此，甲公司持有A公司上市普通股的评估价值为5 251 985元。

【例9-12】

甲公司持有A公司上市普通股50 000股，每股面值为1元。在评估基准日，A公司上市普通股收盘价为每股12元。计算甲公司持有A公司上市普通股的评估价值。

根据模型（9-18），甲公司持有A公司上市普通股的评估价值为：

P = Amount × Price
　 = 50 000 × 12
　 = 600 000

因此，甲公司持有A公司上市普通股的评估价值为600 000元。

【例9-13】

甲公司持有A公司上市普通股50 000股，每股面值为1元。在评估基准日，A公司上市普通股收盘价为每股12元。经分析后得知，A公司所在行业由于产业政策调整，利好消息持续发酵导致整个行业内企业的股票价值持续走高。同时，A公司股票价格与市场相关性较大，因此评估师认为A公司普通股股价与实际经营绩效相比稍显偏高，故拟定经营性价值调整系数取值0.85。计算甲公司持有A公司上市普通股的评估价值。

根据模型（9-19），甲公司持有A公司上市普通股的评估价值为：

P = Amount × Price × K
　 = 50 000 × 12 × 0.85
　 = 510 000

因此，甲公司持有A公司上市普通股的评估价值为510 000元。

自测题9-3

视频资源9-2

【思政课堂】　　坚持党的领导是金融工作最大的政治

金融是国家重要的核心竞争力，金融治理在国家治理的经济领域中居于关键位置。党的十八大以来，以习近平同志为核心的党中央着眼于党和国家发展的全局，创新性地提出推动金融改革与发展的一系列新理念、新观点、新论断，对于防控金融风险，保障国家金融安全，促进经济和金融良性循环、健康发展，具有重大的理论意义和实践意义。

党历来高度重视对金融工作的领导。党领导的金融事业是从无到有、从小到大、由弱到强、从封闭到开放的不断发展壮大的过程。早在土地革命战争时期，党就不断探索，注重加强对金融工作的领导，成立相应的金融机构。在抗日战争和解放战争时期，党对金融工作的正确领导，活跃了经济，为新民主主义革命的全面胜利奠定了基础。中华人民共和国成立以后，党采取有力措施，接管官僚资本金融业，整顿和改造私营金融业，治理通货膨胀，实现了货币主权的完整和货币制度的统一，促进了国民经济的快速恢复和社会主义建设的胜利开展。改革开放以来，特别是党的十八大以来，金融事业在党的领导下发生了历史性的变化，与社会主义市场经济相适应的现代金融组织体系、金融市场体系、金融调控和监管体系基本建成并不断完善，为支持经济社会发展、深化体制改革和维护社会稳定发挥了重要作用，实现了金融事业一次又一次跨越发展，深刻揭示了坚持党中央对金融工作的集中统一领导、坚定不移走中国特色金融发展之路的必然性。

党的二十大报告提出，首先，在防范金融风险方面，要深化金融体制改革，加强和完善现代金融监管，强化金融稳定保障体系。其次，在加快发展方式绿色转型方面，要完善支持绿色发展的金融政策与标准体系。最后，在健全国家安全体系方面，要强化金融安全保障体系建设。

资料来源：根据《红旗文稿》与《半月谈——始终坚持金融工作的政治性和人民性》整理.

【本章小结】

本章首先阐述了金融资产的基本概念、特点、分类，金融资产评估的概念与特点、基本要素与方法；然后介绍了债券资产的价值影响因素、评估方法以及不同类型的债券如何进行价值评估；最后介绍了股票资产的价值影响因素、评估方法以及不同类型的股票如何进行价值评估。

【复习思考】

1.金融资产具有哪些特点？

2.金融资产主要有哪些类型？

3.金融资产评估具有哪些特点？

4.债券价值影响因素包括哪些方面？

5.债券价值如何进行评估？

6.股票价值影响因素包括哪些方面？

7.股票价值如何进行评估？

【练习题】

（一）单选题

1.下列各项内容中，不属于金融资产的是（　　）。

A.专利权　　　　　　　　　　　　B.股票

C.债券　　　　　　　　　　　　　D.股票期权

2.下列各项内容中，不属于金融资产特点的是（　　）。

A.收益性　　　　　　　　　　　　B.无偿性

C.风险性　　　　　　　　　　　　D.流动性

3.下列各项内容中，属于金融资产评估特点的是（　　）。

A.主观性　　　　　　　　　　　　B.强制性

C.行政性　　　　　　　　　　　　D.异质性

4.下列各项内容中，不属于金融资产评估基本要素的是（　　）。

A.评估客体　　　　　　　　　　　B.评估主体

C.评估合同　　　　　　　　　　　D.评估方法

5.下列各项内容中，不属于债券性质的是（　　）。

A.债券是有价证券　　　　　　　　B.债券是一种虚拟资本

C.债券是债权的体现　　　　　　　　D.债券反映对企业的所有权

（二）多选题

1.下列各项内容中，属于金融资产的评估方法有（　　　）。

A.差额调整法　　　　　　　　　　　B.修正系数法

C.收益法　　　　　　　　　　　　　D.成本法

E.期权定价模型法

2.下列各项内容中，属于债券价值的影响因素有（　　　）。

A.债券票面价值　　　　　　　　　　B.债券到期期限

C.债券票面利率　　　　　　　　　　D.债券发行时间

E.债券购买者

3.下列各项内容中，属于股票价值的影响因素有（　　　）。

A.宏观经济因素　　　　　　　　　　B.产业因素

C.企业因素　　　　　　　　　　　　D.交易机构因素

E.政治因素

4.下列各项内容中，属于可转换债券的基本要素有（　　　）。

A.有效期限　　　　　　　　　　　　B.票面利率

C.转换比例　　　　　　　　　　　　D.转换价格

E.赎回条件

5.下列各项内容中，属于股票价值的评估方法有（　　　）。

A.现行市价法　　　　　　　　　　　B.市盈率乘数法

C.市净率乘数法　　　　　　　　　　D.市销率乘数法

E.收益法

（三）判断题

1.金融资产评估需要考虑金融市场的风险对价值造成的影响。（　　　）

2.债券外部环境中的市场利率不会影响债券价值。（　　　）

3.分期付息债券是指在债券到期日之前在规定日期按照票面利率支付债券利息，并在债券到期时偿还本金的债券类型。（　　　）

4.可转换债券的评估价值通常同时包括现行债券价值与未来转换价值。（　　　）

5.优先股是企业发行的一般具有固定股息的股票，在企业破产清算时，优先股股东可以优先于债券持有者分配企业的剩余资产。（　　　）

（四）计算业务题

1.ABC公司对外发行一张可转换债券，债券票面价值为10 000元，债券期限为5年，票面利率为10%，每年年底支付一次利息，到期全额支付本金。根据可转换债券发行合同，该债券到期时的转换价格为8元，且发行时ABC公司股票的价格为每股10元。经分析后得知，ABC公司以历史数据测算得到该公司的股价波动率为15%。假设国债收益率为3%，风险收益率为6%，且ABC公司股票未来无派发股利的计划，同时不考虑股票增发等稀释因素。

要求：运用上述资料，评估ABC公司对外发行该可转换债券的当前评估价值。

2.ABC公司持有甲公司非上市普通股100 000股，每股面值为1元。经分析后得知，甲公司发展目前正处于成长期的最后阶段，净利润仍将以每年12%的速度保持增长。同时，预计甲公司在五年之后经营进入稳定发展阶段，公司规模不会发生较大变化，公司盈余持续保持稳定。通过分析甲公司历史派发股利数据得知，甲公司在今年的每股股利约为15%。假设无风险利率为3%，甲公司的特定风险报酬率为7%。

要求：运用上述资料，计算ABC公司持有甲公司非上市普通股的评估价值。

第十章

企业价值评估

【学习目标】

本章主要阐述企业价值评估有关的基本概念和基本理论，企业价值评估信息的整理和分析，企业价值评估中的收益法、市场法、资产基础法和实物期权法的基本原理及其应用评价。通过对本章内容的学习，应达到以下的目标：

1.理解企业价值及其评估的内涵。

2.了解企业价值评估基本的评估要素。

3.掌握收益法、市场法和资产基础法评估企业价值的基本原理。

4.熟悉收益法、市场法和资产基础法评估企业价值的具体应用。

5.通过学习本章内容，了解我国优秀企业在产品研发、制造工艺和质量管控方面的专注与投入，激励学生爱国、励志、求真，增强学生的社会责任感、创新精神和实践能力。

【思维导图】

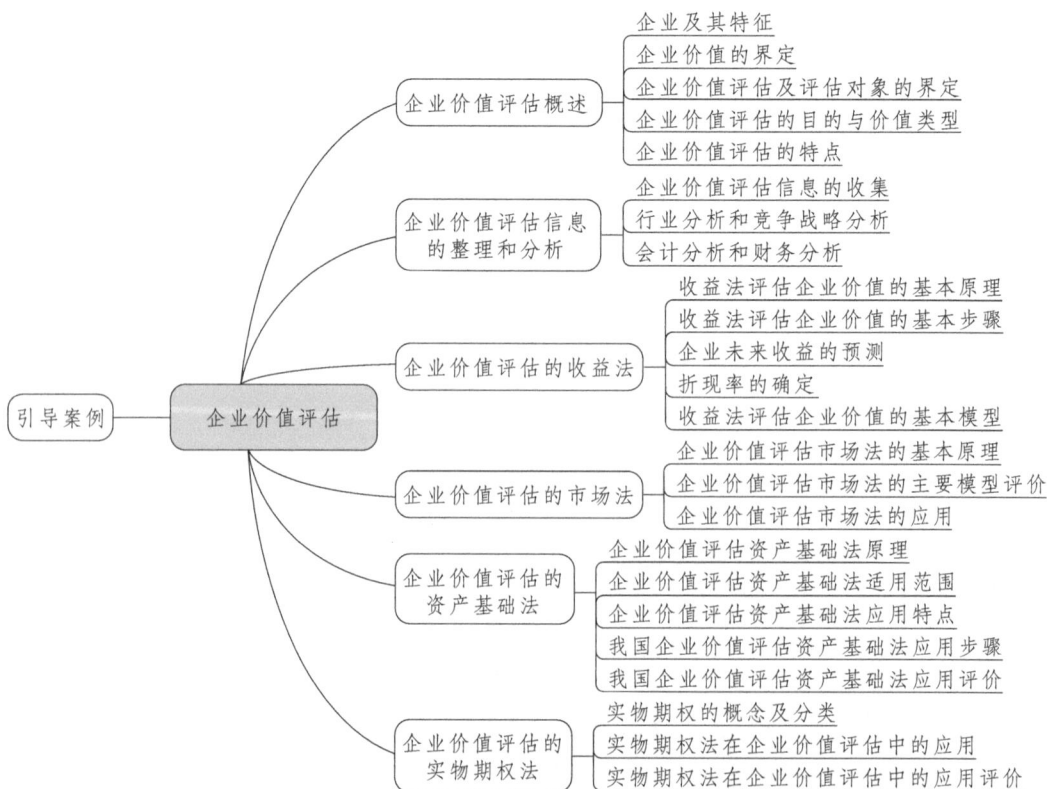

【引导案例】

2022 年 12 月 8 日,格力地产股份有限公司拟发行股份及支付现金购买珠海市人民政府国有资产监督管理委员会、珠海城市建设集团有限公司持有的珠海市免税企业集团有限公司 100% 股权。

中联资产评估集团有限公司接受格力地产股份有限公司的委托,就格力地产股份有限公司拟发行股份及支付现金购买珠海市人民政府国有资产监督管理委员会、珠海城市建设集团有限公司持有的珠海市免税企业集团有限公司 100% 股权之经济行为,对所涉及的珠海市免税企业集团有限公司的股东全部权益价值在评估基准日 2022 年 11 月 30 日的市场价值进行了评估。

评估对象为珠海市免税企业集团有限公司基于上述模拟财务报表的股东全部权益价值,评估范围是珠海市免税企业集团有限公司在评估基准日基于上述模拟财务报表的全部资产及相关负债,包括流动资产和非流动资产及相应负债。

本次评估的价值类型为市场价值。本次评估以持续使用和公开市场为前提,结合委托评估对象的实际情况,综合考虑各种影响因素,采用资产基础法、收益法对珠海市免税企业集团有限公司进行整体评估,然后加以校核比较,考虑评估方法的适用前提及满足评估目的。本次选用收益法评估结果作为最终评估结论。

基于产权持有人及企业管理层对未来发展趋势的判断及经营规划,经实施清查核实、实地查勘、市场调查和询证、评定估算等评估程序,得出珠海市免税企业集团有限公司基于模拟财务报表的股东全部权益价值在评估基准日 2022 年 11 月 30 日的评估结论如下:股东全部权益账面值 318 250.32 万元,评估值 932 800.00 万元,评估增值 614 549.68 万元,增值率 193.10%。

资料来源:巨潮资讯. 中联资产评估集团有限公司《资产评估报告》(中联评报字〔2023〕第 280号)〔EB/OL〕.〔2023-03-22〕. http://static.cninfo.com.cn/finalpage/2023-03-23/1216192229.PDF.

本案例展示的内容,包括企业价值评估中评估目的、评估对象、价值类型、评估基准日、评估方法等资产评估基本要素,其中所采用的收益法和资产基础法的原理及应用将在本章介绍。

第一节 企业价值评估概述

一、企业及其特征

(一)企业的概念

企业是人类社会发展到一定阶段,经济发展到一定程度的产物。现代西方经济学家认为,企业是一个合同关系的集合,企业的资本所有者(股东)、债权人、管理者、职工、供应商、客户、政府以及相关社会团体等不同利益集团通过一系列合同联系在一起,每个利益团体在企业中都有不同的利益所有者和债权人希望得到投资收益。在我国，随着市场经济的逐步发展，人们对企业的认识也不断深入。一般来说，企业通常被认为是以营利为目的，为满足社会需要，依法从事商品生产、流通和服务等经济活动，自主经营、自负盈亏、自我约束、自我发展，具有独立法人资格的经济组织。

（二）企业的特征

从不同的学科角度看，企业所体现的突出特征各不相同。从资产评估的角度看，现代企业是一个经营能力和获利能力的载体，以及由此产生的相关权益的集合，具体分析主要体现为以下五个方面的特征：

（1）合法性。企业首先是依法建立起来的经济组织，其存在必须接受法律法规的约束。评估企业的价值，必须首先从法律法规的角度，对企业的合法性、产权状况等方面进行界定。

（2）营利性。企业作为一类特殊的资产，其目标就是获取经营利润。为了达到营利的目的，企业必须具备相应的生产和服务能力，以企业的生产经营范围为依据，将若干生产要素有机组合起来，提供能够满足社会需要的产品和服务。

（3）整体性。构成企业的各项资产的功能各异，但是它们都服务于企业的整体经营目标，通过相互协调和配合，进而形成具有良好整体功能的有机综合体。当然，也存在虽然构成企业的各个要素资产的个体功能良好，但是它们之间的功能不匹配，组合而成的企业整体运营效果不理想的情况。因此，加总企业的各个单项资产的评估值通常不等于企业由其整体功能所体现出的价值。简单来说，评估企业价值就是评估企业作为资产综合体的整体资产的价值。

（4）持续经营与环境适应性。企业作为社会组织的重要组成部分，持续经营是其存在的基本前提，企业的生产、运营都处于整个社会经济运行的大环境中。企业为提高经济效益，其要素资产不仅要有良好的匹配性和整体性，还必须能够适应不断变化的外部环境及市场结构，并适时做出调整，包括生产经营方向、生产经营规模和产品结构等。评估企业的价值，需要假定企业在未来仍然以一定的经营方向和规模等继续经营，并且需要综合考虑企业与其周围环境的适应性，来对企业的整体获利能力做出判断。

（5）权益的可分性。从企业作为生产经营能力和获利能力载体的角度，企业具有整体性的特点。虽然企业是由若干要素资产组成，作为一个整体企业，作为经营能力和获利能力载体的角度，企业的要素资产是不能随意拆分的。但是，与企业经营能力和获利能力载体相关的权益却是可分的，即企业的权益可划分为股东全部权益和股东部分权益。

二、企业价值的界定

企业作为营利性组织，其价值取决于企业未来获利能力的大小。从资产评估的角度来说，企业价值是指企业在市场上的公允货币表现。因此，就评估角度而言，企业价值实际上是评估时点企业所具有的获利能力可实现部分的货币化和资本化。在相关经济学科的表述中，企业价值通常被理解为企业全部资产的价值。但从资产评估的角度来说，企业总资产价值仅仅是企业价值的一种表现形式，除此之外，还有企业整体价值、企业投资资本价值、企业股东全部权益价值和企业股东部分权益价值等。上述概念可以大致理解如下：

（1）企业总资产价值是企业流动资产价值加上固定资产价值、无形资产价值和其他资产价值之和。

（2）企业整体价值是企业总资产价值减去企业负债中的非付息债务价值后的余值，或用企业所有者权益价值与企业的全部付息债务价值之和表示。

（3）企业投资资本价值是企业总资产价值减去企业流动负债价值后的余值，或用企业所有者权益价值加上企业的长期付息债务价值表示。

（4）企业股东全部权益价值就是企业的所有者权益价值或净资产价值。

（5）企业股东部分权益价值就是企业的所有者权益价值或净资产价值的某一部分。

三、企业价值评估及评估对象的界定

根据2018年中国资产评估协会修订颁布的《资产评估执业准则——企业价值》的规定，企业价值评估是指资产评估机构及其资产评估专业人员遵守法律、行政法规和资产评估准则，根据委托对评估基准日特定目的下的企业整体价值、股东全部权益价值或者股东部分权益价值等进行评定和估算，并出具资产评估报告的专业服务行为。

由《资产评估执业准则——企业价值》的规定可以看出，企业价值评估中的评估对象是指企业整体价值、股东全部权益价值或部分权益价值等。上文提到的企业总资产价值、企业投资资本价值作为企业价值的表现形式，可能并不是企业价值评估的直接对象，但企业总资产价值、企业投资资本价值等也经常会被用作确定企业整体价值、股东全部权益价值以及股东部分权益价值的过渡形式。

四、企业价值评估的目的与价值类型

企业价值评估的目的是企业价值评估的目标，是指引起一项企业价值评估活动的经济业务对企业价值估值结论的用途需要和目标要求。引起企业价值评估的经济业务主要包括：企业兼并、企业出售、企业联营、企业债务重组和企业清算等。企业价值评估目的是界定评估对象的基础，对于企业价值评估的价值类型选择具有约束作用。

从企业价值评估目的、评估条件和委托方对评估报告使用的需求等对于价值类型要求的角度，企业价值可分为市场价值和市场价值以外的价值，而市场价值以外的价值又主要包括了投资价值和清算价值等。

企业的市场价值是指企业在评估基准日公开市场上正常经营所表现出来的市场交换价值的估计值，或者说是整个市场对企业认同的价值。

企业的市场价值以外的价值是指不满足企业市场价值定义和条件的所有其他企业价值表现形式的集合。企业的市场价值以外的价值是对同类企业价值表现形式的概括，而不是具体的企业价值表现形式。企业市场价值以外的价值只在价值类型分类时使用，其并不直接出现在评估报告中。

投资价值也是非市场价值的一种具体表现形式，具体是指企业对于特定投资者所具有的市场交换价值的估计值，其通常有别于企业的市场价值。

清算价值是指企业在非持续经营条件下的各要素资产的变现价值。这里可能包含了快速变现的因素，因而，企业的清算价值包括了有序清算价值和强制清算价值等。

五、企业价值评估的特点

企业价值评估是市场经济和现代企业制度相结合的产物。随着社会经济的不断发展，企业发展规模不断扩大，企业运营模式不断创新，企业并购业务日益频繁，企业价值评估在社会经济生活中发挥出越来越大的作用。企业价值评估也体现出一些新的变化，其特点主要体现为以下几个方面：

（一）整体性

企业价值评估的对象是由多个或多种单项资产组成的资产综合体。企业价值评估是一种整体性评估。这就意味着企业价值整体性评估是对企业整体获利能力及其市场表现的估值，其与企业各个要素资产的评估值之和的评估结果有所差别。对企业价值评估时，需要重点分析影响企业整体获利能力的各种因素；而对构成企业的各个单项资产评估时，需要考虑的仅仅是影响各个单项资产价值的各种因素。一般来说，企业价值整体性评估的结果会高于构成企业的各个单项资产评估值的简单加和，两者的差异通常会表现为企业的商誉；但如果企业各个单项资产之间配合不顺畅，产品生产与市场需求之间不匹配，也可能出现企业价值整体性评估的结果会低于构成企业的各个单项资产评估值的简单加和，两者的差异通常会表现为企业的综合经济性贬值。

（二）预测性

企业作为营利性组织，评估企业价值就是要对企业未来的获利能力进行评估。因此，决定企业价值高低的关键因素就是企业的整体获利能力。根据时点的要求，企业价值评估实际上就是对评估基准日企业具有的潜在获利能力所能实现部分的估计。

（三）复杂性

当前世界经济形势瞬息万变，新的经济业务、新的企业类型、新的交易形式层出不穷。企业作为市场经济的主体，受到来自宏观层面和微观层面多方面因素的影响，企业价值评估的难度和广度日益加强。影响企业价值的因素极其复杂，大致可以包括政策层面、技术层面、管理层面、资产要素层面、市场层面等。因此，在进行企业价值评估时，应清楚界定评估对象、评估范围、价值类型和影响企业价值的主要因素等，对企业价值进行客观评估。

延伸阅读 10-1

《资产评估执业准则——企业价值》

自测题 10-1

视频资源 10-1

第二节　企业价值评估信息的整理和分析

从资产评估的过程来看，资产评估实际上就是对被评估资产的信息进行收集、分析判断并做出披露的过程。评估结论的形成需要相应评估信息资料的支持，信息资料质量的高低，可能直接影响评估人员的专业判断，影响评估结论的可靠性。因此，评估人员应当高度重视评估对象相关信息资料的收集整理和分析。企业价值评估所需要的信息资料从性质上可以划分为非财务信息与财务信息两大类型。不同类型的信息资料，需要采用不同的方法进行整理和分析。非财务信息资料的整理与分析方法主要采用行业分析的方法和竞争战略分析的方法；而财务信息资料的整理与分析主要利用企业财务历史数据进行会计分析和财务分析，可采取水平分析法、结构分析法、趋势分析法、比率分析法、因素分析法和综合分析法等。

一、企业价值评估信息的收集

企业价值评估中，信息资料的分析和处理是一项基础且重要的工作。不论评估人员采用何种评估思路与方法，都要有充分的数据资料作为保证。

企业价值评估收集的资料包括被评估企业内部的相关信息和被评估企业外部的相关信息。从企业内部信息来看，主要包括企业的财务信息、法律文件和经营信息；从企业外部信息来看，主要包括宏观经济信息、行业经济信息、产品市场信息。《资产评估执业准则——企业价值》将其归纳为以下九个方面的信息资料：

（1）与评估对象权益状况相关的协议、章程、股权证明等有关法律文件，评估对象涉及的主要资产权属证明资料；

（2）被评估企业历史沿革、控股股东及股东持股比例、经营管理结构和产权架构资料；

（3）被评估企业的业务、资产、财务、人员及经营状况资料；

（4）被评估企业经营计划、发展规划和收益预测资料；

（5）评估对象、被评估企业以往的评估及交易资料；

（6）影响被评估企业经营的宏观、区域经济因素的资料；

（7）被评估企业所在行业现状与发展前景的资料；

（8）证券市场、产权交易市场等市场的有关资料；

（9）可比企业的经营情况、财务信息、股票价格或者股权交易价格等资料。

二、行业分析和竞争战略分析

企业相关的非财务信息对企业价值评估而言，其重要的作用在于分析企业所处行业的情况及企业的竞争战略的选择问题。一个行业的历史、现状和前景都会对行业中企业的经营发展产生极大的影响，而面对纷繁复杂的社会经济发展形势，企业的战略选择必将对企业未来的发展产生极为深远的意义。这些都会影响到企业价值评估的结果。

（一）行业分析

行业内企业情况类比分析是企业价值评估结果合理性判断最容易为报告使用者接受的方式。行业主要政策规定，行业竞争情况，行业发展的有利和不利因素，行业特有的经营模式，行业的周期性、区域性和季节性特征，企业所在行业与上下游行业之间的关联性等都会直接关系到企业的价值创造能力。通过对某一行业的发展现状及其生命周期进行分析，可以较为清晰地辨认影响企业盈利状况的主要因素和风险，对客观评价企业经营业绩及其可持续性具有显著作用。

1.行业发展现状分析

在对企业进行价值评估的过程中，客观分析评价行业发展现状是对企业财务报表进行有效分析的一个基本前提，进而直接影响涉及企业未来发展的有关估值参数的确定。不同的行业创造价值的方式不同，综合分析某一行业的发展现状，主要可以从行业的盈利能力、竞争情况、需求特征、技术研发、增长潜力等五个方面入手。

（1）盈利能力

不同的行业，其盈利能力有很大差异。评估人员在进行企业价值评估时，要客观分析行业发展的不同特点和情况，合理评估企业价值。1982年，迈克尔·波特提出了分析行业平均盈利能力的"五大力量理论"，具体内容包括：第一，现有企业间的竞争；第二，新进入企业的威胁；第三，替代产品的威胁；第四，客户的议价能力；第五，供应商的议价能力。也就是说，这五种因素是行业盈利能力的重要影响因素。评估人员在对行业的获利能力进行分析的时候可以从这五个因素着手。

具体来说，一是现有企业间的竞争越激烈，行业平均盈利能力越低；二是新进入企业的威胁越大，行业中的竞争者就越多，同行业的竞争程度就相应提高，由此将会直接导致行业平均盈利能力的降低；三是当行业存在许多替代产品或替代服务时，这也许并不意味着新出现的产品和服务一定会取代之前的产品和服务，但至少会引起更加激烈的竞争，产品的性价比将成为竞争的重点，而这样也会导致行业平均盈利能力的降低；四是客户的议价能力强，将会制约产品价格提高的可能性，甚至导致产品价格的降低，进而拉低行业的平均盈利能力；五是供应商的议价能力强，则有可能提升原材料的价格，从而增加企业产品的成本，这样也会降低行业的平均盈利能力。

通过对被评估企业所处行业的上述五种因素进行分析，可以帮助评估人员对企业的未来盈利能力做出准确的预测。

（2）竞争情况

影响行业竞争特征的主要因素包括竞争企业的数目以及竞争企业所采取的战略，目前整个行业的竞争热点、竞争结构和产品的差异化程度等。行业内竞争企业数目越多，产品的差异化程度越小，竞争越发激烈。

（3）需求特征

行业需求特征可以从顾客和产品两个层面进行具体分析。从顾客角度来说，主要包括当前需求的增长率和需求弹性等分析指标，而这些指标的评价主要取决于顾客的稳定性、消费的习惯和消费的能力等因素；从产品角度来说，主要可以从产品的生命周期阶段、产品的替代性和互补性等方面进行分析。

（4）技术研发

行业的技术研发情况主要可以从技术的先进性、成熟度、复杂度、可保护性、适应性等方面体现出来。当然，行业总体的研发费用水平以及相关技术的影响等也在一定程度上影响行业的技术研发进程。

（5）增长潜力

市场经济形势瞬息万变，各行各业在追新求变中不断扩大规模，并寻求发展。行业的增长潜力主要体现在生产能力的增长率、企业的规模经济程度、新投资总额以及一体化、多元化的发展速度等。

2.行业生命周期分析

行业生命周期主要是由市场对该行业产品的需求状况决定。产品的创新与推广关系着整个行业的兴盛与衰败。一般来说，行业生命周期分为四个阶段：投入期、成长期、成熟期和衰退期。处于不同生命周期的行业，其企业盈利能力也大不相同，评估人员需要合理分析企业所处行业的发展阶段，才能更好地把握企业的发展方向，科学估测企业未来的获利能力。

在投入期阶段，新行业刚刚兴起，行业中的公司数量有限、规模较小。相关产品的研发费用投入比较高，市场需求未得到开拓，营销成本较高，从而销售收入较低。此阶段的公司财务状况可能会出现亏损，生产经营风险比较大。

在成长期阶段，行业的产品经过宣传和试用，得到越来越多消费者的认可和偏好，产品的销售量呈现快速增长态势。由于市场需求的进一步拓展，行业中的企业数量逐渐增加，企业间的竞争氛围越来越浓厚。随着消费者对产品要求的不断提升，行业的产品生产逐步向多样化、优质化方向发展。为了扩大生产规模和研发新品，尽管处于成长阶段的企业财务状况逐渐向好，现金流入大量增加，但还是需要大量的投资支出，企业资本不足问题日益显著，由此带来的财务风险也逐步加剧。

在成熟期阶段，产品的生产技术和工艺已经日臻完善，市场需求比较稳定，行业的发展速度放缓，长期保持在一个较为适中的水平。处于成熟期的行业市场结构比较稳定，企业竞争较为有序，少数大企业垄断了整个行业的市场，企业的现金流量充足且稳定。企业的竞争热点由价格战转向提高产品质量和完善售后服务等方面。

在衰退期阶段，随着替代品或新产品的不断涌现，原有行业的市场开始萎缩，产品的销量逐步下降，整个行业景气度不足。行业内的企业为寻找新的利润增长点，逐步将资金转移到更具成长性的行业。行业衰退经历的时间往往会比前三个阶段更长，很多与人们生活息息相关的行业往往是衰而不亡，长期存在于人们的社会生活之中。

行业处在不同阶段会直接影响企业的生产经营和战略选择。评估人员需要收集相关信息，客观把握被评估企业所处行业的发展阶段，从而科学准确地评估企业的价值创造能力。

（二）竞争战略分析

1.竞争战略选择

企业价值的高低取决于企业持续获利能力的大小，而企业的获利能力不仅受到所在行业总体发展情况的影响，还与企业的竞争战略选择紧密相关。只有根据行业发展状况的合理分析，选择适合企业的竞争战略，才能使企业保持较强的竞争力和收益率。企业的竞争战略根据制定层面的不同，可以分为企业总体战略和业务具体战略两个大类。

（1）企业总体战略

企业总体战略是企业在持续运营中为获取竞争优势对企业的资源分配和业务范围进行选择和管理的总体思路。企业总体层面的战略直接影响企业未来的发展方向及趋势。企业只有根据外部和内部的实际情况制定出适合自身的发展战略，才能获得更强的可持续获利能力，实现企业价值的进一步提升。企业总体战略根据企业在业务拓展方面的态度不同，可以分为稳定型、扩张型和收缩型战略。

第一，稳定型战略。稳定型战略以维持公司发展现状为主要思路，在战略计划期内旨在使企业资源配置和经营状况基本保持在现有状态水平上。在企业外部宏观经济发展较为稳定，行业技术较为成熟，产品需求基本稳定的情况下，处于发展成熟期的企业较为适合采用这种战略。企业实施稳定型战略并不意味着不发展，而是追求稳步地、缓慢地增长。

第二，扩张型战略。扩张型战略是一种旨在使企业获得快速增长的战略。企业若想获得经营规模的不断扩大，迅速提高企业的核心竞争力，一般都会经历或长或短的扩张型战略的实施阶段。实施这种战略一般要求企业不仅要注重开拓市场，还要侧重新产品的研发和企业管理模式的改进。实施该种战略通常可以让企业获得更高的经营效益和发展机遇，但同时也可能会让企业面临迅速扩张所带来的发展不平衡的问题。

第三，收缩型战略。收缩型战略通常是指企业面对危机时实行的一种暂时的消极发展战略。当企业经营状况恶化，竞争不利局面形成时，或往往为了避免环境威胁，优化自身的资源配置，而收缩现有的经营范围，或放弃部分或全部业务。企业实施收缩型战略虽然可以帮助企业在经营不利的情况下最大限度地减少损失，但使用不当也会使企业丧失具有发展前途的业务和市场。因此，这种战略具有过渡性特点，短期的缩减规模是为企业今后的发展积蓄力量。

（2）业务具体战略

企业具体竞争战略的实施要在总体战略的指导下，针对业务层面进行具体计划和行动的设计和管理。不同的战略方案将直接影响企业未来的成本和收入水平，对企业价值评估而言意义尤甚。根据获取竞争优势的核心要素的不同，企业业务层面的具体战略可以分为成本优势战略、产品差异战略和目标集中战略。

第一，成本优势战略。采用这种战略的企业力争在研发、生产、销售和服务等环节尽量降低成本，通常以追求规模经济效益、提高生产效率等形式，实现以较低的成本提供产品和服务。企业实施成本优势战略的关键在于是否在满足客户对于产品品质和功能核心要求的基础上，获得了相较同行业其他企业而言持续的成本优势。

第二，产品差异战略。采用这种战略的企业力求针对不同类型的客户，提供有别于同行业其他企业的个性化产品和服务，以满足客户的特殊需求。产品差异化可以通过对产品的性能、外观、服务等进行差异化设计，从而实现更高的产品定价和顾客忠诚度，获得独有的业内竞争优势。当然，产品差异战略实施得成功与否，其关键在于把握适度原则，定价策略和产品设计等都应控制在适度的范围内，否则将适得其反。

第三，目标集中战略。采用这种战略的企业强调集中优势资源，将企业经营的重点放在某个特定的目标市场上，针对特定的区域或客户，通过实施成本领先或产品差异化的方式，迅速提升某种产品的销售额和市场占有率。目标集中战略旨在一个或几个特定的市场中占有较大的市场份额，但是当目标市场发生诸如产品价格猛跌等重大变化时，企业由于只专注目标市场而导致适应力较弱，容易陷入危机。

2.竞争战略分析方法

（1）SWOT分析法

SWOT分析法是一种常用的企业战略分析框架。SWOT分析法通过对企业的优势（Strengths）、劣势（Weaknesses）、机会（Opportunities）和威胁（Threats）的综合评估，从而能够帮助评估人员对被评估企业在市场中的地位及发展前景做出判断。

在SWOT分析的基础上，利用SWOT矩阵表（见表10-1）可以形成SO战略、WO战略、ST 战略和 WT 战略四种可供选择的战略。优势-机会（SO）战略是一种充分发挥公司内部优势并利用公司外部机会的战略。劣势-机会（WO）战略的目标是通过利用外部机会来弥补内部弱点。优势-威胁（ST）战略是用一种利用本公司的优势回避或减轻威胁的影响的战略。劣势-威胁（WT）战略是一种旨在减少内部弱点同时回避外部环境威胁的防御性技术。

表 10-1　　　　　　　　　　　　　　　　SWOT 矩阵表

优势——Strengths 劣势——Weaknesses 机会——Opportunities 威胁——Threats	优势——S 列出优势	劣势——W 列出弱点
机会——O 列出机会	SO 战略 发挥优势，利用机会	WO 战略 利用机会，克服弱点
威胁——T 列出威胁	ST 战略 利用优势，回避威胁	WT 战略 克服弱点，回避威胁

　　SWOT 分析的目的是产生可行的备选战略，而不是选择或确定最佳战略。公司需要根据自身实际情况从备选战略中选择或确定适合本公司的某一战略类型。

　　（2）波士顿矩阵分析法

　　波士顿矩阵是美国波士顿咨询集团（BCG）提出的一种产品结构分析的方法，也是一种用于评估公司投资组合的有效模式。这种方法将企业生产经营的全部产品或业务的组合作为一个整体进行分析，常常用来分析企业相关经营业务之间现金流量的平衡问题。企业价值评估中，评估人员可以采用波士顿矩阵分析法对被评估企业的业务进行分析，从而了解和认识企业在行业中的地位、业务组合状况及发展前景，预测其未来的收益情况。

　　波士顿矩阵也称为"市场增长-相对市场份额矩阵"，如图 10-1 所示。其中，横轴表示企业在行业中的相对市场份额地位（与其最大竞争对手比较），用数字 0.1 至 1.0 表示，并以相对市场份额 1.0 为分界线；纵轴表示市场增长率，是指企业所在的行业某项业务最近两年的销售增长率，通常用 10% 的增长率作为增长高低的界限。

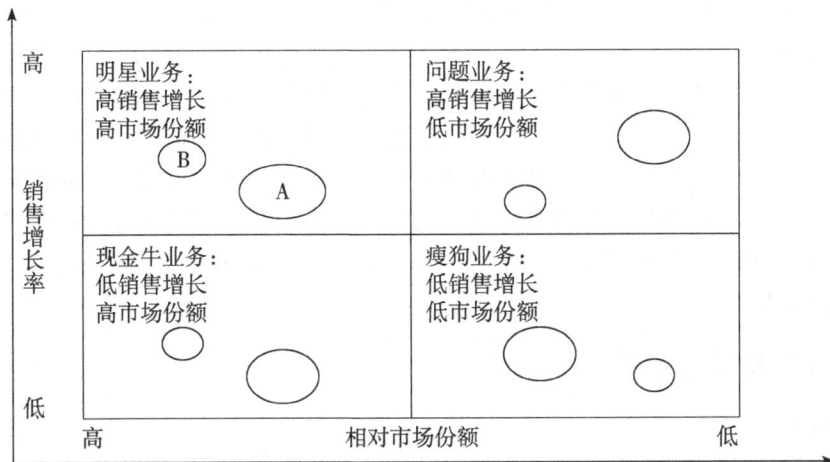

图 10-1　波士顿矩阵图

由此，矩阵分为四个方格，每个方格代表不同类型的业务。也就是说，通过波士顿矩阵法可将一个公司的业务分成以下四种类型：

①问题业务

问题业务是指高销售增长率、低市场份额的公司业务。当企业力图进入一个已有市场领先者占据的高速增长的市场时，一方面，由于公司必须增加工厂、设备和人员，以跟上迅速发展的市场，因此需要大量的投资支持其生产经营活动；另一方面，该业务市场份额较低，能够产生的现金较少。此时，这类业务通常处于最差的现金流状态，属于企业的问题业务。企业大部分业务都是从问题业务开始的。

②明星业务

如果问题业务的市场份额得以成功扩大，其就变成了一项明星业务。明星业务是高速增长市场中的市场领导者，但这并不必然意味着明星业务一定会给公司带来滚滚财源。为了保护或拓展明星业务在增长市场中的主导地位，公司必须花费大量资金以跟上高速增长的市场，并击退竞争者。明星业务常常是有利可图的，并且是公司未来的现金牛业务。

③现金牛业务

当业务的市场年增长率下降到一定比率，但仍然保持较大的市场份额时，那么前面的明星业务就成了现金牛业务。现金牛业务会为公司带来大量稳定的收益。由于市场增长率下降，公司不必投入大量资金以扩展市场规模，但是，可以因为该业务依旧是市场领先者，而继续享有规模经济效应和高边际利润。

④瘦狗业务

瘦狗业务的特征是市场增长率和市场份额均体现为较低水平。一般来说，这类业务处于饱和的市场中，竞争激烈，可获利润极小，不能成为公司主要资金的来源。如果这类业务还能自我维持，则应缩小经营范围，加强内部管理；如果这类业务已经彻底失败，公司应当及时采取措施，清理业务或退出经营领域。

企业可以根据业务组合的具体情况制定适合企业自身的发展战略，评估师也可以根据企业制定战略的合理性科学预测企业未来的盈利能力和价值实现水平。

（3）PEST分析理论

PEST是现代管理学中分析战略或组织外部环境的方法，为企业所处宏观环境分析模型。PEST分析法，通过对P（政治）、E（经济）、S（社会）和T（技术）现状和问题进行分析，评价各方面因素对企业市场竞争战略制定的影响，提出对策和建议，为企业理论构建和产业发展提供参考。其中，政治因素主要是指影响和制约企业发展的政治环境和法律系统；经济因素是指直接影响企业生存和发展的经济发展状况和国家经济政策；社会因素是指社会结构、风俗习惯、生活方式和文化传统等对企业生产经营有重要影响的相关特征；技术因素是指企业所处环境中与科技相关的政策、体制和发展水平等。PEST分析理论，如图10-2所示。

三、会计分析和财务分析

（一）会计分析

会计分析是财务报表分析的基础，同时也是企业价值评估的基础。会计分析一方面通过对会计政策、会计方法、会计披露的评价，揭示被评估企业所提供会计信息的质量；另

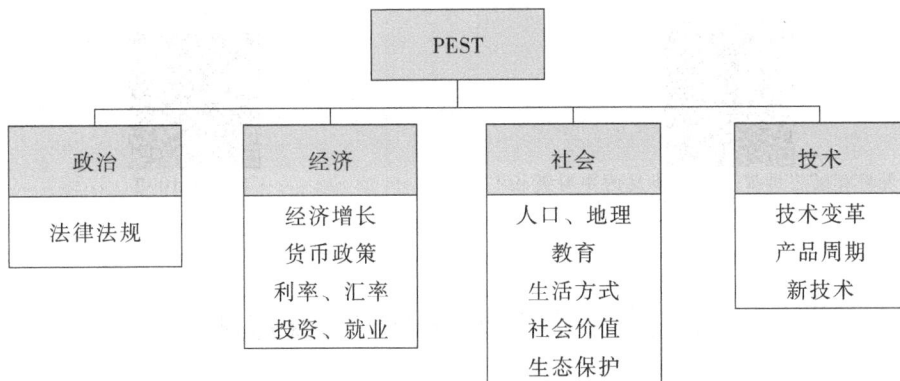

图10-2 PEST分析图

一方面通过对会计灵活性、会计估价的调整，修正会计数据，为后续财务分析奠定基础，并保证财务分析结论的可靠性，最终保证企业价值评估结果的可靠性。会计分析的目的是评价被评估企业会计所反映的财务状况与经营成果的真实程度。一般来说，会计分析可以分为阅读会计报告、评估会计策略、分析财务报表变动和调整财务报表数据四个步骤。

如果通过以上步骤和方法确实发现了公司的财务舞弊现象，评估人员要利用财务报表以及其他相关资料，对财务报表相关项目的数据进行调整，以恢复该项目的本来面目。调整财务报表相关的项目数据有许多方法，如虚拟资产剔除法、异常利润剔除法、关联交易分析法等。虚拟资产剔除法就是将财务报表中那些故意隐藏费用的"虚拟资产"项目剔除；异常利润剔除法就是将财务报表中那些导致利润虚增的非正常利润项目剔除；关联交易分析法就是对财务报表中那些具有操纵利润事实的关联交易相关项目进行调整。

（二）财务分析

财务分析的主要目的是对企业的盈利能力、偿债能力、营运能力和增长能力等方面进行分析，从而评价该企业的财务状况、经营成果和现金流量等情况，具体包括盈利能力分析、偿债能力分析、营运能力分析和增长能力分析等四个方面。

财务分析的基本方法是比率分析法、因素分析法，其中比率分析法又是最重要的方法。比率分析法是利用两个或若干个与财务报表相关的项目之间的某种关联关系，运用相对数来考察、计量和评价，借以评价企业财务状况、经营业绩和资金情况的一种财务分析方法。

财务比率按照反映的内容可以分为：盈利能力比率、营运能力比率、偿债能力比率、增长能力比率。在计算出财务比率之后，评估人员还需要选择财务分析标准分析财务比率，否则财务比率就只有单纯的字面意义，而缺乏经济含义。财务分析标准的意义就在于其为财务比率的应用提供了比较的参照物。简单和孤立地研究这些财务指标的意义并不大，只有通过比较分析才能反映被评估企业的真实能力。对外部财务报表使用者而言，常用的财务分析标准包括经验标准、历史标准和行业标准三种类型。各种财务分析评价标准都有其优点与不足。在财务分析中，不应孤立地选用某一种标准，而应综合应用各种标准，从不同角度对企业财务状况、经营成果和资金情况进行评价，这样才有利于得出正确结论。

延伸阅读10-2

中科新松有限公司拟增资所涉及的中科新松
有限公司股东全部权益价值资产评估报告节选

自测题10-2

第三节　企业价值评估的收益法

一、收益法评估企业价值的基本原理

根据《资产评估执业准则——企业价值》第十九条的规定，企业价值评估的收益法是指将预期收益资本化或折现，确定评估对象价值的评估方法。收益法常用的具体方法有股利折现法和现金流量折现法，其中现金流量折现法又包括企业自由现金流量模型（FCFF）和股权自由现金流量模型（FCFE）。

采用收益法时，首先要明确两个基本问题：一是要明确收益的含义，二是要明确与收益相配比的折现率。企业的收益归根结底有两种表现形式：利润和现金流量。现金流量相比利润更具有相关性和可靠性，因此，以现金流量为基础进行企业价值的估算更为准确和客观。本教材所指的现金流量指的是根据现金流入量与现金流出量计算得出的最终的净现金流量。企业的价值应等于该企业在未来所产生的全部现金流的现值总和，其公式为：

$$V = \sum_{t=1}^{n} \frac{CF_t}{(1+r)^t}$$

(10-1)

式中，V表示企业价值；n表示企业经营期；CF_t表示企业在t时刻预期产生的现金流；r表示折现率。

本教材中企业价值的评估思路有三种：第一种是对企业的股权价值进行评估，使用股权资本成本对各期的股权自由现金流进行折现；第二种是评估企业整体价值，包括普通股、优先股和债权的价值，使用加权平均资本成本对企业预期现金流进行贴现；第三种同样是评估整个企业的价值，但考虑了投入资本的机会成本，使用加权平均资本成本对企业经济利润进行折现再加上初始投入资本。其中涉及的企业加权平均资本成本是将企业不同融资方式的成本根据其市场价值加权平均得到。

二、收益法评估企业价值的基本步骤

（一）选择适当的折现模型

企业价值评估模型主要有股利折现模型、股权自由现金流折现模型、企业自由现金流折现模型和经济利润折现模型。股利折现模型有多种变型，依据不同的股利特点可以分为股利零增长、固定增长和阶段性增长三种情况。股权自由现金流折现模型、企业自由现金流折现模型和经济利润折现模型可以分为稳定增长模型、两阶段模型和三阶段模型。运用收益法时，要根据具体评价要求和企业的实际情况选择适当的评估模型。

（二）未来绩效预测

根据所选择的评估模型，结合被评估企业的人力资源、技术水平、资本结构、经营状况、历史业绩、发展趋势，考虑宏观经济因素、所在行业现状与发展前景、收益预测资料与评估目的及评估假设的适用性，在此基础上，对被评估企业的未来收益进行预测。

以现金流量折现模型为例，对未来绩效的预测主要是指对未来现金流量的预测。首先，需要确定预测期间和详细程度。为了使预测期后企业状况趋于稳定，评估人员会尽可能使预测的期限足够长（一般为10～15年，周期性和高增长的企业会更长）。为了简化模型和避免误差，通常将预测期分为两个阶段：一是5~7年的明确预测期；二是明确预测期后的剩余期间，也被称为永续期。其次，进行利润表预测和资产负债表预测。利润表的预测要以企业收入预测为基础。对收入的预测，一方面可以通过预测市场总量的大小，确定企业的市场份额，然后通过预测价格来预测收入；另一方面可以根据企业已有客户的需求、客户流失率和潜在新客户进行预测。在此基础上，根据成本费用与营业收入的关系，逐项测算企业的各项成本费用，进而完成利润表的预测。预测资产负债表的方法与预测利润表的方法基本一致。最后，计算自由现金流量。完成资产负债表和利润表的预测后，就需要依据预测数据计算每一年度的相关自由现金流量，为进一步计算企业价值提供依据。

（三）估算资本成本

资本成本是评估企业价值的重要依据。采用折现现金流量法评估企业价值时，资本成本是未来现金流量的折现率。折现率从本质上说是企业的投资者面对一定投资风险时所要求的报酬率。它可以通过综合考虑评估基准日的利率水平、市场投资收益率等资本市场相关信息和所在行业、被评估企业的特定风险等相关因素，对折现率进行测算。

（四）估算连续价值并计算企业价值

连续价值指的是上述明确预测期后至永续期间的现金流量现值。对于明确预测期后的现金流量，预测时点距评估时点相去甚远，企业经营环境和经营状况难以具体地进行测算。因此，预测连续价值的可行方法是在未来5~7年的明确预期现金流量测算的基础上，找出企业现金流量变化的趋势，并借助某些假设和预测模型，对明确预测期后的现金流量进行简化预测。但是，无论何种假设，都是建立在符合客观、符合逻辑的基础之上。

根据未来收益预测结果和折现率测算结果，可以计算企业经营性资产所创造的价值：

企业价值=明确预测期收益现值+明确预测期后收益现值

（五）识别和评估非经营资产、负债及溢余资产

运用收益法评估企业价值时，企业整体价值评估结果实质上对应的是企业经营性资产的价值。如果被评估企业在评估基准日拥有非经营性资产、非经营性负债和溢余资产，评估专业人员应恰当考虑这些项目的影响，并采用适合的方法单独予以评估。运用选择的评估模型测算出被评估企业的经营性资产价值后，加总单独评估的非经营性资产、非经营性负债和溢余资产的价值，得出企业完整的价值评估结果。

三、企业未来收益的预测

（一）收益的界定

企业的收益额是运用收益法对企业价值进行评估的关键参数，只有当企业具有持续的盈利能力时，运用收益法对企业进行价值评估才具有意义。对企业收益进行具体界定时，

应首先注意以下两个方面:

其一,从企业获利水平衡量的角度来看,收益额是企业合法经营的所得额,凡是企业权益主体所拥有的企业收支净额,都可视为企业的收益。无论是营业收支、资产收支,还是投资收支,只要形成净现金流入量,就应纳入企业收益范围。但同时也意味着由企业创造和收取但并非由企业权益主体所拥有的收入,并不能作为企业价值评估中的企业收益。比如税收,不论是流转税还是所得税,都不能视为企业收益。

其二,从时间的角度来看,收益额是企业的未来预期收益额,而不是企业的历史或现实收益额。从收益的性质来讲,在大多数情况下,用于资产评估的收益额是企业的客观收益额或正常收益额,而不是企业的实际收益额或账面收益额。

(二)收益的形式

企业收益有多种形式,如股利、净利润、息前税后利润、企业自由现金流、股权自由现金流、经济利润等。这些形式的收益可以按不同的分类标准分为不同的类别。

1.按照收益的形式划分

企业收益按照收益的形式划分为利润和现金流量两大类。一般来说,企业价值评估实务中往往选择自由现金流量作为评估企业价值的指标,原因有以下两点:其一,实证研究表明,企业的利润虽然与企业价值高度相关,但企业价值最终由其现金流量决定而非由其利润决定,一个企业的价值可以通过将其预测的未来现金流量折现成现值得到。其二,就反映企业价值的可靠性而言,企业的净现金流量是企业实际收支的差额,不容易被更改,而企业的利润则要通过一系列复杂的会计程序进行确定,而且可能由于企业管理层的利益而被更改。

2.按照企业收益的直接享有主体划分

根据企业收益的直接享有主体,可以将企业收益分为全投资资本收益指标和权益资本收益指标。全投资资本收益指标是指由企业所有者和债权人所共同拥有的收益;权益资本收益指标是指由权益资本所拥有的收益。全投资资本收益减去债务资本的利息后,即可得出权益资本收益。股利、净利润、股权自由现金流量属于权益资本的收益指标;息前税后利润、企业自由现金流量、经济利润则属于全投资资本的收益指标。

(三)收益的口径

明确企业收益的口径对于运用收益法评估企业价值是极其重要的。只有在明确了企业收益的口径与企业价值评估结果的对应关系的基础上,才能根据被评估企业的具体情况,采取不同的收益折现方案或资本化方案客观评估企业价值。

在折现率和收益口径一致的前提下,从现金流量与价值对应关系来看,主要表现为:股权自由现金流量对应折现为企业的全部股东权益价值;股权自由现金流量、优先股股利和债权人要求的现金流量之和即为企业自由现金流量,对应折现为企业的整体价值,相应地扣减优先股价值和债权价值也能得出企业的全部股东权益价值。当然,也可以表现为如下的对应关系:

净利润或净现金流量折现或还原为→净资产价值(所有者权益)

净利润或净现金流量 +非流动负债利息(1-所得税税率)折现或还原为→投资资本价值(所有者权益+非流动负债)

净利润或净现金流量+利息(1-所得税税率)折现或还原为→企业整体价值(所有者权益+付息负债)

企业价值评估中，评估人员需要根据评估目的和评估对象的不同，选择恰当的收益口径。首先，应服从企业价值评估的目的，即企业价值评估目的是反映企业所有者权益的净资产价值，还是反映企业所有者权益及债权人权益的投资资本价值。其次，对企业收益口径的选择，应在不影响企业价值评估目的的前提下，选择最能客观反映企业正常盈利能力的收益额作为对企业进行价值评估的收益基础。

（四）收益的确定

采取利润指标形式评估企业价值时，股利是经常被采用的形式。股利的获得要通过企业的利润分配过程来实现，其确定主要取决于企业的股利分配政策，因此，下文将不对此进行详细阐述。采取现金流量形式评估企业价值时，股权自由现金流和企业自由现金流是经常被采用的形式，计算也相对比较复杂，下文将着重阐述这两种现金流量的计算过程。另外，在企业价值评估的研究中，经济增加值（EVA）也是重点探讨的收益形式，下文也将对企业EVA的确定进行相应的阐述。

1.股权自由现金流

股权自由现金流量（free cash flow of equity，FCFE）可理解为股东可以自由支配的现金流量。股东是企业股权资本的所有者，拥有企业产生的全部现金流量的剩余要求权，即拥有企业在满足全部财务要求和投资要求后的剩余现金流量。股权自由现金流量就是在扣除经营费用、偿还债务资本对应的本息支付和为保持预定现金流量增长所需的全部资本性支出后的现金流量。

在资本市场较为发达的今天，大多数公司都有一定数量的债务资本。具有财务杠杆的公司，一方面要使用现金偿还本金和支付利息费用，另一方面可以通过新的债务融资来补充资本性支出和营运资本的增加，从而减少股权资本的投资。具有财务杠杆的股权自由现金流公式如下：

$$\text{股权自由现金流（FCFE）}=净利润+折旧和摊销-资本性支出-净营运资本增加额-优先股股利-偿还本金+新发行债务收入 \tag{10-2}$$

对于拥有理想的财务杠杆比率的公司来说，其负债比率就是公司未来进一步融资希望达到的水平。由于已经达到最佳资本结构，所以，本金偿还是用新债发行所得完成的，而资本支出和营运资本是按照最佳的负债权益组合进行融资的。这时，公司股权净现金流的计算还可以进一步简化。假设某公司的最佳负债比率为δ（负债/总资产），则其股权自由现金流为：

$$股权自由现金流=净收益-(1-δ)(资本性支出-折旧)-(1-δ)净营运资本增加额 \tag{10-3}$$

此时：

$$新债发行所得=归还的本金+δ(资本性支出-折旧+净营运资本增加额) \tag{10-4}$$

下面对计算过程中涉及的几个关键项目加以分析：

（1）折旧和摊销。折旧和摊销尽管属于税前列支的费用，但是与其他费用不同，折旧和摊销属于非现金费用，在计提折旧和摊销时并不会产生现金流出，只是以权责发生制为基础的会计核算上的一种成本费用分摊过程。因此，在计算股权自由现金流量过程中，需要在净利润的基础上加计折旧和摊销金额。

（2）资本性支出。资本性支出是企业用于购建固定资产和无形资产等非流动资产的支出金额。企业的持续经营往往伴随着资本性支出的发生，这是因为企业的生产经营活动会消耗或损耗企业的固定资产和无形资产等非流动资产，而这些非流动资产往往是形成企业生产或服务能力的基础资产，为维持或扩大企业的生产或服务能力，必须保持或增加这些非流动资产。由于未来增长给公司带来的利益通常在预测现金流时已经加以考虑，所以在预测现金流时也应考虑相应的成本。因此，资本性支出通常由两部分组成：一是为维持企业的生产或服务能力，对消耗或损耗的固定资产和无形资产等非流动资产进行弥补，以实现这些非流动资产的更新和改造；二是当企业需要增加生产或服务能力时，需要追加投入形成企业新增生产或服务能力的非流动资产。基于此，资本性支出可以根据企业更新改造计划、未来发展计划、可行性研究报告、项目建议书等进行预测。

（3）净营运资本增加额。在财务管理领域，通常将净营运资本表述为企业流动资产减去流动负债后的余额。确切地来说，在企业价值评估领域，营运资本其实是经营营运资本的简称，经营营运资本是指经营性流动资产与经营性流动负债的差额。当企业的经营规模处于迅速变化过程中或企业的信用政策发生较大变化时，企业的营运资本增加额的变化幅度会明显放大，进而将极大影响企业自由现金流量的预测。因此，必须合理估测净营运资本增加额，从而确保企业自由现金流量预测的准确性。

2.企业自由现金流

企业自由现金流量（free cash flow of firm，FCFF）可理解为全部资本投资者共同支配的现金流量。全部资本提供者包括普通股股东、优先股股东和付息债务的债权人。企业自由现金流量也称为实体自由现金流量。

企业自由现金流是企业真正得到的税后经营性现金流量的总额，用于分配给包括普通股股东、优先股股东和债权人在内的企业资本的全部供给者。

一般来说，其计算方法有两种：一种方法是将企业不同权利要求者的现金流加在一起（见表10-2）。

表10-2 不同权利要求者的现金流表

权利要求者	权利要求者的现金流	折现率
债权人	利息费用×（1-税率）+偿还本金-新发行债务	税后债务资本成本
优先股股东	优先股股利	优先股资本成本
普通股股东	股权自由现金流（FCFE）	股权资本成本
企业=普通股股东+债权人+优先股股东	企业自由现金流（FCFF）=股权自由现金流+利息费用×（1-税率）+偿还本金-新发行债务+优先股股利	加权平均资本成本

所以：

$$FCFF=FCFE+利息费用×（1-税率）+偿还本金-新发行债务+优先股股利 \quad (10-5)$$

同时：

$$股权自由现金流（FCFE）=净利润+折旧和摊销-资本性支出-净营运资本增加额-优先股股利-偿还本金+新发行债务收入 \quad (10-6)$$

代入整理，则有：

$$FCFF=净利润+折旧和摊销+利息费用×（1-税率）-资本性支出-净营运资本增加额 \quad (10-7)$$

另一种方法是从息税前利润（EBIT）开始计算，得到与第一种方法相同的结果。

$$FCFF=EBIT（1-所得税税率）+折旧和摊销-资本性支出-净营运资本增加额 \qquad (10-8)$$

对任何一个具有财务杠杆的企业而言，企业自由现金流通常高于股权自由现金流。对于一个无财务杠杆的公司来说，两者是相等的。

由于企业自由现金流是偿还债务之前的现金流，所以其不受负债比率的影响。但这并不意味着用资本加权平均成本作为贴现率计算得出的企业价值不受财务杠杆比率的影响。当企业的负债增加时，其资本加权平均成本也将发生变化，从而导致企业价值发生变化。如果资本加权平均成本降低，则在现金流不变的情况下，企业价值会上升。

3.经济利润

经济利润也称为经济增加值（EVA），是指企业税后净营业利润减去资本成本后的余额。这里所说的资本成本，不仅包括债务资本成本，还要考虑所有者投入资本的机会成本。

经济利润自1890年提出以来，在企业经营绩效考核中得到了越来越广泛的应用。在衡量企业经营绩效的能力方面，经济利润显著优于财务报表中的会计利润。会计利润是基于权益资本视角定义的利润指标，仅扣除了债务资本成本，反映了企业所有者享有的经营业绩。但是，会计利润中并未考虑企业所有者投入资本的机会成本，无法准确地衡量所有者享有的经营业绩与其付出的代价之间的对比关系。这就意味着某些会计利润为正但EVA为负的企业，实际上正在侵蚀所有者的财富。

企业EVA业绩的持续增长意味着股东价值从真正意义上实现了持续增长，因此，追求股东价值最大化实质上就体现为追求EVA最大化，增加EVA也就成为公司经营活动的主要目标。管理层在决策时可以利用EVA指标决定各个业务部门的资本分配，做出符合股东利益的决策。

正是由于EVA与股东价值创造之间的正相关关系，所以，EVA指标不但可以用于评价企业的经营业绩，而且可以用于评估企业的价值。

采用EVA评估企业价值，其公式具体如下：

$$EVA=NOPAT-NA×WACC \qquad (10-9)$$

式中，NOPAT表示税后净营业利润；NA表示年初资本投资额；WACC表示加权平均资本成本。

EVA的公式也可以写为：

$$EVA=NA×（ROIC-WACC） \qquad (10-10)$$

式中，ROIC表示投资资本回报率，即NOPAT与NA的比值。

因此，这两种计算方法仅仅是公式的变形，其计算的EVA结果是一样的。

（五）收益预测及检验

资产评估师运用收益法进行企业价值评估，应当从委托方或相关当事方获取被评估企业未来经营状况和收益状况的预测，并进行必要的分析、判断和调整，确认相关预测的合理性。在评估实务中，首先，应分析和调整历史收益；其次，要对企业未来收益趋势进行总体分析和判断。

评估人员在对企业的现金流预测基本完成之后，应该对所作预测进行严格检验，以判断所作预测的合理性。检验可以从以下几个方面进行：一是将预测结果与企业历史收益的平均趋势进行比较；二是对影响企业价值评估的敏感性因素进行严格的检验；三是对所预测的企业收入与成本费用的变化的一致性进行检验；四是与运用其他方法评估的结果进行比较、检验。

四、折现率的确定

（一）折现率的选择

折现率是将未来有限期收益折现或转换为现值的比率。从本质上说，折现率是企业的投资者基于对投资风险的考虑所要求的风险补偿率或投资报酬率。投资报酬率通常由两部分组成：一是无风险报酬率；二是风险报酬率。

无风险报酬率也称为安全利率，是指任何投资者进行投资都可以获得的收益率水平，其取决于资金的机会成本。在企业价值评估实务中，基于对违约风险和再投资风险的考虑，一般将几乎不存在违约风险的政府债券利率看成是其他投资的机会成本。在正常的资本市场条件下，任何一项投资的回报率都不应低于该项投资的机会成本，即进行企业价值评估时所采用的折现率应该高于国债利率。

风险报酬率是对投资风险的一种补偿。企业在未来的经营过程中将要面临包括经营风险、财务风险、行业风险在内的各种风险。由于投资收益不确定性的存在，需要对投资者所承担的投资风险给予一定的补偿。

如果一项投资的收益恒定不变且永续存在，则该项投资的现值等于年度收益除以折现率，此时的折现率即为资本化率。因此，资本化率是一种特殊的折现率，它们既可以是完全相等的一个数值，也可以是两个不同的数值，这取决于评估专业人员对企业未来有限经营期与永续经营期的风险的判断。

选择折现率时，适用的折现率必须与收益额在口径上保持一致。由于企业存在多种收益口径的选择，因此，评估人员需要注意折现率必须与被折现的收益的类型和风险相一致。确定折现率的基本原则是：股东自由现金流量与股权资本成本相匹配，企业自由现金流量与加权平均资本成本相匹配。

（二）折现率的估算

1.股权资本成本

测算股权资本成本的常用方法有资本资产定价模型、风险累加法、股利增长模型。

（1）资本资产定价模型

资本资产定价模型（capital asset pricing model，CAPM）是美国学者夏普、林特尔、莫森等在现代投资组合理论的基础上发展起来的，它是现代金融市场价格理论的支柱，被广泛应用于投资决策和资产评估领域。

资本资产定价模型的计算公式为：

$$E(R) = R_f + \beta[E(R_m) - R_f] \tag{10-11}$$

式中，R_f表示无风险收益率；$E(R_m)$表示市场的期望收益率；$E(R_m) - R_f$表示市场风险溢价；$E(R)$表示投资者要求的收益率；β表示系统风险指数。

（2）风险累加法

采用风险累加法求取股权资本成本的思路是股权资本成本等于无风险报酬率加上各种风险报酬率，其公式为：

股权资本成本=无风险报酬率+风险报酬率 (10-12)

无风险报酬率的确定方法与资本资产定价模型中的无风险报酬率的确定方法相同。运用风险累加法估算股权资本成本，其关键在于企业所面临的各种风险报酬率的确定。

企业在其持续经营过程中可能要面临许多风险，包括行业风险、经营风险、财务风险以及其他风险，将企业可能面临的风险量化在回报率上并累加，便可得到股权资本成本中的风险报酬率。其数学公式表示为：

风险报酬率=行业风险报酬率+经营风险报酬率+财务风险报酬率+其他风险报酬率 (10-13)

（3）股利增长模型

对于稳定增长的公司，可以利用股利增长模型估算股权资本成本，此时：

$$K_s=\frac{DPS_1}{P_0}+g \qquad (10-14)$$

式中，P_0 表示当前的股票价格；DPS_1 表示下一年预计支付的股利；g 表示股利的增长率。

该模型计算简单，认为公司以一个固定的增长率增长并持续到永远。但是由于我国资本市场的股利支付率较低，这种方法基本上不适合我国目前的国情。

2.债务资本成本

债务资本成本是被评估企业融资时所发行债券、向银行借款、租赁等所借债务的成本，也是被评估企业的债权投资者投资被评估企业所期望得到的投资回报率。债务资本成本主要受即期利率水平、企业违约风险和贷款期限长短等因素的影响。债务资本成本一般可以通过下列几种途径确定：

第一，以评估基准日全国银行间同业拆借中心公布的贷款市场报价利率（LPR）为基础，结合被评估企业由其经营业绩、资本结构和信用等级等因素综合体现出来的偿债能力调整得到。企业的偿债能力不同，企业债权人承担的投资风险自然不同，相应的债权人要求的投资回报率也会有所差异。

第二，采用企业债务的实际利率，其前提是利率水平与市场利率不存在较大偏差。

从企业层面看，按债务资本成本是否考虑抵税作用的影响，可以将债务资本成本区分为税前债务资本成本和税后债务资本成本，两者的转换公式为：

税后债务资本成本=税前债务资本成本×（1-所得税税率） (10-15)

在运用收益法的过程中，究竟要选择税前债务资本成本还是税后债务资本成本，取决于对应的利息支出额的口径。若对企业支付给债权投资者的利息金额进行折现，应采用税前债务资本成本；若对企业承担的税后利息费用进行折现，则应采用税后债务资本成本。

3.优先股资本成本

优先股是指依照《公司法》，在一般规定的普通种类股份之外，另行规定的其他种类股份，其股份持有人优先于普通股股东分配公司利润和剩余财产。也就是说，股份有限公司的优先股股东可以按照约定的票面股息率，优先于普通股股东分配公司利润。优先股类似于长期债务，公司应当以现金形式向优先股股东支付股息，且付息一般是固定不变的，可以将优先股股息视为永续支付。优先股资本成本可以用优先股股息除以优先股的市场价值进行估算，其公式为：

$$K_p=\frac{D_p}{P_0(1-f)} \qquad (10-16)$$

式中，K_p 表示优先股资本成本；D_p 表示优先股股息；P_0 表示优先股筹集资本；f 表示筹资费用率。

4.加权平均资本成本

加权平均资本成本（weighted average cost of capital，WACC）就是企业来自各种渠道的资本成本的加权平均值。企业的资本来源主要有权益资本和债务资本。具体来说，企业的加权平均资本成本就是企业债务成本、普通股成本和优先股成本的加权平均值，其公式为：

$$WACC = k_e \frac{E}{E+D+P} + k_d \frac{D}{E+D+P} + k_p \frac{P}{E+D+P} \tag{10-17}$$

式中，k_e 表示普通股资本成本；k_d 表示税后债务资本成本；k_p 表示优先股资本成本；E/（E+D+P）表示资本组合中普通股的市场价值权重；D/（E+D+P）表示资本组合中债务的市场价值权重；P/（E+D+P）表示资本组合中优先股的市场价值权重。

需要注意的是，计算过程中企业的债务、普通股和优先股各自所占的权重应当根据市场价值计算，而不是依据账面价值计算。另外，对资本结构而言，当企业资本结构未来预计变化幅度较大时，需要逐年根据企业具体情况确定资本结构，并计算加权平均资本成本，直至企业达到目标资本结构方可将这一数值固定下来并据此计算加权平均资本成本。

五、收益法评估企业价值的基本模型

采用收益法评估企业价值的基本模型主要包括以下四种：股利折现模型、股权自由现金流折现模型、企业自由现金流折现模型和经济利润折现模型。

（一）股利折现模型

该模型依据不同的股利特点可以分为股利不增长、固定增长和阶段性增长三种情况，下面将具体加以阐述。

1.零增长模型

零增长模型适用于企业收益期无限，且股利发放固定不变的情况，因此常用于评估优先股的价值。一般情况下，优先股没有到期日，优先股股东只要不出让优先股股份，就可以永远持有股票并获得股息。如果未来股息预期不变，优先股可以看作一种永续年金，则优先股价值是优先股未来股息按投资必要收益率折现的现值。

假设未来股利增长率为零，即每期发放股利相等，均为固定值 D，这时 $D_t \equiv D$（t=1，2，3，…），则公式为：

$$P_0 = \sum_{t=1}^{\infty} \frac{D_t}{(1+r)^t} = D \left[\sum_{t=1}^{\infty} \frac{1}{(1+r)^t} \right] \tag{10-18}$$

上式可简写为：

$$P_0 = \frac{D_1}{r} \tag{10-19}$$

2.固定增长模型

股利固定增长模型是戈登和夏皮罗（Gordon and Shapiro）于1956年在前人研究的基础上提出的，也称为戈登模型。该模型适用于处在稳定增长期的公司。也就是说，在较长时期内，股利以某一稳定的增长率保持增长。这一模型的假设条件是：①股利支付是永久性的；②股利增长率g为常数；③模型中的折现率大于股利增长率，即r>g。根据上述三个假设条件，其公式为：

$$P_0 = \sum_{t=1}^{\infty} \frac{D_0(1+g)^t}{(1+r)^t} = \frac{D_1}{r-g} \tag{10-20}$$

式中，D_1表示下一年的预期股利；r表示投资者必要收益率（折现率）；g表示固定的股利增长率。

【例10-1】

W公司经营处于稳定增长阶段，公司具有稳定的财务杠杆比率。2022年的每股收益为3.15元，股利支付率为60%，预期股利和每股收益以每年4.8%的速度永续增长，股票的β值为0.98，国库券的利率为5.3%，市场收益率为9.5%。采用股利增长模型计算股票的每股价值。

每股股利=每股收益×股利支付率=3.15×60%=1.89（元）

股权资本成本=$R_f+\beta [E(R_m)-R_f]$=5.3%+0.98×（9.5%-5.3%）=9.42%

股票价值=$\frac{D_1}{r-g}$=1.89×（1+4.8%）÷（9.42%-4.8%）=42.87（元）

3.两阶段股利折现模型

现实中，很多企业并不是一直保持稳定的增长率，而是在稳定增长之前会出现一个高速增长阶段。比如，当企业取得一定期间的专利使用权时，在此期间企业将获得较高的收益增长率，但失去专利使用权之后，企业将迅速回到较为平稳的增长阶段。因此，两阶段模型适合评估在一段时期内企业能够保持高速增长，之后进入稳定增长阶段且稳定增长阶段的收益期无限的企业的价值。其计算公式为：

$$P_0 = \sum_{t=1}^{t=n} \frac{D_t}{(1+r)^t} + \frac{P_n}{(1+r)^n} \tag{10-21}$$

其中：

$$P_n = \frac{D_{n+1}}{r_n - g_n} \tag{10-22}$$

式中，P_n表示第n年年末股票价值；r表示超常增长阶段企业的必要收益率（股票资本成本）；r_n表示第n年以后（稳定增长阶段）企业的必要收益率；g_n表示第n年以后股利永续增长率。

（二）股权自由现金流折现模型

1.稳定增长FCFE模型

与戈登模型类似，如果一个企业以一个不变的增长率持续增长，那么就可以采用稳定增长FCFE模型评价企业价值。该模型假设企业处于稳定增长状态，稳定增长状态在股权自由现金流上体现为以下两个方面：第一，资本性支出与折旧相互抵销，企业资本性支出与折旧额大致相等或略高于折旧额；第二，企业平稳运行，风险适中，企业的资产具有市场平均风险，即股票的β值约为1。其计算公式为：

$$P_0 = \frac{FCFE_1}{r-g} \tag{10-23}$$

式中，P_0表示企业目前的股权资本价值；r表示企业的股权资本成本；g表示固定增长率；$FCFE_1$表示预期下一年的股权自由现金流量。

【例10-2】

S公司2022年有2亿股股票流通在外，每股市场价值为23元，每股收益为2.8元，每股股利为2.4元，每股折旧为1.4元，每股资本性支出为1.3元（资本性支出与折旧的比率在长期内不会发生变化），每股营运资本追加额为1.7元；公司债务市场价值为26亿元，公司计划保持负债比率不变；公司处于稳定增长阶段，年增长率为5%，其股票的β系数为1.14，国库券利率为5.1%，股票市场风险溢价为6.9%。采用股权自由现金流模型对该公司每股股票进行估价。

（1）负债比率=26÷（26+23×2）×100%=36.11%

（2）股权资本成本=5.1%+1.14×6.9%=12.97%

（3）股权自由现金流量=2.8-（1-36.11%）×（1.4-1.3）-（1-36.11%）×1.7=1.65（元）

（4）每股股票价值=1.65×（1+5%）÷（12.97%-5%）=21.74（元）

2.两阶段FCFE模型

这个模型的假设条件与两阶段股利折现模型是一样的。顾名思义，两阶段就是指企业在一段时期内股权自由现金流快速波动，然后随即进入稳定增长阶段，并且稳定增长阶段为无限期。此模型的特点就是用FCFE模型代替了股利。模型的基本公式为：

$$P_0 = \sum_{t=1}^{t=n} \frac{FCFE_t}{(1+r)^t} + \frac{P_n}{(1+r)^n}$$

$$= \sum_{t=1}^{t=n} \frac{FCFE_t}{(1+r)^t} + \frac{FCFE_{n+1}/(r_n-g_n)}{(1+r)^n}$$

(10-24)

式中，P_0表示企业目前的股权资本价值；P_n表示高速增长阶段期末的企业股票价值；r表示高速增长阶段内股权投资者要求的收益率；r_n表示稳定增长阶段内股权投资者要求的收益率；g_n表示第二阶段的稳定增长率；$FCFE_t$表示预期下一年的股权自由现金流量；$FCFE_{n+1}$表示第（n+1）年的股权自由现金流量。

【例10-3】

D公司在未来5年内的预期股权自由现金流量分别为300万元、320万元、330万元、350万元和360万元，根据该公司的现实收益情况推断，从第6年开始，预期每年股权自由现金流量将在第5年的水平上以2%的增长率保持增长。评估时点中期国债的利率为4.5%，该公司预期的风险报酬率为5.5%。根据上述资料，估算该公司的全部股权价值。

（1）折现率=4.5%+5.5%=10%

（2）前5年现值：

P=300×0.9091+320×0.8264+330×0.7513+350×0.6830+360×0.6209=1 247.681（万元）

（3）第6年以后现值：

P=360×（1+2%）÷（10%-2%）×0.6209=2 849.931（万元）

（4）股权价值评估值=1 247.681+2 849.931=4 097.612（万元）

3.三阶段FCFE模型

三阶段FCFE模型适用于评估依次经历三种增长阶段的企业价值：初始高增长阶段、增长率下降的转换阶段和稳定增长阶段。该模型计算三个阶段的全部预期的股权自由现金流量的现值之和，其公式为：

$$P_0 = \sum_{t=1}^{t=n_1} \frac{FCFE_t}{(1+r)^t} + \sum_{t=n_1+1}^{t=n_2} \frac{FCFE_t}{(1+r)^t} + \frac{P_{n_2}}{(1+r)^n} \tag{10-25}$$

式中，P_0 表示企业目前的股权资本价值；P_{n_2} 表示转换阶段期满的终点价格；r 表示股权投资者要求的收益率；$FCFE_t$ 表示第 t 年度的预期股权自由现金流量；n_1 表示初始高增长阶段期末；n_2 表示转换阶段期末。

（三）企业自由现金流折现模型

1.稳定增长FCFF模型

与股利固定增长模型和稳定增长FCFE模型一样，稳定增长FCFF模型必须满足两个条件：第一，企业的现金流以固定的增长率增长，且增长率是合理的；第二，资本支出和折旧的关系必须满足稳定增长的假设。因为没有额外的增长，也无须追加资本投资，所以一个稳定增长企业的资本性支出不应该显著大于折旧。

当企业以某一固定的增长率增长时，可以使用稳定增长FCFF模型进行评估，其基本公式为：

$$企业价值 = \frac{FCFF_1}{WACC - g} \tag{10-26}$$

式中，$FCFF_1$ 表示预期下一年的FCFF；WACC 表示加权平均资本成本；g 表示FCFF的固定增长率。

【例10-4】

X公司2022年的EBITDA为2.1亿元，折旧为0.53亿元，资本性支出为0.55亿元，净营运资本增加额为0.17亿元。公司发行在外债务的市场价值为9.05亿元，税前利率为10%。公司有1亿股股票流通在外，每股市场价值为18元。公司处于稳定增长阶段，年增长率为4.6%，其股票的β系数为1.13，国库券利率为4.48%，股票市场收益率为10.57%，企业所得税税率为25%。采用FCFF折现模型估算该公司的整体价值。

（1）负债比率=9.05÷（9.05+18×1）×100%=33.46%

（2）股权资本成本=4.48%+1.13×（10.57%-4.48%）=11.36%

（3）加权平均资本成本=10%×（1-25%）×33.46%+11.36%×（1-33.46%）=10.07%

（4）FCFF=EBIT（1-所得税税率）+折旧-资本性支出-净营运资本增加额

  FCFF=（2.1-0.53）×（1-25%）+0.53-0.55-0.17=0.99（亿元）

（5）公司价值=0.99×（1+4.6%）÷（10.07%-4.6%）=18.93（亿元）

2.两阶段FCFF模型

针对企业增长呈现的阶段性特征，有不同的阶段模型，但最常见的是两阶段的模型。在两阶段的模型中，一个阶段为调整阶段，此时公司的增长比率很不稳定，可能处于严重的波动状态；另一个阶段为稳定阶段，公司的经营发展情况比较稳定，开始以稳定的增长率 g 增长，此时公司的价值为：

$$企业价值 = \sum_{t=1}^{t=n} \frac{FCFF_t}{(1+WACC)^t} + \frac{FCFF_{n+1}/(WACC - g_n)}{(1+WACC)^n} \tag{10-27}$$

式中，$FCFF_t$ 表示第 t 年预期的企业自由现金流量；$FCFF_{n+1}$ 表示第（n+1）年的企业自由现金流量；g_n 表示 n 年后的稳定增长率。

3.三阶段FCFF模型

三阶段 FCFF 模型与三阶段 FCFE 模型适用的企业发展情况类似,同样适用于评估依次经历三种增长阶段的企业价值:初始高增长阶段、增长率下降的转换阶段和稳定增长阶段。企业的整体价值即为三个阶段的全部预期的企业自由现金流量的现值之和。

(四)经济利润折现模型

采用 EVA 评估企业价值,企业价值等于评估基准日企业投资者投入资本与企业未来 EVA 的现值之和。当企业某会计期间的 EVA 为正值时,就意味着企业当期的生产经营活动为企业创造了价值。其具体公式如下:

$$企业价值 = 投入资本 + 未来各年的EVA的现值总和$$
$$= IC_0 + \sum \frac{EVA_t}{(1 + WACC)^t} \tag{10-28}$$

式中,IC_0 表示评估基准日企业的投资资本;EVA_t 表示未来第 t 年的 EVA 值;WACC 表示企业的加权平均资本成本。

根据企业经济利润的增长模式不同,其折现模型也会同现金流折现模型一样分成稳定增长、两阶段和三阶段增长模式。比如,当企业的经济利润预期会按照固定比例稳定增长,且收益期为无限期时,那么就可以采用经济利润稳定增长模型估算企业价值,具体公式为:

$$P_0 = IC_0 + \frac{EVA_1}{WACC - g} \tag{10-29}$$

延伸阅读10-3

湖南中联重科智能高空作业机械有限公司股东全部权益价值资产评估报告收益法节选

自测题10-3

视频资源10-2

第四节　企业价值评估的市场法

一、企业价值评估市场法的基本原理

(一)企业价值评估市场法的定义及分类

1.市场法定义

企业价值评估中的市场法是指将评估对象与可比上市公司或者可比交易案例进行比较,确定评估对象价值的评估方法。市场法也称为相对估值法,是国际上广泛应用的一种评估方法。

市场法依据的基本原理是市场替代原理,即一个正常的投资者为一项资产支付的价格不会高于市场上具有相同用途的替代品的现行市价。根据这一原则,相似的企业应该具有类似的价值。

2.市场法分类

企业价值评估市场法常用的两种具体方法是上市公司比较法和交易案例比较法。

（1）上市公司比较法

《资产评估执业准则——企业价值》指出，上市公司比较法是指获取并分析可比上市公司的经营和财务数据，计算价值比率，在与被评估单位比较分析的基础上，确定评估对象价值的具体方法。上市公司比较法中的可比企业应当是公开市场上正常交易的上市公司，评估结论应当考虑控制权和流动性对评估对象价值的影响。

上市公司比较法对于证券市场发达、上市公司信息完善的市场是较为有效的方法。其主要以市场上类似的可比企业的上市公司的企业价值为基础，通过对被评估企业与可比企业在盈利、风险、发展等方面的差异进行进一步的分析与调整，从而得到最终被评估企业的企业价值。该种方法简单易懂，易于接受。但同时，上市公司比较法的应用有赖于完善成熟的证券市场且上市公司的信息披露充分可靠。由于我国目前证券市场仍不完善，市场存在投机氛围，股票信息不完全对称，这大大降低了上市公司比较法评估结论的准确性。

（2）交易案例比较法

《资产评估执业准则——企业价值》指出，交易案例比较法是指获取并分析可比企业的买卖、收购及合并案例资料，计算价值比率，在与被评估单位比较分析的基础上，确定评估对象价值的具体方法。控制权以及交易数量可能影响交易案例比较法中的可比企业交易价格。在切实可行的情况下，应当考虑评估对象与交易案例在控制权和流动性方面的差异及其对评估对象价值的影响。如因客观条件限制无法考虑控制权和流动性对评估对象价值的影响，应当在资产评估报告中披露其原因以及可能造成的影响。

交易案例比较法相对于上市公司比较法有一定的区别，在使用上存在一定的局限性，主要体现为以下几个方面：

第一，数据获取更难。上市公司比较法是通过收集市场上可比公司的相关财务数据，计算相应的比率，从而得出评估对象的价值。交易案例比较法所使用的数据必须是已经发生的案例，对于不成熟的市场，其数据的获取难度较大且真实性难以保证，甚至对于特定行业无法获取相关数据，这就限制了交易案例比较法的应用。

第二，案例的相似性影响操作的复杂程度。交易案例比较法与上市公司比较法相比，更注重案例的相似性。一旦可比案例与评估对象有所差异，则需要对差异项目进行调整，差异越多，调整项目越多，评估流程更加复杂。

第三，交易时间差异影响评估结果。上市公司比较法可以选择适当的交易日使得可比对象的交易价格与评估基准日完全相同或者非常接近，但交易案例比较法选取的可比案例都是在过去发生的，因此交易日期一般与评估基准日有一定差异，从而影响评估结果。所以，交易案例比较法一般需要进行时间因素的调整，而上市公司比较法不一定需要。

（二）企业价值评估市场法的基本思路

企业价值的高低与企业的收益、收入和资产账面价值等因素都直接相关。企业价值可以表现为价值比率与企业价值比率基数的乘积。其公式表示为：

企业价值=价值比率×价值比率基数

价值比率是指以价值或价格作为分子，以财务数据或其他特定非财务指标等与企业价值密切相关的指标作为分母的比率，其中分母部分通常被称为价值比率基数。价值比率是市场法对比分析的基础。运用价值比率评估企业价值的具体评估思路，其公式表示为：

$$\frac{V1}{X1} = \frac{V2}{X2} \tag{10-30}$$

式中，V/X 表示价值比率；V1 表示被评估企业价值；V2 表示可比实例价值；X 表示计算价值比率所选用的与企业价值相关的指标。

（三）企业价值评估市场法的主要价值比率

按照价值比率分子的计算口径，价值比率可分为权益价值比率与企业整体价值比率。

1.权益价值比率

权益价值比率主要指以企业权益价值作为分子的价值比率，主要包括市盈率（P/E）、市净率（P/B）和市销率（P/S）等。

2.企业整体价值比率

企业整体价值比率主要指以企业整体价值作为分子的价值比率，主要包括企业价值与息税前利润比率（EV/EBIT）、企业价值与息税折旧摊销前利润比率（EV/EBIA）、企业价值与销售收入比率（EV/S）等。

（四）企业价值评估市场法的基本步骤

1.选择可比实例

采用市场法进行企业价值评估时，应当确信所选择的可比对象与被评估企业具有可比性。一般而言，可比对象应当与被评估企业属于同一行业，或者受相同经济因素的影响，并且在企业注册地与业务活动地域范围、业务结构、经营模式、企业规模、资产配置和使用情况、企业所处经营阶段、成长性、经营风险、财务风险等方面具备可比性。

2.选择价值比率

进行企业价值评估，首先要选择适当的价值比率。因为对于同一评估对象，选择不同的价值比率，其评估结果可能是不同的。选择何种价格比率要与被评估企业的基本信息联系起来，主要应当遵循三条原则：一是相关性。相关性原则要求考虑所选择的价值比率有利于合理确定评估对象的价值，通常应当选择与企业价值相关程度最高的价值比率。二是可靠性。可靠性原则要求的是与企业价值相关的指标能够客观取得。例如，如果被评估企业的股票价格与其收益相关度最高，而该企业的收益预测也比较可靠，则选择价格与收益比率进行评估将会比较准确。三是可行性。可行性原则的要求是企业价值相关的指标取值要有意义。例如，当评估对象由于经营历史有限，有关收益指标不可获得或不可运用（如为负数）时，选择以收益指标为价值比率的分母就不太适合，而需要考虑选择其他的价格比率。

3.估算被评估企业的价值比率值

被评估企业的价值比率值的确定方法，在我国企业价值评估实务中最常应用的是可比公司参照法。可比公司参照法通常有两种做法：一是将同行业中所有企业的该价值比率进行平均；二是选择行业中最相似的一个或多个企业作为可比企业，通过计算可比企业的价值比率的平均值来确定被评估企业的价值比率值。一般来说，评估人员应当根据所有会影响价格比率的变量对可比企业的价值比率进行调整，从而得到适用于评估企业的价格比率。在实际工作中，调整的方法并没有特定的模式，但调整时需要考虑的基本因素包括：企业的盈利能力、企业未来的发展能力和企业面临的风险等。

4.预测被评估企业价值比率基数

价值比率基数，也就是相关价值比率的分母。例如，如果选择的价值比率为市盈率，在评估企业股权价值时，就要对企业的未来净收益进行准确预测。

5.计算被评估企业价值

将上述步骤三和步骤四中估算的价值比率值与预测的价值比率基数相乘，即可得出企业初步的评估价值。评估人员在确定最终评估结果时，还应当综合考虑各种溢价和折价因素的影响。例如，对企业股权中的控制权溢价进行调整和对缺乏流动性的股权进行折扣调整。

二、企业价值评估市场法的主要模型评价

在企业价值评估过程中，最常用的价值比率主要有三类，即价值与收益比率，以"市盈率"为代表；价值与账面价值比率，以"市净率"为代表；价值与营业收入比率，以"市销率"为代表。三类主要的价值比率在评估中的应用，形成了三种评估模型，即市盈率（P/E）模型、市净率（P/B）模型和市销率（P/S）模型。

（一）市盈率（P/E）模型评价

采用市盈率（P/E）模型评估企业价值所用比率的计算公式如下：

市盈率（P/E）=每股市价÷每股收益　　　　　　　　　　（10-31）

市盈率（P/E）模型是证券市场上的投资者进行企业价值评估时最常用的一个价值比率模型，其原因主要有以下几个方面：第一，市盈率将股票市场价格与公司盈利状况联系起来，更加符合对企业特征的理解，集中体现了企业价值是由企业盈利能力决定的这一实质；第二，数据资料容易获取，计算简便，方便理解和把握；第三，适合在会计标准统一的前提下进行同类企业的横向比较；第四，市盈率指标能够反映出股票市场对企业发展前景的预测，一般来说，投资者普遍看好的股票，其价格与收益比率也相对较高。尽管市盈率指标的应用较为广泛，但其局限性也不容忽视：第一，当每股收益为负的时候，市盈率指标就失去了应用前提；第二，在各个国家的会计标准不统一，或同一会计标准执行有所差异的情况下，就无法根据市盈率对不同市场企业的情况进行比较分析。

（二）市净率（P/B）模型评价

采用市净率（P/B）模型评估企业价值所用比率的计算公式如下：

市净率（P/B）=每股市价÷每股净资产　　　　　　　　　　（10-32）

市净率也是备受关注的指标，尤其是与市盈率相比，其优势更加显著，主要表现在以下几个方面：第一，市净率更能体现投入与产出的关系，帮助投资者释放投资风险。市盈率表示的是企业的每股收益对于每股市价的支撑，是判断股票价格合理性的重要指标。根据市盈率做出投资决策，会受到企业的短期经营情况、利润实现方式等多方面因素的影响。企业收益的构成内容复杂，既包括主营业务收益，又包括非主营业务收益，非主营业务收益并不能提高企业的核心竞争力，不利于企业长期稳定的发展。比较而言，市净率则表示投资者占有每一元的净资产需要付出的成本代价。净资产一般是企业经年累月逐渐累积形成的，相比企业的收益波动更具稳定性，能够反映企业的整体实力与成长性。根据市净率指标可以更好地保护投资者利益，帮助投资者做出决策。第二，市净率指标可以在收益为负的企业价值评估中应用，而这恰恰是市盈率指标所不能实现的。

市净率指标在评估企业价值的过程中看似优势明显，但其应用也存在着同样突出的局限性：第一，与收益一样，账面价值受折旧等会计处理方法的影响。当各企业的会计标准相差比较大的时候，市净率指标与市盈率指标一样都不能用于企业间的比较。第二，对于固定资产较少的服务性企业来说，依据市净率指标对企业进行价值评估的结论就不够客观。第三，如果企业的收益值长期为负，那么净资产也会变为负值，市净率就会与市盈率一样均无法应用于企业的价值评估。

（三）市销率（P/S）模型评价

采用市销率（P/S）模型评估企业价值所用比率的计算公式如下：

市销率（P/S）=每股市价÷每股营业收入　　　　　　　　　　　　　　　　（10-33）

与市盈率和市净率相比，在企业价值评估的过程中，市销率（P/S）模型的优点似乎更为突出，主要表现为：第一，与市盈率和市净率不同，市销率不会出现负值，因此不会出现无法应用的情况。即使对于身处困境的企业，也同样可以得出一个有意义的比率值。第二，市销率指标中的营业收入与利润、账面价值不同，不会受到企业的折旧、存货等会计处理方法的影响，因而计算结果比较客观。第三，市销率与市盈率相比不会频繁剧烈波动，往往给人以可靠的印象。第四，市销率也具备和市盈率一样的前瞻性，能够很好地体现企业的价格政策以及战略方面的调整和变化。

然而，市销率之所以有上述优于市盈率和市销率的特点，主要是由于没有考虑企业的成本控制问题，而这也正是市销率指标应用的最大阻碍。在企业成本控制不力的情况下，企业的收益和账面价值会表现为明显的下降，而营业收入却不受其影响可能依然保持不变。尤其是对于收益和账面价值已经为负值的企业，若采用市销率对其进行价值评估，由于没有考虑企业存在的严重的成本控制问题，就会得出严重失实的评估结论而误导投资者决策。

三、企业价值评估市场法的应用

在应用市场法评估企业价值的过程中，尽管价值比率有多种选择，然而任一价值比率都不同程度地具有某种局限性或片面性。因此，为了确保评估的客观性，采用市场法评估企业价值时，往往采用多样本、多参数的做法，即参考企业或交易案例需要有一定的数量，选择的价值比率也需要有一定的数量。

【例 10-5】

某一评估甲公司价值的案例中，评估师选定乙、丙、丁三家公司为甲公司的可比企业，有关资料见表10-3。

表10-3　　　　　　　　　　　　　可比企业财务指标汇总表　　　　　　　　　　　单位：万元

公司＼指标	公司市值	销售收入	公司净资产账面价值	净现金流量
甲公司	—	16 000	13 000	2 200
乙公司	17 000	11 000	7 300	1 900
丙公司	31 000	18 000	15 000	2 600
丁公司	19 000	12 000	9 800	1 700

采用多样本、多参数的方法，评估甲公司的价值。

首先，分别计算乙、丙、丁三家公司的市销率、市净率、市价与净现金流量的比，并填入表10-4。

表10-4　　　　　　　　　　　**可比公司平均价格比率计算表**

价格比率＼公司	乙公司	丙公司	丁公司	价格比率平均值
市销率	1.55	1.72	1.58	1.62
市净率	2.33	2.07	1.94	2.11
市价/净现金流量	8.95	11.92	11.18	10.68

其次，依据甲公司相关数据资料和计算得出的各个可比公司价格比率平均值计算甲公司类比价值，并计算各个类比价值的算术平均值，作为最终甲公司的价值评估结果，具体见表10-5。

表10-5　　　　　　　　　　　**企业价值评估结果计算表**　　　　　　　　金额单位：万元

项目	甲公司实际数据	价格比率平均值	甲公司类比价值
销售收入	16 000	1.62	25 920
净资产账面价值	13 000	2.11	27 430
净现金流量	2 200	10.68	23 496
甲公司评估价值	25 615		

延伸阅读10-4

深圳市江波龙电子股份有限公司拟支付现金购买力成科技（苏州）有限公司股权所涉及的该公司股东全部权益价值项目资产评估报告市场法节选

自测题10-4

视频资源10-3

第五节　企业价值评估的资产基础法

一、企业价值评估资产基础法原理

2018年10月29日，中国资产评估协会发布了修订后的《资产评估执业准则——企业价值》，并于2019年1月1日开始施行。《资产评估执业准则——企业价值》第三十五条指出，企业价值评估中的资产基础法，是指以被评估单位评估基准日的资产负债表为基础，合理评估企业表内及可识别的表外各项资产、负债价值，确定评估对象价值的评估方法。

在我国，长期以来业内人士习惯用成本法来称呼企业价值评估中的资产基础法，实际上，这样的表述不是很准确。评估方法中，成本法与市场法和收益法一样都是针对单项资产而言的，而企业价值评估是针对整体资产进行的评估，尽管利用资产基础法评估企业价值从总的评估思路看与成本法类似，但由于整体资产评估的复杂性，在评估过程中资产基础法仍体现出与单项资产评估的成本法存在较大差异。《资产评估执业准则——企业价值》第三十六条强调，资产评估专业人员应当知晓并非每项资产和负债都可以被识别并单独评估。换句话说，资产基础法并非单项资产评估的成本法的简单相加。因此，企业价值评估中的成本法，国际上通用的名称是资产基础法。

资产基础法实际上是根据企业提供的资产负债表，对企业账面价值进行调整得到企业价值，其基本思路是重建或重置评估对象。其理论基础是"替代原则"，即任何一个精明的潜在投资者，在购置一项资产时所愿意支付的价格不会超过建造一项与所购资产具有相同用途的替代品所需的成本。这种评估观点实际上是从会计核算角度进行分析，认为企业价值是建造企业的全部费用的货币化表现，其大小是由建造企业的全部支出构成的。

二、企业价值评估资产基础法适用范围

比较前面章节讲到的运用收益法评估企业价值，不难看出，收益法和资产基础法均着眼于企业自身发展状况。其不同的是，收益法关注企业的盈利潜力，考虑未来收益的货币时间价值，是立足现在、着眼未来的一种评估方法。因此，对于具有稳定持久收益的企业，采用这类方法较为合适。资产基础法则是切实考虑企业现有的资产负债，是对企业目前价值的真实评估。所以，对于没有商誉或商誉较少的企业，适宜采用资产基础法进行评估。具体来说，可以分为以下三种情况：

（一）新设立的企业

新设立的企业由于其所有的资产处于刚刚组合成整体的状态，企业的运营也处于起步阶段，各资产之间缺少磨合，估测企业的盈利能力较为困难，企业的经营管理尚未形成商誉。此时，着眼于企业各单项资产来评估企业的价值能够比较客观地反映企业的价值水平。

（二）投资性企业

这类企业作为投资性主体，主要从事投资业务，公司经营的目的是通过资本增值、投资收益或两者兼有而获利。企业资产多为股权和债权，资产之间的关联性不大，难以形成显著的协同效应。因此，企业的价值主要取决于各单项资产的价值。

（三）非持续经营的企业

对持续经营前提下的企业价值进行评估时，单项资产或者资产组合作为企业资产的组成部分，价值通常受其对企业贡献程度的影响。然而，当企业无法保持持续经营状态时，企业将不再作为整体而存在，企业的商誉就会随之消失。因此，以非持续经营为前提评估企业的价值，就形同逐一评估企业各单项资产价值然后加总再扣除相关清算费用作为企业的评估值。

三、企业价值评估资产基础法应用特点

（一）关于商誉

运用资产基础法评估得出的企业价值，实际上是将构成企业的各种要素资产的评估值加总再扣减负债的评估值而求得的。评估过程中忽略了企业资产的价值不仅取决于企业所拥有的资产总量，还取决于资产之间的工艺匹配度、有机组合方式等因素；而企业的整体价值更包含了企业的管理效率、销售网络、企业知名度等所带来的经济效益。正因如此，企业的实际价值往往与利用资产基础法评估出来的企业价值不同，而商誉正是导致二者不等的主要原因。商誉作为企业的一项资产，能够给企业带来超过正常盈利水平的盈利能力和服务潜力。但由于商誉无法单独辨认，因而运用资产基础法评估企业价值时，不能将其列入评估范围。

（二）关于单项资产的评估方法

各项资产的价值应当根据其具体情况选用适当的具体评估方法得出。《资产评估执业准则——企业价值》第三十七条指出，采用资产基础法进行企业价值评估，各项资产的价值应当根据其具体情况选用适当的具体评估方法得出，所选评估方法可能有别于其作为单项资产评估对象时的具体评估方法，应当考虑其对企业价值的贡献。

（三）关于评估人员的构成

运用资产基础法评估企业价值，企业所有的资产和负债将以所选择的恰当的价值标准进行重估。由于企业资产构成的复杂性，在许多情形下，企业价值评估除了由资产评估机构的评估人员完成主要的评估工作外，可能还需要依靠不动产评估、机器设备评估或其他评估门类的专家参与工作。2017年9月8日，中国资产评估协会根据《资产评估基本准则》，对《资产评估准则——利用专家工作》进行了修订，制定了《资产评估执业准则——利用专家工作及相关报告》，并于2017年10月1日起施行，借以规范资产评估机构及其资产评估专业人员利用专家工作及相关报告行为，保护资产评估当事人的合法权益和公共利益。近年来，中国资产评估协会相继发布了十几项专家指引，为评估机构和评估人员提供了更多具体和翔实的指导意见。

（四）关于评估质量

资产基础法的应用能够将企业各项资产和负债的评估价值作为企业整体价值评估的中间成果分别求出，有利于评估报告使用者全面细致地了解企业价值的构成。评估人员大量细致的工作和众多企业人员的关注、配合非常有助于提高企业价值评估的质量。评估程序中突出强调的实地勘察，对于客观评估企业价值也是至关重要的。因此，在资产基础法的应用中，无论从方法本身的特点看，还是评估程序都体现出对评估质量的保障。

四、我国企业价值评估资产基础法应用步骤

运用资产基础法评估企业价值，要根据资产基础法的基本原理，着重完成以下各个步骤的工作：

（一）取得经过审计的距评估基准日最近的财务报表

经过审计的距评估基准日最近的财务报表是应用资产基础法评估企业价值的基础。资产负债表若是在评估基准日编制的当然最为理想，但如果不能获得评估基准日的资产负债

表，一方面评估人员可以要求评估委托方的会计师编制评估基准日的历史成本资产负债表，为评估人员进行评估提供帮助，另一方面评估人员在具备编制财务报表所需的基本会计经验的条件下，也可以自己根据资料编制评估基准日的资产负债表。另外，评估人员还可依赖经审计的距评估基准日最近的资产负债表，将其作为工作的依据，当然对这类资产负债表需要进行更多的评估调整。

（二）调整资产负债表表内项目

这一步骤主要是针对每项资产、负债和所有者权益根据所选择的适用于所评估企业的价值标准对其账面价值进行调整。评估人员将慎重地分析和了解所评估企业每一项实质性的账面资产、负债和所有者权益，并对这些项目是否需要进行评估做出判断。一般情况下，评估人员往往设定公平市场价值作为企业评估时适当的价值标准。在资产负债表表内项目账面价值的调整过程中，需要重点关注以下几个方面：一是，固定资产折旧和无形资产摊销的估计；二是，涉及减值的各类资产项目的估计；三是，评估基准日与资产负债表日的差别。

（三）调整资产负债表表外项目

首先，评估分析人员需要确认没有反映在资产负债表中的表外资产并进行评估。企业的资产具体体现为有形资产和无形资产。某些无形资产由于各种原因未记入资产负债表中，而这些资产在一些高新技术企业和第三产业机构的资产总值中却占有相当大的份额，其构成不容忽视。正因如此，为评估企业的完整价值，评估人员应当首先确认这些没有在资产负债表中体现的有形资产和无形资产，并评估其价值。其次，评估分析人员需要确认没有反映在资产负债表中的实质性的或有负债并进行评估。根据《企业会计准则第13号——或有事项》的规定，企业不应确认或有负债，但应在附注中进行披露。一些由未决诉讼和环境治理等方面引起的或有负债，对于企业的经营风险有非常重要的影响。因此，尽管或有负债的确定和评估在资产基础法中相对来说是不经常应用的程序，但或有负债对于企业的评估价值有着重要的影响，评估人员在应用资产基础法时应当考虑此项程序。

（四）评估结果汇总

经过一系列必要的调整后，评估分析人员根据汇总后的评估结果编制一份评估基准日以价值为基础的模拟资产负债表。而最终确定的所有者权益的评估值是评估分析人员根据会计恒等式，用调整后的企业全部资产价值减去调整后的企业全部负债价值而得到的。至此，资产基础法评估了企业全部的所有者权益。如果评估项目涉及非企业全部权益的价值，则可能要根据要求增加一些其他的评估程序。

五、我国企业价值评估资产基础法应用评价

（一）基于资产的企业价值评估方法的优点

基于资产的企业价值评估方法中，目前在评估领域广泛使用的资产基础法，在我国现阶段具有很强的适用性。企业整体转让或股份制改造中运用资产基础法对企业价值进行评估，能够在确定企业价值的同时获得各项资产的详细价值资料，为企业资产重组或产权交易后进行账务处理提供了重要的指导和依据。特别是在我国国有企业改造、重组过程中，运用资产基础法评估企业价值，有利于完成对国有资产的全面清查，加强国有资产管理，从而最大限度地减少国有资产流失。面对我国市场经济发展不是很完善的现状，基于资产

的企业价值评估方法已经成为评估企业价值的一种重要方法。其优越性具体体现在以下几个方面：

1.有利于确定企业各项资产、负债的价值

资产基础法将企业整体资产化整为零，对各项有形资产和无形资产及负债分别根据各自特点和企业具体情况采用适宜的评估方法进行评定估算。这就使得在整个企业价值的评估中，为最终获得企业价值的评估结果，首先需要得到企业各项资产和负债的评估价值，这样，企业各项资产和负债的评估价值作为企业整体价值评估的中间成果就可以被分别求出。

各项资产、负债价值的确定，帮助企业分析和解决了多方面的问题。第一，各项资产价值准确说明了每一项资产对企业做出的经济贡献，便于企业管理者进行资产管理；第二，运用资产基础法评估企业价值，能够向银行等融资机构提供其所需要的企业资产、负债等的相关信息，便于企业并购等交易的融资；第三，便于企业在涉及法律诉讼或争议事项时，能够根据需要分辨出每一个单项资产的价值。

2.有利于企业进行并购交易的谈判

运用资产基础法评估企业价值，对于企业并购交易中的交易双方商谈并购价格有较强的参考价值，有助于并购双方达成一致意见，促成并购交易。比如在价格谈判中，如果被并购方提出的交易价格高于资产基础法评估结果的价格，那么并购方则可以要求对方提供额外资产来补偿成交价较高所带来的损失。相反，如果并购方提出的交易价格低于资产基础法评估结果的价格，那么被并购方则可以依据资产基础法评估企业价值得到的各项资产、负债的详细价值资料，质疑对方出价的合理性或更改企业并购的谈判条件。

3.有利于企业价值评估报告的使用者理解报告内容

资产基础法的评估结果通常是以资产负债表的形式体现的。对于熟悉基本财务报表的企业、银行的相关工作人员、法官、律师、个人投资者和机构投资者等企业价值评估报告的使用者来说，很容易理解并接受以资产负债表形式体现的企业价值评估结果。

4.有利于提高企业价值评估的质量

资产基础法评估企业价值的程序前已述及，整个评估过程需要评估分析人员对企业的运行进行彻底了解，同时，需要大量的企业管理人员的积极参与。评估人员大量细致的工作和众多企业人员的关注、配合非常有助于提高企业价值评估的质量。

总而言之，企业的获利能力取决于企业各项资产的数量、质量、结构以及资产之间的组合方式等，而企业整体价值的高低又取决于企业的综合获利能力，可见，企业整体价值与各项资产的价值密不可分。因此，运用资产基础法评估企业价值，从重置企业各项资产的角度评估企业价值是有其内在合理性的。

（二）基于资产的企业价值评估方法的缺点

尽管运用资产基础法评估企业价值具有一定的合理性和可行性，但由于该方法本身存在的缺陷，使得资产基础法一般不应作为评估企业价值唯一的方法，应同时运用其他评估方法进行验证。资产基础法的缺点具体体现在以下几个方面：

1.应用资产基础法的成本较大

运用资产基础法评估企业价值是建立在评估分析人员对企业运作及各方面资料充分了解及有关方面人员广泛参与的基础上的，因而，在实践中如果严格执行资产基础法往往会

花费较多的时间和资金。此外，由于企业资产构成具有复杂性，在运用资产基础法评估企业价值的过程中很可能需要各种门类的专业评估人员提供专业意见，而聘请专业评估人员的费用也是不小的成本开支。

2.难以反映企业组织资本的价值

组织资本主要是指组织成员在特定的组织环境下协同工作而形成的、能够为组织创造价值的资本形式。它的形成源于企业的价值观的确立、组织结构和业务流程的合理架构、组织制度的科学制定、客户和公共关系系统的建立等。而资产基础法评估企业价值的过程，实际上是对企业账面价值调整的过程。而在资产账面价值的调整过程中，那些虽然也作为企业价值的一部分，但未在资产负债表中体现的组织资本，如企业的管理效率、销售网络等在评估中很难被加入企业整体价值之内，就使得企业实际的整体价值往往要高于利用资产基础法评估出来的企业价值。

3.忽视了企业各单项资产之间的整合效应

资产基础法评估企业价值是以重置各项资产为假设前提，通过将构成企业的各单项资产的评估值加总再扣减负债的评估值求得企业价值。然而，企业价值与企业资产价值虽然范畴接近，但不尽相同。企业价值是指企业作为一个整体，由于具有综合获利能力而体现出来的价值；而企业资产价值则仅仅是企业各单项资产价值简单相加。尽管企业的运营需要其所拥有的各种有形资产和无形资产共同发挥作用，但企业形成的总体获利能力的大小却不仅仅取决于企业所拥有的资产总量，还取决于资产之间的工艺匹配度、有机组合方式以及资产的利用效率等。因此，通常情况下，企业整体价值与各单项资产价值简单相加的结果一般不等。

企业所拥有的各项资产之所以能够组合在一起使企业具有整体获利能力，其原因是企业的流动资产、机器设备、房屋建筑物和无形资产等资产并非是简单地堆积在企业内部的，而是共同为实现企业的经营目标有机地组合在一起，其发挥各自的功能，形成了一股合力。正如系统论的系统整合观点所阐述的——"系统整体一般不等于各组成部分之和""系统一般存在整合效应"，企业各单项资产价值加和很难反映出企业各单项资产之间由于工艺匹配和有机组合等因素可能产生的整合效应。此时，企业整体价值会高于各单项资产价值的简单相加。当然，企业各单项资产也并不是总能产生整合效应的，比如当企业某些单项资产的功能与企业总体功能不一致，或各项资产之间工艺不匹配、组合不恰当时，整体资产中就明显存在着生产能力闲置、资源浪费现象，资产就不能全部达到最佳利用效果，从而降低了企业资产的整体获利能力。那么，企业整体价值反而会低于各单项资产价值的简单加和。

延伸阅读10-5

中联重科：湖南中联重科智能
高空作业机械有限公司股东全部
权益价值资产评估报告——沃克森
国际评报字〔2023〕第1204号

自测题10-5

视频资源10-4

第六节 企业价值评估的实物期权法

一、实物期权的概念及分类

(一) 实物期权的概念

期权是一种有选择权的合约，具体来说是指期权买方在合约规定的时间内以事先约定的固定价格向卖方购买或出售一定数量的特定标的物的权利的合约。当代社会对于实物期权的理解，多数观点集中于实物期权是以实物资产为标的资产的期权。实际上，实物期权的概念由来已久。实物期权的概念最初是由美国麻省理工学院的 Stewart C. Myers 教授于 1977 年提出的，主要用来指代经济生活中"可以而不是必须"的情况。企业的经营者在进行投资决策时往往面临着许多不确定性因素，比如产品供求的变化、原材料的价格变化以及利率、汇率的波动等，企业在进行投资时可以根据获得信息选择是否进行投资或者改变投资规模等决策，而又不是必须采取何种策略，因此，决策往往具有较大的灵活性。Stewart C. Myers 教授进一步指出，一个投资方案产生的现金流量所创造的利润，来自对目前所拥有资产的使用，再加上对未来投资机会的选择。也就是说，企业可以取得一个在未来以一定的价格获得或者出售一项实物资产或者投资项目的权利。企业这种实物资产的投资符合期权的特征，同时又因为其标的物为实物资产，故将此类性质的期权称为实物期权。总结而言，现实生活中这种"可以而不是必须"的选择权都属于实物期权范畴。与企业中或市场上人为设计的期权不同，实物期权是没有经过人为设计而自然存在的，这也正是其与其他类型期权本质上的区别。

在财政部的指导下，2017 年 9 月，中国资产评估协会根据《资产评估基本准则》，对《实物期权评估指导意见（试行）》进行了修订，正式制定了《实物期权评估指导意见》，自 2017 年 10 月 1 日起施行。其中的第一章第二条就指出，实物期权是指附着于企业整体资产或者单项资产上的非人为设计的选择权，即指现实中存在的发展或者增长机会、收缩或者退出机会等。

传统的项目决策方法都假定静态制定决策，实物期权则假定一个动态的未来决策序列，管理层可以灵活地根据商业环境的变化做出调整。所以，期权为管理层在传统决策之外提供了一种额外的洞察力。

(二) 实物期权的分类

对实物期权可以从不同的角度进行分类。举例来说，石油投资项目一般都是高风险、高投资项目，其主要风险可能来自石油储量的不确定性。在勘探开发中，投资方会逐步获得关于市场价格和地质情况等各种信息，如果信息显示储量并不像先前预测的那样，投资方有放弃投资的权利，即退出期权或称为放弃期权（option to abandon）；如果储量比先前预测的更为丰富且市场价格上涨，那么企业会追加投资扩大规模，此时的期权特性就是增长期权或称为扩张期权（growth option）；如果调查显示近期市场价格有下降趋势，而在远期会有一个上扬走势，那么企业就会延期投资以便在未来价格上涨时再投资，这种可以延迟投资的权利就是等待期权或称为延迟期权（option to defer）。实物期权在石油公司竞标油田开采权的过程中往往可以发挥重要的作用。Anadarko（APC）公司的副总裁 Michael D. Cochran 表示，在与竞争对手竞标墨西哥湾的 Tanzanite 油田过程中，借助实物期权分析认识到了目标油田的真正价值，实物期权正是公司竞标成功的有力工具。

《实物期权评估指导意见》指出，资产评估专业人员在执行资产评估业务时，可能涉及的实物期权主要包括增长期权和退出期权等。

增长期权是在现有基础上增加投资和资产，从而扩大业务规模或者扩展经营范围的期权。常见的增长期权包括实业项目进行追加投资的期权，分阶段投资或者战略进入下一个阶段的期权，利用原有有形资产和无形资产扩大经营规模或者增加新产品、新业务的期权，文化艺术品以及影视作品开发实物衍生产品或者演绎作品的期权等。

退出期权是在前景不好的情况下，可以按照合理价格即没有明显损失的部分或者全部变卖资产，或者低成本地改变资产用途，从而收缩业务规模或者范围以至退出经营的期权。常见的退出期权包括房地产类资产按接近或者超过购置成本的价格转让，制造业中的通用设备根据业务前景而改变用途，股权投资约定退出条款等形成的期权等。

二、实物期权法在企业价值评估中的应用

实物期权法可以用来评估企业价值。传统的企业价值评估方法，如资产基础法、收益法和市场法都没有认识到：任何企业由于其拥有一定的人力、物力、财力、技术等资源而拥有一些投资机会，这些投资机会无疑是有价值的。尽管传统企业价值评估方法会做出一些调整，比如在收益法中会根据投资项目的风险调整未来现金流量的预测值或折现率，但无法考虑到决策者在未来的审时度势、随机应变，根据各种新的信息在项目投资的进程中做出的合理判断和调整，也就是忽视了投资项目的期权价值。因此，企业的决策者可以在这类项目中，利用期权思想进行识别，找出其中存在的期权，并采用相应的方法进行评估得到实物期权的价值，并将其与企业现有价值的估值结果合并作为企业完整的评估值，进而帮助企业进行决策。

（一）实物期权法评估企业价值的基本思路

利用实物期权法评估企业的价值，可以有以下几种思路：

第一，将企业的价值划分为资产价值和期权价值两部分，分别进行价值评估。前者可以运用一般的资产评估方法对企业的总资产价值进行评估，后者则利用期权思想对企业拥有的投资机会和期权进行识别并采用期权方法进行评估，两者之和即为企业价值。

第二，企业运用期权方法对放弃旧业务、转换和拓展新业务机会的期权价值进行估计，然后将企业已经拥有的各种业务或项目价值的总和加上这些期权价值就可得到企业的价值。

第三，将企业的价值分为股权价值和债权价值两部分。在有限责任公司中，股权价值可以视为股东的买权。因为，有限责任公司及其股东是以出资额或股权价值对公司债务偿还承担有限责任的，那么就相当于公司的股东付出一定购买款项之后可以享受公司价值上涨的收益。而公司的债权价值即债务资本的价值，则等于公司无风险债务价值加上一个卖权空头。因为，公司债务的到期本息是债务在无风险情况下的到期价值，而实际上债权人借款给公司是要冒着公司破产等违约风险的，公司债务的实际评估价值要低于债务的无风

险价值。因此，公司的债权人相当于购买了一种无风险债务，同时又送给股东一个卖权，这样在债务到期时，无论公司资产的价值降到多低，股东都可以用公司全部资产抵偿债务本息。由此，就可以运用期权方法分别对股权价值和债权价值进行估价，两者之和即为企业价值。如果企业还有优先股、可转换证券等，也可以运用期权方法进行定价，再相加得到企业价值。

（二）实物期权法评估企业价值常用的定价模型

期权价值是期权合约中唯一随着市场供求变化而改变的变量，其高低直接影响到买卖双方的盈亏状况，是期权交易的核心问题。自从法国金融专家劳雷斯·巴舍利耶在1900年发表了第一篇期权定价的文章，各种研究期权定价的公式和模型纷至沓来。直至进入20世纪70年代，在资本市场和信息技术飞速发展的背景下，期权定价理论有了突破性的发展。1973年4月，美国芝加哥大学教授费希尔·布莱克（Fischer Black）与斯坦福大学教授迈伦·斯科尔斯（Myron Scholes）在《政治经济学》上发表了他们的开创性成果①，即著名的布莱克-斯科尔斯定价模型（Black-Scholes Model）。美国哈佛大学商学院教授罗伯特·默顿（Robert Merton）随即在《拜尔经济学与管理学》上发文②肯定了这一模型的合理性，并做出了深入的分析和阐述。

在此基础上，1979年，美国金融学家考克斯（John C. Cox）、罗斯（Stephen A. Ross）和鲁宾斯坦（Mark Rubinstein）在论文《期权定价：一种简化方法》中提出了一种简单的对离散时间的期权定价方法，称为考克斯-罗斯-鲁宾斯坦二项式期权定价模型（Binomial Model）。该模型解决了美式期权定价的问题，是效率市场假说的衍生物。

二项式期权定价模型和B/S期权定价模型，是两种相互补充的方法。B/S模型和二项式模型都可以用于计算买方期权和卖方期权的价值。B/S模型针对欧式期权的定价，是连续时间下的期权定价模型，其推导过程比较复杂，约束条件较为苛刻，但计算相对简单；二项式模型是离散时间下的期权定价模型，其推导过程容易理解，但在实践中操作起来比较烦琐，理论上对于欧式期权和美式期权均适用。从极限意义上（每期时间为无限短的情况下），B/S模型和二项式模型的评估结论相同。在估算实物期权价值时，可以根据参数估计和计算方便的原则，选择采用B/S模型或者二项式模型。

（三）实物期权法中定价模型应用的要求

实物期权法中定价模型在应用中的规范使用，对于采用实物期权法评估企业价值的客观性和准确性至关重要。《实物期权评估指导意见》对定价模型使用的操作要求做出如下规定：

（1）资产评估专业人员评估实物期权，应当按照识别期权、判断条件、估计参数、估算价值四个步骤进行。

（2）资产评估专业人员评估企业整体或者单项资产附带的实物期权，应当全面了解有关资产的情况以及资产未来使用前景和机会，识别不可忽视的实物期权，明确实物期权的标的资产、期权种类、行权价格、行权期限等。

（3）执行涉及实物期权评估的业务，应当根据有关参数所需信息的可获取性和可靠

① BLACK F, SCHOLES M. The pricing of options and corporate liabilities [J]. Journal of Political Economy, 1973, 81（3）：637-654.
② MERTON R C. Theory of rational option pricing [J]. Bell Journal of Economics and Management Science, 1973, 4（1）：141-183.

性，判断是否具备评估条件。不具备实物期权评估条件时，应当终止实物期权评估。

（4）实物期权评估中的参数通常包括标的资产的评估基准日价值、波动率、行权价格、行权期限和无风险收益率等。

标的资产即实物期权所对应的基础资产。增长期权是买方期权，其标的资产是当前资产带来的潜在业务或者项目；退出期权是卖方期权，其标的资产是实物期权所依附的当前资产。

波动率是指预期标的资产收益率的标准差。波动率可以通过类比风险相近资产的波动率确定，也可以根据标的资产以往价格相对变动情况估计出历史波动率，再根据未来风险变化情况进行调整确定。

行权价格是指实物期权行权时，买进或者卖出标的资产支付或者获得的金额。增长期权的行权价格是形成标的资产所需要的投资金额。退出期权的行权价格是标的资产在未来行权时间可以卖出的价格，或者在可以转换用途情况下，标的资产在行权时间的价值。

行权期限是指评估基准日至实物期权行权之间的时间长度。实物期权通常没有准确的行权期限，可以按照预计的最佳行权时间估计行权期限。

无风险收益率是指不存在违约风险的收益率，可以参照剩余期限与实物期权行权期限相同或者相近的国债到期收益率确定。

（5）执行涉及实物期权评估的业务，应当根据实物期权的类型，选择适当的期权定价模型，常用的期权定价模型包括布莱克-斯科尔斯模型（B/S 定价模型）、二项式模型等。对测算出的实物期权价值，应当进行必要的合理性检验。

三、实物期权法在企业价值评估中的应用评价

根据前文的分析可以看出，实物期权法实质上与收益法类似，也是按照资产未来的收益和风险特征评估其价值。严格来说，实物期权法针对的是或有收益，而收益法针对的是现有资产业务预期波动的收益。因此，两种方法从本质上来看属于同一类评估方法，对于实物期权法的评价，尤其要关注与收益法的比较分析，这样才更有意义。

（一）与收益法的主要区别

在经济发展不确定性日益增加的情况下，收益法应用的不足逐渐显现，而实物期权法的应用则显得更为必要。实物期权法与收益法相比，主要区别表现在以下几个方面：

1.考虑或有收益对企业价值的影响

收益法着眼于企业目前业务估计未来可能产生的收益，却忽视了企业未来可能开发新产品等形成的新的业务领域而产生的或有收益。也就是说，对企业价值的客观评估，既要包括企业现有的业务价值，又要包括企业未来可能拓展的业务价值。实物期权法对于企业或有收益的评估恰好可以弥补收益法的不足，因此，其越来越受到评估领域相关人士的关注。

2.能够反映企业管理者对项目投资的灵活管理

在企业的项目投资决策中，对于预期收益的估计都是假设未来的变化是按照决策之初的既定条件产生的，却未考虑管理者对未来变化的适时调整。尤其在面对不确定性较大的市场环境时，管理者会根据市场条件的变化及时调整长期投资项目的运营方

式，也就是采取灵活多样的管理策略，从而趋利避害，做出有利于企业价值增长的选择。因此，采用净现值指标评价投资项目时，就可以将传统的净现值计算结果与实物期权法得到的扩展的净现值加总，进而得到项目投资的真正价值，从而达成与实际情况的高度吻合。

3.主张投资具有延缓性

收益法认为，投资是不可延缓的，现在如果不投资，将来就没有机会了，其决策重点是现在是否进行投资。实物期权法则认为，在大多数情况下，虽然投资是不可逆的，但是可以推迟，而且不确定性会随着时间的推移而最终得以消除，所以要考虑项目投资的可推迟性以及由此形成的项目价值的变化。当然，推迟投资也会面临其他企业趁机抢占市场的风险，因此，在进行投资决策时，有必要在二者之间权衡利弊，做出合理的选择。

4.重视不确定性对项目投资价值的影响

收益法认为，企业项目投资的不确定性越高，折现率取值也应越高，这样做的结果往往降低了对投资项目的估值。实物期权法则认为，不确定性是实物期权价值之所在。不确定性越高，实物期权法评估得到的投资机会的价值也就越高。根据期权定价原理，如果项目发展顺利，就执行期权，进行投资，则获利的可能性为"无限大"；如果项目发展不顺利，净现值为负数，就不执行期权，从而可以及时止损，使亏损不会随着风险的增加而加大。

(二) 实物期权法应用中的局限

虽然实物期权法对于全面、客观地评估企业价值所能发挥的作用越来越受到重视，但该方法目前在企业价值评估中的应用还是受到了较大的限制。

1.应用范围有限

实物期权法并不适用于所有的企业，只有当企业未来发展存在较大不确定性，并且这种不确定性对企业影响较大时，实物期权法的估值才更有意义。

2.计算方法较为复杂

采用实物期权法评估企业未来或有收益价值时，可选择的期权类型较为复杂，需要根据行业特点和企业情况进行确定。此外，实物期权法的估值模型涉及参数较多，相关参数的确定及其计算过程也较为复杂。因此，实物期权法的应用对评估人员的相关基础理论和专业知识的掌握要求较高。

3.期权定价模型的应用限制条件较多

就实物期权法的期权定价模型来说，其应用的假设条件较多。在依据企业的现实情况分析，期权定价模型的假设条件不能完全满足的条件下，实物期权法的估值结果就会与实际产生一定的偏差。另外，企业现实中的经济活动较为复杂，实物期权之间存在交互影响，找到一个适合的实物期权定价模型也较为困难。

总而言之，实物期权给投资者或管理者带来一种决策弹性，使其可以灵活利用市场的各种变化，在最大限度控制风险的同时，又不丧失可能出现的有利机会。在企业未来发展不确定性较大的情况下，实物期权价值的确是构成企业价值的重要组成部分。但是，由于实物期权法诸多的应用局限，目前在评估实务中，采用实物期权法进行企业价值评估的案例微乎其微。尤其当企业的投资项目并不存在实物期权或者与产出有关的不确定性很小时，相比传统的企业价值评估方法，实物期权法就不具备较大的应用价值。

延伸阅读 10-6

《实物期权评估指导意见》

自测题 10-6

【思政课堂】　中国制造享誉全球

深圳市大疆创新科技有限公司（DJ-Innovations，缩写 DJI，以下简称"大疆创新"），2006 年由香港科技大学毕业生汪滔等人创立，是全球领先的无人飞行器控制系统及无人机解决方案的研发商和生产商，客户遍布全球 100 多个国家或地区。通过持续的科技创新，大疆创新致力于为无人机工业、行业用户以及专业航拍应用提供性能最强、体验最佳的革命性智能飞控产品和解决方案。2013 年 1 月，大疆创新推出了面向普通消费者、无需组装"开箱即飞"的一体化四旋翼航拍飞行器"精灵"（Phantom），立即风靡全球。在消费级无人机领域，以大疆创新为代表的企业是全球消费级无人机的领头羊。目前，大疆创新产品占据了全球超 80% 的市场份额，在全球民用无人机企业中排名第一。从技术方面来看，大疆创新在中国乃至全球无人机市场均有较强的话语权。在全球民用无人机领域专利申请量上，大疆创新以 31% 的比重排在全球首位。

2015 年 2 月，美国著名商业杂志《快公司》评选出 2015 年十大消费类电子产品创新型公司，大疆创新科技有限公司是唯一一家中国本土企业，在美国谷歌、特斯拉之后位列第三。2015 年 12 月，大疆创新推出了一款智能农业喷洒防治无人机——大疆 MG-1 农业植保机，正式进入农业无人机领域。2019 年 10 月，大疆创新发布了"御"Mavic Mini 航拍小飞机，可折叠、249 克机身重量、1 200 万像素、30 分钟的单块电池续航时间等设计，带给了用户新的操控体验。

大疆创新的领先技术和产品已被广泛应用到航拍、遥感测绘、森林防火、电力巡线、搜索及救援、影视广告等工业及商业用途，同时成为全球众多航模航拍爱好者的最佳选择。大疆创新将结合自身的积累和优势，不断开发创新技术，为用户设计和创造更多更优质的产品和服务。2015 年 12 月，大疆创新宣布推出一款智能农业喷洒防治无人机——大疆 MG-1 农业植保机，标志着大疆创新正式进入农业无人机领域。这是一款实现防尘、防水、防腐蚀的工业级设计产品，大疆为其配备了强劲的八轴动力系统，使其载荷达到 10 千克的同时推重比高达 1：2.2，每小时作业量可达 40~60 亩，作业效率是人工喷洒的 40 倍以上。MG-1 药剂喷洒泵采用高精度智能控制，与飞行速度联动，在自动作业模式下，可实现定速、定高飞行和定流量喷洒。

大疆创新无人机的发展历程让我们深深体会到了大国工匠精神，了解到我国的能工巧匠有多么的智慧、严谨、技艺超群。同学们也应充分树立应对挑战、战胜困难的信心和决心，在未来的学习和工作中担负起建设祖国的责任和使命，脚踏实地、创新求变，为祖国的繁荣昌盛贡献自己的一份力量。

资料来源：根据大疆创新科技有限公司百度百科资料整理.

【本章小结】

本章主要阐述了企业价值的概念及其特征；企业价值的界定；企业价值评估及其对象；企业价值评估的目的与价值类型；企业价值评估的特点；企业价值评估信息的收集；行业分析和竞争战略分析；会计分析和财务分析；收益法评估企业价值的基本原理和步骤；企业收益额的预测；折现率的确定；收益法评估企业价值的基本模型；企业价值评估市场法的基本原理；企业价值评估市场法的主要模型评价；企业价值评估市场法的应用；企业价值评估资产基础法的原理；企业价值评估资产基础法的适用范围和应用特点；我国企业价值评估资产基础法的应用步骤及其评价；实物期权的概念及其分类；实物期权法在企业价值评估中的应用及其评价。

【复习思考】

1. 从资产评估的角度来看企业的特点有哪些？
2. 企业价值的表现形式有哪些？
3. 企业价值评估有哪些特点？
4. 公司处于稳定增长状态时股权自由现金流的特征是什么？
5. 市场法评估企业价值的具体方法包括哪些？其具体含义是什么？
6. 市场法评估企业价值的基本步骤是什么？
7. 如何评价市盈率模型？
8. 如何评价市净率模型？
9. 资产基础法评估企业价值的优点和缺点表现在哪些方面？
10. 实物期权的概念是什么？其包括哪些种类？

【练习题】

(一) 单选题

1. 企业价值评估的实质是评估企业的 ( )。

A. 生产能力　　　　B. 获利能力　　　　C. 总资产价值　　　　D. 净资产价值

2. 企业价值评估中，企业的投资资本价值是指 ( )。

A. 所有者权益+负债　　　　　　　　　B. 所有者权益+付息负债

C. 所有者权益+流动负债　　　　　　　D. 所有者权益+非流动负债

3. 收益途径评估企业价值中对于现金流的详细预测期一般为 ( )。

A. 1至2年

B. 5至7年

C. 7至10年

D. 10至15年

4. 当评估的企业为非持续经营时，适宜采用的评估方法是 ( )。

A. 市场法　　　　B. 收益法　　　　C. 资产基础法　　　　D. 期权估价法

5. 采用股权自由现金流量评估企业价值，应选用的折现率是 ( )。

A. 企业债务成本　　　　　　　　　B. 优先股资本成本

C.股权资本成本　　　　　　　　　　　D.加权平均资本成本

（二）多选题

1.企业价值的表现形式有（　　　）。

A.企业总资产价值　　　　　　　　　　B.企业整体价值

C.企业投资资本价值　　　　　　　　　D.企业股东全部权益价值

E.企业股东部分权益价值

2.以现金流量作为企业价值估算形式的原因包括（　　　）。

A.可靠性更高　　　　　　　　　　　　B.可比性更强

C.及时性更好　　　　　　　　　　　　D.相关性更高

E.估测更加容易

3.市场途径评估企业价值可以采用的价格比率包括（　　　）。

A.市盈率　　　　　　　　　　　　　　B.市净率

C.市销率　　　　　　　　　　　　　　D.成本市价率

E.资金利润率

4.采用市销率模型评估企业价值的优点包括（　　　）。

A.不会出现没有意义的情况

B.市销率与市盈率相比更加稳定

C.市销率更能体现公司的价格政策变化

D.可以尝试采用市销率评估有负的利润和账面价值的公司

E.忽略了成本控制对于公司价值的影响

5.下列各项中，采用资产基础法评估企业价值时不属于评估范围的项目有（　　　）。

A.自创商誉　　　　　　　　　　　　　B.销售网络

C.机器设备　　　　　　　　　　　　　D.存货

E.企业管理效率

（三）判断题

1.企业的交换价值是指企业内在价值在评估基准日条件下的可实现部分。　　　　（　　）

2.企业价值是企业具有的全部潜在获利能力的货币化和资本化。　　　　　　　（　　）

3.估计股权自由现金流时需要考虑与债务有关的现金流。　　　　　　　　　　（　　）

4.采用市场法评估企业价值时，选择不同的价格比率，其评估结果完全一致。　（　　）

5.资产基础法能够反映企业各单项资产之间的整合效应。　　　　　　　　　　（　　）

（四）计算业务题

K公司在未来5年内的企业自由现金流量分别为300万元、320万元、330万元、350万元和360万元，根据该公司的现实收益情况推断，从第6年开始，预期每年的公司自由现金流量将维持在360万元的水平上；评估时中期国债的利率为4.2%，该公司预期的风险报酬率为5.8%。

要求：根据上述资料，估算该公司的整体价值。

第十一章

资产评估报告

【学习目标】

本章主要阐述资产评估报告的含义、类型和作用，资产评估报告的基本内容及其编制与使用。通过对本章内容的学习，应达到以下的目标：

1. 掌握资产评估报告的含义、类型与作用。
2. 掌握资产评估报告的基本内容。
3. 熟悉资产评估报告的编制要求和编制步骤。
4. 理解资产评估报告的正确使用。
5. 通过学习本章内容，端正诚实守信、勤勉尽责的做事态度，提升客观、公正地分析与解决问题的综合能力。

【思维导图】

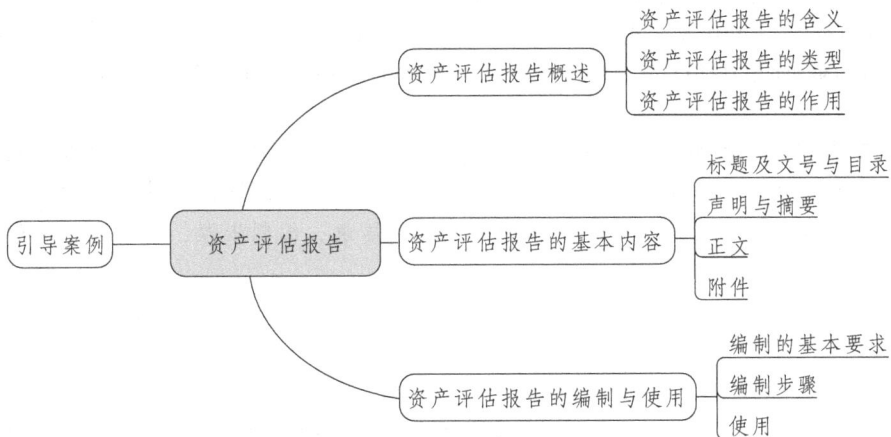

【引导案例】

北京中企华资产评估有限责任公司接受武汉船用机械有限责任公司的委托，按照法律、行政法规和资产评估准则的规定，坚持独立、客观、公正的原则，按照必要的评估程序，对武汉船用机械有限责任公司拟从中船重工电机科技股份有限公司减资退出所涉及的中船重工电机科技股份有限公司部分固定资产及无形资产在评估基准日的市场价值进行了评估，并出具了资产评估报告。该资产评估报告中披露了以下主要内容：

评估目的：根据中国船舶集团有限公司《关于同意开展武汉船用机械有限责任公司减

资退出中船重工电机科技股份有限公司前期工作的通知》（船战〔2021〕70号），同意武汉船用机械有限责任公司组织开展减资退出中船重工电机科技股份有限公司前期工作，为此需要对减资退出所涉及的中船重工电机科技股份有限公司部分固定资产及无形资产价值进行评估，为上述经济行为提供价值参考。

评估对象：本次减资退出所涉及的中船重工电机科技股份有限公司部分固定资产及无形资产价值。

评估范围：本次减资退出所涉及的中船重工电机科技股份有限公司申报的9项房屋建筑物、11项构筑物、2项管道沟槽、129项机器设备、25项电子设备及3宗土地使用权。

评估基准日：2022年3月31日。

价值类型：市场价值。

评估方法：房屋建筑物类和机器设备类为成本法，土地使用权为市场比较法和基准地价修正法。

评估结论：中船重工电机科技股份有限公司评估基准日申报的拟减资退出资产的账面价值为29 401.19万元，评估值为30 169.49万元，评估增值为768.30万元，增值率为2.61%。具体评估结果详见评估结果汇总表（略）。

本资产评估报告仅为资产评估报告中描述的经济行为提供价值参考，评估结论的使用有效期限自评估基准日起1年有效。

资产评估报告使用者应当充分考虑资产评估报告中载明的假设、限定条件、特别事项说明及其对评估结论的影响。

资料来源：中国动力. 减资退出所涉及的中船重工电机科技股份有限公司部分固定资产及无形资产价值资产评估报告〔EB/OL〕.〔2022-12-13〕. http://www.cninfo.com.cn/new/disclosure/detail?stockCode=600482&announcementId=1215332957&orgId=gssh0600482&announcementTime=2022-12-13.（巨潮资讯网，经作者整理）

从本案例中可以看出，资产评估报告的主要内容包括评估目的、评估对象与范围、评估基准日、价值类型、评估方法、评估结论等。本章首先介绍资产评估报告的含义、类型和作用，然后阐述资产评估报告的基本内容与编制要求、编制步骤，以及资产评估报告的使用。

第一节　资产评估报告概述

一、资产评估报告的含义

从一般意义上讲，资产评估报告是指评估机构在完成评估工作后向委托人提交的说明评估过程及结果的书面报告。在资产评估行业中，其被称为狭义的资产评估报告，即资产评估报告书。

根据《资产评估执业准则——资产评估报告》，资产评估报告是指资产评估机构及其资产评估专业人员遵守法律、行政法规和资产评估准则，根据委托履行必要的评估程序后，由资产评估机构对评估对象在评估基准日特定目的下的价值出具的专业报告。根据该定义，资产评估报告是资产评估专业人员根据资产评估准则的要求，在履行必要评估程序后，对评估对象在评估基准日特定目的下的价值发表的，由其所在评估机构出具的书面专业意见；同时，资产评估报告也是评估机构履行评估合同情况的总结，还是评估机构与资产评估专业人员为资产评估项目承担相应法律责任的证明文件。

在不同的国家或地区，政府、行业自律管理组织及相关主管部门对资产评估报告的要求并不一致。在一些国家或地区，资产评估报告不仅是一种书面文件，而且是一种工作制度。这种工作制度规定，评估机构在完成评估工作之后必须按照一定程序和形式的要求，以书面形式向委托人及相关主管部门报告评估过程和结果。我国目前实行的就是这种资产评估报告制度，资产评估报告制度也被称为广义的资产评估报告。因此，可以说，整个资产评估报告制度仍然体现了较为浓重的管理色彩。这种情况是与我国资产评估的执业环境紧密联系的，其会随着我国资产评估执业环境的改变而不断完善。

二、资产评估报告的类型

资产评估报告按不同的标准，可以划分为不同的类型。资产评估机构和人员可以根据评估业务的具体情况及委托人的不同要求，选择适当类型的评估报告表达评估意见。全世界范围内，资产评估报告的类型与具体形式是多种多样的，多类型和多形式的资产评估报告为评估人员恰当表达评估过程和评估结果提供了选择空间和载体，其是各国资产评估报告制度的发展方向。

资产评估报告的类型与资产评估机构向委托人（或客户）表达（或披露）资产评估信息的内容和繁简程度直接相关。《资产评估执业准则——资产评估报告》指出，资产评估报告的详略程度可以根据评估对象的复杂程度、委托人的要求合理确定。资产评估机构可以根据委托人的要求，以及资产评估机构对评估报告披露信息的详略程度和规避风险的要求，选择适宜类型的评估报告表达资产评估专业人员的专业意见。资产评估报告的主要划分标准与类型见表11-1。

（一）按法律地位划分

按法律地位划分，可将资产评估报告分为法定资产评估报告与非法定资产评估报告。

根据《中华人民共和国资产评估法》的规定，评估机构开展涉及国有资产或者公共利益等事项，法律、行政法规规定需要进行资产评估的业务属于法定资产评估业务，所出具的评估报告就是法定资产评估报告，比如国有资产评估报告；反之，法律、行政法规未作要求，由自然人、法人或其他组织自愿选择进行的资产评估业务则属于非法定资产评估业务，出具的评估报告就是非法定资产评估报告。法定资产评估报告应当由至少两名承办该项业务的资产评估师签名并加盖资产评估机构印章；非法定资产评估报告应当由至少两名承办该项业务的资产评估专业人员签名并加盖资产评估机构印章。

（二）按评估报告披露内容的繁简程度划分

按评估报告披露内容的详尽程度划分，可将资产评估报告分为完整型评估报告、简明型评估报告和限制型评估报告。

表 11-1   资产评估报告的类型

划分标准	报告类型
法律地位	法定资产评估报告 非法定资产评估报告
披露内容的繁简程度	完整型评估报告 简明型评估报告 限制型评估报告
资产评估的性质	一般评估报告 复核评估报告 咨询评估报告
评估对象	单项资产评估报告 整体资产评估报告
评估基准日	现时性评估报告 追溯性评估报告 预测性评估报告
评估目的	以资产交易为目的的评估报告 以企业兼并为目的的评估报告 以资产抵押为目的的评估报告 以财务报告为目的的评估报告等

1.完整型评估报告

完整型评估报告又称详细型评估报告，是指向委托人或客户提供最详尽信息资料的评估报告。

2.简明型评估报告

简明型评估报告是指资产评估机构在保证不误导评估报告使用者的前提下，向委托人或客户提供简明扼要的信息资料的评估报告。

简明型评估报告与完整型评估报告的区别主要在于提供信息资料的详略程度不同，但不存在报告水准上的差别。

3.限制型评估报告

限制型评估报告是指评估机构对限定的评估报告使用者出具的、评估过程中有低于或不同于评估准则或指南要求行为的评估报告。

限制型评估报告仅限于特定评估客户使用，其他任何使用限制型评估报告的人都被视为非预期使用人。2018年修订的《资产评估执业准则——资产评估报告》规定：执行资产评估业务，因法律法规规定、客观条件限制，无法或者不能完全履行资产评估基本程序，经采取措施弥补程序缺失，且未对评估结论产生重大影响的，可以出具资产评估报告，但应当在资产评估报告中说明资产评估程序受限情况、处理方式及其对评估结论的影响。如果程序受限对评估结论产生重大影响或者无法判断其影响程度的，不得出具资产评估报告。

从我国的具体情况来看，根据《资产评估执业准则——资产评估报告》第六条的规定，资产评估报告的详略程度可以根据评估对象的复杂程度、委托人的要求合理确定。但是，我国目前没有规定资产评估报告按繁简程度划分的具体类型。

（三）按资产评估的性质划分

资产评估工作的内容不同，由此形成的报告类型也各不相同。按评估服务的性质不同，可将资产评估报告分为一般评估报告、复核评估报告和咨询评估报告。

1.一般评估报告

一般评估报告是指评估机构和评估专业人员接受委托，对资产的价值进行评定估算，并向委托方提供的关于资产价值估价意见的书面报告。评估机构和评估专业人员要对其评估结果的真实性和合理性负责。

2.复核评估报告

复核评估报告是指评估机构和评估专业人员对其他评估机构出具的评估报告进行评判分析和再评估，对评估报告的充分性和合理性发表意见的书面报告。复核评估服务于委托人的特定需求，对某一评估报告结果的真实性和合理性做出判断和评价，并对自身做出的分析结论负责。

3.咨询评估报告

咨询评估是一个较为宽泛的概念，既可以是评估专业人员对特定资产的价值提出咨询意见，也可以是评估专业人员对评估标的物的利用价值、利用方式、利用效果的分析和研究，以及与此相关的市场分析、可行性研究等。咨询评估报告是指评估机构向委托方出具的反映这些咨询意见的书面报告。评估机构对其提出的咨询评估意见承担相应的责任。

（四）按评估对象划分

按评估对象的不同种类划分，可将资产评估报告分为单项资产评估报告和整体资产评估报告。对一项资产，或若干项以独立形态存在、可以单独发挥作用或以个体形式进行交易的资产进行评估所出具的资产评估报告称为单项资产评估报告，如单项机器设备评估、房地产评估、专利权评估等。对由单项资产组成的资产组合进行评估所出具的资产评估报告称为整体资产评估报告，如企业整体价值评估、股权价值评估等。

尽管资产评估报告的基本格式是一样的，但因整体资产评估与单项资产评估在具体业务上存在一些差别，两者在报告的内容上也必然会存在一些差别。一般情况下，整体资产评估报告的报告内容不仅包括资产，还包括负债和所有者权益，而单项资产评估报告一般不考虑负债。

（五）按评估基准日划分

按评估基准日的不同选择，可将资产评估报告分为现时性评估报告、追溯性评估报告和预测性评估报告。

1.现时性评估报告

现时性评估报告是对资产现时价值判断的书面报告，其评估基准日与评估报告日期相同（或接近）。

2.追溯性评估报告

追溯性评估报告是对资产过去价值判断的书面报告，其评估基准日早于评估报告日期。例如，司法诉讼评估涉及的了解诉讼标的在两年前某一时点的市场价值，此时出具的评估报告就属于追溯性评估报告。

3.预测性评估报告

预测性评估报告是对资产未来价值判断的书面报告,其评估基准日晚于评估报告日期。例如,银行发放抵押贷款时,需要了解抵押物在一年后某一时点的市场价值委托评估机构进行评估,此时出具的评估报告就是预测性评估报告。

(六) 按评估目的不同划分

按评估目的的不同划分,可将资产评估报告分为以资产交易为目的的评估报告、以企业兼并为目的的评估报告、以资产抵押为目的的评估报告、以资产征税为目的的评估报告、以编制财务报告为目的的评估报告和以国有资产产权变动为目的的评估报告等。资产评估的目的不同,评估报告的具体内容和侧重点也有所不同。

三、资产评估报告的作用

编制并提交资产评估报告是资产评估工作的最终环节,体现了资产评估工作的成果。资产评估报告不但载明了资产评估的结果,也描述了资产评估的过程。资产评估报告对于委托人、资产评估机构及评估管理机构均具有重要的作用。从资产评估机构和资产评估专业人员的角度看,资产评估报告主要有以下几个方面的作用:

(一) 有利于委托人评估目的的实现

对于资产评估业务的委托人,评估报告是资产价值专家意见的书面表达。资产评估报告书为被评估资产提供了较为全面、客观的价值判断和专业意见,是委托人进行资产评估业务的重要作价依据。该意见不代表、不倾向于任何当事人,是一种独立的估价意见,具有较强的公正性与客观性,因而成为委托人和资产业务当事人对被评估资产作价和交易的重要参考依据。

(二) 有利于明确委托人、受托方及有关方面的责任

资产评估报告首先是评估机构向委托人提供的产品,其以文字的形式,对被评估资产的评估目的、背景、范围、依据、程序、方法和评定结果进行说明和揭示,并对评估结果的使用提出了方向和范围方面的要求和限定,体现了评估机构的工作成果。同时,资产评估报告也反映和体现了受托的资产评估机构和执业人员的权利与义务,并以此来明确委托人、受托方有关方面的法律责任。资产评估报告也是评估机构履行评估协议和向委托人或有关方面收取评估费用的依据。

(三) 有利于行业自律管理组织及相关主管部门审核资产评估机构执业质量和水平

资产评估报告是反映评估机构的评估人员职业道德、执业能力水平以及评估质量高低和机构内部管理机制完善程度的重要依据。有关管理部门通过审核资产评估报告,可以有效地对评估机构的业务开展情况进行监督和管理。评估行业管理部门可以通过对评估报告的审查,监督评估机构和人员的执业情况,加强资产评估行业管理,促进资产评估行业的发展。

(四) 有利于建立评估档案,归集评估档案资料

资产评估报告是评估档案资料的重要内容,所形成的相关资料和记录对于后续的评估业务有重要的参考作用。评估机构和评估人员在完成资产评估任务之后,都必须按照档案管理的有关规定,将评估过程中收集的资料、工作记录及资产评估过程的有关工作底稿进

行归档，以便评估档案的管理和使用。

自测题 11-1

延伸阅读 11-1
《资产评估执业准则——
资产评估报告》

延伸阅读 11-2
《国际评估准则
IVS103——报告》

视频资源 11-1

第二节　资产评估报告的基本内容

资产评估报告是资产评估机构及其资产评估专业人员遵守法律、行政法规和资产评估准则，根据委托履行必要的资产评估程序后，由资产评估机构对评估对象在评估基准日特定目的下的价值出具的专业报告。根据该定义，资产评估报告是按照一定的格式和内容反映评估目的、假设、程序、标准、依据、方法、结果及适用条件等基本信息的报告书。资产评估报告的基本内容包括：标题及文号、目录、声明、摘要、正文、附件。

一、评估报告标题及文号与目录

只有符合资产评估报告定义的报告，才能以"评估报告"标题出具。资产评估机构及其资产评估专业人员执行与估算相关的其他业务时，虽然可以参照评估报告准则出具相关报告，但此类报告并不是评估报告，不得以"评估报告"标题出具，以免给委托人和报告使用人造成误解。

资产评估报告的标题应当简明清晰，一般采用"企业名称+经济行为关键词+评估对象+资产评估报告"的格式要求。资产评估报告的文号包括资产评估机构特征字、种类特征字、年份、报告序号。具有服务商标的评估机构，可以在报告封面上载明其图形标志。资产评估报告的目录应当包括每一部分的标题和相应页码。

二、评估报告声明与摘要

（一）评估报告声明

资产评估报告的声明通常包括以下内容：

（1）资产评估报告依据财政部发布的资产评估基本准则和中国资产评估协会发布的资产评估执业准则和职业道德准则编制。

（2）委托人或者其他资产评估报告使用人应当按照法律、行政法规规定和资产评估报告载明的使用范围使用资产评估报告；委托人或者其他资产评估报告使用人违反前述规定使用资产评估报告的，资产评估机构及其资产评估专业人员不承担责任。

（3）资产评估报告仅供委托人、资产评估委托合同中约定的其他资产评估报告使用人和法律、行政法规规定的资产评估报告使用人使用；除此之外，其他任何机构和个人不能成为资产评估报告的使用人。

（4）资产评估报告使用人应当正确理解和使用评估结论，评估结论不等同于评估对象可实现价格，评估结论不应当被认为是对评估对象可实现价格的保证。

（5）资产评估报告使用人应当关注评估结论成立的假设前提、资产评估报告特别事项说明和使用限制。

（6）资产评估机构及其资产评估专业人员遵守法律、行政法规和资产评估准则，坚持独立、客观和公正的原则，并对所出具的资产评估报告依法承担责任。

（7）其他需要声明的内容。

需要注意的是，准则的要求仅是一般性声明内容，资产评估专业人员在执行具体评估业务时，还应根据评估项目的具体情况，调整或细化声明内容。

（二）评估报告摘要

资产评估报告的摘要应当提供评估业务的主要信息及评估结论。资产评估专业人员应当在资产评估报告正文的基础上编制资产评估报告摘要。每份资产评估报告的正文之前应有表达该报告关键内容的摘要，用来让各有关方面了解该资产评估报告的主要信息。资产评估报告的摘要通常提供资产评估业务的主要信息及评估结论，主要包括如下内容：

（1）评估目的；

（2）评估对象和评估范围；

（3）价值类型及其定义；

（4）评估基准日；

（5）评估方法；

（6）评估结论及其使用有效期；

（7）其他对评估结论产生影响的特别事项等关键内容。

资产评估报告的摘要与正文具有同等的法律效力。摘要必须与资产评估报告提示的结果一致，不得有误导性内容，并应当采用提醒性文字提醒使用人阅读全文。资产评估报告摘要应当采用下述文字提醒资产评估报告使用人阅读全文："以上内容摘自资产评估报告正文，欲了解本评估项目的详细情况和合理理解评估结论，应当阅读资产评估报告正文。"资产评估报告摘要应当置于资产评估报告正文之前。摘要一般不需要另行签字盖章。

【例 11-1】

资产评估摘要示例

上海大华资产评估有限公司接受委托，对因上海聚惠生物医药产业开发有限公司拟受让上海高榕生物科技有限公司股权事宜，对所涉及的上海高榕生物科技有限公司剥离部分资产负债后的股东全部权益价值进行了评估。

评估目的：受让股权。

评估对象和评估范围：评估对象为上海高榕生物科技有限公司剥离部分资产负债后的股东全部权益价值。评估范围为上海高榕生物科技有限公司于评估基准日剥离部分资产负债后的全部资产、全部负债。资产总额为 66 914 609.61 元，负债总额为 0，净资产为 66 914 609.61 元。

价值类型：市场价值。

评估基准日：2020 年 10 月 31 日。

评估方法：资产基础法。

评估结论及其使用有效期：

经资产基础法评估，上海聚惠生物医药产业开发有限公司委托评估的上海高榕生物科技有限公司剥离与房地产资产不相关的资产、负债后的股东全部权益价值，于本次评估基准日的评估值为 82 157 900.00 元，大写金额：人民币捌仟贰佰壹拾伍万柒仟玖佰元整（RMB 8 215.79 万元）。

评估结论自评估基准日起一年内使用有效，逾期使用无效。

本项目签字资产评估师提请委托人、被评估单位和相关当事方应当关注支持评估结论的假设前提、限制条件及评估报告"特别事项说明"及期后重大事项可能对评估结论产生的影响；同时，评估结论不应当被认为是对评估对象可实现价格的保证。

对评估结论产生影响的特别事项：

详见资产评估报告第十一部分"特别事项说明"。

本报告仅供委托人为本报告所列明的评估目的服务和送交资产评估主管部门审查使用，本评估报告的使用权归委托人所有。除按规定报送有关政府管理部门或依据法律需要公开的情形外，未经许可，报告的全部或部分内容不得发表于任何公开的媒体上。

以上是一份资产评估报告摘要的内容，其清晰、简要地揭示了资产评估报告的基本内容，反映了资产评估机构及其专业人员的工作成果。了解该评估项目的全面情况，还需要认真阅读资产评估报告的全文。

资料来源：雪榕生物. 上海聚惠生物医药产业开发有限公司拟受让股权涉及的上海高榕生物科技有限公司剥离部分资产负债后的股东全部权益价值资产评估报告 [EB/OL]. [2021-01-06]. http://www.cninfo.com.cn/new/disclosure/detail?stockCode=300511&announcementId=1209048571&orgId=9900024682&announcementTime-2021-01-06.（巨潮资讯网，经作者整理）

三、评估报告正文

（一）委托人及其他资产评估报告使用人

资产评估报告使用人包括委托人、资产评估委托合同中约定的其他资产评估报告使用人和法律、行政法规规定的资产评估报告使用人。在评估报告中，应当阐明委托人和其他评估报告使用人的身份，包括名称或类型。该名称可以是可确指的法人、自然人，也可以是不确指的一类群体，如国有资产管理部门等。评估报告的正文应当介绍委托人、产权持有单位和业务委托合同约定的其他评估报告使用人的概况。委托人和业务委托合同约定的其他评估报告使用人的概况信息一般包括：名称、法定住所及经营场所、法定代表人、注册资本及主要经营范围等。

（二）评估目的

资产评估目的应当披露资产评估所服务的具体经济行为，说明评估结论的具体用途。目前国内资产评估业务所涉及的评估目的主要包括：转让定价评估目的，抵押和质押评估目的，公司设立、改制、增资评估目的，财务报告评估目的，税收评估目的，司法诉讼评估目的等。例如，在股权转让行为中，资产评估的目的就是确定评估对象的价值，为委托人股权转让行为提供资产价值参考。清晰、准确地揭示评估目的是资产评估报告使用人理解资产评估专业人员界定评估对象、选择评估结论价值类型的基础。资产评估报告载明的评估目的应当唯一，有利于评估结论有效服务于评估目的。例如，有限责任公司引进战略投资者和变更股份有限公司时核实出资资产价值，其评估目的所要求的评估对象并不一致，因此不能在一份资产评估报告中同时体现这两种目的。另外，有的客户要求空泛地将"了解资产价值"作为评估目的，会使评估结论的确定未能针对具体经济行为对评估服务的使用需求，如果评估报告使用人在某项特定经济行为中轻率地加以套用，就可能引发错误使用评估报告带来的风险。

【例 11-2】

资产评估报告涉及的经济行为

根据证券评估机构报备信息统计，2021 年度 186 家证券评估机构出具了 10 340 份资产评估报告（含估值报告），涉及不同的经济行为，具体见表 11-2。

表 11-2　　　　2021 年度报备资产评估报告评估经济行为分类统计

序号	评估经济行为	报告数量比例	合同金额比例
1	以财报为目的的评估	47.3%	45.2%
2	股权/资产转让	26.8%	24.8%
3	发行股份购买资产（含借壳上市）	4.5%	5.4%
4	资产收购（不涉及发行股份）	0.9%	5.8%
5	股份制改造	0.1%	0.1%
6	其他	20.5%	18.7%

其中，以财报为目的的评估主要包括商誉减值测试评估、公允价值计量评估等业务，2021 年度以财报为目的的资产评估报告数量占比 47.3%，收费金额占比 45.2%，是报告数量最多、合同金额最高的经济行为，体现了上市公司在编制财务报告过程中对资产评估的专业需求很大，此项业务已经成为证券评估机构的重要业务。

资料来源：中国证监会．2021 年度证券资产评估市场分析报告［EB/OL］．［2022-08-19］．http：//www.csrc.gov.cn/csrc/c100040/c5545801/content.shtml.（经作者整理）

（三）评估对象和评估范围

资产评估报告中应当载明评估对象和评估范围，并描述评估对象的基本情况。评估对象和评估范围是两个不同的概念，在评估报告中要注意区分。对于企业价值评估，评估对象可以是企业整体价值、股东全部权益价值或股东部分权益价值，与此对应的评估范围是评估对象涉及的资产及负债。

对于单项资产评估，各具体准则中均对评估对象进行了规范。《金融不良资产评估指导意见》第十三条规定，金融不良资产评估业务中，根据项目具体情况和委托人的要求，评估对象可能是债权资产，也可能是用以实现债权清偿权利的实物类资产、股权类资产和其他资产。《文化企业无形资产评估指导意见》第十五条规定，文化企业无形资产评估对象，是指文化企业无形资产的财产权益，或者特定无形资产组合的财产权益。文化企业无形资产通常包括著作权、专利权、专有技术、商标专用权、销售网络、客户关系、特许经营权、合同权益、域名和商誉等。《资产评估执业准则——机器设备》规定，机器设备的评估对象分为单台机器设备和机器设备组合对应的全部或者部分权益。单台机器设备是指以独立形态存在、可以单独发挥作用或者以单台的形式进行销售的机器设备。机器设备组合是指为了实现特定功能，由若干机器设备组成的有机整体。《实物期权评估指导意见》规定，执行涉及实物期权评估的业务涉及的实物期权主要包括增长期权和退出期权等。

（四）价值类型

资产评估报告应当说明选择价值类型的理由，并明确其定义。一般情况下，可供选择的价值类型包括市场价值、投资价值、在用价值、清算价值和残余价值等。对于价值类型的选择、定义，可以参考《资产评估价值类型指导意见》。

（五）评估基准日

资产评估报告应当明确披露评估基准日。与追溯性、现时性、预测性业务相对应，评估基准日分别是过去、现在或者未来的时点。评估基准日一般应以具体的日期（××××年××月××日）体现。资产评估报告载明的评估基准日应当与资产评估委托合同中约定的评估基准日保持一致。

（六）评估依据

资产评估报告应当说明资产评估采用的法律法规依据、准则依据、权属依据及取价依据等。

1.法律法规和准则依据

法律法规依据应当包括资产评估的有关法律、法规等，如《公司法》《证券法》《拍卖法》《国有资产评估管理办法》《资产评估行业财政监督管理办法》等。准则依据主要包括财政部发布的作为我国资产评估准则体系基础的《资产评估基本准则》，中国资产评估协会发布的《资产评估职业道德准则》《资产评估执业准则——资产评估报告》《资产评估执业准则——资产评估程序》等一系列程序性准则，以及《资产评估执业准则——企业价值》《资产评估执业准则——无形资产》等一系列实体性准则、指南和指导意见。资产评估专业人员应当根据与评估项目相关的原则，在评估报告中说明执行资产评估业务所采用的具体法律法规和准则依据。

2.权属依据

资产法律权属状况本身是一个法律问题，对资产的所有权及其他与所有权相关的财产权进行界定或发表意见需要履行必要的法律程序。因此，资产评估专业人员应当根据与评估项目相关的原则，在评估报告中说明执行资产评估业务所依托的评估对象的权属依据。权属依据通常包括国有资产产权登记证书，投资人出资权益的证明文件，与不动产、知识产权资产、资源性资产、运输设备等动产相关的权属证书或其他证明文件，债权特有证明文件，从事特定业务所需的经营许可证书等。

3.取价依据

取价依据应当包括资产评估中直接或间接使用的企业提供的财务会计经营方面的资料，国家有关部门发布的统计资料和技术标准资料，以及评估机构收集的有关询价资料和参数资料等。由于统计口径不同等原因，不同部门发布同一指标的统计资料，其结果可能存在差异，因此，评估取价依据应当列示相关资料的名称、提供或发布的单位及时间等信息。

（七）评估方法

资产评估报告应当对评估方法的选择及其理由进行披露。根据《资产评估执业准则——资产评估方法》，资产评估方法主要包括市场法、收益法和成本法三种基本方法及其衍生方法。资产评估专业人员在选择评估方法时应当充分考虑影响评估方法选择的因素。这些因素包括：评估目的和价值类型、评估对象、评估方法的适用条件、评估方法应用所依据数据的质量和数量、影响评估方法选择的其他因素。

当满足采用不同评估方法的条件时，资产评估专业人员应当选择两种或者两种以上的评估方法，通过综合分析形成合理评估结论。因适用性受限而选择一种评估方法的，资产评估专业人员应当在资产评估报告中披露其他基本评估方法不适用的原因；因操作条件受限而选择一种评估方法的，资产评估专业人员应当对所受的操作条件限制进行分析、说明和披露。

披露资产评估方法的运用情况时，需要在说明总体思路和主要评估方法的基础上，按照评估对象和所涉及的资产（负债）类型说明所选用的具体评估方法及其应用情况。采用成本法的，应当介绍估算公式，并对所涉及资产的重置价值及成新率的确定方法做出说明；采用市场法的，应当介绍参照物（交易案例）的选择原则、比较分析与调整因素等；采用收益法的，应当介绍采用收益法的技术思路、主要测算方法、模型或计算公式，明确预测收益的类型，以及预测方法与过程、折现率的选择和确定等情况。采用多种评估方法时，不仅要确保满足各种方法使用的条件要求和程序要求，还应当对各种评估方法得到的结果进行比较，分析可能存在的问题并做出相应的调整，确定最终评估结论。

（八）评估程序实施过程和情况

资产评估报告应当说明资产评估程序实施过程中的现场调查、收集整理评估资料、评定估算等主要内容，一般包括：

（1）接受项目委托，确定评估目的、评估对象与评估范围、评估基准日，制订评估计划等过程；

（2）指导被评估单位清查资产、准备评估资料，核实资产与验证资料等过程；

（3）选择评估方法，收集市场信息和估算等过程；

（4）评估结论汇总、评估结论分析，报告撰写和内部审核等过程。

资产评估专业人员应当在遵守相关法律、法规和资产评估准则的基础上，根据委托人的要求，遵循各专业准则的具体规定，结合报告的繁简程度恰当考虑对评估程序实施过程情况的披露的详细程度。

（九）评估假设

资产评估报告应当披露所使用的资产评估假设。评估结论是在一定的假设前提下得出的。资产评估专业人员执行资产评估业务，应当科学合理地使用评估假设。国际评估惯例中，资产评估假设主要包括前提假设、基本假设、具体假设、特别假设和非真实性假设等。资产评估专业人员应当在评估报告中清晰说明评估项目中采用的反映交易及市场条件、评估对象存续或使用状态、国家宏观环境条件、行业及地区环境条件、评估对象特点等各项具体评估假设的具体内容。具体的评估项目使用的评估假设，应当考虑与资产评估目的及其对评估市场条件的限定情况、评估对象自身的功能和在评估时点的使用方式与状态、产权变动后评估对象的可能用途及利用方式和利用效果等条件的联系和匹配性，使评估结论建立在合理的基础之上。资产评估专业人员还应当在评估报告中明确提示，如果评估报告所披露的评估假设不成立，将对评估结论产生重大影响。

（十）评估结论

《资产评估执业准则——资产评估报告》规定，资产评估报告应当以文字和数字形式表述评估结论，并明确评估结论的使用有效期。评估结论通常是确定的数值。经与委托人沟通，评估结论可以是区间值或者其他形式的专业意见。

在实务中，"确定"的数值通常可以采用以下方式得到：

（1）采用两种以上评估方法的，选择其中相对合理方法的结果作为评估结论，例如，涉及国有资产的企业价值评估项目，要求在所采用的评估方法中选择其中一种方法的评估结果；

（2）对不同方法的评估结果采用算术平均、加权平均、求取中位数等数学方法综合得出评估结论，例如，土地使用权、房地产等单项资产评估业务对评估结论的确定。

"其他形式"的评估结论，可以体现为与以前评估意见或数量基准（如课税价值、抵押价值）的关系（如不大于、不小于）。国务院国资委产权管理局编著的《投资价值评估》认为，投资价值可以采用数值区间，或者以不高于或者不低于某数值的方式加以表述。中国资产评估协会发布的《资产评估专家指引第2号——金融企业首次公开发行上市资产评估方法选用》提出，金融企业首次公开发行股票上市时所进行的资产评估，评估结论可以采用区间值形式。评估准则中引入区间值或者其他形式的专业意见表达形式是为了顺应对评估业务发展的多元化服务需求。

（十一）特别事项说明

特别事项是指在已经确定评估结论的前提下，资产评估专业人员在评估过程中已经发现能够影响评估结论，但非执业水平和能力所能评定估算的有关事项。资产评估报告的签字评估师提请报告使用人在使用评估报告时，应当关注这些特别事项说明对评估结论以及评估涉及的经济行为可能产生的影响。资产评估报告的特别说明包括：

（1）权属等主要资料不完整或者存在瑕疵的情形。

其指评估中所发现的评估对象产权资料等存在的问题。例如，房屋权属证书上所列示的资产与实际所勘查的资产不一致，土地或房屋没有权属证明等问题。资产评估专业人员评估过程中发现评估对象存在产权瑕疵的问题，应当在特别事项说明中说明法律权属的事实、本次评估处理的方法及处理结果、此种评估处理对评估结论的合理性可能产生的影响，使评估报告使用人能够更好地了解评估报告的信息。对于委托人或被评估单位做出相关承诺和声明的，应当说明承诺和声明的内容和责任。

（2）委托人未提供的其他关键资料情况。

（3）未决事项、法律纠纷等不确定因素。

其包括所有对评估结论产生重大影响的未决事项、法律纠纷，以及影响生产经营活动财务状况的重大合同、重大诉讼事项等。评估报告应当首先说明不确定因素本身的情况，其次说明本次评估处理的方法及处理结果，然后说明此种处理可能产生的后果，最后提出此种处理的责任。所有披露的内容，不应与事实相矛盾。

（4）重要的利用专家工作及相关报告情况。

资产评估专业人员在执行评估业务的过程中，由于特殊知识和经验限制等原因，需要利用专家工作协助或者相关报告完成评估业务，这是评估专业属性的体现，也是世界评估实践形成的共识。资产评估报告中应当披露重要的利用专家工作及相关报告的情况。

（5）重大期后事项。

根据监管部门或委托人要求，资产评估专业人员可以对评估基准日的期后重大事项做出披露。其具体包括：说明评估基准日之后发生的重大期后事项；特别提示评估基准日的期后事项对评估结论的影响。

（6）评估程序受限的有关情况、评估机构采取的弥补措施及对评估结论影响的说明。

（7）其他需要说明的事项。

【例11-3】

特别事项说明

上海东洲资产评估有限公司接受上海联明机械股份有限公司的委托，按照法律、行政法规和资产评估准则的规定，坚持独立、客观和公正的原则，采用适当的评估方法，按照必要的评估程序，对上海联明机械股份有限公司拟对合并天津骏和实业有限公司所形成的商誉进行减值测试所涉及的相关资产组组合在评估基准日2021年12月31日的可回收价值进行了评估，出具了《上海联明机械股份有限公司拟对合并天津骏和实业有限公司形成的商誉进行减值测试所涉及的资产组组合可回收价值资产评估报告》（东洲评报字〔2022〕第0570号）。

该评估报告中披露的特别事项说明如下：

（一）权属等主要资料不完整或者存在瑕疵的情形

截至评估基准日，食品加工资产组涉及的在建工程中已完工的房屋建筑物尚未办理不动产权证书，上述房屋建筑物面积系根据企业提供的建筑图纸、相关资料确定，未发现权属纠纷。经核实，上述房屋建筑物目前均在正常使用，预计未来办理产证没有障碍。本次评估为考虑该事项可能带来的影响。

（二）未决事项、法律纠纷等不确定因素

评估人员未获悉企业截至评估基准日存在的未决事项、法律纠纷等不确定因素。委托人与评估对象企业亦明确说明不存在未决事项、法律纠纷等不确定事项。

（三）重大期后事项

评估基准日至本资产评估报告出具日之间，未发现评估对象企业发生了对评估结论产生重大影响的事项，委托人与评估对象企业亦未通过有效方式明确告知存在重大期后事项。

（四）评估程序受限的有关情况、评估机构采取的弥补措施及对评估结论影响的说明

由于特殊情况的影响，各地对部分地区人员的出入有所限制。鉴于上述客观原因，本项目未能正常履行评估现场调查程序，评估人员已尽可能地以替代程序来弥补缺失的现场核查工作内容，如采用电话、微信等方式与标的企业管理层进行访谈和沟通联系；查阅企业提供的项目现场照片；就重要的财务会计事项与执行审计的会计师进行沟通交流等。我们认为采取的上述措施一定程度上弥补了现场核查程序缺失的影响，本次评估程序受限情况未对评估结论产生重大影响。

（五）其他需要说明的事项

1.本次评估范围仅以委托人申报的包含商誉的资产组为准，未考虑委托人所提供的资

产组清单以外可能存在的或有资产及或有负债。

2.资产评估师获得的经委托人、评估对象企业管理层批准的资产组对应的未来预测经营现金流量，是本评估报告评估结论形成的基础。资产评估师对资产组对应的未来预测经营现金流量结合相关预测基础资料、主要假设进行了必要的调查、分析、判断后予以使用。资产评估师的职责是对评估对象资产的可回收价值发表意见，不应视为对其未来预测经营现金流量的可实现性进行保证。

除以上所述之外，评估人员没有发现其他可能影响评估结论，且非评估人员执业水平和能力所能评定估算的重大特殊事项。

资料来源：联明股份. 上海联明机械股份有限公司拟对合并天津骏和实业有限公司形成的商誉进行减值测试所涉及的资产组组合可回收价值资产评估报告［EB/OL］.［2022-04-28］. http://www.cninfo.com.cn/new/disclosure/detail?stockCode=603006&announcementId=1213159069&orgId=9900023816&announcementTime=2022-04-28.（巨潮资讯网，经作者整理）

（十二）资产评估报告使用限制说明

资产评估报告的使用限制说明应当载明：

（1）使用范围。

（2）委托人或者其他资产评估报告使用人未按照法律、行政法规规定和资产评估报告载明的使用范围使用资产评估报告的，资产评估机构及其资产评估专业人员不承担责任。

（3）除委托人、资产评估委托合同中约定的其他资产评估报告使用人和法律、行政法规规定的资产评估报告使用人之外，其他任何机构和个人不能成为资产评估报告的使用人。

（4）资产评估报告使用人应当正确理解和使用评估结论。评估结论不等同于评估对象可实现价格，评估结论不应当被认为是对评估对象可实现价格的保证。

资产评估报告由评估机构出具后，委托人、评估报告使用人可以根据所载明的评估目的和评估结论进行恰当、合理使用，例如，作为资产转让的作价基础，作为企业进行会计记录或调整账项的依据等。如果委托人或者评估报告使用人违反法律规定使用评估报告，或者不按照评估报告载明的使用范围使用评估报告，例如，不按照评估目的和用途使用或者超过有效期使用评估报告等所产生的不利后果，评估机构和评估专业人员不承担责任。

【例11-4】

资产评估报告的使用限制说明

中联资产评估集团有限公司接受纳思达股份有限公司的委托，就纳思达股份有限公司拟购买珠海奔图电子有限公司100%股权之经济行为，对所涉及的珠海奔图电子有限公司股东全部权益在评估基准日2020年12月31日的市场价值进行了评估，出具了《纳思达股份有限公司拟购买珠海奔图电子有限公司100%股权项目资产评估报告》（中联评报字〔2021〕第271号）。

该评估报告中的评估报告使用限制说明如下：

1.本评估报告只能用于本报告载明的评估目的和用途。同时，本次评估结论是反映评估对象在本次评估目的下，根据公开市场的原则确定的现行公允市价，没有考虑将来可能承担的抵押、担保事宜，以及特殊的交易方可能追加付出的价格等对评估价格的影响。同时，本评估报告也未考虑国家宏观经济政策发生变化以及遇有自然力和其他不可抗力对资产价格的影响。当前述条件以及评估中遵循的持续经营原则等其他情况发生变化时，评估结论一般会失效。评估机构不承担由于这些条件的变化而导致评估结果失效的相关法律责任。本评估报告成立的前提条件是本次经济行为符合国家法律、法规的有关规定，并得到有关部门的批准。

2.委托人或者其他资产评估报告使用人未按照法律、行政法规规定和资产评估报告载明的使用范围使用资产评估报告的，资产评估机构及其资产评估师不承担责任。

3.除委托人、资产评估委托合同中约定的其他资产评估报告使用人和法律、行政法规规定的资产评估报告使用人之外，其他任何机构和个人不能成为资产评估报告的使用人。

4.本评估报告只能由评估报告载明的评估报告使用人使用。评估报告的使用权归委托人所有，未经委托人许可，本评估机构不会随意向他人公开。

5.未征得本评估机构同意并审阅相关内容，评估报告的全部或者部分内容不得被摘抄、引用或披露于公开媒体，法律、法规规定以及相关当事方另有约定的除外。

6.资产评估报告使用人应当正确理解和使用评估结论，评估结论不等同于评估对象可实现价格，评估结论不应当被认为是对评估对象可实现价格的保证。

7.根据资产评估相关法律法规，涉及法定评估业务的资产评估报告，须委托人按照法律法规要求履行资产评估监督管理程序后使用。本评估报告评估结果使用有效期为一年，即自2020年12月31日起至2021年12月30日止。超过一年的，需要重新进行评估。

资料来源：纳思达. 拟购买珠海奔图电子有限公司100%股权项目资产评估报告［EB/OL］.［2021-02-10］. http://www.cninfo.com.cn/new/disclosure/detail?stockCode=002180&announcementId=1209265431&orgId=9900003822&announcementTime=2021-02-10.（巨潮资讯网，经作者整理）

（十三）资产评估报告日

资产评估专业人员应当在评估报告中说明资产评估报告日。资产评估报告载明的资产评估报告日通常为评估结论形成的日期，这一日期可以不同于资产评估报告的签署日。资产评估报告日应当以具体的日期（××××年××月××日）体现。

（十四）资产评估专业人员签名和资产评估机构印章

评估报告编制完成后，资产评估报告至少应由两名承办该业务的资产评估专业人员签名，最后加盖资产评估机构印章。对于国有资产评估等法定业务资产评估报告，资产评估报告正文应当由至少两名承办该业务的资产评估师签名，并加盖资产评估机构印章。声明、摘要和评估明细表上通常不需要另行盖章。

四、评估报告附件

资产评估报告附件通常包括以下内容：
（1）评估对象所涉及的主要权属证明资料；
（2）委托人和其他相关当事人的承诺函；
（3）资产评估机构及签名资产评估专业人员的备案文件或者资格证明文件；
（4）资产评估汇总表或明细表；
（5）资产账面价值与评估结论存在较大差异的说明。

　　资产评估报告附件内容及其所涉及的签章应当清晰、完整，相关内容应当与资产评估报告的摘要、正文一致。资产评估报告附件为复印件的，应当与原件一致。按有关规定需要进行专项审计的，应当将企业提供的与经济行为相对应的评估基准日专项审计报告作为资产评估报告附件。按有关规定无须进行专项审计的，应当将企业确认的与经济行为相对应的评估基准日企业财务报表作为资产评估报告附件。如果引用其他机构出具的报告结论，根据现行有关规定，所引用的报告应当经相应主管部门批准并备案，应当将相应主管部门的相关批准及备案文件作为资产评估报告附件。这部分的格式没有具体要求，但必须按统一规格装订。在实务中，通常还会将委托人和被评估单位法人营业执照、评估机构的营业执照复印件等作为资产评估报告附件。

延伸阅读11-3

自测题11-2

单项资产价值评估项目
资产评估报告——正文

视频资源11-2

第三节　资产评估报告的编制与使用

一、评估报告编制的基本要求

（一）内容完整

　　资产评估报告应当完整、清晰、准确地表述评估过程及评估结论，不得使用误导性的表述，并保证提供必要信息，使资产评估报告使用人能够合理理解评估结论。另外，由于市场主体对评估专业服务的需求日趋多样化，资产评估报告使用人可能会要求资产评估专业人员在评估报告中不仅提供评估结论，而且提供相应的过程和说明。因此，评估机构和人员应当根据每一个评估项目的具体情况和委托人的合理要求，确定评估报告中所提供信息的范围和程度，使评估报告使用人能够正确理解和使用评估报告的结论。

（二）表述清晰准确

　　资产评估报告是对被评估资产价值具有鉴证和咨询作用的文书，既是一份对被评估资产价值发表专业意见的重要法律文件，又是一份用来明确资产评估机构和资产评估专业人员工作责任的文字依据。资产评估报告将提供给委托人，评估委托合同中约定的其他资产评估报告使用人和法律法规规定的使用人使用。除委托人以外，其他资产评估报告使用人都要依赖报告中的文字表述来理解和使用评估结论。这就要求资产评估报告的文字表述既要清楚、准确，又要提供充分的依据说明，还要全面叙述整个评估的具体过程。其文字的表达必须准确，不得使用模棱两可的措辞。其陈述既要简明扼要，又要将有关问题说明清楚，不得带有任何诱导、恭维和推荐性的陈述。

（三）格式规范

　　资产评估报告应当使用中文撰写。需要同时出具外文资产评估报告的，以中文资产评估报告为准。资产评估报告一般以人民币为计量币种。使用其他币种计量的，应当注明该币种与人民币的汇率。对于资产评估报告格式和内容方面的技能要求，按照现行政策规定，应遵循《资产评估执业准则——资产评估报告》；涉及企业国有资产评估的，还应遵循《企业国有资产评估报告指南》；金融企业应遵循《金融企业国有资产评估报告指南》。

（四）责任明确

资产评估报告是明确评估机构和人员责任的依据。资产评估报告应当由至少两名承办该项业务的资产评估师签名，并由评估机构盖章。资产评估报告是在履行评估程序的基础上完成的。在执行资产评估业务的过程中，如果评估程序受到限制，需要资产评估专业人员采取相关的替代程序。因法律法规规定、客观条件限制，无法或者不能完全履行资产评估基本程序，经采取措施弥补程序缺失，且未对评估结论产生重大影响的，可以出具资产评估报告，但应当在资产评估报告中说明评估程序受限情况、处理方式及其对评估结论的影响，并明确资产评估报告的使用限制。如果程序受限对评估结论产生重大影响或者无法判断其影响程度的，不应出具资产评估报告。此外，评估结论所反映的价值结果仅在评估基准日成立，所以，资产评估报告应当明确评估报告的使用有效期。通常，只有当评估基准日与经济行为实现日相距不超过一年时，才可以使用资产评估报告。

【例 11-5】

评估报告披露存在的问题

2021年6月至8月，财政部监督评价局与中国资产评估协会联合组织7家财政部监管局，对15家证券评估机构进行了检查，共抽查资产评估报告262份。这是依据《中华人民共和国资产评估法》，财政部监督评价局、中国资产评估协会组织开展的首次资产评估行业联合检查。

检查发现：总体来看，此次检查的证券评估机构基本能够遵循评估准则和职业道德开展业务，但在机构内部治理、专业胜任能力、质量控制体系和项目执业质量等方面仍存在一些问题。

现场检查结束后，财政部监督评价局、中国资产评估协会根据《资产评估行业财政监督管理办法》（财政部令第97号）规定，对部分涉嫌构成重大遗漏的资产评估报告的问题组织了专业技术论证，确保检查发现的问题定性准确、处理适当，并按照"一查双罚"原则，分别对检查中发现的问题进行了行政处罚和自律惩戒。

山东某评估咨询有限公司出具的某公司股东全部权益价值资产评估报告，存在未按评估报告中列明的指引实施评估程序、计算模型中未考虑部分重要参数、营业外收支净额应用错误导致评估结果差异巨大、现场调查不规范等问题。根据《资产评估行业财政监督管理办法》，上述事项构成重大遗漏。财政部依法给予该评估咨询有限公司警告、责令停业三个月的行政处罚；给予两名签字资产评估师警告、责令停止从业六个月的行政处罚。

四川某资产评估有限公司出具的某公司两项注册商标所有权市场价值评估报告，存在运用收益法进行商标资产评估时折现系数计算错误导致评估值高估、未剔除与评估商标没有关联的拆迁安置收入导致评估值高估等问题。根据《资产评估行业财政监督管理办法》，上述事项构成重大遗漏。财政部依法给予两名签字资产评估师警告的行政处罚。

对其他检查发现的问题，依据《中国资产评估协会会员执业行为自律惩戒办法》（中评协〔2018〕23号），予以行业自律惩戒。

资料来源：财政部．财政部关于2021年度资产评估机构联合检查情况的公告［EB/OL］．［2022-11-23］．http：//jdjc.mof.gov.cn/jianchagonggao/202211/t20221123_3852923.htm.（经作者整理）

二、评估报告的编制步骤

（一）收集、整理资料

资产评估现场工作结束后，有关评估人员必须着手对现场工作底稿进行整理和分类，同时对有关询证函、被评估资产的背景材料、技术鉴定情况和价格取证等有关资料进行归集和登记。在评估资料的整理过程中，如果发现资料不准确，应当进一步落实和核查并进行修正；如果发现资料不完整，应当及时补充。对现场未予确定的事项，还需进一步落实和核查。这些现场工作底稿和有关资料都是编制资产评估报告的基础。

（二）汇总分析评估数据

完成现场工作底稿和有关资料的归集任务后，评估人员应当着手进行评估数据的汇总。如果评估对象是整体资产，评估人员还应着手评估明细表的数字汇总。评估明细表的数字汇总应当根据评估明细表的不同级次，首先进行评估明细表的汇总，然后分类汇总，最后进行资产负债表的汇总。不具备采用计算机软件汇总的评估机构，在数字汇总过程中应当反复核对各有关表格中数字的关联性和各表格栏目之间数字的勾稽关系，防止出错。完成评估明细表的数字汇总，得出初步的评估数据后，应当召集参与评估工作的有关人员，对评估报告初步数据的结论进行分析和讨论，比较各有关评估数据，复核记录估算结果的工作底稿，对估价不合理的部分评估数据进行调整。

（三）撰写评估报告

撰写评估报告可分为以下两个步骤：

第一步，完成资产评估初步数据的分析和讨论，对有关部分的数据进行调整后，由具体参加评估的各评估小组负责人员草拟出各自负责评估部分资产的评估说明，同时提交全面负责、熟悉本项目评估具体情况的人员草拟出的资产评估报告。评估机构需要对评估报告书进行多级审核检查，对资产评估报告中存在的疏忽、遗漏和错误之处进行修正。

第二步，将评估基本情况和评估报告初稿的初步结论与委托人交换意见，听取委托人的反馈意见后，在坚持独立、客观、公正的前提下，认真分析委托人提出的问题和建议，考虑是否应该修改评估报告。对评估报告中存在的疏忽、遗漏和错误之处进行修正，待修改完毕即可撰写资产评估正式报告。

（四）评估报告的复核

资产评估报告的复核与反馈也是资产评估报告制作的具体技能要求。通过对工作底稿、评估说明、评估明细表和报告正文的文字、格式及内容的复核与反馈，可以保证有关错误、遗漏等问题在出具正式报告之前得到修正。资产评估工作往往是由多名评估专业人员同时作业的，每名评估专业人员都有可能因能力、水平、经验阅历及理论方法的限制而产生工作盲点和工作疏忽，所以，对资产评估报告初稿进行复核就非常有必要。就对评估资产的情况熟悉程度而言，大多数资产委托人和占有人对委托评估资产的分布、结构、成新率等具体情况要比评估机构和评估专业

视频资源11-3

人员更为熟悉，所以，在出具正式报告之前征求委托人意见、收集反馈意见也很有必要。

资产评估机构应当建立资产评估报告的多级复核和交叉复核制度。明确复核人员的职责，防止流于形式的复核。此外，还要通过委托方、产权持有方或资产占有方熟悉资产具体情况的人员，收集反馈意见。对资产评估业务各方的反馈意见，应当谨慎对待，本着独立、客观、公正的态度接受其反馈意见。

三、评估报告的使用

资产评估报告使用人包括委托人、资产评估委托合同中约定的其他资产评估报告使用人和法律、行政法规规定的资产评估报告使用人。

（一）委托人、合同中约定的其他使用人对评估报告的使用

委托人是委托评估机构和人员对资产的价值进行分析、估算并发表专业意见的单位或个人。资产评估委托合同中约定的其他资产评估报告使用人，是指由委托人提出，经评估机构同意后，列示在委托合同中的使用人。这主要是因为，引发资产评估的经济行为可能较为复杂，为满足资产业务的需要、实现评估目的，除了委托人、产权持有人以外，还有其他人需要作为资产评估报告的使用人。

委托人在收到受托评估机构送交的正式资产评估报告及有关资料后，可以依据资产评估报告所揭示的评估目的和评估结论，合理使用资产评估结果。从性质上讲，资产评估结果和结论是资产评估专业人员的一种专业判断和专业意见，并无强制执行力。在正常情况下，委托人完全可以在资产评估报告限定的条件下和范围内，根据自身的需要合理使用资产评估报告及评估结论，并不一定完全按照评估结论一成不变地"遵照执行"。如果委托人直接使用了评估结论，那也是委托人的自主选择，并不是因为评估结论具有强制执行力。同时，资产评估报告及其结论虽然无强制执行力，但评估结论也不得随意使用或滥用。委托人必须按照资产评估报告书中揭示的评估目的、评估结果的价值类型、评估结果成立的限制条件和适用范围正确使用评估结论。委托人在使用资产评估报告及其结论时，必须满足以下几个方面的要求：

1.资产评估报告结论的使用

资产评估报告结论只能用于资产评估报告载明的评估目的和用途，为特定的资产业务或经济行为服务。一份评估报告只允许按一个用途使用，不允许用于其他用途。资产评估报告所载明的评估结论，是资产评估师对评估对象价值的专业判断，旨在为委托人或相关当事方的相关经济行为提供价值参考。在正常情况下，委托人可以在资产评估报告限定的条件下和范围内，根据自身的需要合理使用评估结论，不建议直接将评估结论作为资产业务的唯一标准。另外，涉及国有资产产权变动的资产评估报告及有关资料，必须经国有资产管理部门或授权部门核准或备案后方可使用。作为企业会计记录和调整企业账项使用的资产评估报告及有关资料，必须根据国家有关法规规定执行。

2.资产评估报告的使用人限制

资产评估报告只能由其载明的资产评估报告使用人使用。如果其他使用人运用了资产评估报告及其结论，可能导致错误的经济行为，因此，资产评估报告及其结论不适用于其他人。

3.资产评估报告的使用期限

资产评估报告的使用有效期通常为一年，有效期从评估基准日开始。资产评估报告使

用人在运用资产评估报告及其结论时，应当注意只有当评估基准日与经济行为的实现日相距不超过一年时，才可以使用资产评估报告。超过资产评估报告的有效期，原资产评估结果无效。

4.资产评估报告的结论调整

在资产评估报告的有效期内，如果市场条件、评估对象数量等发生较大变化对资产价值产生明显影响，应由原评估机构或者资产占有单位按原评估方法对资产评估报告做出相应调整，或委托评估机构重新评估，然后才能使用。

所有不按评估报告揭示的目的、期望的使用人、价值类型、有效期等限制条件使用资产评估报告及其结论并造成损失的，应由使用人自行负责。

【例11-6】

评估报告使用不当受到行政处罚

2023年7月5日，亚太（集团）会计师事务所（特殊普通合伙）（以下简称亚太所）收到《财政部行政处罚事项决定书》（财监法〔2023〕116号）。其起因是2022年6月至10月财政部组织检查组对亚太所执业质量等情况开展了检查，检查发现：亚太所未保持应有的职业怀疑，职业判断错误，实施审计程序不到位，未获取充分适当的审计证据，审计调整依据不充分，导致出具的审计报告存在重大错报，部分年度净利润由负转正，发表了不恰当的审计意见。上述行为违反了《中华人民共和国注册会计师法》和《中国注册会计师审计准则》的相关规定，为此，财政部决定给予亚太所警告、暂停经营业务3个月、没收违法所得148万元并处罚款444万元的行政处罚。

检查中发现的一个问题是，亚太所在对临沂城市发展集团有限公司（以下简称临沂城发）2020年度财务报表审计时，调增企业无形资产依据不充分，发表的审计意见不恰当。该问题是由于错误引用评估报告调账导致的。

临沂城发成立于2006年，2010年12月15日，临沂市人民政府印发《关于无偿划转岸堤水库资产有关问题的通知》，将岸堤水库相关资产无偿划转给临沂城发。2010年12月22日，山东大乘资产评估事务所出具《蒙阴岸堤水库饮用水水体资源专有使用权资产评估报告书》（鲁大乘评报字〔2010〕第D030号），确定水体资源专有使用权公允价值为402 631.46万元。

经调查，临沂城发2020年年末账面无形资产未包含水体资源专有使用权，临沂市国资委批复的临沂城发决算中无形资产也未包含水体资源专有使用权，岸堤水库水资源使用权无形资产未给临沂城发带来收益，不符合资产定义。亚太所在对临沂城发2020年度财务报表审计时已经关注到上述事项，但未保持应有的职业怀疑，在审计工作底稿中对企业账面未核算该无形资产的原因未作说明，也未执行进一步审计程序的情况下，调增该水体资源专有使用权原值为402 631.46万元，累计摊销为81 197.34万元，2020年年末净值为321 434.12万元。亚太所实施的审计程序、获得的审计证据无法支撑该审计结论，发表的审计意见不恰当。

资料来源：财政部.财政部行政处罚事项决定书（财监法〔2023〕116号）[EB/OL].〔2023-07-05〕. http://www.mof.gov.cn/gp/xxgkml/jdjcj/202307/t20230718_3896838.htm.（经作者整理）

（二）监管机构对评估报告的使用

资产评估监管机构主要是指对资产评估行政管理的主管部门和资产评估行业自律管理

的行业协会。在我国，资产评估行政管理的主管机关是政府财政部门，资产评估行业自律组织是中国资产评估协会。资产评估监管机构对资产评估报告的使用主要体现在对资产评估机构出具的资产评估报告的检查。《中华人民共和国资产评估法》第三十六条规定的评估行业协会履行的职责中包括"规范会员从业行为，定期对会员出具的评估报告进行检查"。《资产评估行业财政监督管理办法》（财政部令第97号）规定了财政部和省级财政部门开展资产评估业务和执业质量检查的监督管理职能。资产评估报告是资产评估行政管理部门和行业自律组织履行监督管理职能的重点检查对象。

资产评估管理机构对资产评估报告的核准、备案和检查也是对资产评估报告的一种使用。资产评估管理机构主要是指对资产评估进行行政管理的主管机关和资产评估行业自律管理的行业协会。资产评估管理机构对资产评估报告的核准、备案和检查是资产评估管理机构实现对评估机构的行政管理和行业自律管理的重要过程。

一方面，资产评估管理机构通过对评估机构出具的资产评估报告的核准、备案和检查，能够大体了解评估机构从事评估工作的业务能力和组织管理水平。由于资产评估报告是反映资产评估工作过程的工作报告，因此，资产评估管理机构通过对资产评估报告进行核准、备案和检查，能够对评估机构的评估质量做出客观的评价，从而能够有的放矢地对评估机构的人员、技术和职业道德进行管理。

另一方面，国有资产评估报告能够为国有资产管理提供重要的数据资料，通过对国有资产评估报告的核准、备案和检查，以及统计与分析，可以及时了解国有资产占有、使用转移状况及增减值变动情况，进一步为加强国有资产管理服务。

当然，资产评估管理机构对资产评估报告的使用也应当是全面和客观的，资产评估管理机构应当结合评估项目的具体条件、评估机构的总体构思、评估机构设定的评估前提及评估结果的价值类型和定义等，全面地评价资产评估报告和评估结论。

（三）其他有关部门对评估报告的使用

除资产评估行政管理部门和行业自律组织可以使用资产评估报告之外，其他相关管理部门在履行职责时也可能需要查阅相关的资产评估报告，利用资产评估报告的结论。这些部门主要包括法院、证券监督管理部门、保险监督管理部门、市场监督管理部门、税务和金融等有关部门。这些部门大都拥有或可以行使司法或行政权力，资产评估报告及其结果可能直接成为强制执行的裁决结论。因此，如何正确和合理使用资产评估报告及评估结论，对于具有司法或行政权力的部门来说，也尤为重要。

1.政府对资产评估报告的使用

当政府作为国有资产所有者的代表进行国有企业改制时，对国有企业改制资产评估报告及其结论的使用应等同于普通的委托人使用资产评估报告，应按照普通委托人使用评估报告的要求实施。政府对改制企业交易价格的最终确定是政府作为资产所有者代表的自主选择。它既可以等同于评估机构出具的改制企业的评估结论，也可以不完全等同于评估机构的改制企业的评估结论。资产评估结果仅是政府确定最终交易价格的参照和专业咨询意见。评估机构及其人员仅对评估结论的合理性负责，并不对改制企业的交易结果负责。

2.法院对资产评估报告的使用

法院对资产评估报告的使用，主要体现为法院在通过司法程序解决财产纠纷和经济纠纷时，大量使用资产评估报告及其结论处理财产分割等案件。法院是以仲裁者的身份使用评估结论的，评估结论一经法院裁决就必须依法执行。但即便如此，资产评估不会因使用人的不同而改变其自身的性质。必须强调的是，资产评估提供的是专业的价值咨询服务，评估结论是对资产客观价值的估计，其不会因法院的使用就演变成评估机构对资产的定价。因此，包括法院在内的权力机关，无论是作为仲裁者还是作为执法者，都应合理使用评估结论，都应以资产评估报告及其结论作为基础和参照，综合经济纠纷双方的申辩和理由，裁定经济纠纷涉及的资产价值或以资抵债的数额（价格）。

3.证券监督管理部门对资产评估报告的使用

证券监督管理部门对资产评估报告的使用，主要体现在以下五个方面：

（1）对申请上市的公司有关申报材料招股说明书中的有关资产评估数据的审核；

（2）对上市公司的股东配售发行股票时申报材料配股说明书中的有关资产评估数据的审核；

（3）对上市公司重大资产重组行为有关申报材料的审核；

（4）对上市公司及其资产其他产权变动或财务报告编制行为的监管；

（5）对取得证券期货从业资格的资产评估机构开展证券期货资产评估业务情况进行监管时，对相关资产评估机构出具的资产评估报告等资料进行检查。

以对首次公开发行股票（IPO）提交的有关申报材料的审核为例，根据有关规定，首次公开发行股票的公司信息披露需要列示以下资产评估信息：发行人在设立时以及在报告期内进行资产评估的，应简明扼要地披露资产评估机构名称及主要评估方法，资产评估前的账面值、评估值及增减情况；增减变化幅度较大的，应说明其原因；募集资金拟用于向其他企业增资或收购其他企业股份的，应披露增资资金折合股份或收购股份的评估、定价情况；募集资金拟用于收购资产的，应披露拟收购资产的评估、定价情况。

总体来说，证券监督管理部门对资产评估报告和有关资料的使用，主要是为了保护公众投资者的利益和资本市场的秩序，以及加强对取得证券业务评估资格的评估机构及有关人员的业务管理。因此，这种对资产评估报告的使用方式带有更多的管理意味，类似于资产评估管理部门对资产评估报告的使用。这就要求证券监督管理部门对资产评估报告和有关资料的使用要与资产评估管理部门一样，注意全面、客观地使用资产评估报告及其结论，进而实现保护公众投资者的利益和资本市场的秩序的目的。

4.保险、工商、税务和金融等有关部门对资产评估报告的使用

保险监督管理部门、市场监督管理部门、税务机关、金融机构等有关部门也会大量使用资产评估报告。这些部门在使用资产评估报告时，应充分认识到资产评估结论是针对特定的资产评估目的，依据一系列假设和前提得出的。资产评估报告是资产评估专业人员对评估对象在评估基准日的价值发表的书面专业意见。在使用资产评估报告的过程中，上述这些部门必须恰当理解评估报告中的专业术语，结合本部门的具体资产业务，合理使用资产评估报告及其结论。

自测题 11-3

【思政课堂】　保证评估报告客观、真实、合理

*ST新亿基于财务报告目的委托中洲评估对韩真源全部权益公允价值及全部权益可回收价值进行评估。2020年7月23日至27日期间，中林评估朱某明、范某安在中林评估负责人徐锋的安排下，在新疆喀什以中洲评估的名义执行现场评估程序。2020年8月20日，

中洲评估与*ST新亿签订《资产评估委托合同书》。2020年8月26日，中洲评估出具《新疆亿路万源实业投资控股股份有限公司基于财务报告目的所涉及的喀什韩真源投资有限责任公司股东全部权益价值追溯性资产评估报告》（评估基准日为2018年12月31日，以下简称《追溯评估报告》）和《新疆亿路万源实业投资控股股份有限公司拟进行长投减值测试涉及的喀什韩真源投资有限责任公司股东全部权益可回收价值资产评估报告》（评估基准日为2019年12月31日，以下简称《长投减值评估报告》），并将两份评估报告的盖章扫描版本交给*ST新亿。上述评估报告用于*ST新亿于2020年8月28日披露的《2018年度审计报告无法表示意见所涉及事项的重大影响予以消除的专项说明》《2019年年度报告》《2019年审计报告》等文件。2020年9月4日，*ST新亿披露了《追溯评估报告》和《长投减值评估报告》。

经证监会调查发现，中洲评估在从事*ST新亿的控股子公司韩真源评估项目中违反了《资产评估法》以及资产评估相关准则及指导意见等，未勤勉尽责，制作、出具的文件有虚假记载、误导性陈述和重大遗漏。根据当事人违法行为的事实、性质、情节与社会危害程度，依据《证券法》的相关规定，证监会决定：责令中洲评估改正，没收业务收入，并处以3倍罚款；对三名相关责任人给予警告，并分别处以30万元、50万元和100万元的罚款。

中洲评估是专业性资产评估机构，应当依法独立、客观、公正开展业务，建立健全质量控制制度，保证评估报告的客观、真实、合理。评估专业人员应当诚实守信，依法独立、客观、公正从事业务，应当遵守评估准则，履行调查职责，独立分析估算，勤勉谨慎从事业务，对评估活动中使用的文件、证明和资料的真实性、准确性、完整性进行核查和验证，不得签署本人未承办业务的评估报告，不得签署虚假评估报告或者有重大遗漏的评估报告。《资产评估法》《资产评估基本准则》《资产评估执业准则——资产评估报告》对此都有明确的规定。比如，《资产评估法》第十七条规定，评估机构应当依法独立、客观、公正开展业务，建立健全质量控制制度，保证评估报告的客观、真实、合理；第十四条和第二十条分别规定，评估机构、评估专业人员不得有"签署虚假评估报告或者有重大遗漏的评估报告"行为。因此，资产评估机构及其资产评估专业人员应当遵守法律、行政法规和资产评估准则，根据委托履行必要的资产评估程序后，出具资产评估报告。同时，不得出具或者签署虚假资产评估报告或者有重大遗漏的资产评估报告，否则，就要承担相应的法律责任。

资料来源：根据中国证监会行政处罚决定书（中洲评估及相关责任人员）整理.

【本章小结】

资产评估报告是资产评估过程的综合反映和总结。本章在对资产评估报告的概念、分类和作用进行介绍的基础上，系统阐述了资产评估报告的基本内容，概述了资产评估报告的编制要求与编制步骤，并从委托人、监管机构、其他有关部门等不同报告使用人的角度阐明了资产评估报告的正确使用。按照国家现行规范的要求编制资产评估报告，不仅要在形式上符合要求，更重要的是能够清晰地表达评估结果，充分地阐明评估依据。同时，还要注意借鉴国际资产评估行业在资产评估报告编制方面的经验，不断完善我国资产评估报告制度和提高资产评估报告水平，以更好地发挥资产评估服务社会、服务市场经济的作用。

【复习思考】

1.什么是资产评估报告？资产评估报告的基本内容有哪些？

2.资产评估报告的作用有哪些？

3.资产评估报告的编制步骤具体包括哪些？

4.使用资产评估报告时需要注意哪些问题？

【练习题】

（一）单选题

1.狭义的资产评估报告是（　　）。

A.一种工作制度　　　　　　　　　B.资产评估报告书

C.公正性报告　　　　　　　　　　D.法律责任文书

2.下列各项中，不仅是企业申请备案核准的必报资料之一，而且是评估工作基础依据的是（　　）。

A.审计报告　　　　B.资产负债表　　　　C.利润表　　　　D.现金流量表

3.某银行发放抵押贷款，银行欲了解抵押物在两年后某一时点的市场价值，委托评估机构进行评估，此时出具的评估报告是（　　）。

A.现时性评估报告　　　　　　　　B.预测性评估报告

C.追溯性评估报告　　　　　　　　D.限制性评估报告

4.下列关于委托人合理使用评估报告的说法中，不正确的是（　　）。

A.一份评估报告允许用于多个用途使用

B.评估报告只能由限定的期望使用人使用

C.原资产评估结果超过有效期就视为无效

D.在资产评估报告有效期内，资产评估数量发生较大变化时，评估结果需要做出调整方可使用

5.关于资产评估报告摘要与资产评估报告正文的关系，下列表述不正确的是（　　）。

A.摘要与正文具有同等的法律效力

B.摘要必须与资产评估报告揭示的结果一致，不得有误导性内容

C.声明、摘要和评估明细表上通常不需要另行签名盖章

D.摘要较为简单，其不能将专业的评估工作说明清楚，其效力低于正文

（二）多选题

1.根据评估基准日的不同选择，评估报告可以分为（　　）。

A.现时性评估报告　　　　　　　　B.预测性评估报告

C.追溯性评估报　　　　　　　　　D.整体资产评估报告

E.单项资产评估报告

2.根据《资产评估执业准则——资产评估报告》，属于资产评估报告基本内容的有（　　）。

A.摘要　　　　　　　　　　　　　B.标题及文号

C.目录　　　　　　　　　　　　　D.声明

E.委托合同

3.资产评估报告的编制基本要求有（　　　　）。

A.态度客观端正　　　　　　　　　　B.内容完整翔实

C.文字表述清晰　　　　　　　　　　D.格式规范

E.责任明确

4.资产评估报告的编制步骤包括（　　　　）。

A.整理和收集评估报告所需资料　　　B.汇总分析评估数据

C.撰写资产评估报告　　　　　　　　D.复核资产评估报告

E.资产评估报告呈送

5.下列各项中，属于资产评估报告使用人的有（　　　　）。

A.委托人　　　　　　　　　　　　　B.委托合同中约定的其他使用人

C.被评估单位的主要竞争对手　　　　D.被评估单位的员工

E.法律、行政法规规定的使用人

（三）判断题

1.资产评估报告对资产业务定价具有强制执行的效力。（　　　　）

2.资产评估报告日为资产评估师将资产评估报告提交给委托人的日期。（　　　　）

3.综合资产评估行政管理的主管机关是政府财政部门。（　　　　）

4.法定评估业务的资产评估报告应当由至少两名承办该项业务的资产评估师签名。（　　　　）

5.客户可以按照资产评估报告揭示的评估值对会计账目进行调整。（　　　　）

（四）案例分析题

一、评估项目基本情况

新疆亿路万源实业投资控股股份有限公司（以下简称*ST新亿）基于财务报告目的委托深圳中洲资产评估房地产估价有限公司（以下简称中洲评估）对*ST新亿的控股子公司喀什韩真源投资有限责任公司（以下简称韩真源）全部权益公允价值（评估基准日为2018年12月31日）及全部权益可回收价值（评估基准日为2019年12月31日）进行评估。韩真源的主要业务为房屋出租及物业管理，评估范围为韩真源申报的于评估基准日的全部资产及负债。

2020年7月23日至27日期间，北京中林资产评估有限公司深圳分公司（以下简称中林评估）的朱某明、范某安在中林评估负责人徐锋的安排下，在新疆喀什以中洲评估的名义执行现场评估程序。2020年8月20日，中洲评估与*ST新亿签订《资产评估委托合同书》。2020年8月26日，中洲评估出具《新疆亿路万源实业投资控股股份有限公司基于财务报告目的所涉及的喀什韩真源投资有限责任公司股东全部权益价值追溯性资产评估报告》（深中洲评字第2020-017号，评估基准日为2018年12月31日，以下简称《追溯评估报告》）和《新疆亿路万源实业投资控股股份有限公司拟进行长投减值测试涉及的喀什韩真源投资有限责任公司股东全部权益可回收价值资产评估报告》（深中洲评字第2020-018号，评估基准日为2019年12月31日，以下简称《长投减值评估报告》），并将两份评估报告的盖章扫描版本交给*ST新亿。上述评估报告用于*ST新亿于2020年8月28日披露的《2018年度审计报告无法表示意见所涉及事项的重大影响予以消除的专项说明》《2019年年度报告》《2019年审计报告》等文件。2020年9月4日，*ST新亿披露了《追溯评估报告》和《长投减值评估报告》。两份评估报告的签字评估师均为曾斐（时任中洲评估法定代表人、执行董事，韩真源评估项目签字注册评估师）、杜群（韩真源评估项目签字注册评估师，时任中洲评估评估师），项目承揽人、负责人为徐锋（中林评估负责人）。2020年9月25日，中洲评估收到*ST新亿评估费60万元（含1%增值税，实际收到594 059.41元）。

二、中洲评估及相关责任人员的违法事实

2023年11月23日，证监会发布《中国证监会行政处罚决定书（中洲评估及相关责任人员）》（〔2023〕82号），认为中洲评估在从事*ST新亿的控股子公司韩真源评估项目中违反《中华人民共和国资产评估法》（以下简称《资产评估法》）、资产评估相关准则及指导意见等，未勤勉尽责，制作、出具的文件有虚假记载、误导性陈述和重大遗漏。具体违法事实如下：

（一）中洲评估未勤勉尽责，资产评估报告存在虚假陈述

1.中洲评估允许他人以本机构名义执业，签字评估师未实际履行评估程序，评估底稿不真实、不完整。

经查明，韩真源评估项目的实际负责人和业务承揽人为中林评估的负责人徐锋；韩真源评估项目的签字评估师为中洲评估的曾斐、杜群，但两人均未实际履行评估程序，未到达评估现场，未与*ST新亿或*ST新亿的审计机构沟通，现场评估过程中没有获取韩真源评估项目的相关资料，没有参与制作底稿；韩真源评估项目的现场承办人为中林评估的朱某明、范某安。工作底稿中该项目组成员均没有提供独立性自查表，没有对是否具备独立性做出承诺；相关的申报表包括汇总资产申报表和明细资产申报表，均没有经*ST新亿或韩真源盖章确认；资产评估委托合同没有填写签订时间，工作底稿中相关文件填表人与填表时间与实际不符。

中洲评估的上述行为不符合《资产评估基本准则》第九条第二款，《资产评估执业准则——资产评估程序》第九条，《资产评估执业准则——资产评估档案》第六条、第七条及第十二条的规定，中洲评估及签字评估师违反《资产评估法》第四条、第十四条的规定。

2.对韩真源的房屋建筑物评估程序存在缺陷。

中洲评估对韩真源的房屋建筑物采用收益法进行评估，以2018年12月31日为基准日评估韩真源的房屋建筑物的价值为29 666.83万元，占韩真源总资产评估值比例为37.97%；以2019年12月31日为基准日评估韩真源的房屋建筑物的价值为30 152.75万元，占韩真源总资产评估值的比例为37.38%。在确定韩真源房屋建筑物的出租单价时，中洲评估以线（网）上选取的6个出租案例来确定韩真源房屋建筑物2018年12月31日及2019年12月31日的租金单价，并设定5%的空置率、5%的折现率等参数来计算韩真源房屋建筑物的评估值。中洲评估选取的上述参数不符合相关业务准则要求。

（1）单位租金价格选取程序存在缺陷。中洲评估通过网上确定的租金单价与实际出租单价存在较大差异。中洲评估没有按照相关业务准则要求采用正常客观的租金，没有关注现有租约条款对公允价值的影响，也没有在底稿中评价记录网上租金与实际租约确定的租金的差异，分析其原因，并在评估报告中予以披露。经测算，韩真源房屋建筑物2019年的租金实际收入为595万元，但基于其设定的单价预测的租金收入为1 663.36万元，预测收入值与实际收入偏差达到179.56%。

（2）房屋空置率形成程序存在缺陷。中洲评估设定房屋建筑物的空置率为5%，出租率为95%。中洲评估未对韩真源房屋建筑物的可出租面积、实际出租情况等进行了解核实，没有考虑历史出租率，没有对该参数选取进行分析、计算和判断，也没有记录该参数选取和形成过程。韩真源房屋建筑物2019年的实际出租面积为3.79万平方米，韩真源房屋建筑物2019年的可出租面积为5.54万平方米，实际的出租率为72.22%，实际的空置率为27.78%，远高于中洲评估设置的空置率5%。

（3）折现率确定程序存在缺陷。中洲评估在评估报告评估说明中确定了折现率为5%，其中，1.5%系依据银行存款利率，3.5%系风险调整值。中洲评估没有对韩真源房屋建筑物的风险情况进行评估，没有考虑租约、租期、租金等因素对折现率选取的影响，工作底稿中也没有对评估对象风险状况的调查、分析记录，没有对租约、租期、租金等因素对折现率影响的调查、分析记录，没有反映评估基准日类似地区同类投资性房地产平均回报水平和评估对象的特定风险。

中洲评估的上述行为不符合《资产评估执业准则——资产评估程序》第十九条、《资产评估执业准则——不动产》第二十二条、《资产评估执业准则——资产评估档案》第十一条，以及《投资性房地产评估指导意见》第十六条和第十八条的规定。

3. 对韩真源的剩余土地使用权评估程序存在缺陷。

中洲评估对韩真源的剩余土地使用权采用市场法进行评估，以2018年12月31日为基准日评估韩真源的剩余土地使用权的价值为48 460.04万元，占韩真源总资产评估值的比例为62.02%；以2019年12月31日为基准日评估韩真源的剩余土地使用权的价值为50 205.25万元，占韩真源总资产评估值的比例为62.23%。在确定韩真源剩余土地使用权的容积率时，中洲评估仅根据已建设土地面积和上附建筑物的面积确定韩真源剩余土地使用权的容积率为1.02，没有获取喀什政府部门的相关文件以确定剩余土地使用权的土地容积率，容积率选取错误。中洲评估选取喀什市加油加气站项目等3块土地使用权的交易实例作为韩真源剩余土地使用权评估价值计算的参考，但未对3个交易实例执行现场调查程序，工作底稿中没有相关现场调查记录，中洲评估针对3个交易实例的实物状况修正及区位状况修正缺乏现场调查记录及相关资料支撑，修正过程缺乏依据，评估程序存在缺陷。

中洲评估的上述行为不符合《资产评估执业准则——不动产》第七条、第十九条和《资产评估执业准则——资产评估档案》第十一条的规定。

4. 以预先设定的价值作为评估结论。

经查明，*ST新亿对韩真源91.95%股权对应的股东权益价值的期望值接近58 561.61万元。徐锋在承接韩真源评估业务时与*ST新亿的审计机构堂堂会计师事务所负责人吴某堂也约定，中洲评估对韩真源91.95%股权权益的评估结果要接近58 561.61万元。其原因是韩真源股权是*ST新亿因持有相关债权通过法院裁决而取得的，法院曾依据有关单位的评估结果确认抵债金额。根据《追溯评估报告》，中洲评估对韩真源91.95%股权对应的股东权益价值的评估结果59 181.17万元（以2018年12月31日为基准日）占委托方期望的评估值58 561.61万元的101.06%，两者基本吻合。

中洲评估的上述行为不符合《资产评估基本准则》第六条、《资产评估职业道德准则》第十六条的规定。

5. 评估说明事项遗漏重要条款内容。

中洲评估获取了《喀什市开源市场用地规划调整开发协议》（以下简称《调整开发协议》），并在评估报告的特别说明中将协议中关于要求韩真源应于2020年6月开始拆迁的事项进行了披露。但中洲评估关于《调整开发协议》的披露不完整，未披露协议中韩真源不能如期拆迁的影响："如2020年8月24日前未拆迁完毕，视为韩真源放弃开发，喀什自然资源土地局将收回土地使用权"。中洲评估没有在《追溯评估报告》和《长投减值评估报告》中完整披露《调整开发协议》重要条款内容，该部分内容会对评估结论产生重要影响。

中洲评估的上述行为不符合《资产评估执业准则——资产评估报告》第二十五条的规定。

上述违法事实，具有《资产评估委托合同书》和《喀什韩真源投资有限责任公司资产评估计划》，*ST新亿披露的《追溯评估报告》和《长投减值评估报告》，中洲评估提供的评估底稿与《情况说明》，曾斐、杜群提供的《情况说明》，喀什市自然资源局提供的《喀什市原开源市场首次用地规划调整开发协议》等材料以及相关人员询问笔录、微信群聊天记录等证据证明，足以认定。

三、处罚

证监会认为，中洲评估的上述行为违反了《证券法》第一百六十三条的规定，构成《证券法》第二百一十三条第三款所述"未勤勉尽责，所制作、出具的文件有虚假记载、误导性陈述或者重大遗漏"的行为。中洲评估未勤勉尽责、谨慎从业、遵守职业道德规范，还违反了《资产评估法》，情节严重。涉案评估项目承揽人、实际负责人徐锋，签字注册评估师曾斐、杜群是直接负责的主管人员。

根据当事人违法行为的事实、性质、情节与社会危害程度，依据《证券法》第二百一十三条第三款的规定，证监会决定：责令深圳中洲资产评估房地产估价有限公司改正，没收业务收入594 059.41元，并处以1 782 178.23元罚款；对徐锋、曾斐、杜群给予警告，并分别处以100万元、50万元和30万元罚款。

资料来源：中国证监会. 中国证监会行政处罚决定书（中洲评估及相关责任人员）［EB/OL］.［2023-11-23］. http://www.csrc.gov.cn/csrc/c101928/c7451114/content.shtml.（经作者整理）

要求：根据上述案例资料，思考编制资产评估报告的具体基本要求。

主要参考文献

［1］姜楠，王景升. 资产评估［M］. 6版. 大连：东北财经大学出版社，2023.

［2］王景升，何东平. 资产评估［M］. 北京：首都经济贸易大学出版社，2012.

［3］中国资产评估协会. 资产评估基础［M］. 北京：中国财政经济出版社，2022.

［4］中国资产评估协会. 资产评估实务（一）［M］. 北京：中国财政经济出版社，2022.

［5］中国资产评估协会. 资产评估实务（二）［M］. 北京：中国财政经济出版社，2022.

［6］许安标，黄薇. 中华人民共和国资产评估法解读［M］. 北京：中国法制出版社，2016.

［7］中国资产评估协会. "十四五"时期资产评估行业发展规划，2021.

［8］中国资产评估协会. 中国资产评估准则2017［M］. 北京：经济科学出版社，2017.

［9］魏永宏. 资产评估学［M］. 北京：电子工业出版社，2020.

［10］徐茜，黄辉，刘俊萍. 资产评估学［M］. 2版. 北京：科学出版社，2020.

［11］唐振达. 资产评估理论与实务［M］. 3版. 大连：东北财经大学出版社，2018.

［12］达莫达兰. 估值——难点、解决方案及相关案例［M］. 李必龙，李羿，郭海，等译. 北京：机械工业出版社，2017.

［13］王景升，王来福. 房地产评估［M］. 3版. 大连：东北财经大学出版社，2017.

［14］柴强. 房地产估价［M］. 9版. 北京：首都经济贸易大学出版社，2019.

［15］苑泽明. 无形资产评估［M］. 北京：高等教育出版社，2015.

［16］杨子江，张晓涛，江劲松，等. 金融资产评估［M］. 北京：中国人民大学出版社，2003.

［17］杨大楷. 金融资产评估［M］. 上海：上海财经大学出版社，2009.

［18］徐丹丹，杨志明. 金融资产评估［M］. 北京：高等教育出版社，2020.

［19］张先治，池国华. 企业价值评估［M］. 5版. 大连：东北财经大学出版社，2023.

［20］余明轩. 企业价值评估［M］. 北京：中国财政经济出版社，2014.

［21］张志强. 实物期权评估研究［M］. 北京：中国财政经济出版社，2019.

［22］中国资产评估协会. 实物期权评估指导意见，2017.